존 웨슬리로 본,
한국교회 주일예배 이렇게 드리라

존 웨슬리로 본,
한국교회 주일예배 이렇게 드리라

초판 1쇄 인쇄 2018년 4월 20일
초판 1쇄 발행 2018년 4월 25일

지은이 김영태
펴낸이 장대윤

펴낸곳 도서출판 대서
등록 제22-2411호
주소 서울시 서초구 방배동 981-56
전화 02-583-0612 / 팩스 02-583-0543
메일 daiseo1216@hanmail.net

디자인 참디자인

ISBN 979-11-86595-42-8 (03230)

* 책 값은 뒤표지에 있습니다.
* 잘못된 책은 교환하여 드립니다.

이 책은 신 저작권법에 의하여 한국 내에서 보호받는 저작물이므로 무단 전재와 무단 복제를 금합니다.

존 웨슬리로 본,
한국교회 주일예배 이렇게 드리라

김영태 지음

도서출판 **대서**

추천사

이승진 교수
(합동신학대학원, 예배설교학)

어떻게 하면 하나님이 참으로 기뻐 받으실만한 예배를 드릴 수 있을까? 한국교회 목회 현장에서 목회자와 신자들이 이구동성으로 "영과 진리로 드리는" 예배에 대해서 목말라하고 있다. 과연 오늘날 한국교회의 예배는 무엇이 문제이고, 예배 회복과 갱신을 위한 실제적인 방안은 무엇인가?

그동안 예배갱신의 목소리는 주로 예배와 설교의 개혁을 주축으로 진행되어 왔다. 그리고 예배갱신은 늘 새로운 것을 첨가하는 것으로 이해되어 왔지만, 최근의 예배학계에서는 초대 교회의 예배 정신을 올곧게 지키면서도 2천년 예배 역사 속에서 발전되어 온 예배 전통을 기억(Anamnesis)하고, 앞으로 기독교 교회가 나아갈 미래 예배를 예상(Prolepsis)하여 성경적, 역사적, 신학적인 관점에 부합하는 통시적인 예배 패러다임을 제시하는데 집중하고 있다.

이러한 통시적인 예배 패러다임의 회복을 위해서 중요한 과제는 19세기말부터 20세기에 걸쳐 세계교회의 예배흐름을 주도한 예배갱신운동의 출현과 배경으로 인해 파생된 연구의 결과물을 세심하게 고찰하는 것이다. 예배갱신운동으로 인해 파생된 대표적 결과물은 예배 안에서 설교와 성례전의 균형, 교회력과 성서정과의 활용, 예배예술 신학의 반영, 회중의 적극적인 참여, 예배음악과 동시대의 문화나 신비감, 상징성의 활용, 그리고 예배예식서의 재발견을 들 수 있다. 이러한 갱신의 결과물은 원시교회로부터 현대예배에 이르기까지 예배역사와 전통의 토대위에서 생겨난 예배유산들의 소중한 결과물이다.

본서에서 저자는 예배갱신 운동의 꽃이라 할 수 있는 예배예식서의 재발견을 통해 한국교회 예배 갱신을 위한 신학적인 토양을 튼튼하게 다져가고 있다고 언급하면서, 주일예배의 본질 회복은 말씀과 성례전의 균형 잡힌 예배(4중 구조)를 지향하는 온전한 예배구조를 강조한다. 온전한 예배구조란 그리스도 사건의 온전한 재현을 담아낼 수 있는 온전한 예배요소(순서)를 말한다. 온전한 예배구조를 통한 예배만이 온전한 기독교 예배를 가능하게 한다는 것이다.

이 책에서 주목할 점은 저자가 초기 한국교회 주일예배를 고찰하고 소개하면서, 당시 한국교회 주일예배가 흔히 통설로 알려진 것처럼 집회중심, 혹은 설교중심의 예배라고 단정하는 통설에 이의를 제기하는 부분이다. 초기 한국교회가 미국 서부 개척자 예배(Frontier Worship)의 영향으로 집회중심의 예배였다는 통설에 대하여 초기의 예배문헌(주일예배예식서, 성찬예전, 세례예전 등)을 중심으로 살피며, 당시에 예전적(Liturgy) 성향의 주일예배가 공존하였음을 설득력 있게 논증하고 있다.

그러나 1900년대를 접어들면서 한국교회의 부흥으로 차츰 성례전의 약화를 가져왔고, 교회의 비약적인 부흥에 비하여 예배를 집례하는 목사의 절대적인 부족으로 인해 집회 중심의 예배, 혹은 설교중심의 예배로 바뀌면서 온전한 4중 구조의 예배 형식으로부터의 일탈이 발생했다는 것이다. 이때의 영향으로 오늘의 한국교회 주일예배가 "설교중심의 예배" 라는 틀을 고착하게 된 것은 일정 부분 사실이다. 저자의 이러한 연구는 한국교회 초기예배의 형식과 구조에 대한 새로운 시야를 제공하는 아주 의미 있는 통찰이라고 할 수 있다. 다행스러운 점은 한국교회가 예배갱신의 영향을 받아 최근의 주일예배에 다시 새로운 개혁을 시도하거나 반영하면서 세계교회 예배갱신의 결실들과 초기한국교회 주일예배의 정신을 살피고 있다.

저자는 올바른 예배 회복과 갱신을 위하여 2천년의 예배 역사와 존 웨슬리의 예배 전통에 대한 체계적인 분석에 근거하여 한국교회의 대표적 교단인 감리교회의 예배를 표본으로 삼아서 현대 한국교회 예배의 갱신을 위한 실천 가능한 대안을 심층적으로 제시하고 있다. 본서를 통해 한국교회의 주일예배의 희망을 찾아가는 순례 여행에 함께 동참하기를 기대한다.

추천사

박해정 목사
(감리교신학대학교 예배학교수)

'예배가 살아야 교회가 산다.' 교회는 기본적으로 예배를 중심으로 모이는 공동체이기에 당연한 명제로 보인다. 하지만, 이는 교회 성장을 이야기하던 일부의 교회에서 예배에 대한 관심에서 시작되었기 보다는 교회의 성장에 예배가 중요하다는 것을 강조하기 위해서 하던 이야기였다. 예배학적으로는 다소 문제가 있는 표현이지만, 교회 성장과 예배의 상관성을 표현하는 명제이기는 하다. 예배를 통해서 교회가 성장할 수만 있다면 무엇이든지 하겠다는 교회들을 간혹본다. 이는 건강한 예배 공동체의 구현과는 거리가 있다. 교회는 한 세대만 머물다 없어지는 모임이 아니다. 한 개인의 생각에 의해서 세워지고 사라지는 모임이 더더욱 아니다. 성경적 이해와 역사적 전통, 그리고 시대적 상황을 반영하며 지난 2천년간 발전해온 교회의 전통을 결코 무시해서는 안 된다. 이는 단순히 예배의 순서와 형식의 선택에 관한 문제가 아니다.

미국의 에모리대학교의 설교학교수였던 토마스 롱은 그의 저서 예배전쟁(worship war)를 통해서 전통예배와 현대예배의 양극화 현상에 대해서 기술하였다. 이와 같은 예배전쟁은 단순한 선택의 문제, 즉 전통적인 예배를 드릴 것인지 아니면 현대적인 예배를 드릴 것인지에 대한 기술을 뛰어넘는 책이다. 예배는 다양할 수 있지만, 이에 대한 분명한 신학적 고민과 공동체적 함의가 필요함을 완곡하게 기술하고 있는 책이다. 주변에서 성장하는 교회의 예배에서 행하고 있는 프로그램을 적용하는 것으로 교회의 변화를 주고자 한다면 이는 곧 교회 내에 큰 혼란을 일으킬 것이다. 더욱이 예배가 전통적이면 변화에 둔감한 예배 공동체일 것으로 판단하며, 현대적인 방식의 변화가 교회를 생동감 있게 만들 수 있을 것이라 판단한다. 하지만, 이는 예배에 대한 가장 기본적인 이해의 부족해서 생긴 큰 오해이다.

예배는 특별히 역사성을 무시해서는 절대 안 된다. 오늘의 문제는 반드시 과거를 통해서 해결의 방안을 찾아야 한다. 오늘의 한국 교회가 위기를 논하고 있다. 그 위기는 과거를 아는 것에서 해결안을 찾아야 한다. 김영태 박사는 그의 저서『존 웨슬리로 본, 한국교회 주일 예배 이렇게 드리라』는 한국교회, 특별히 감리교회 예배를 고민하는 공동체에게는 반드시 읽어야 하는 글이다. 김영태 박사는 그의 저서를 통해서 웨슬리로 시작된 감리교 예배 전통이 가지고 있는 성서적, 신학적, 그리고 목회적 고민이 담겨 있는 웨슬리의 예배서로부터 시작해서 한국 감리교 예배의 발전과정까지 포괄적으로 다루고 있다. 이는 감리교 예배 전통을 살피고 배울 수 있는 훌륭한 연구의 저서이다.

오늘의 교회들이 가지고 있는 고민들이 이 시대에만 있었던 고민이었을까? 그렇지 않다. 역사적으로 많은 예배 공동체들은 대내외적인 문제들로 고민했고, 이를 예배를 통해서 극복하고 부활의 기쁨을 예배를 통해서 다음 세대까지 이어질 수 있도록 했다. 오늘의 우리가 가지고 있는 예배의 변화 혹은 갱신을 위한 노력은 분명 과거의 우리 신앙의 선조들이 했던 노력에서 부터 시작되어야 할 것이다. 이를 위해서 가장 분명한 지침을『존 웨슬리로 본, 한국교회 주일 예배 이렇게 드리라』에서 찾을 수 있을 것이다.

성례전이 있는 주일예배를 가장 귀하게 생각하였던 존 웨슬리로 시작해서, 미국의 변방예배, 그리고 한국의 초대교회를 거쳐오면서 자리잡은 주일예배의 발전 과정과 신학적 이해를 역사적을 발전하였던 교단의 공식 예배서를 비교연구하였다. 저자는 이 연구를 통해서 주일 예배에 대한 분명한 신학적, 역사적, 그리고 목회적 혜안을 제시하고 있다. 예배의 갱신, 변화, 혹은 개혁을 단순한 방법론적인 접근에서의 제언이 아닌, 성서적, 역사적, 그리고 신학적이며, 그 무엇보다도 목회 현장에서 경험한 목사의 목회적 영성에 기초한 귀한 저서이다. 주일예배에 대해 고민하는 예배학도들과 목회자들은 반드시 이 책을 읽을 것을 권한다.

추천사

김상구 박사
(백석대학교 실천신학 교수)

오늘날 성경적 예배는 어떤 것일까? 성도들의 영혼을 깨우고 감동이 있는 경축적 예배는 어떤 것일까? 과연 삶을 변혁시키는 예배는 어떤 것일까? 이런 예배의 근본적인 질문에 대해 저자는 '예배 개혁자인 존 웨슬리로 본 한국 교회 주일예배'를 탐구하여 우리들에게 읽기 쉬운 방식으로 소개해 주고 있다. 저자는 한국교회 주일예배 예식서 연구의 전문성을 위해 끊임없이 고민하는 예배학자요, 일선 목회자로서 누구보다도 주일예배의 회복을 통한 한국교회의 희망을 시도하려는 차원에서 본서를 내 놓았다. 이는 한국교회 주일예배에 대한 이해와 갱신 방안에 큰 도움을 줄 것으로 확신한다.

본서는 제7부로 구성되어 있다. 저자는 하나님의 내러티브(God's narrative)를 어떻게 예배에서 구현했는가를 예배의 역사 속에서 찾아 한국 교회 예배 갱신의 방향을 제안하고자 한다. 제1부에서는 한국 교회의 예배 문제점을 간결하게 언급하면서 이를 해결하기 위해 예배신학적 틀을 모색하고 있다.

제2부에서는 기독교 예배의 성경적, 신학적 토대를 언급하면서, 예배 구성을 위한 시금석들(그리스도와의 관련성, 이해성과 공동의 섬김성, 삶의 관련성)을 핵심적으로 정리하고, 이후 존 웨슬리의 예배신학을 분석하기 위한 프레임을 제시하고 있다.

제3부에서는 웨슬리의 예배이해와 이를 발전시켰던 미국연합감리교회의 예배이해를 언급하면서, 감리교회의 예배신학적 틀과 주일예배가 어떻게 형성해 가며, 발전되었는가를 명료하게 정리하고 있다.

제4부는 본 저서의 핵심부로 웨슬리 예배신학적 전통이 어떻게 한국교회 주일예배로 유래되어 정착하였는가를 살펴보기 위해 초기 한국감리교회의 주일예배의 모습(1885-1931년)과, 『교회와 장정』(1931년, 1962년), 『감리교 예식규범』(1964년), 『기독교대한감리회 예배서』(1992년)에 나타난 주일예배를 비교 분석하고 있다. 이를 통해 저자는 선교 100년의 과정 속에 감리교회 주일예배는 큰 변화를 이루지 못하면서, 선교초기 선교사들이 전수해준 예배의 틀을 유지 발전시켰음을 밝히고 있다.

제5부에서는 예배갱신운동의 일환으로 각 교단마다 예배서에 관한 논의가 있었는데, 그중 감리교회에서 출간한 『새예배서』(2002년)에 나타난 예배신학적 의미, 주일예배의 기본구조와 형식 및 이를 통해 재발견된 예배신학을 언급하고 있다.

아울러 제6부에서 『새예배서』(2002년)를 적극적으로 활용할 수 있는 방향모색과 적용 가능한 모델을 제시하고, 마지막 제7부에서는 한국교회 주일예배에 희망이 있음을 확언하고 있다.

오늘날과 같이 다원화된 목회와 예배 환경 속에서 예배 본질을 지향하는 것은 매우 시급하며 중요하다. 이를 초대 교회 예배의 역사와 그 후 발전되어온 예배전통 속에서 찾고 있는 저자의 예배학적 통찰과 혜안이 한국 교회 예배 현장을 새롭게 하는 데 귀한 밑거름이 되기를 기대한다. 나는 주일예배의 본질 회복을 위해 애쓰는 저자와의 만남과 교제를 늘 기뻐하며, 예배의 본질과 주일예배의 올바른 실행을 위해 그 방안을 찾는 성도들과 신학생 및 목회자들에게 일독하기를 적극 권하면서 이 책을 기쁨으로 추천한다.

서문

한국교회 예배는 그동안 예배갱신 운동(Liturgical Movement)의 영향으로 많은 예배의 개혁과 변화를 시도하였다. 예배갱신의 목적은 무엇일까? 그것은 오늘의 예배를 통하여 "신령과 진리의 예배를 드림으로"(요 4:23) 하나님을 만나고 진정으로 하나님과의 만남을 통해 거룩한 응답이 일어나며, 오늘의 침체된 교회의 본질을 회복시키는 일에 포커스를 두는 일이라 하겠다. 즉, 예배는 예배 자체의 성공적인 과업보다 하나님을 영화롭게 하고, 회중의 삶의 변화를 통해, 교회를 교회되게 하는 표지(Sign)에 그 사명을 다하여야 할 것이다.

그러나 오늘의 한국교회는 세계교회들의 위기와 도전에 직면한 것과 마찬가지로 세속주의와 물질 향락추구와 포스트모더니즘이라는 다양한 과제와 위기 앞에 놓여져 있다. 예배갱신을 부르짖고는 있지만 여전히 예배에 있어서 많은 문제를 안고 있으며, 해결의 실마리는 좀처럼 풀리지 않고 있다. 한국교회 예배의 문제점에 대해 그동안 예배학자들이 수없이 제기하고 있는 바를 필자가 정리해 본다면 다음과 같은 것들을 들 수 있을 것이다.

한국교회 예배의 문제점은 첫째, 예배신학적 통합이 결여된 채 예배를 드리고 있다. 둘째, 문제해결에 대한 인식은 팽배하게 제시되는데 실제 해결중심의 예배로의 전환(Shift of Paradigm)을 실천하지 못하고 있다. 셋째, 예배예식서와 분리된 예배를 드림으로 집례자인 목사 1명에 예배순서를 1개씩 갖고 있다고 할 정도로 성경적, 신학적으로 통일된 예배예식서를 활용하고 있지 못하다는 점이다. 이러한 문제점은 어떤 위기를 초래하게 되는 것일까? 그것은 바로 주일예배에 대한 본질적 이탈을 형성하고, 나아가 예배를 통한 참된 응답으로서의 신자다움과 교회다움을 잃어버리게 한다는 것이다. 즉, 오늘의 예배의 문제는 주일예배를 올바르게 드리지 못하는 역기능적 실행에서 기인한다. 따라서, 주일예배의 온전한 배열과 진행(Sequence)을 통해 참된 교회의 표지로서의 예배를 회복해 나가야 한다고 믿는다.

기독교 예배는 예배의 역사와 신학의 발전을 통한 인식을 중요하게 다룬다. 초대교회의 예배전통과 오늘의 예배갱신 역사의 형성과정을 고찰해볼 때, 예배에는 구조적으로 두 기둥이 있음을 발견할 수 있다. 그것은 바로 "말씀의 예전과 성만찬의 예전"이다. 이것이 바로 오늘의 예배갱신의 첫 단초요, 핵심이라 할 수 있다. 물론 성만찬의 예전은 세례라는 성례전(Sacrament)를 포함하여야 할 것이다. 그리고 중요한 사실은 이러한 예배의 재발견에 비추어 문제인식을 발견하였다면 개혁과 변화를 시도할 모델을 도입하여 실제로 교회 현장에서 프락시스화 해야 한다. 진정한 예배의 갱신과 회복은 문제인식만 자꾸 나열하는데 그쳐서는 안된다고 본다. 그 이론을 정립하고, 실행할 수 있도록 구체적인 활용방안까지 제시함이 필요하다.

본서를 통해 한국교회의 예배갱신의 회복과 방안의 한 모델을 제시하며 프락시스화 하는 작업을 시도하였다. 이 작업을 위한 예배전통과 은혜의 도구는 존 웨슬리의 예배신학과 그 주일예배의 발전과 형성과정을 통해서 얻은 성찰들이다. 웨슬리의 예배신학과 예배 모델은 감리교회라는 특정교단을 배경으로 전개됨은 사실이다. 하지만, 웨슬리가 남긴 예배신학적 자료와 그로 인해 발전된 다양한 예배의 신학과 모델은 초대교회 예배전통을 기억(Anamnesis)하게 한다. 또한 오늘의 예배갱신을 위한 본질적인 회복과 예상(Prolepsis)을 위한 힌트를 주고 있음이 밝혀지고 있다. 본서는 존 웨슬리의 예배이해를 통해 발전하고 개혁할 수 있는 한국교회의 주일예배 신학의 방향과 갱신방안을 실제적으로 제시하였다. 또한 구체적인 예배모델과 가이드라인 등을 제시하였다. 한국교회가 주일예배 리셋(Reset)을 통해 새로운 변화의 바람이 다시 일어나길 소망해 본다.

본서가 나오기까지는 수년간의 망설임이 있었다. 필자보다 더 나은 주일예배신학과 예배예식서를 연구하고, 해설하여 한국교회 주일예배에 도움이 될 연구물에 대한 기다림에서였다. 아울러, 본서에 대한 여러 가지의 미흡함 때문이었다. 하지만, 필자를 예배학도로 만들어 주고, 신학교 강의와 학회 등에서 다양한 예배학적 고민과 나눔의 필요성을 고취시켜준 여러 손길들로 인해 감히 졸저를 내놓게 되었다. 먼저, 나의 스승 백석대학교 김상구 교수님의 끝없는 격려와 관심에 용기를 내어 이 글을 출간할 수 있었다. 또한 박사학위 논문심사 때부터 예배학의 매력을 지속하도록 독려해 주시고, 가능성을 제시해 주신 감리교신학대학교의 박해정 교수님의 은혜를 잊을 수 없다. 또한 합동신학대학원대학교의 이승진 교수님은 학문하는 자세와 교회현장에 대한 애정 어린 담론을 끊임없이 느끼게 해주었다. 위의 교수님들은 필자가 졸저를 들고 출간계획을 밝히자 기꺼이 추천사까지 써 주시며 응원해 주신분들이다. 참으로 감사하고 고마운 분들이다. 그리고 여러 신학교에서 강의할 수 있는 기회를 통해 "예배는 쉬워보여도, 예배학은 공부할수록 어렵다"는 단순하고 깊은 성찰을 갖게 한 수많은 학우들(목회자, 신학생)들에게 이 작은 열매를 나누고 싶다.

티칭사역과 목회사역을 병행하는데도, 늘 이해해주고, 사랑과 기도로 함께 해준 손길들도 있다. 가족과 교회이다. 아내와 아들과 딸은 이 작은 작업을 끝까지 지지해 주었다. 섬기는 교회(원주신촌교회)는 담임

목사가 예배학으로 한국교회를 섬기는 일에 쓰임받도록 항상 기도해주었다. 모두에게 진심으로 감사드린다. 이 모든 것이 가하도록 인도하신 분은 예배받으시기에 합당하신 창조주 하나님 아버지이시다. 하나님, 감사합니다.

2018. 2. 김영태

목 차

추천사(이승진) · 4
추천사(박해정) · 7
추천사(김상구) · 10

서문 · 12

제1부 문제 안에 있는 해답 · 19
제1장 한국교회 예배갱신– 문제 속에 그 해답은 있다 · 20
제2장 내용의 구성과 방법 · 28

제2부 기독교 예배의 토대와 시금석 · 33
제3장 예배의 성경적 토대 · 36
제4장 기독교 예배의 신학적 이해 · 55
제5장 기독교 예배구성의 시금석(試金石) · 63

제3부 존 웨슬리와 그 예배의 숲 · 73
제6장 감리교회 창시자 존 웨슬리의 예배이해 · 76
제7장 미국연합감리교회(UMC)의 예배이해 · 117

제4부 존 웨슬리 전통과 한국교회 주일예배 · 155

제8장 초기 한국감리교회의 주일예배(1885-1930) · 159
제9장 『교리와 장정』(1931)에 나타난 주일예배 · 205
제10장 『교리와 장정』(1962)에 나타난 새로운 표준예배 · 213
제11장 『감리교 예식규범』(1964) · 219
제12장 『기독교대한감리회 예배서』(1992)에 나타난 주일예배 · 232

제5부 한국교회 주일예배 리셋을 위한 모범적 모델 · 255

제13장 『새예배서』 발간 배경과 예배신학적 의미 · 256
제14장 『새예배서』에 나타난 주일예배의 기본구조 · 267
제15장 주일예배의 형식과 순서 · 272
제16장 예배신학적 재발견 · 301

제6부 한국교회 주일예배, 이렇게 드리라 · 306

제17장 주일예배 갱신을 위한 새로운 방향 모색 · 311
제18장 21세기형 한국교회 주일예배 모델(안) · 367

제7부 나가는 말 · 375

제19장 한국교회, 주일예배에서 다시 희망을 선포하자 · 376

참고문헌 · 384

표 목차

〈표-1〉 『장정』에 나타난 1910년-1930년대 주일예배 비교 · 190
〈표-2〉 『교리와 장정』(1962)에 나타난 주일예배 순서 비교 · 216
〈표-3〉 4가지 주일예배 모델(안) · 368
〈표-4〉 예배유형에 따른 활용 가이드라인 · 370

제1부
문제 안에 있는 해답

제1장
한국교회 예배갱신
- 문제 속에 그 해답은 있다

예배는 우리가 아니라, 하나님이 누구신가를 생각하는 것으로 시작한다. 하나님의 본성에 대한 계시가 모든 기독교 예배의 기반이다. 하나님이 예배를 시작하신다는 것을 인정하는 예배가 기독교 예배의 출발이라 할 수 있다.[1] 기독교 예배는 기독론에 근거하고 있으며 예배의 의미 분석도 기독론적이어야 한다. 전통적으로 기독교 예배는 예수 그리스도의 사건에 기초를 둔 성육신적인 것이며, 예수 그리스도 안에서 자신을 보여주신 하나님의 계시와 예수 그리스도를 통하여 하나님께 응답하는 인간의 행위로 다루어져 왔다. 따라서 예배의 내용은 예수 그리스도에 의한 구약의 성취로서, 그의 탄생, 삶, 죽음, 부활을 통해 악의 권세가 물러나고 새 창조가 시작된 것과 죄에서 승리하신 예수께서 우리의 삶과 그분의 연합된 몸으로서, 교회와 재림이후에 펼쳐질 온 세상을 영원히 통치하심을 포함한다.[2] 기독교 예배는 예수 그리스도 안에서(in), 그를 통하여(through) 활동하시는 하나님의 구원역사인 동시에 이에 응답하는 인간의 행위라고 말 할 수 있다.

예배를 구성하는 구조 문제에 있어서도 기독교 예배는 근본적으로 예수 그리스도와 관련되어 있다. 이 관련성은 기독교 예배가 복음의 증

---
[1] 콘스탄스 M. 체리, 『예배건축가』, 양명호 역(서울: CLC, 2015), 32.
[2] 로버트 웨버, 『예배란 무엇인가?』, 가진수 역(서울: 워십리더, 2014), 36-37.

언(말씀)과 세례와 성만찬(성례전)으로 분명하게 구성되어 있다는 것을 뜻한다.[3] 원시 기독교 예배요소를 성경신학적으로 접근했던 오스카 쿨만(Oscar Cullmann)의 분석에서도 원시 기독교인들은 매일모임을 갖기도 하였지만(행 2:46, 5:42; 눅 24:53 등), 예수께서 부활하여 제자들에게 나타나신 그 특별한 날(주님의 날)[4]을 기념하기 위해서도 모였다. 그들이 주로 모인 곳은 성전과 회당뿐만 아니라, 동시에 가정집에서 모이기도 하였다. 이때 원시 기독교 예배 구조의 토대는 말씀과 공동체적 성만찬이었다.[5] 물론 이 당시 예배에도 다양성과 유연성이 전제되어 있었다. 일정한 형식을 갖춘 고정 예배의식이 있었을 뿐 아니라, 자유로운 형식의 예배도 존재하였다.

로버트 웨버(Robert E. Webber)는 오늘의 예배갱신 방향에 대해 전통적 혹은 역사적 예배와 현대적 예배형태를 통합하는 형태로 발전하고 있다고 파악하였다. 그에 따르면 오늘날 예배갱신의 신학적 경향은 공히 말씀예전과 성만찬(성례)예전을 동시에 포함하는 원시 기독교 예배 전통의 회복에 그 기초를 두고 있다고 강조한다.[6] 그가 지적한대로 초대교회 예배에 대한 새로운 연구 결과는 오늘의 예배갱신의 초석이 되고 있다고 볼 수 있다.[7] 이처럼 원시 기독교 예배는 말씀과 성만찬이라는 2

---

[3] 크리스티안 그레트라인, 『예배학 개론』, 김상구 역(서울: CLC, 2006), 31.
[4] 주님의 날, 혹은 주일에 대한 의미에 대해서는 김정, 『초대교회 예배사』(서울: CLC, 2014), 23-35를 참조.
[5] 오스카 쿨만, 『원시기독교예배』, 이선희 역(서울: 대한기독교서회, 1984), 8-10.
[6] 로버트 웨버, 『예배가 보인다 감동을 누린다』, 김세광 역(서울: 예영커뮤니케이션, 2004), 49.
[7] 초대교회 예배에 관한 연구는 리츠만(H. Lietzman), 오스카 쿨만(O. Cullmann), 폰 알멘(J. J. von Allman)으로 이어지는 신약성경학자들의 예배자료를 참고할 수 있다. 리츠만은 20세기 초반부터 초대교회 예배요소들을 연구함에 있어 연구서적 접근으로서 후대의 예배자료를 먼저 연구하고, 역류하여 성경적인 배경을 검토하는 기본원칙을 세워 연구하였다. 오스카 쿨만은 리츠만의 이런 접근방법을 비판하면서 초대교회 예배요소들을 처음의 발생요소 때부터 검토한다. 쿨만은 원시 교회 공동체의 삶을 묘사한 사도행전의 구절들과 고린도전서에 기록된 사도바울의 서술과 요한계시록의 예배 연구로부터 시작하여 주후 150년까지의 원시 기독교 문헌을 검토하여 연구하였다. 『열두 사도들의 가르침』(디다케)과 저스틴(Justine)의 『제1변증서』를 검증하면서 초대교회 예배에 관한 전반적인 결론을 연구하였다. 그의 연구결과 결정적인 것은 기독교 예배는 말씀만을 축으로 하거나 성만찬만을 중심으로 해서는 안 된다는 것이다. 말씀과 성만찬을 따로 분리한 기독교 예배는 존재할 수 없다는 것이다. 폰 알멘은 신약학자로서 세계 예배갱신 운동의 도화

중 구조로 되어 있음을 알 수 있다. 그리고 초대교회 예배구성과 형식, 용어는 지속적으로 발전되었다. 이러한 2중 구조의 예배는 현대에 이르러 예배 신학적 구조의 발전에 따라 4중 구조로 발전 되었다.[8] 4중 구조를 취하면서 예식서의 충실한 사용을 따르는 예전적 성향을 띠게 된 것이다. 예전적 교회들은 신·구교를 막론하고 예배구조에 있어 예배의 4중 구조인 도입(Entrance), 말씀예전(Word), 성만찬예전(Table), 파송(Dismissal) 등의 형식을 취하고 있다.[9] 그러나 오늘의 예배는 어떤가? 예배의 형식은 여전히 말씀(설교)중심의 예배가 대세를 이루고 있음을 부정할 수 없을 것이다. 이것이 오늘의 예배에 가장 큰 문제이다. 따라서 오늘의 예배갱신의 기초를 논할 때, 가장 시급하게 회복해야 할 부분과 중요한 내용은 예배 구조의 변화라 본다. 특히 주일예배 갱신의 측면을 논할 때 예배의 4중 구조를 회복하는 것은 가장 모범적인 예배갱신의 해답이라 확신한다. 일주일만 해도 여러 차례 예배가 실행되는 한국교회 상황에서 적어도 공적 주일예배만은 4중 구조 형식을 지향하며, 예배갱신을 반영한 예배라야 한다고 믿는다.[10] 왜냐하면 예배 구조는 예배의 내용을 올바르게 담아내고, 그 내용은 예배 형식의 틀을 형성하기 때문이다. 형식이 없는 내용은 무질서하며, 그리스도 사건을 본질적으로 충실하게 표현해 내지 못하기 때문이다.

선이 되었던 인물로서, 개신교의 각 교단마다 예식서 수정작업을 하게 되는 직접적인 동기를 제공하였다. 그는 말씀과 성만찬을 통전시킨 예배가 예배의 원형임을 바로 잡게 하였으며 세계교회협의회의 리마문서(BEM)의 성취를 위해 공헌하였다. 자세한 초대교회 예배 연구 자료로 오스카 쿨만, 『원시기독교예배』; 랄프 마틴, 『초대교회예배』, 오창윤 역(서울: 은성, 1993); 페르디난트 한, 『원시기독교예배사』, 진연섭 역(서울: 대한기독교서회, 1988); 남호, 『초대기독교예배』(서울: 기독교대한감리회 홍보출판국, 2001); 김상구, "초기 기독교 예배 형태에 관한 소고", 한국복음주의실천신학회, 『복음과 실천신학』제13권(2007); 김정, 『초대교회 예배사』(서울: CLC 2014) 등을 통해 심층적인 초대교회 연구 자료를 도움 받을 수 있다.
8 웨버, 『예배가 보이다 감동을 누린다』, 60.
9 김순환, 『21세기 예배론』(서울: 대한기독교서회, 2003), 18.
10 주일예배의 올바른 시행 문제는 예배예식서와 구조 문제에 관한 범위임을 다시 한 번 밝힌다. 물론 신자들이 일상의 삶을 예배자로 살아야 한다는 의미에서는, 마이클 퀵이 지적한대로 예배를 주일예배에 국한(Sunday-only Worship)해서는 안된다. 마이클 J. 퀵, 『예배와 설교』, 김상구·배영민 역(서울; CLC, 2015), 84-85.

예배의 4중 구조는 한국감리교회 예배예식서를 통해 볼 때에도 중요한 특징으로 나타나고 있다. 특히 가장 최근의 한국감리교회의 예배예식서인 『새예배서』(2002)에 나타난 주일예배는 4중 구조의 형태를 보여주고 있다. 한국감리교회의 예배갱신과 예배예식서 발전 속에서 인식할 수 있는 예배의 4중 구조 이해는 중요한 연관성을 갖고 있다고 볼 수 있는 것이다.

20세기 후반부터 흐르는 감리교회 주일예배의 특징은 성만찬을 중시하는 예전갱신 운동(Liturgical Renewal Movement)에 합류하면서 이를 반영하여 발간한 예배예식서를 갖고 있다는 점이다.[11] 한국감리교회 역시 다른 교단과 마찬가지로 제2차 바티칸 공의회(1962-65) 이후 세계교회의 예배갱신에 부응하여 왔고, 주일예배 갱신을 통한 예배발전을 기해왔다. 이러한 발전에 대한 반영은 『새예배서』(2002)를 발간함으로 절정에 이르고 있다. 물론 이러한 예배예식서의 발전은 하루아침에 이루어진 것이 아니라, 교회발전과 함께 예배발전의 역사가 있어왔음을 시사해주고 있다. 그리고 예배예식서의 발간은 예배에 있어서 그 구조문제를 중요하게 다루어야 함을 보여준다.

하지만 한국감리교회는 예배갱신의 흐름과 그 영향을 크게 받으며, 좋은 예배예식서까지 가지고 있으면서도 여전히 예배에 있어 여러 가지 문제점을 안고 있다. 특히 예식서에 대한 그 활용도나 인식은 아직도 극히 미미한 수준이다. 이는 비단 감리교회뿐 만은 아니라, 대부분의 교단 상황도 유사하리라 본다. 필자는 이점이 바로 한국교회 예배의 문제점을 그대로 내포하고 있는 상황으로 파악한다. 한국감리교회의 예배 상황에 범위를 두면서 이에 대한 문제점을 세 가지로 요약하여 지적하고 싶다. 첫째, 다양한 예배전통의 통합을 실현하지 못하고 있다는 점

---

[11] 퀵, 『예배와 설교』, 23-24. 예전갱신 운동이란 20세기에 접어들면서 통전적인 예배개혁의 일환으로 말씀과 함께 성만찬(Eucharist)의 회복을 비중 있게 취급하고, 각 교단의 예배예식서 개정과 발간에 큰 영향을 준 예배운동을 포괄적으로 지칭하는 용어이다.

이다. 예를 들면, 예배의 시금석이 설정되어 있지 않으며, 역사적 예배 유산을 적극 활용하지 않고 있고, 현대문화 이해에 따른 다양성을 반영하면서도 통일성을 유지하는 예배 설정이 이루어지지 않고 있다. 둘째, 한국교회 예배학자들이 공통적으로 정의하고 있는 문제점을 인식하면서도 실제 해결하려는 노력은 부족하다는 것이다. 예를 들면, 말씀과 성례의 불균형, 4중 구조가 없는 예배구성, 회중의 적극적인 참여부족, 목사우위의 말씀중심예배, 현대문화의 몰이해, 통일성과 다양성의 결여, 상징성과 신비감의 결여, 목회자의 예배신학적 이해부족에 대해 인식은 갖고 있지만 해결중심의 노력이 여전히 부족하다는 점이다. 셋째, 예배예식서와 분리된 예배를 드리고 있다는 점이다. 이것은 예배갱신에 대한 반영이 취약함을 드러내 준다. 특히 주일예배에서 조차 예배예식서가 적극적으로 활용되지 않고 있는 실정이다. 이에 대해서는 교단의 책임도 크겠지만, 목회자의 예배신학적 이해 부족에서 기인한다고 볼 수 있다.

한국교회 주일예배는 초기 선교사들이 전수해 준 예배형식에 가장 많은 영향을 받았다. 한국교회 일부 예배학자들은 서구 예배학자들의 관찰을 인용하여 한국의 초기교회들의 예배는 예전적 요소가 없는 비예전적, 집회중심형 예배였다고 정의하기를 주저하지 않는다.[12] 그 결과 오늘의 예배에까지 지대한 영향을 끼치고 있다는 것이다. 하지만 이런 확정적 정의에 대해 전적으로 동의해야 하는가도 고민할 과제라 본다. 한국 초기교회에 들어온 예배가 미국의 개척자예배(Fronteer Worship)의 분위기 속에서 들어온 것은 사실이지만, 당시 미국교회 예배의 흐름은 예전을 잃지 않으려는 청교도주의와 개혁주의 전통도 만만치 않게 상존하였다. 미국교회의 상황은 예전예배와 비예전적 예배가 공존했으며, 적어도 이같은 인식과 흐름속에 한국의 초기교회 예배는 유입되었

---

12 정장복, 『예배의 신학』(서울: 장로회신학대학교 출판부, 2000), 16-18.

고, 그 영향을 받았다는 논점을 상기해야 한다고 본다. 아펜젤러만 보더라도 개혁주의 배경속에서 당시 대각성 부흥운동에 합류하였던 점을 우리는 쉽게 간과해서는 안될 것이다.

아펜젤러는 독일 루터파교회 출신의 부모밑에서 영적 양육을 받고 자랐으며, 어릴적엔 『하이델베르크 요리문답』을 통해 잘 훈련받고, 1872년 11월 14세가 되던 해에 임마누엘 개혁교회에서 개혁교회 목사 S. 피셔에게서 세례와 견신례를 받았다. 이후 랭카스터에 있는 개혁교회 대학인 프랭클린 마샬 대학(Franklin and Marshall College)을 졸업하였다. 1879년 그의 생애 큰 변화가 일어나는데, 1879년 랭카스터에 있는 감리교도들과 많은 교제를 하면서 여러 집회를 참석하게 된다. 아펜젤러는 랭카스터 제일감리교회의 조모임(class meetings)과 기도모임에 매료되면서, 1879년 4월 20일, 그는 자신이 감리교 신도로 받아들여졌다고 고백하면서, 당시 일기에 이렇게 적고 있다.

"개혁교회에서 감리교회로 옮기는 문제에 대해 이전의 모든 생각과 논쟁들은 오늘 모두 끝났다. 나는 감리교회의 완전한 신도로 받아들여졌기 때문이다. 1876년 10월 1일 회개한 이래 나는 주로 감리교도들과 함께 지내면서 개혁교회에서보다 훨씬 편안하다는 느낌을 받았다. 나는 감리교회에 가입하는 것이 나의 의무라고 생각하며, 오늘 내가 한 일은 오로지 하나님의 영광을 위하여 한 일이라고 생각한다"[13]

20세기 중반이래로 세계교회는 물론 한국교회 역시 예배갱신의 끊임없는 노력들을 기해왔다. 이러한 노력의 결과로 탄생되었던 것이 바로 각 교단의 예배예식서이다.[14] 특별히 한국감리교회는 그동안 예배갱

---

[13] 여기에 대한 자세한 내용은 이만열 편저, 『아펜젤러-한국에 온 첫선교사』(서울: 연세대학교 출판부, 1985), 58-63을 참조.
[14] 20세기 말에 각 한국교회 교단은 예배갱신을 추구하면서 새로운 예배서와 예식서를 만들어 발간하였다. 예배갱신의 가장 선도적 역할을 한 한국기독교장로회(기장)에서는 『예식서』(1983, 2001)와 『희년예배서』(2003)을 발행하였다. 감리교(기감)에서는 『예배서』(1992)와 『새예배서』(2002), 성결교(기성)은 『새예식서』(1996, 2001)와 『예배와 예식서』(2004), 장로교(통합)은 『표준예식서』(1997)와 『예배예식』(2008)』, 성결교(예성)은 『목회예식서』(1997), 장로교(고신)은 『예전예식서』(1999)를 발간하

신과 예배예식서 개발에 많은 노력을 기해왔다. 그러나 그러한 노력의 결실이 극히 부족함을 인정하지 않을 수 없다. 개 교회 예배현장에서 그 결실이 제대로 활용되고 있지 않기 때문이다. 예배갱신의 진정성은 예배예식서에 있다고 해도 과언은 아니다. 그러나 문제는 예배예식서가 적극 활용되고 있느냐 하는 점이다. 이점에 있어 한국감리교회는 반성할 여지가 많다.

한국감리교회 뿐 아니라, 한국교회 예배의 문제와 위기는 주일예배의 총체적 문제점으로 인식해야 한다. 그리고 문제 제기 속에는 그 해답이 분명 있다. 『새예배서』(2002)는 세계교회 예배갱신 흐름 속에 있고, 특히 주일예배는 그 정점에서 한국감리교회 예배갱신에 있어 문제해결의 단서를 제공하고 있다. 따라서 이를 적극 활용할 수 있도록 해야 한다. 예배의 문제점을 회복하는 것은 예배의 목적을 회복하는 것과 같은 맥락에서 이해할 수 있다. 예배의 목적은 개인의 소원성취나 유익을 위해 있지 않으며, 예배 그 자체를 위하여 수행하는 오푸스 데이 (Opus Dei), 곧 '하나님의 일'이며,[15] 그리스도의 몸인 공동체성의 강화 (οἰκοδομή)이다.[16] 따라서 예배의 문제 해결은 그 목적에 부합하는 올바른 예배 원형 회복에 있다고 하겠다. 이러한 문제들을 해결하기 위한 시도로서 주일예배예식서는 예배학에서 가장 주목해야 할 영역이라 할 수 있다. 그러나 한국교회 예배학은 그동안 입문이나 이론을 소개하는데 치중되었고, 실제로 예배예식서를 다루는 것은 취약하였다고 할 수 있다.

본서는 존 웨슬리에 뿌리를 둔 감리교회의 기원과 존 웨슬리의 예배를 집중적으로 조명하면서, 한국감리교회 예배에 직접적인 영향을 끼

여 사용하고 있다. 한편 용어에 있어서 각 교단은 "예배서"와 "예식서"를 혼용하여 사용하고 있음을 보여주고 있는데, 본서에서는 "예배서"와 "성례예식서"를 포함하는 용어로서 "예배예식서" 라는 고유용어를 독창적으로 사용할 것이며, 필요에 따라 "예배서", "예식서"등으로 선택하여 사용하고자 한다.

[15] 프랭클린 M. 지글러, 『예배학 원론』, 정진황 역(서울: 요단 출판사, 2006), 17.
[16] 쿨만, 『원시기독교예배』, 30.

친 미국감리교회 예배 그리고 한국감리교회 초기 주일예배부터 2002년 『새예배서』에 나타난 주일예배에 이르기까지 관련한 다양한 역사적 자료를 발굴하여 분석하고, 평가하면서 존 웨슬리에서 보는 한국교회의 주일예배의 새로운 가능성을 살펴보려고 한다. 그리고 예배 프락시스(Praxis)로서 한국교회 예배의 실제 방안을 제시하며, 개 교회에서 활용 가능한 주일예배 모델들을 제안함으로서 한국교회 예배갱신, 특히 주일예배 회복과 발전에 대한 해답을 제시해 보고자 한다.

제2장
내용의 구성과 방법

　한국교회 예배 문제는 주일예배에 대한 총체적 문제로 인식해야 한다. 그리고 해결중심의 관점에서 접근하기를 힘써야 한다. 최근에 많은 연구가 진행된 초기 한국교회 예배연구에서 나타난 이해와 함께 그 한계를 극복하는 대안들이 소개되는 것이 중요하다. 특히 오늘의 예배 구조를 갖추기까지 진행되어온 주일예배예식서의 형성과정을 탐구하는 일은 참으로 의미있고 유용한 일이다.

　이런 점에서 본서가 살피려고 포커스를 둔 한국감리교회 주일예배의 형성과정과 발전 역사를 살펴보는 일은 감리교회 예배뿐 아니라, 한국교회 전반에 걸친 예배 회복의 방향성 측면에서 큰 도움이 될 것이다. 주일예배의 역사와 형성과정을 고찰하기 위해서는 신학적, 역사적, 예전적 이해와 분석을 시도하는 일이 타당하다. 주일예배의 발전은 성경적, 신학적 배경을 함의하고 있으며 교회 발전 역사와 함께 이루어졌다. 예배예식서는 처음부터 틀을 갖추고 있지 않았다. 한국감리교회는 1992년 『예배서』를 발간하면서부터 본격적인 예배예식서의 발전을 가져왔다고 볼 수 있다. 그러나 예배서 이전의 주일예배 문헌부터 형성과정을 고찰해야 연속성과 일관성 있는 분석과 평가가 유지될 것이다.

　본서의 목적을 달성하기 위한 연구방법은 초기부터 오늘에 이르기까지 시행되던 주일예배 형태와 순서, 예배서 등의 문헌을 발굴하여 분석하고 평가하는 것이다. 이에 대한 1차 문헌 자료는 역시 감리교회의 기원과 존 웨슬리의 예배와 미국감리교회의 예배연구를 시작으로 하여, 1885년 이후 아펜젤러를 비롯한 초기 선교사들이 사용하던 주일예배 자료, 1930년대 까지 미감리회와 남감리회 하에서의 감리교 헌법이라 할 수 있는 *Discipline*(『장정』이라고 칭함)상에 나타난 주일예배 자료를 고찰할 것이다. 초기 한국감리교회 예배는 전적으로 미국감리교회와 그 예배에 크게 의존하고 있었고, 21세기 예배에까지 미국감리교회 예배는 한국감리교회에 많은 영향을 끼쳤다. 따라서 미국감리교회의 예배문헌도 심도 있게 살펴보아야 한다. 그리고 1930년 이전의 예배 문헌들과 한국감리교회가 자치적 교단으로 하나로 통합하여 탄생한 시기인 1930년대 이후의 주일예배 문헌으로 기독교대한감리회『교리와 장정』이 주일예배 이해에 전해주고 있는데, 그중 1931년『교리와 장정』에 나타난 주일예배와 1964년에 등장한『감리교예식규범』은 중요한 문서이다.

이후『예배서』라는 공식문헌으로 나오기 시작한 1992년『예배서』와 가장 최근의 예배서인 2002년『새예배서』에 나타난 주일예배를 집중적으로 살핀다. 본서를 전개함에 있어 2차 문헌으로는 주일예배서의 형성, 역사적 배경과 토대가 되는 예배신학에 관련된 연구물이다.

한국감리교회 예배 형성시기와 범위에 대해서는 초기 한국교회에 파송된 선교사들의 공적 내한 시기인 1885년부터 시작하여 한국감리교회 예배서의 새로운 지평으로 세상에 내놓은 2002년『새예배서』까지로 한다. 방대한 시기와 분량의 자료를 분석하고 평가해야 하기 때문에 본서에서는 주일예배에 관한 발전 과정과 내용으로 그 범위를 제한하여 전개하려고 한다. 따라서 감리교회의 공식적 예배문서라고 할 수 있는 초기선교사 시기의 주일예배 자료, 미국감리교회『장정』과『예배서』(*Book of Worship*, 1945, 1965와 *UMBW*, 1992), 그리고 한국감리교회의『교리와 장정』,『예배서』(1992, 2002) 등의 주요 자료가 그 범위가 될 것이다. 연구를 주일예배 형성과정의 관점에서 시도했기 때문에 연구 자료와 연구 시기는 역사적 순서와 배열을 따라 진행될 것이다. 특히 2002년 『새예배서』에 나타난 주일예배자료를 심도있게 취급하며 소개하고자 한다.

본 글의 구성은 총7부로 구성하였다. 제1부에서는 한국교회 예배갱신- 문제 속에 그 해답은 있다는 사실을 강조하며, 예배에 대한 문제중심의 차원을 해결중심의 차원으로 나아가야 함과 본서의 구성 내용을 역설하였다.

제2부에서는 기독교 예배의 원리와 성경적, 신학적 예배이해를 살피고, 기독교 주일 예배구성의 시금석에 관해 살펴보려고 한다. 한국교회 예배갱신은 예배에 대한 문제 인식부터 출발해야 한다. 예배에 대한 올바른 성경적, 신학적, 역사적 이해가 반드시 필요한 이유이다.

제3부에서는 감리교회 예배의 기원을 고찰하게 되는데, 여기서는 감리교회 창시자 존 웨슬리 예배와 미국감리교회(UMC) 예배를 다루려고 한다. 웨슬리 예배는 감리교회 예배의 효시라고 할 수 있고, 미국감리교회 예배는 한국감리교회 예배 형성에 지대한 영향을 끼쳤다. 웨슬리 예배의 예배신학적 특징과 함께 웨슬리 주일예문을 살펴볼 것이고, 미국감리교회 예배는 예배신학적 특징과 함께 예배의 발전과정과 예배서에 나타난 주일예배의 숲을 고찰하고자 한다. 제3부에서 살피는 미국감리교회 예배는 20세기에 공식적으로 미국감리교회(UMC)에서 발간한 1965년 『예배서』(*Book of Worship, 1965*), 1992년 『예배서』(*United Methodist Book of Worship, 1992*)에 나타난 주일예배를 살펴볼 것이다.

제4부에서는 존 웨슬리 전통에 따른 한국감리교회 주일예배의 형성과정을 고찰하려고 한다. 형성과정의 관점에서 고찰할 것이기에 시기별로 구분하여 각 시기별로 행해졌던 주일예배 문헌들을 살필 것이다. 첫 번째 시기로 1885년부터 1930년대의 초기한국감리교회 주일예배를 다룬다. 이때는 초기 선교사 시기이며 한국감리교회가 남·북감리회

[17]의 관할 하에 있었기 때문에 거의 남·북감리회 헌법이라 할 수 있는 『장정』에 나타난 주일예배를 살펴본다. 여기에서 초기 한국교회에 전해준 선교사들의 주일예배가 과연 처음부터 비예전적 성향의 예배였는지, 예전적 성향의 예배를 소개하면서 시도했지만 정착되지 않은 것인지, 그렇다면 그 원인은 무엇 때문인지 등도 살펴볼 것이다. 두 번째 시기는 1931년 『교리와 장정』에 나타난 주일예배를 다룬다. 1930년은 한국감리교회가 남·북감리회 하에 있다가 통합을 하여 자치적 기독교조선감리회를 태동한 시기이다. 그 이듬해 1931년 최초로 『교리와 장정』을 내놓았고, 본 글에서는 여기에 있는 주일예배를 살필 것이다. 그리고 나서, 세 번째 시기로는 『교리와 장정』(1962)에 나타난 새로운 표준예배를 살피고, 1964년 최초의 예배에 관한 안내, 규범집이라 할 수 있는 『감리교 예식규범』(1964)을 살펴보려고 한다. 네 번째 시기는 최초의 예배서를 발간하게 된 1992년 『예배서』를 살피며 분석해 보고자 한다. 이 예배서에서 부터 예배의 4중 구조 형식을 갖춘 주일예배가 소개되어 나온다. 1960년대 이후 세계교회의 예배갱신의 영향을 크게 받은 결과물로서 예배서가 발간된 것이다. 예배서 안에는 말씀중심의 예배, 말씀과 성만찬을 함께 드리는 예배, 성만찬만으로 드리는 예배 등을 소개한다.

제5부에서는 한국교회 주일예배 리셋을 위한 모델을 소개한다. 여기에서는 한국교회 예배갱신의 결실이라 할 수 있는 한국감리교회 예배예식서의 새 지평으로 발간한 『새예배서』(2002)에 나타난 주일예배에 대

---

[17] 당시 미국감리교회는 남·북 두개의 감리교회를 형성하고 있었다. 아펜젤러(Henry G. Appenzeller)부부와 스크랜톤(William B. Scranton)부부가 내한한 1885년 4월 5일부터 공식적으로 한국감리교회 선교를 시작한 미국감리교회를 미감리회 혹은 북감리회라 한다. 남감리회는 개화파 지도자 윤치호가 망명중이던 1887년 4월 중국 상해에서 세례받고 한국최초의 남감리회 교인이 되면서부터 시작되었고, 1895년 중국에 있던 헨드릭스(E. R. Hendrix)감독과 리드(C. F. Reid)가 내한하여 본격적으로 선교를 시작한 미국감리교회를 말한다. 본 글에서는 남·북감리교회를 구분하여 사용할 때는 북감리교회는 미감리회, 남감리교회는 남감리회로 사용하고, 구분을 두지 않을 때는 미국감리교회라는 용어를 사용하기로 할 것이다. 기독교대한감리회, 『교리와 장정』(서울: 기독교대한감리회 홍보출판국, 2003), 22-23; 유동식, 『한국감리교회의 역사 I』(서울: kmc, 2005), 29-39, 122-131을 참조.

해 심도 있게 전개할 것이다. 먼저 『새예배서』의 신학적 의미를 언급한 후 주일예배서의 기본구조를 자세히 살펴볼 것이며, 다양한 주일예배 형식과 그 순서를 나열하면서 분석하고 평가해 볼 것이다.

제6부는 한국교회 주일 예배, 이렇게 드리라는 내용으로 한국교회 예배갱신 방향모색과 주일예배의 모델을 제시할 것이다. 본서에서 언급했던 문제제기와 연구목적을 달성하기 위한 새로운 해결모색 방안을 크게 3가지 측면에서 다룰 것이며, 예배갱신의 지속적인 필요성과 그 한계점도 언급하려고 한다. 그리고 21세기 한국감리교회 주일예배에 새로운 변화를 기하면서 지금까지 연구한 자료를 근거로 실제 개체 교회에서 실행할 수 있는 4가지 주일예배의 모델(안)을 제시 해보려고 한다. 실제 개 교회에서 예배신학적으로 올바른 주일예배가 실현되기를 소망하면서 활용할 수 있는 가이드라인을 제공함으로서 실제적인 해결방안제시를 하려고 한다.

마지막 제7부는 한국교회 예배갱신 과제를 주일예배 회복에 두면서 다시 한 번 예배의 희망을 선포해 보고자 한다. 교단은 물론 개 교회의 목회자들이 예배, 특히 주일예배에 관심을 갖고 시도한다면 한국교회는 예배를 통해 잔잔한 희망적인 변화가 밀려올 것으로 기대한다. 예배만이 한국교회 회복의 희망이다. 지금 아무리 한국교회가 위기에 직면했다 해도 주일예배의 온전한 이해와 실행이 되살아난다면 하나님께서 기뻐하시는 주님의 교회로 든든히 서 갈 것이라 확신한다.

제2부
기독교 예배의 토대와 시금석

21세기 기독교 예배는 예배신학에 충실하면서 예배 역사와 전통을 소중히 다루는 형태를 취하고 있다. 이러한 이해를 통해서 다양한 예배 경험이 소개되고 있으며, 예배갱신이 시도되고 있다고 볼 수 있다. 로버트 웨버는, 현대 예배학에서 많은 예배역사와 고대 예배형식 자료들이 소개되고 있으며 이러한 고대 예배형식은 오늘날의 예배갱신에 큰 의미를 부여한다고 하였다. 현대 기독교 예배는 성령의 인도하심을 따라 오랫동안 전승되어 온 예배유산과 동떨어져서는 안 된다고 보았다.[1] 기독교 예배는 예배전통과 유산을 포함하면서도 현대적인 예배 패러다임을 중요시해야 한다. 예배의 바람직한 경향은 생동감을 회복해야 하고 지루함을 없애야 한다. 그러면서도 지성이나 감성에만 치우친 예배로 드려서는 안 될 것이다.

기독교 예배는 그 형태와 기능면에서 다양한 모습을 보여왔다. 예전적인 예배를 지향하는 교파가 있는 반면, 구도자 중심의 예배, 찬양예배를 중심으로 하는 교회들이 있다.[2] 최근에는 고대와 미래교회 예배를 연결하는 일명 '떠오르는 예배'인 이머징 예배(Emerging Worship), 예배 안에 창조와 타락, 구속, 새 창조의 역사를 담지하는 그리스도 중심적 예배(Christ-Centered Worship), 세대간 분리되어 따로 드리는 예배가 아닌 세대간 통합 예배를 시도하는 교회들이 생겨나고 있다. 파편적

---

[1] 웨버, 『예배학』, 7.
[2] 앤디 랭포드, 『예배를 확 바꿔라』, 전명식 역(서울: kmc, 2005), 31.

인 예배가 아닌 고대교회 예배와 현대교회 예배를 융합하는 컨버전스(Conversions Worship) 예배도 등장하고 있다. 이 뿐만이 아니다. 2015년 7월에 한국의 젊은이들이 교회를 이탈하는 현상을 그대로 방치할 수 없다하여, 주로 전자음악을 하는 사람들이 젊은이들의 취향에 맞추어 전자악기를 연주하며, 화려한 조명 불빛 아래서 댄스음악을 추며, 예배드리는 디제잉 워십 순서에서 EDM(Electronic Dance Music)[3] 공연까지 출현하고 있다. 어떤 예배학자는 설교의 홍수 속에 예배의 본질이 훼손되고 있다 하여 이른바 '설교 없는 예배'까지 소개하고 있다. 물론 시대의 흐름에 따라 예배는 다양하게 변하고, 그 속도 또한 빨라서 충분히 소개도 되지 않은채 퍼지는 예배들도 다양하게 나타나고 있다.

고대부터 현대에 이르기까지 예배는 여러 형태로 발전되어 왔지만, 기독교 예배는 하나님과 회중의 만남을 통해 하나님의 영광을 드러내어야 하며, 장차 하나님의 나라에서 드릴 천상의 예배를 현시점에서 미리 맛보는 구원의 축제로 승화되어야 한다. 예배는 다양성 속에서 일치를 추구하여야 하고, 무엇보다 성경과 예배신학에 토대를 둔 예배이어야 한다. 또한 원시교회부터 행해왔던 예배전통과 유산을 발굴하여 현대 예배갱신에 반영해야 하며, 동시대의 문화적 영향을 전적으로 무시할 수도 없다. 때문에 기독교 예배는 몇 가지 원리와 이해를 추구해야 한다. 이것은 세 가지 측면에서 살펴 볼 수 있다. 첫째, 예배의 성경적 토대가 있어야 한다. 둘째, 예배의 신학적 이해가 전제되어야 한다. 셋째, 예배는 그 형태와 구성이 있는데 그 시금석을 기초로 하여야 한다.

---

[3] 한국기독학생회(IVF)가 2015년 7월 13-17일 천안 고려신학대학원에서 열린 전국리더대회 개막식에서 있었던 디제잉 예배 일환으로 행해졌던 'EDM(Electronic Dance Music)' 공연을 지칭한다. EDM은 방송매체 M-net '트로트엑스'라는 쇼프로그램에서도 등장하는 음악 장르인데, 이 프로그램은 기존 트로트에 록, 힙합, 댄스, EDM(일렉트로닉 댄스 음악) 등 다양한 장르와 결합해 현대적으로 재해석한 버라이어티쇼다. 이 공연은 젊은이들이 유흥주점인 나이트 클럽을 연상케 하는 요란한 조명과 전자음악에 맞추어 댄스 페스티발을 방불케 하는 춤을 추며, 소리를 지르고, 서로 뒤엉켜 노래하는 공연으로, 타락한 한국교회 예배의 자화상을 엿보게 한 것이라는 혹평과 함께 최근 논란을 일으키고 있다. http://www.christiantoday.co.kr/view.htm?id=284744 참조.

제3장
예배의 성경적 토대

1. 기독교 예배의 정의

 기독교 예배는 한두 마디로 정의하기 어려운 것이 사실이다. 예배학자들의 견해도 다양하다. 예배 '용어'에서부터 시작하여 '기독교 예배가 어떤 것이냐' 라는 예배형태와 문화적 차이에 따른 예배구성도 존재하기 때문에, 그 정의를 한 두 마디로 내린다는 것은 어려운 일이다. 하지만 그동안 학자들의 연구를 토대로 기독교 예배에 대한 이해를 해결하는 것이 최선의 방법이라 본다.
 기독교 예배를 정의하는데 있어 시기별로 탁월한 공헌을 한 예배학자들의 정의를 살펴보기로 한다. 이러한 방법으로 살피다보면 기독교 예배에 대한 공통의 정의가 드러나게 될 것이다. 살펴보고자 하는 예배학자로는 카젤(Dom Odo Casel O.S.B), 피터 브룬너(Peter Brunner), 쟝자크 폰 알멘(Jean Jacques von Allman), 폴 훈(Paul. W. Hoon), 제임스 화이트(James F. White)이며 최근의 학자인 로버트 웨버(Robert E. Webber)와 한국의 예배학자 박은규, 김상구 등이다.
 먼저, 기독교 예배에 대해 "부활의 신비"(The Paschal mystery)로 설명하려는 경향이 있다. 이 용어는 독일 베네딕트 수도원 수사였던 카젤에게서 유래한다. "부활의 신비"란 우리의 예배가운데 현존하시고 역사하시는 부활하신 그리스도를 의미한다. 부활의 요소는 그리스도이신 예수의 삶과 선교와 수난과 죽음, 그리고 부활과 승천에 있어서 중심적인 구속행위이다. 그는 이 "부활의 신비"를 예배를 통해서 기독교 공동체가 그리스도의 속죄행위에 참예하는 것으로서 설명할 수 있다고 하였다. 카젤은 그의 저서 『기독교 예배의 신비』(*The Mystery of Christian Worship*)에서 기독교인의 생활이란 우리 자신의 예배를 통하여 거룩하게 되는 역사를 의미한다고 한다. 교회가 구속사의 사건을 기념할 때, 그리스도이신 예수께서 직접 교회, 즉 그의 부르심을 받은 자(ecclesia)를 통하여 현존하며 역사하시고, 교회는 그분과 함께 살아 움직인다는 것이다.[4]

하이델베르크 조직신학자 피터 브룬너는 그의 저서 『예수의 이름으로 드리는 예배』(*Worship in the Name of Jesus*)에서 하나님께서 사람에게 봉사한다는 의미와 사람이 하나님께 봉사한다는 이중의 의미를 가진 "예배"라는 뜻을 가진 독일어 "Gottesdienst"로 표현하고 있다.[5] 그에 따르면 하나님은 양편 모두에게 역사하시는 분이라는 것이다. 처음과 나중 되시는 하나님, 그 한분만이 예배를 가능하게 하신다. 하나님의 은사가 하나님에 대한 인간의 헌신을 불러일으키는 것이다.[6] 브룬너에 따르면, 예배는 예수 이름 안에서의 공동체 모임이며, 하나님의 구원사 안에서의 근본적인 사건이다. 예수와의 관계를 통해 옛 계약과 하나님의 구원사의 시초인 인간창조와 타락사건으로 돌아가도록 지시하며, 다른 한편으로는 하늘에 계신 하나님과 함께 이미 준비되어 있는 최후

---

[4] Dom Odo Casel O.S.B., *The Mystery of Christian Worship* (Westerminster, Md: Newman Press, 1962), 141.
[5] 이 책은 Peter Brunner의 *Zur Lehre vom Gottesdienst der im Namen Jesu versammelten Gemeinde* (Hannover: Lutherisches Verlagshaus, 1954)을 말한다. 이 책은 1993년에 *Joachim Stalmann*에 의해 서문을 첨가하여 새롭게 출판되었으며 영어로는 1968년에 번역되었다. Peter Brunner, *Worship in the Names of Jesus Originally published in German in 1954*. Trans. M. H. Bertram(St. Louis: Concordia, 1968).
[6] Peter Brunner, *Worship in the Names of Jesus*, 125; 제임스 화이트, 『기독교예배학 입문』, 김상구 · 배영민 역(서울: CLC, 2017), 37에서 재인용.

종말을 암시한다고 언급한다. 그는 예배의 중심부에 성만찬과 세례가 있다고 말한다. 이는 세례자와 입교자는 거룩한 만찬과 함께 예배에서 실제적인 구원사건의 완전한 참여를 허락받는다는 것을 뜻한다.[7]

쟝자크 폰 알멘(Jean Jacques von Allman)은 그의 주저 『예배의 신학과 그 실제』(Worship: It's Theology & Practice)에서 기독교 예배의 근거를 기독론에 두고 있다. "예배란 인류의 역사 속에 개입하신 그리스도이신 예수의 사건으로 그 절정에 이른 구속사의 과정을 새롭게 확인하고 집약하는 것이다. 이같이 끝없는 구속사의 집약과 확인을 통하여 그리스도는 성령의 역사와 함께 그의 구속사역을 추구하신다."[8] 폰 알멘의 주장 가운데 기독교 예배가 갖는 세 가지 핵심적인 차원은 구속사의 집약(Recapitulation), 현현(Epiphany), 최후심판(Judgement)이다.

폴 훈은 그의 저서 『예배의 통합』(The Integrity of worship)에서 예배를 기독론에 근거하고 있으며, 예배의 의미 분석도 근본적으로 기독론이어야 한다고 주장함으로써 기독론 중심의 예배를 강조하였다.[9] 훈은 "기독교 예배란 그리스도이신 예수 안에서 자신을 보여주신 하나님의 계시에 대한 인간의 응답", 또는 "그리스도이신 예수 안에 있는 인간의 영을 향한 하나님의 역사와 그리스도이신 예수를 통하여 하나님께 응답하는 인간의 행위"라고 주장한다.[10]

감리교 예배학자 제임스 화이트는 그의 저서에서 "기독교 예배는 예수 그리스도 안에서(in) 그리고 그를 통해서(through) 하나님을 알게 되고, 이 앎에 따라 응답함으로써 가장 심오한 경지에서 실재(reality)에 접근하려는 신중한 행동이다."라고 하였다. 여기서 하나님을 "아는 것"과 "이해하는 것"이 예배로 향하는 길임을 보여준다. 그리고 이 앎과 이해

---

7 김상구, 『개혁주의 예배론』(서울: 대서, 2017), 124-126에서 재인용
8 Jean Jacques von Allman, *Worship : It's Theology and Practice*(New York: Oxford university Press, 1965), 33.
9 Paul W. Hoon, *The Integrity of Worship*(Nashville: Abingdon Press, 1971), 77.
10 Hoon, *The Integrity of Worship*, 77ff.

는 그리스도 안에서(in) 그리고 그리스도를 통해서(through) 명백해 진다고 보았다.[11]

얼마 전 타계한 로버트 웨버(Robert E. Webber)[12]는 예배는 성경적이고 역사적인 원리 뿐 아니라 현대적인 분위기에 부합하는 것이어야 한다고 강조하면서, "성경적인 예배는 예수 그리스도 안에 있는 하나님의 구속행위를 경축하는 것"이라고 하였다.[13] 이러한 예배는 목표지향적 예배(goal-driven worship)가 아니라 그리스도 사건 지향적(Christ-driven worship)라고 말하면서 그리스도 사건 지향적 예배에는 말씀과 성만찬을 중심으로 한다고 역설하였다.[14]

한국의 예배학자 박은규는 제임스 화이트와 폴 훈의 예배이해를 근거로 하여 다음과 같이 예배의 본질을 이해하고 있다. 기독교 예배는 "예수 그리스도 안에서(in) 자신을 계시하신 창조주요 섭리자이시며 구원자이신 하나님을 분명히 알고, 예수 그리스도를 통하여(through) 사랑과 구원의 은혜를 베풀어주신 살아계신 하나님을 만나며, 성령의 감화와 역사하심의 도움을 받아 화해와 구원을 확신을 가지고 자발적으로 하나님께 영광을 돌리는 공동적인 예배 의식적(liturgical) 응답이요, 또한 전 생애의 봉사"라고 이해하였다.[15]

김상구는 기독교 예배란 "예수 그리스도의 사건이 그 핵심을 이루며, 성경의 매체 안에서 하나님과 다수 사람들 간에 공동으로 연결된 인간사이의 -근본적으로 모든 사람을 위한 동일한 방법 안에서 개방적,

---

11 James F. White, *New forms of Worship*(Nashville: Abingdon Press, 1971), 43.
12 로버트 웨버(Robert E. Webber)는 1968년부터 휘튼대학(Wheaton College)신학부 교수로 예배학 연구소를 이끌었으며, 20년 이상 세계교회의 예배갱신운동의 최선봉에서 강의와 저술, 세미나를 인도하였다. 한국의 예배학계에도 많은 영향을 주었으며 국내에도 『예배의 역사와 신학』(정장복 역); 『예배학』(김지찬 역); 『살아있는 예배』(황인걸 역); 『예배가 보인다 감동을 누린다』(김세광 역); 『하나님의 구원 내러티브의 구현 예배학』(이승진 역); 『예배란 무엇인가?』(가진수 역); 『예배의 미래를 준비하라』(양정식 역) 등이 번역되어 있다.
13 웨버, 『예배가 보인다 감동을 누린다』, 55.
14 웨버, 『예배가 보인다 감동을 누린다』, 53-59를 참조.
15 박은규, 『예배의 재발견』(서울: 대한기독교출판사, 1988), 18.

비평적, 구조적으로 모든 삶의 영역에 관련되며, 모든 감각과 다양한 표현 형태를 포함하여 나타난- 제의로서 의사전달 사건이다. 실제적인 조건으로서의 세례와 중요한 요소로서의 성만찬은 이러한 사건에 속한다."고 말한다.[16]

살핀 대로, 대부분의 학자들은 기독교 예배에 대해 예수 그리스도를 통한 하나님의 구원역사에 대한 인간의 응답 행위라는 관점을 갖고 있다. 즉, '계시와 응답'이라는 전통적인 예배에 대한 정의를 바탕으로 하고 있다. 이러한 예배 이해와 함께 기독교 예배의 본질은 성경적, 역사적, 경험적인 측면에서 볼 때, 그리스도 사건 중심이라는 예배신학적 재발견을 첨가한다.[17] 그리고 예배학적 관점에서 그리스도 사건의 중심부에는 말씀과 성만찬이라는 중요한 두 요소가 포함되어 있다. 기독교 예배 안에는 먼저, 예수 그리스도 안에서 나타난 하나님의 구원역사를 경축하는 그리스도의 사건으로서 복음이 선포(말씀)되어야 한다. 그리고 예수 그리스도께서 제정하시고 초대교회의 예배전통으로 확고하게 자리 잡은 성례전(세례와 성만찬)이 시행되어야 하는 것이다.

'기독교 예배'라는 범주에서 말씀과 세례와 성만찬은 그 정체성을 확증하는 신학적 시금석이라 할 수 있다. 오늘의 기독교 예배 현실은 성례전이 약화된 예배의 불균형이 있음을 인식하지 않을 수 없다. 20세기 후반에 들어서서 다양한 예배갱신이 시도되고 있지만, 여전히 예배전통은 미흡하게 반영되고 있고, 성경적, 신학적으로도 기독교 예배의 본질에서 이탈한 모습도 자주 발견하게 된다. 따라서 올바른 예배정립을 다시 시도해야 한다. 이것을 위해 현대교회에서 드리는 주일예배 안에 나타나고 있는 예배 구조와 내용을 새롭게 재발견하며 21세기형 예배갱신 방향을 모색해 나가야 할 것이다.

---

16 김상구, 『개혁주의 예배론』, 54..
17 웨버, 『예배학』, 14-15; 김상구, 『일상생활과 축제로서의 예배』, 50, 76-78을 참조.

2. 성경적 관점에서의 예배 이해

기독교 예배는 하나님의 구원사와 깊은 관계가 있으며 예수 그리스도 사건과의 관계성을 성경적인 예배의 중요한 시금석으로 삼는다.[18] 하나님의 구원사적 관점에서 보면 신약성경 뿐 아니라 구약성경 안에 나타난 예배를 도외시 할 수 없다. 따라서 기독교 예배를 이해함에 있어 구약성경에서의 예배 이해와 예수 당시의 유대교 예배를 이해해야 할 필요성도 제기된다. 기독교 예배 이해를 위해 먼저, 구약 성경적 관점을 살펴본 후, 신약성경에 나타난 예수 당시의 예배와 그 이후 초기 기독교 예배 형태를 그리스도 사건 중심에 포커스를 두면서 알아보기로 한다.

1) 구약성경의 예배

구약성경은 다양하게 이루어진 예배 행위를 기술하고 있다. 예를 들면 구약성경에서 예배의 모습은 하나님을 향한 기도(창 20:17), 희생제물을 드림(창 8:20), 복 주심(창 14:19) 등으로 나타난다. 또한 잘못된 예배와 관련된 부분이 나타나기도 한다. 이 당시 드리는 예배는 일반적으로 예식서 같은 것은 존재하지 않았다(할례의식-창 17:10-13a, 제사장 임직식-출 29장과 같은 기록된 예식적 과정만 있다). 구약성경의 모든 예배는 하나님과 이스라엘 사이의 계약설정 갱신 또는 재생 때 행해졌으며 대부분 언약이 두드러지게 언급된다.[19] 구약성경 시대 예배에 있어 중요한 문제는 옳은 예배(언약의 적시성)와 잘못된 예배를 구별하는 것이다. 이때 중요한 것은 의식이 아니라 제의의 내용과 관련이 있다. 이것을 잘 나타낸 곳은 사울에게 사무엘이 경고한 "순종이 제사보다 낫

---

[18] 여기에 대해서는 김상구, "초기 기독교 예배 형태에 대한 소고", 한국복음주의실천신학회, 『복음과 실천신학』 제13권(2007): 17을 참조.
[19] 김상구, 『개혁주의 예배론』, 22에서 재인용.

다"(삼상 15:22)는 부분이다. 이러한 견해는 여러 선지자들의 제의와 사회적 비방을 위한 범례에서 더 분명하게 나타난다(예를 들면, 사 1:11-17; 렘 7:21-28; 암 5:21-24; 호 6:6; 미 6:6-8 등). 구약성경에서는 제의와 삶의 윤리적 행동의 연결성이 중요하게 취급되고 있다.[20]

기독교 예배 관점을 돕는 구약성경의 자료로서 신약성경 예배에 영향을 끼친 것으로는 네 가지가 있다. 시내산 사건, 성전예배, 회당예배, 그리고 절기들이다.[21]

첫째, 시내산 사건을 들 수 있다. 시내산 사건은 전체적인 맥락이 출애굽기 19-24장에 묘사되어 있다. 이 사건의 핵심은 하나님과 이스라엘과의 공적인 만남이다. 로버트 웨버는 이 공적 만남을 고려할 때, 공중예배의 5가지 요소를 인정하고 있다. ①하나님과 이스라엘과의 만남은 하나님께서 주도하신 것이었다. ②이스라엘 백성은 각기 자기 역할을 분담하면서 공동체가 모두 참여했다는 점이다. ③하나님과 이스라엘 백성간의 만남을 특징지어 준 중요한 요소로 하나님의 말씀의 선포가 있었다는 점이다. ④이스라엘 백성들이 언약의 조건들을 수락하기로 인정, 즉 하나님의 말씀을 듣고, 순종하기로 각자가 굳게 약속했다는 점이다. ⑤하나님과 이스라엘의 만남은 언약에 인을 치는 기준의 극적인 상징(dramatic symbol)으로 그 절정에 이른다는 점이다.[22]

둘째, 성전예배를 들 수 있다. 성전예배는 구약제사의 유일한 합법적 장소로서 예루살렘 성전에서 이루어졌다.[23] 성전예배는 이스라엘 가운

---

20 김상구, 『개혁주의 예배론』, 23.
21 구약의 예배에 관한 연구 상황을 일괄해 보려면, Hans-Joachim Kraus, "Historical Survey of the Study of Old Testament Worship", *Worship and Israel trans. Geoffrey Buswell*(Richmond: John Knox, 1966), 1-25를 참조; 유대학자가 쓴 구약 예배에 대하여는 *Abraham Millgram, Jewish Worship*(Philadelphia: The Jewish Publication Society of America, 1971)을 들 수 있다; 또한 *Abraham L. Idelsohn, Jewish Liturgy and its Development*(New York: Schocken, 1975); *H. H. Rowley, Worship in Ancient Israel*(Philadelphia: Fortress, 1967)를 참조.
22 웨버, 『예배학』, 24-26.
23 김상구, "초기 기독교 예배 형태에 대한 소고", 20. 성전에 관한 학문적 토론을 위한 자료로는 Abraham L. Idelsohn, *Jewish Liturgy and its Development*, 10-26을 참조.

데 하나님의 임재하심에 강조점을 두었다. 성전에서의 희생 제사는 시내산에서 이스라엘 백성과 하나님이 맺은 언약(출 24장)을 계속적으로 상기시켜 주었다. 성전예배는 이스라엘 백성을 이방인이 드리는 우상숭배로부터 완전히 분리시켰으며, 그들의 하나님과의 관계를 강조하였다(신 12장). 성전예배의 상징성은 거룩한 공간개념(a sacred space)과 거룩한 의식들(sacred rituals)및 거룩한 제사장들(sacred ministers)에서 그 현저한 측면을 찾을 수가 있다. 이 상징들의 특징은 이 상징들을 하나님께서 직접 정하셨다는 점에 있다.[24] 또한 성전예배는 공간의 상징적 사용이라는 특색을 지니고 있다. 성전을 바깥뜰, 안뜰, 그리고 지성소 등으로 배열한 것은 예배하는 인간들과 지성소에 거하는 하나님 사이의 간격을 보여주려는 것이다. 단, 물두멍, 금등대, 진설병, 상, 분향단, 그리고 법궤와 같은 모든 기구들은 하나님과의 만남을 묘사해 주는 상징적인 재료들이다. 더욱이 성전예배는 수많은 예식들에 의해 그 특색이 드러난다. 제사를 드리는 일반규칙(희생제물을 드림; 희생제물위에 손을 올림; 희생제물을 죽임; 피를 뿌림; 희생제물을 태움) 이외에도 각종의 여러 제사들이 있었다. 예를 들면, 번제, 화목제, 속죄제. 속건제 등이 있다.[25]

셋째, 회당예배 역시 신약성경 시대와 초기 기독교 예배에 영향을 주었다. 회당예배는 신·구약 중간기 시대의 한 현상이며, 엄밀하게 구약의 제도는 아니다.[26] 그렇다고 성전예배에 대한 경쟁제도도 아니었다. 회당의 가장 중요한 형성요인은 유대인 공동체 안에서 여호와의 말씀을 보존 하고 전하려는데 있었다. 결국 회당은 유대인 촌락생활과 종교, 교육, 사회생활의 중심이 되었다.[27] 회당예배는 신성한 의식이 없었

---

[24] 웨버, 『예배학』, 26-27.
[25] 웨버, 『예배학』, 27; 레 3-7장 참조.
[26] 회당예배에 관한 자료로는, Millgram, "The Framework of Jewish Worship", *Jewish Worship*, 89-120을 참조.
[27] Lewis Finkelstein, "The Origin of the Synagogue", *Procedinngs of the American Academy for Jewish Research* 1(1928-30), 49-59; 2(1931), 69-81; 웨버, 『예배학』, 29를 참조.

으며, 거룩한 제사장 제도도 없었다. 회당예배의 핵심은 하나님의 말씀을 읽고, 그 말씀을 이해하는데 있었다. 회당예배는 신앙고백, 기도, 그리고 성경봉독과 해석으로 이루어져 있었다. 신앙고백은 세 부분으로 나눠져 있는 쉐마(Shema)로 했다. 쉐마의 첫 단락은 신앙고백의 핵심으로서 하나님의 유일성을 선포(신 6:5)하고, 두 번째 단락은 상벌의 원리를 강조하고 있다(신 11:13-21). 세 번째 단락은 거룩한 삶을 위한 의무를 강조하고 있다(신 28:1-11). 기도는 세 개의 세트(set)로 되어 있다. 첫 번째 세트는 아브라함과 이삭과 야곱의 하나님께 경의를 표하고, 두 번째 세트는 "지혜와 총명의 은사, 죄의 용서, 이스라엘의 회복, 건강, 양식을 구하는 회중기도"로 이루어졌다. 세 번째 세트는 하나님께 대한 감사의 내용을 담고 있으며 최후의 기도는 평화를 갈구하는 기도로 되어 있다. 토라(the Torah)는 이스라엘의 전승을 표현하는 책으로 간주되었기에 이스라엘 백성은 성경에 대해 절대적인 경외감을 갖고 있었다. 회당예배에서는 토라를 공부한 후에 설교가 뒤따랐다(눅 4:16-30). 회당예배시의 설교는 봉독한 성경을 해석하고 회중의 일상생활에 적용하는 내용이었다. 설교는 데라샤(derashah), 즉 "진리를 찾는 행위"로 불렸고, 설교자는 다르산(darshan), 즉 "진리를 찾는 사람"으로 불렸다.[28]

회당예배가 기독교 예배에 끼친 영향을 대단히 크다고 볼 수 있다. 신앙을 고백하고, 특별한 목적을 위해 기도하고, 성경을 읽고, 설교하는 회당예배의 전체적 흐름은 그리스도인들이 나름대로의 독자적인 예배를 형성해 나감으로 쉽게 기독교 안으로 전이(轉移) 되었다고 볼 수 있다. 회당예배의 유산은 핵심에 있어 성경교육과 이스라엘의 신앙 및 전통에 대한 교육을 들 수 있다. 제사장의 부재와 함께 평신도 중심의 예배와 민주적 제의형태를 이루었다. 특히 희생제의가 사라지고, 대신에 말씀의 중요성이 부각되었음을 볼 수 있다. 회당예배의 기도 중에 특

---

[28] 웨버, 『예배학』, 30.

정기도 즉 쉐마, 18개의 축복, 할렐, 회중의 아멘 응답 등은 안식일 정규 예배의 전통을 수립하는 데 크게 이바지 하였다. 집회장소로서의 회당은 초대교회의 집회형성에 영향을 끼쳤고, 회당의 성무일과 기도는 후에 초대교회의 예배를 위해 큰 도움이 되었다. 회당예배에는 찬양과 기도 및 가르침이라는 세 가지 기본 요소들로 이루어졌다.[29]

넷째, 절기는 기독교 예배 관점을 돕는 구약성경의 자료로 이해할 수 있다. 성전과 가정을 중심으로 한 절기들이 이스라엘의 특별한 때를 기념하기 위해 연중행사로 지켜졌다. 이런 절기들을 통해서 이스라엘 백성들은 절기들을 거룩한 시간개념으로 이해하였다. 유월절, 오순절, 장막절의 3대 절기 가운데서 두 절기(유월절, 오순절)는 초대교회 예배에서 중요한 역할을 하였다. 유월절은 하나님께서 "강한 손과 편 팔로"(신 26:8) 그의 백성을 애굽에서 인도해 내신 하나님의 자비로운 행위를 증거하는 구속의 절기이다. 이 때문에 유월절을 지키는 날짜와 시간과 유월절 음식을 먹는 방법들을 세밀하게 정해놓았다(출 12장, 민 9장, 신 16장, 대하 35장).[30] 유월절의 의미는 가족끼리 식사하는 가운데 후손들에게 출애굽의 역사를 가르치고, 유월절의 상징들이 담고 있는 의미를 설명함으로써 전달되었다. 그리스도인들은 예수께서 유월절을 기념하는 가운데서 주의 만찬을 도입한 사실에서 중요한 의미를 찾을 수 있다. 이 같은 사실은 예수 그리스도가 유월절 어린양이라는 점을 강조하고 있을 뿐만 아니라(고전 5:7), 주의 만찬의 새 언약의 중심의식이라는 점도 강조하고 있기 때문이다.

기독교 예배에 중요한 영향을 끼친 또 다른 절기는 '칠칠절'(Feast of Weeks)이라고 알려진 오순절(Pentecost)이다. 오순절은 전국각지에서 예루살렘으로 모여들어 추수가 끝났음을 축하하는 기쁨과 감사의 절기였다(신 16장; 행 2:5). 성령께서 오신 후(행 1-2장) 그리스도인들은 오

---

[29] 회당예배의 기본요소에 대해서는 마틴, 『초대교회예배』, 45-48을 참조.
[30] 웨버, 『예배학』, 32.

순절을 제도로서의 교회 창립일로 인식하고 있다.

요약하자면, 구약성경 예배는 하나님의 임재로 시작하는 것이 특징이고, 하나님과 언약을 맺은 전 회중이 참여하는 적극적인 예배였다. 예배의 중요한 요소로는 하나님의 말씀과 거룩한 의식(성례), 찬양, 기도였다. 무엇보다 옳은 예배를 지향하는 측면에서 구약예배는 삶과의 관련성을 강조하고 있음을 확인할 수 있다.

구약의 예배는 이스라엘을 부르시고, 세우시고, 구원하시고, 그들에게 명령하시는 하나님께 유일한 충성을 바치는 모든 삶의 표현이자 선언이었던 것이다.[31] 시내산 언약으로 시작되어 성전예배, 회당예배는 하나님의 주도 하에서 이루어진 언약의 체결과 명령 안에서 이루어졌다. 그것은 형이상학적인 자의식이나 추상적인 관념으로 변모하기 훨씬 이전부터 야훼와 이스라엘 사이의 관계성을 표현한다.[32]

그리고 구약의 제사는 희생제사를 그 특징으로 삼고 있다. 그러나 이 희생제사는 여전히 불완전한 제사였고, 예수 그리스도를 통한 완전한 희생제사를 암시해 주는 그림자에 불과 한 것을 볼 수 있다. 한편, 성전 파괴 후 구약의 예배는 회당을 중심으로, 차차 희생제사의 의미가 후퇴하고 말씀과 기도와 가르침에 초점이 모아졌으며, 이러한 요소들은 신약성경에 나타난 기독교 예배의 중요한 요소들을 제공하고 있다.

오늘날 예배갱신을 추구하면서, 현대적 예배 이해의 역사와 범주를 현대의 시각과 관점에만 제한해서는 올바른 기독교 예배를 드린다고 보기 힘들다. 이에 대해 R. C 스프롤은 언약과 성취라는 측면에서 탁월하고 단순하게 설명한다. 그에 따르면, "율법 폐기론자들처럼, 예배에서 신약과 구약이 완전히 단절된 것 인양, 구약성경에 나타난 예배를 무시하는 경향이 있다. 물론 구약의 예배와 신약의 예배가 완전히 일치한다

---

[31] 월터 브루그만, 『고대 이스라엘의 예배』, 차준희 역(서울: 대한기독교서회, 2016), 22-23.
[32] 브루그만, 『고대 이스라엘의 예배』, 23.

는 주장은 기독교를 유대교화 할 비약이 있을 수 있다. 하지만, 구약의 예배와 신약의 예배는 전혀 일치하지 않는다는 주장도 역시 또다른 극단에 치우칠 수 있다. 오히려 구약의 예배이해의 부족으로 인해 오늘의 예배안에 적지않은 폐해가 생겨났다. 하나님이 구약성경을 통해 예배에 관해 하신 말씀이 오늘의 상황에는 적용되지 않은 것처럼 행동한다. 물론 구약의 예배와 오늘의 예배는 일치하지 않는면이 있다. 그러나 구약의 예배원리는 우리의 예배에 필요한 여러 가지 중요한 사실을 일깨워 준다."[33]

구약성경의 예배예전이 형식주의와 의식에 치우친 측면은 분명히 존재한다. 하지만, 이는 예전과 예배형식 자체에 대한 거부가 아니라, 냉랭한 마음과 올바르지 않은 예배에 대한 비판이었음을 우리는 기억해야 한다.

2) 신약성경의 예배

신약성경의 예배는 이스라엘을 향한 구약의 예언의 성취로 인정되고 있는 예수 그리스도의 사건들 속에서 탄생하였음은 두 말할 여지가 없다.[34] 그러나 신약성경에는 예배에 관해서만 상세히 언급한 단일 단락이 없다. 단지, 찬송과 신앙고백과 축복기도와 송영(doxology)에서 드러나 있는 간단한 묘사들과 암시들이 여기저기 흩어져 있을 뿐이다. 신약성경은 예배를 위해 구약의 실제적인 관점을 수용하고 있다. 예를 들면 초대 그리스도인들은 성전(행 2:46; 3:1; 5:21)과 회당에서 행하는 기도예배에 참여했다.[35]

기독교 예배는 회당예배의 형태에서 많은 예전 요소들을 수용하였다. 이러한 요소들로는 말씀예배의 핵심들이 포함되어 있다. 2중의 성

---

[33] R. C. 스프롤, 『성경적 예배』, 조계광 역(서울: 지평서원, 2015), 24–25.
[34] 신약성경의 예배에 관한 저서로는 한, 『원시기독교예배』; 남호, 『초대기독교예배』; 조갑진, 『신약의 예배』(서울: 크리스챤서적, 2007)를 참조.
[35] 김상구, 『개혁주의 예배론』, 23.

경낭독, 그 사이의 시편송, 그리고 설교, 대감사기도, 대중보기도, 7일이 한 주간인 것과 토요일에서 일요일로 옮긴 주간예배의 날을 포함시켰다. 그리고 교회력에 대한 관점, 아침과 저녁기도회, 예배기도의 전통, 찬양과 함께하는 기도로 종결하는 전통(예, 하나님께 영광), 성만찬에서 3번의 거룩송, 예전적 공동체 환호라 할 수 있는 "아멘, 할렐루야, 호산나"와 "당신의 영과 함께" 등과 같은 예전적 요소 등을 들 수 있다.[36] 남호는 신약성경에 나타난 기독교 예배의 자료들로 예수의 기도와 교회의 기도 그리고 찬양과 찬송에 관한 것이 포함된다고 강조한다.[37]

신약성경 예배에서 가장 중요한 것은 그리스도 사건이다. 그리스도 사건의 절정은 예수 그리스도의 공생애를 시작으로 십자가의 죽음과 부활을 통해 우리에게 주시는 하나님의 구원사의 성취를 의미한다. 구약성경에 근거한 유대인의 예배적 삶과 함께 신약 예배의 새로운 구성을 위한 결정적 요지는 세례와 함께 예수 그리스도가 지상에서 제정하신 성만찬, 즉 성례전이다.[38] 고린도전서 11:23-26에서 전승된 초대교회의 핵심요소인 성만찬은 구원에의 참여로 고린도전서 10:3-16; 요한복음 6:27-51, 52-58에서 파악된다.

신약성경 예배는 회당예배의 전통에서 말씀예배를 가져왔고, 그리스도께서 제정하신 성만찬예배를 축으로 모였다. 말씀의 성취와 선포 그리고 모일 때마다 그리스도의 희생을 기념하는 성만찬은 당시 예배가 그리스도 사건에 관련성을 갖고 드려졌음을 의미한다. 또한 예배는 부활의 주님과 함께 만나는 경험을 표현한다. 이는 세례의 의미를 살펴볼 때 더 분명하게 나타난다. 주님의 지상명령인 세례는 예배구성의 보편성으로 삭용하는데, 다르게 표현하면 예배에 있어서 선교적 관심사로서 이해성과 섬김성을 갖는다는 의미이다. 이해성과 섬김성은 예배 구

---

[36] 김상구, 『개혁주의 예배론』, 24.
[37] 남호, 『초대기독교예배』, 45.
[38] 김상구, 『개혁주의 예배론』, 25.

성의 중요한 시금석이다. 그리고 신약성경 예배는 구약과 마찬가지로 윤리적 행동과 관련이 있으며 종말론적 성격이 매우 강하다.[39]

살펴본 바와 같이, 신약성경적 관점으로 보는 기독교 예배는 성경의 매체 안에서 하나님과 다수의 사람들 간에 공동으로 연결된 인간들의 행위로서의 의사전달 사건이다. 세례와 함께 성만찬은 이 사건에서 그 중심에 속한다. 다시 말해 기독교 예배란 그리스도의 사건 즉, 말씀과 성례전(세례와 성만찬)이라는 중요한 2중 구조 속에서 이해되는 것이며, 회중의 참여와 공동체성의 다양한 소통의 행위이고, 우리의 삶과의 관련성이 있는 행위로서 이해할 수 있다는 것이다. 이것이 성경적 예배이고, 역사적, 경험적 예배라 할 수 있다. 오늘날 기독교 예배는 이런 관점에서 새롭게 갱신되어야 한다. 목사 혼자 독주하는 예배형태나 말씀중심만의 예배는 재고해야 하며, 변화를 거부하는 예배에서 벗어나 역동적이고, 성경적이고, 역사적인 토대를 근간으로 하여 드려야 한다. 기독교 예배는 성경적 토대위에 세워지면서도 균형 감각이 있는 예배로 전환되어야 한다. 기독교 예배는 성경적 관점에서 출발하며 하나님께 드리는 신령과 진리(요4:24)의 예배를 추구해야 한다. 예수 그리스도 역시 하나님이 정하신 예전을 비난한 것이 아니라, 외형주의적 예배형태를 비판하셨음을 우리는 기억해야 한다.

3) 초기 기독교 예배 형태

우리는 초기 기독교 예배에 대한 정보를 충분히 갖고 있지 않다. 초기 기독교 예배의 원전으로는 사도행전과 바울서신들이 있다. 하지만 이것만으로는 초기 기독교 예배 형태를 명확하게 재현하기란 쉽지 않다.[40] 따라서 신약성경의 증언 외에도 초대교부들의 문헌을 통해 초기

---

39 김상구, 『개혁주의 예배론』, 27.
40 김상구, "초기 기독교 예배 형태에 대한 소고", 26.

기독교 예배의 모습이 어떠했는지 도움을 받을 수 있다. 초대교부들의 문헌을 통해 얻은 특징들을 몇 가지로 나누어 살펴보고자 한다.[41]

첫째, 초기 기독교 예배는 말씀예배 형태를 유지하였다. 초기 기독교 예배에서 말씀이 존중된 점은 회당예배와 관련이 있다. 초기 기독교의 말씀예배는 2세기에 유래되었다.[42] 저스틴(Justin Martyr)의 『제1변증서』는 전체 68장으로 되어 있는데 그 중에서 61장에서 67장까지가 예배와 관련된 것인데, 이중에서 61-64장은 세례식에 관한 것이고, 65-66장은 성만찬, 67장은 주일성수에 대한 것이다. 저스틴은 세례와 성만찬을 기독교 예배의 기본요소라고 말하였다. 그 성만찬예식 순서는 말씀예배를 포함하고 있으며, 말씀예배는 성경낭독, 해석(설교), 기도의 고정된 형식으로 발전하였다.[43] 그리고 주일예배 이후에도 다양한 말씀예배와 기도예배가 있었다. 말씀예배가 성경을 낭독하거나 기도하는 질서적인 면에서 이루어진 것을 볼 때 동시대의 회당예배로부터 반영한 것으로 보인다. 말씀예배 이후에는 성만찬예배가 이어진다. 말씀예배 때에는 초대받은 불신자 혹은 공동체 비구성원들도 참여할 수 있었다. 하지만 성만찬에는 참여할 수 없었고, 세례예비자 교육을 위해 떠날 때 성만찬예식이 거행되었다. 말씀 중심의 예배와 성만찬예배는 분리되어 거행되었음을 시사해 주고 있지만, 저스틴의 문헌에 따르면 말씀예배와 성만찬 예배가 함께 공존되어 드려졌음을 알 수 있다.

둘째, 초기 기독교 예배는 성만찬예배가 중심을 이루었다. 초기 기독교 예배의 출발점은 말씀예배보다는 예수를 통해 제정된 만찬공동체에

---

[41] 초기 기독교 예배에 관한 자세한 연구 내용을 살펴보려면, 김상구, "초기 기독교 예배 형태에 대한 소고"; 고든 웨익필드, 『예배의 역사와 전통』, 김순환 역(서울: CLC, 2007); 남호, 『초대기독교예배』; 빌리암 나아겔, 『그리스도교의 예배의 역사』, 박근원 역(서울: 대한기독교서회, 2006); 한, 『원시기독교예배사』; 쿨만, 『원시기독교예배』를 참조.
[42] 김상구, "초기 기독교 예배 형태에 대한 소고", 53.
[43] Bard Thompson, "The First Apology of Justin Martyr", *Liturgies of the Western Church*(New York and Scarborough: New American Library), 8-9.

기인한다.[44] 만찬의 경축은 초기 기독교 공동체의 규칙적인 모임의 특징을 짓는 표징으로 간주되는 것이다. 예수의 부활 이후에 그의 제자들은 만찬을 통해 종말론적인 기쁨을 맛보았다. 이 때 행해졌던 만찬은 유카리스트(Εὐχαριστία)[45]와 애찬이 함께 이루어졌다. 그 후에 고린도교회에 야기된 문제점으로 인하여 성만찬과 애찬은 서서히 분리되었다.[46] 애찬과 성만찬의 분리에 대해『디다케』에 따르면, 100년경에는 먼저 애찬(Agape, 디다케 9-10장)을 하고 이어서 성만찬을 하였다. 이후 112년경 플리니우스 2세가 트라얀에게 보낸 서신에 의하면, 기독교인들은 이른 아침에 성만찬을 드리고, 저녁때 애찬을 함께 했다고 기록하고 있다고 보았다.[47] 저스틴의『제1변증론』에도 성만찬은 애찬과는 완전히 분리된 독립된 성만찬을 거행하고 있음을 볼 수 있다. 그에 따르면 초기 기독교 예배는 다음의 예배순서를 따랐다. 사도들의 글이나 예언서를 읽음-말씀 읽은 것에 대한 인도자의 담화-일어서서 드리는 공동기도-평화의 입맞춤-떡과 포도주(혹은 세례 후에는 물을 받침)-인도자에 의한 기도와 감사, 회중의 아멘응답-성만찬 분급-부재자들에게 성물전달-환자나 가난한 자를 위한 헌금 등으로 되어있다.[48] 이 성만찬예배는 감사기도와 그리스도에 대한 아남네시스(ἀνάμνησις)[49], 그리스도인들의 교제

---

[44] 김상구, "초기 기독교 예배 형태에 대한 소고", 27.
[45] 이 말은 헬라어의 두 어근에서 생겨났다. Εὐ는 '좋은'(good)을 의미하는 접두어이고, χαρις는 '선물'(gift), 혹은 '은혜'(grace)를 의미하는데, 이들이 결합된 것이다. 유카리스트를 영어로는 Eucharist로 표기하지만 '감사'(thanksgiving)-하나님께로부터 오는 모든 좋은 선물에 대하여 우리가 표현하는 감사다-라는 의미로 간주된다. 제프리 W. 브라밀리 편역, "χαρις"와 "Εὐχαριστία", 『신약성서신학사전』(서울: 요단출판사, 2001), 1447-1455; 로렌스 홀 스투키, 『성찬, 어떻게 알고 실행할 것인가?』, 김순환 역(서울: 대한기독교서회, 2002), 17을 참조.
[46] 나이젤, 『그리스도교의 예배의 역사』, 24.
[47] 정양모 역주, 『열두 사도들의 가르침(디다케)』(왜관: 분도출판사, 2002), 65를 참조.
[48] 여기에 대해 자세하게는 남호, 『초기기독교예배』, 136-137.
[49] 이 말은 '기억' 혹은 '기념' '추모' 등의 의미를 가진 용어로서 영어로는 Amamnesis로 표기하며, 바울서신의 고전 11:24-25에 "…이를 먹고 마실 때마다 나를 기념하라"고 말씀하시는 예수 그리스도의 성만찬 기념사를 의미한다. 특별히 이 단어는 예수 그리스도가 행하신 대속적인 희생을 회상하고 재현하는 감사의 대 기도에서 중요한 부분이 되었다. William F. Arndt and F. Wilbur Gingrich, "ἀνάμνησις", Greek-English Lexicon of the New Testament(Chicago and London: The university of Chicago Press, 1958), 58; 김충환, "회상과 재현", 『예배학사전』, 486-487.

및 종말론적 사상을 잘 나타내주고 있는 것이 특징이다.

셋째, 세례예식은 초기 기독교 예배에 있어서 개별적으로 중요한 예배로 간주되었다.[50] 초기 기독교가 행한 세례의 역사적 기원으로는 요한의 세례, 요한의 세례를 통한 예수의 수세, 마태복음 28:19에 나난 세례명령을 들 수 있는데, 그 초기 기독교의 세례의 기원은 곧 예수 그리스도의 사건에 기인한다. 세례는 초기 기독교 공동체가 시작한 이래 공동체 안에서 베풀어져 왔다. 모든 기독교인들이 세례를 받았다는 것은 자명한 일이었다(롬 6:3; 고전 12:13). 고대교회 세례 프락시스(praxis)의 역사적 연구를 시도한 『레이투르기아 I』에서 크레트슈마르(G. Kretschmar)는 다음과 같이 언급한다. "만일 사람들이 3세기에 살았던 그리스도인들에게 교회의 중심 예배 형태가 무엇인지 물어본다면 주일에 행해진 성만찬에 관해 말하는 것이 아니라 오히려 세례라고 대답할 것이다."[51]

초기 기독교의 세례는 그리스도와의 관계성에서 이해해야 한다. 그것은 '예수의 이름으로'(행 2:38; 10:48) 혹은 '예수의 이름 위에'(행 8:16; 고전 1:13,15; 고전 10:2; 마 28:19) 세례를 베푸는 것이다. 따라서 세례행위는 부활하시고 승천하시며 임재하시는 주의 권위로 이루어진다.[52] 세례가 주는 선물에 대해 그레트라인은 다음과 같이 언급한다. 첫째, 죄가 세례로 용서된다.(롬 6:2, 6-11; 행 2:38) 그것은 하나님과 근본적으로 새로운 관계를 맺게 되었음을 의미한다. 둘째, 성령의 선물로 나타난다. 셋째, 세례는 세례자들 간에 새로운 교제를 이끈다. 모든 세례자들은 문화적, 사회적 신분 및 성(性)의 제약으로부터 자유로워진다는 것이다.[53] 그리고 세례는 처음부터 가르침, 즉 현대적 의미로 표현

---

50 김상구, "초기 기독교 예배 형태에 대한 소고", 40.
51 그레트라인, 『예배학개론』, 242-243에서 재인용.
52 김상구, "세례예식 모델에 관한 연구", 한국복음주의실천신학회, 『복음과 실천』 제11권(2006): 176-177을 참조.
53 그레트라인, 『예배학개론』, 244.

하면, 교육적 노력과 분명히 연결되었다. 초대 교부 히뽈리뚜스의 『사도전승』에는 세례예비자 과정(catechumenate, 카테쿠머네이트)에 대해 풍부하게 기록하고 있다.[54] 여기에 따르면 세례예비자교육은 3년으로 시행하며, 기독교적 삶과 교시(敎示), 예배참석을 교육하였다고 전해진다. 20장 "세례를 받을 이들에 대하여"와 21장 "거룩한 세례의 전통에 대하여" 등을 보면 상징과 세례예전의 집행에 대한 설명이 놀라울 정도로 풍성함을 알 수 있다.[55] 초기 기독교는 세례예식에 있어 세례예비자 교육을 통해 신앙교육을 한 후 세례행위가 이루어졌으며, 아울러 성령의 임재의식으로 안수와 기름을 바르는 의식이 이루어지고 이후에 유카리스트(성만찬)에 참여하게 되는 것이다.[56]

이렇게 초기 기독교 세례예배는 예수 그리스도와의 관계성을 가지고 있으며, 예수의 이름으로 세례를 베풀었다. 종말론적 관점에서는 예수와 운명공동체를 이루는 삶의 전환 사건이었다. 수세자들은 죄의 용서함을 받고 그리스도와 연합한 자로서 그리스도의 공동체의 일원이 되는 과정을 보여주었다. 현대교회 예배에서 세례교육과 예식을 거행함에 있어 초기기독교 공동체는 많은 것을 시사해준다. 철저한 신앙교육과 의식을 통해 세례를 받도록 하는 점은 초기 기독교가 남긴 귀중한 유산이라 할 수 있다.

지금까지 살핀대로, 구약성경의 예배는 하나님의 임재와 모든 회중의 적극적인 참여가 강조되었고, 성전예배와 회당예배 및 절기예배는 신약성경 시대에도 중요한 역할을 하였다. 신약성경의 예배는 그리스도 사건이 중심이 되는 예배였다. 그리스도 사건은 복음의 선포(말씀)

---

[54] 여기에 대한 구체적인 설명과 당시의 세례예비자 교육 및 세례예식의 해설에 대한 부분에 대해서는 김정, 『초대 교회 예배사』(서울: CLC, 2014), 139-156을 참조.
[55] 히뽈리뚜스, 『사도전승』, 이형우 역주 (왜관: 분도출판사, 1994), 119, 123-141.
[56] 김상구, "초기 기독교 예배 형태에 대한 소고", 47.

와 성만찬이라는 두 축으로 이루었다. 이후 초기 기독교는 말씀예배와 성만찬예배, 그리고 성만찬의 참여를 위한 세례예식이 강조되었음을 알 수 있었다. 성경적 관점이 주는 예배는 현대교회 예배의 흔들릴 수 없는 토대를 제공하는데, 과연 오늘의 예배는 어떤 관점이 주도하고 있는지 성찰해야 할 것이다.

제4장
기독교 예배의 신학적 이해

하나님을 예배하는 것은 그에게 최상의 가치를 돌리는 것(to ascribe to him supreme worth)을 의미한다.[57] 그러면 어떻게 하는 것이 하나님의 절대적인 가치를 표현하는 것이 되는가? 이 문제는 기독교 예배에 대한 궁극적 근원과 신학적 이해를 취급하는 질문이 된다. 기독교 예배는 궁극적 실재이신 하나님을 아는 것에서 출발한다. 구약성경에서 예배는 바로 희생제물을 드리는 것에서 예배의 본질을 찾을 수 있었다. 그러나 이것이 완전한 예배가 될 수 없음을 인식하였다. 제물로 드리는 예배는 내적 태도의 외적이며 가시적인 상징에 불과했던 것이다. 신약성경에는 예수 그리스도의 완전한 희생으로 말미암아 더 이상 동물의 희생제사는 필요 없게 되었다. 오히려 하나님의 자기 주심(self-offering)에 대한 응답으로서 이제 가장 위대한 우리 자신을 드리는 것이 예배의 근원을 이루게 된 것이다. 기독교 예배는 이에 대해 신학적으로 타당한 근거를 가지고 있어야 한다. 기독교 예배의 본질에서 이탈하지 않도록 신학은 예배를 위한 봉사를 하면서 동시에 비판자적 기능을 수행해야 하는 것이다. 이제 기독교 예배에 대한 신학적 통찰을 4가지로 살펴보고자 한다. 그 4가지는 첫째, 계시와 응답으로서의 예배이다. 둘째,

---

[57] 레이몬드 압바, 『기독교예배의 원리와 실제』, 허경삼 역(서울: 대한기독교서회, 2000), 9.

성령으로 드리는 예배여야 한다. 셋째, 공동체적 행위로서의 예배이다. 넷째는 선교지향적 예배여야 한다.

1. 계시와 응답으로서의 예배

기독교 예배는 예수 그리스도 안에 나타나신 하나님의 계시에 근거한다. 다시 말해 예배는 우리 인간들의 목적에서부터 시작되는 것이 아니라 하나님의 목적에서부터 출발한다. 예배는 본질적으로 응답인 바, 곧 하나님의 은혜의 말씀과 그가 우리 인간들과 우리의 구원을 위하여 행하신 일에 대한 인간들의 응답이다.[58]

우리가 앞서 살펴본 성경적 관점에서의 기독교 예배의 중심에는 자기를 계시하여 성육하심과 십자가와 부활로 절정을 이룬 위대한 하나님의 구원행위에 관한 내용이 그 중심에 있었음을 알 수 있었다. 그 내용은 말씀의 선포인데 그 말씀은 예배자들의 응답을 불러일으키기 전에 선포되어야 한다. 예배가 그리스도인의 예배가 되기 위해서는 예배하는 자의 눈앞에 기독교의 계시의 위대한 역사적 사실을 구체적으로 제시하여 줌으로서 예배하는 교회가 참회와 감사와 헌신과 찬양으로 응답할 수 있도록 하여야 한다.[59]

기독교 예배의 계시적 차원은 신학적 작업의 존재론적 기원과 종말론적 지평이며, 예배의 응답적 차원으로서의 신학은 이 신현현 사건을 위한 해석의 언어와 구조로 기능한다. 응답(신학)이 계시사건에서 분리될 때, 그 근거와 방향감각을 상실하여 거짓된 조작의 언어로 주관적 상상의 세계를 표류하게 될 것이다. 한편 해석의 언어가 없다면 예배라는 신적 계시사건은 인간의 의식과 경험세계로 육화될 수 없어 공허하고 무의미한 침묵으로만 남아 있게 될 것이다. 여기에 예배의 계시사건과

---
[58] 압바, 『기독교예배의 원리와 실제』, 14.
[59] 압바, 『기독교예배의 원리와 실제』, 15.

응답으로서의 신학이 산 체험의 해석학적 순환의 구조로 함께 세워져야 할 이유가 있다.[60]

계시사건을 열어주는 근원 언어는 사크라멘트(Sacrament)이다. 사크라멘트는 계시가 품고 있는 하나님, 세계, 인간의 관계본질에 대한 함의를 해석하고 체험할 수 있게 하는 근원적인 언어들을 제공한다. 따라서 이곳에 감사와 찬양의 응답으로서의 신학적 작업의 자리가 있다. 하나님의 약속의 말씀이 읽혀지고 주석되며(설교), 그 말씀 자체로써 우리가 발가벗겨지고 그 말씀에 연합하게 되고(세례), 그 말씀과 더불어 찢기고 봉헌되고 나누어지며(성만찬), 그 말씀의 지속적인 성육사건에로의 초대가 있는 곳(파송)이 바로 사크라멘트(Sacrament)로서의 예배 사건이다. 이 사건 안에 감사와 찬양의 응답으로서의 신학의 기원과 그 종말론적 지평이 있다.[61]

우리가 드리는 예배는 결코 인간의 욕구 충족이나 복(福)을 받으려는 의지적인 일련의 행동이 우선 될 수 없는 것이다. 현대 예배 속에서 계시적 사건이 신학적 통찰로부터 분리되어 있을 때, 기독교 예배는 그 본질을 벗어날 위험을 내포하는 것이다. 우리는 자기를 계시하시는 하나님의 임재를 신학적 통찰을 갖고 예배 중에 누림으로써 자신을 드리는 응답으로서의 삶으로 나아가야 한다.

2. 성령으로 드리는 예배

기독교 예배에서 참된 예배는 신령과 진리로 드려야 하며(요 4:24), 이것은 성령의 활동하심으로부터 출발한다. 성령이 임재하시고 성령이 감동하심으로써 참된 예배가 이루어지는 것이다. 예배란 구원을 얻게 하는 믿음과 마찬가지로 "하나님의 본질과 행위에 대한 인간의 응답"이

---

[60] 나형석, "예배갱신을 위한 제언", 496-497.
[61] 나형석, "예배갱신을 위한 제언", 498.

다.⁶² 하나님의 구원의 사실이 사람들의 마음속에 절실하게 느껴지지 않은 한, 그 구원의 사실이 참된 예배로의 응답을 이끌어 낼 수 없을 것이다. 구원의 사실에 대한 응답은 "성령의 내적 증거"를 통해서만 일어날 수 있다.⁶³ 성령의 사역은 예수 그리스도와 불가분의 관계를 맺고 있다. 믿는자에게 그리스도에 관한 진리를 가르쳐줄 뿐 아니라(요 16:13), 기독교 예배의 대상이신 하나님께 영광을 돌리는 예배가 되도록 돕는 것도 성령의 사역이다(요 16:14).⁶⁴ 성령은 예배 안에서 실제로 하나님과 회중의 커뮤니케이션을 가능하게 하는 분이요, 인간의 변화와 성숙을 이끄시는 분이시다. 초대교회로부터 시작하여 현대 예배 안에는 항상 성령의 중심적 사역이 전제되어 왔다.⁶⁵

초기 기독교 예배의 문헌에서도 성령의 활동을 폭넓게 예시하고 있다. 히뽈리뚜스의 『사도전승』에 따르면 보통 세례식이 있는 예배 시에 세례수를 위한 기도가 있었는데 이때 거룩한 의미로 세례수로 변화되게 하는 것도 성령의 역할로 간주하였다.⁶⁶ 로버트 웨버는 예배는 엄밀한 의미에서 성령론적 예배여야 한다고 강조한다.⁶⁷ 성령이 예배에서 하시는 일은 하나님의 영과 인간의 영 사이의 실제적인 상호작용을 -일종의 만남- 가능하게 한다. 사도 바울은 우리가 예배할 때에 우리의 영과 함께 우리를 돕는 하나님의 영을 다음과 같이 묘사하였다. "너희는 다시 무서워하는 종의 영을 받지 아니하였고, 양자의 영을 받았으므로 아바 아버지라 부르짖느니라."(롬 8:15; 26-27) 예배에서의 성령의 본질적 기능은 우리로 하여금 예배를 드릴 수 있도록 능력을 주시는데 있다. 프랭클린 지글러는 그의 책 『예배학 원론』에서 성령은 예배의 원동력이라 말하였다. 성령은 하나님의 인격적인 임재를 경험하게 하며, 사람을

---
62 J. A. Kay, *The Nature of Christian Worship* (London: The Epworth Press, 1953), 7.
63 압바, 『기독교예배의 원리와 실제』, 17.
64 로버트 레이번, 『예배학』, 김달생 역(서울: 성광문화사, 1994), 124.
65 김순환, "예배학", 『21세기 실천신학개론』(서울: CLC, 2006), 59.
66 히뽈리뚜스, 『사도전승』, 123-129
67 웨버, 『예배학』, 16.

구원하고 변화시키는 능력을 제공하고, 예배자들이 예배공동체 생활을 가능하도록 하는 임무를 주신다고 하였다.[68]

기독교 예배는 성령의 능력 안에서 진리로 예배를 드려야 한다. 진리를 도외시 한 체 성령만을 강조해서는 안 되겠지만, 성령의 능력 없는 예배는 역사적으로나 성경적 및 예배신학적으로 타당하지 않음을 인식해야한다. 성령의 능력 안에서 예배하는 공동체인 교회는 복음의 내용, 즉 그리스도 사건을 재현할 수 있는 것이다. 따라서 예배의 진실성은 예배자들이 성령의 능력을 통하여 그리스도의 자기봉헌과 연합하는데 근거해야 함을 인식해야 하는 것이다.

3. 공동체적 행위로서의 예배

기독교 예배는 본질적으로 예배가 공동체적 행위임을 강조한다. 예배는 고립된 개개인의 행위가 아니라 교회 전체의 행위이다. 예배는 경건한 개개인들의 모임이 아니라 주님과의 직접적인 관계 속에서 이루어지는 하나의 공동체 행위인 것이다. 이 말은 개인적인 신앙의 유효성을 부정하는 것이 아니라, 오히려 그것을 정당한 견지에서 인정하려는 것이다. 그리스도인이 하나님을 향하여 개인적으로 접근하는 그 근거는 그 개인과 그리스도가 연합한다는데 있다. 따라서 "개인적 예배는 공동의 예배 곧 주님의 몸인 교회의 예배에 그 근거를 둔다."는 말씀은 성경적 관점이다.[69]

기독교 예배는 하나님의 백성들이 하나님을 향하여 가는 공동체적 접근이다. 예수께서 말씀하시기를, "우리가 기도할 때에 너희는 이렇게 말하라. 하늘에 계신 우리 아버지여"[70] 하셨다(마 6:9). 여기서 '우리'

---

68 지글러, 『예배학원론』, 80-81.
69 벧전 2:5, 9; 계 1:6을 참조.
70 마 6: 6ff.

라는 표현은 만인 제사장직이라는 신약성경의 교리적 귀결이다. 그리스도인들은 제사장직으로 "제사장들의 나라"(벧전 2:9)를 형성하며, 공동체로서의 그들의 임무는 하나님께 봉헌을 해야 한다는 이론이 성립된다. 다시 말해 그들은 모두 하나님께 대하여 교회의 공동체적인 예배를 드려야 한다는 것이다.[71]

기독교 예배의 공동체적 특성은 특별히 성만찬 안에 강조되어 있다. 성만찬 때 전 교회가 '함께 모이는 것'이다(고전 11:18, 33; 14:23;『이그나티우스』;『에베소인들에게 보내는 서신』, 13:1;『12사도의 교훈집』, 14:1;『제1변증론』, 67장). '모이다'(synasix)라는 용어는 초대 기독교 공동체에서 그리스도인들이 예배를 드리기 위해 집회를 갖는다는 뜻으로 사용된 특수 용어였다. 이 용어는 공중예배가 교회 공동체의 행위라는 사실을 입증해 주는 것이다.

오늘날 기독교 예배에 있어서 상실되고 있는 부분이 바로 이 예배의 공동체성이라 할 수 있다. 예배는 종종 이기주의적, 기복적 대중 종교성의 저류에 휘말려 효과적이고 생산적인 종교-마술적 테크닉으로 오해되고 남용되기도 했다. 또한 때로는 어떤 특수한 공동체의 독특한 구원체험을 교조화 하고 절대화시키며 재생산하는 폐쇄적 공동체 유지와 선전의 수단으로 기능해 오기도 했다.[72] 오늘날 예배는 예배의 레이투르기아(leiturgia, 회중성)를 회복해야 한다. 예배의 회중성이란 바로 예수 그리스도의 몸으로서 공동체를 말한다. 부활하신 예수 그리스도의 가시적 몸으로서의 교회는 그리스도를 머리로 그분의 영을 통해 호흡하는 공동체이며, 세상을 아버지께 봉헌하는 그분의 왕적-제사장적 예배에 참여한다. 개인의 구원은 오직 스스로를 부수어 이웃과 더불어 변화되어 유월해 들어가는 그리스도의 모된 교회 안에서 가능하다.

---

[71] 압바,『기독교예배의 원리와 실제』21.
[72] 나형석, "예배갱신을 위한 제언", 508.

4. 선교지향적 차원으로서의 예배

예배는 각 개인이 예수 그리스도를 통해 성부 하나님께 자신의 삶 전체를 개인적으로 드릴 것을 필연적으로 요구한다. 예배는 우리의 입술만이 아니라 삶 전체로 드려야 하기 때문이다. 따라서 우리의 예배는 세상을 향한 봉사로 표현되어야 한다. 교회는 또한 그리스도를 선포하는 대상인 세상 안에서 그리스도의 표징(sign)이 되어야 한다.

교회의 기본 목적은 하나님께 대한 사랑과 이웃에 대한 사랑을 증진시키는 일이다.[73] 예배는 바로 이 두 차원 즉, 예배와 봉사를 성취하려는 목표를 추구한다. 이 두 차원은 "모여진 교회(ekklesia)"와 "흩어진 교회(diaspora)"로 구별된다. 교회는 예배를 통해 새로워지고 세상을 향한 누룩과 소금의 역할을 다할 수 있을 때, 그 본연의 존재 의미를 실현하는 것이다. 그러므로 예배는 "선교"(mission)와 불가분리의 관계를 지니게 되는 것이다.

예배는 하나님의 은혜와 사랑에 대한 인간의 응답으로 참된 예배가 이루어진다. 그런데 이때 우리가 드리는 응답 역시 우리에게 근거하는 것이 아니라 하나님으로부터 나온 것임을 우리는 인식한다. 우리의 응답은 어떻게 나타나는가? 그것이 바로 우리의 증거하는 삶이요, 선교하는 생활이라 할 수 있는 것이다. 어떤 의미에서 예배와 선교는 하나님 중심적이면서 인간중심적인 면을 다 포함한다고 볼 수 있다. 말하자면 "하나님의 선교"(Missio Dei)에 동참하는 성도와 교회는 하나님께 대한 개인의 위임, 제의적 예배, 일상생활, 그리고 하나님의 말씀선포와 증거를 통하여 통합적 응답을 수행해 나가야 한다. 이런 점에서 보면 교회가 수행하는 성만찬과 세례 및 예배와 총체적 응답은 내향성과 외향성을 고루 갖추어야 한다.[74]

---

[73] 박은규, 『예배의 재발견』, 180.
[74] 박은규, 『예배의 재발견』, 182.

예배와 선교를 이원론적 시각에서 접근하려는 경향이 있다. 예를 들어, 예배는 교회내적 활동이고, 선교는 대외적인 활동으로 이해하는 것 등이다. 그러나 예배와 선교는 결코 분리되거나 이원론적 측면으로 이해될 수 없다.[75] "예배로의 부름-말씀-성만찬-파송" 이라는 주일예배의 구조와 흐름은 분명 선교지향적임을 도외시 할 수 없다는 것이다. 말씀중심의 예배라는 비판적인 현대예배의 구조 속에서도 분명 파송은 예배의 정점(climax)를 이루고 있다고 할 수 있는 것이다. 파송이란 말씀과 세례와 성만찬을 통해, 그리스도의 몸으로 변모된 교회가 세상 안에서 세상을 위해 자신을 찢어 아버지께 봉헌하는 산제사(선교)의 시작인 것이다.

지금까지 기독교 예배의 신학적 근거에 대한 이해를 4가지로 나누어 살펴보았다. 기독교 예배는 첫째, 계시와 응답으로서의 예배이어야 한다. 둘째, 성령의 임재가 있는 예배라야 참된 예배라 할 것이다. 셋째, 예배를 드리는 모든 회중의 참여성이 고려되는 예배가 되어야 할 것이다. 넷째, 무엇보다 중요한 것은 예배 안에서 하나님의 나라를 확장해 나가려는 선교적 차원의 예배가 되어야 할 것이다.

이제 기독교 예배를 구성하는 구조와 내용이라 할 수 있는 요소들을 설정할 때 반드시 고려되어야 할 초석(礎石)이라 할 수 있는 기독교 예배의 시금석에 관해 살펴보겠다.

---

[75] 이에 대한 자료로는 J. G. 데이브스, 『예배와 선교』, 김소영 · 홍철화 역(서울: 대한기독교서회, 1978), 96을 참조. 이 책에서 데이비스는 예배의 선교적 함의와 선교의 예배적 함의, 즉 예배와 선교간의 내적 관계성을 밝히고 있으며, 세례, 성만찬, 예배의 세 요소가 간직하고 있는 선교적 차원을 밝혀주고 있다.

제5장
기독교 예배구성의 시금석(試金石)

　기독교 예배를 구성하는 내용과 요소는 전통적인 예배를 드리느냐 아니면 현대적 예배를 드리느냐에 따라 차이가 있을 수 있다. 현대예배에서는 지금까지의 예배의 틀을 바꾸어 찬양중심의 예배를 드리거나 예배형식에 얽매이지 않고 상황과 주일에 따라 자유로운 표현의 예배를 드린다. 어떤 교회는 전통적인 예배 형식을 축소시키고 현대적 예배를 설정한다. 예배 안에 멀티미디어 활용, 찬양밴드, 찬무를 포함시키기도 하며, 토착적 예배를 드리고자 하는 교회들은 자국의 가락으로 만든 찬송이나 악기를 사용하며 예배를 드린다. 이 모든 것이 예배의 갱신이라는 차원에서 다루어지고 있는 것들이다.

　이런 상황 속에서 새로운 관심사로 떠오른 것은 "예배의 갱신이나 개혁은 좋으나 예배의 근거를 이루는 시금석들이 불분명해서는 안 된다는 것이다."[76] 예배의 시금석이 존재해야 할 이유는 시금석이야 말로 예배행동의 근본이며 예배를 행하는 결정적 근거이기 때문이다. 예배의 근거는 성경적이며 신학적이어야 하고 전통적으로나 역사적인 토대 위에서 형성되었기 때문이고, 경험적 측면에서도 예배는 그 본래의 정체성을 유지해 나가야 하기 때문이다.

---

[76] 박은규, 『21세기의 예배』(서울: 대한기독교서회, 2004), 63.

미국연합감리교회의 『예배서』를 만들 때, 편집장으로 일한 랑포드(Andy Langford)는 미국연합감리교회의 예배를 위해 필요한 "예배의 네 가지 시금석"을 강조하였다. 그 시금석은 첫째, 하나님의 말씀이다. 둘째, 성례전(세례와, 성만찬)이며, 셋째, 기도이다. 그리고 마지막으로 교제이다.[77] 그런데 감리교 예배학자 박은규는 여기에 한 가지가 필요하다고 말하며 찬양을 넣어 다섯 가지로 기독교 예배의 시금석을 제시했다. 즉, 하나님의 말씀, 성례전, 기도, 성도의 교제, 찬양을 시금석으로 제시했다.[78]

독일의 예배학자 크리스티안 그레트라인(Christian Grethlein)과 그의 제자 김상구는 최근에 좀 더 포괄적인, 예배신학적 측면에서의 기독교 예배의 시금석을 제시한다. 이는 기독교 예배에 있어서 전통예배와 현대예배는 물론 예전적 예배와 비예전적 예배의 이해를 조명하는데 유익한 잣대가 될 것으로 본다.[79] 그레트라인과 김상구는 기독교 예배의 시금석을 세 가지로 제시한다. 이 세 가지는 첫째, 기독교 예배는 그리스도와의 관계성을 지녀야 한다는 것이다. 둘째, 기독교 예배는 이해성과 공동의 섬김성을 가져야 한다. 셋째는 기독교 예배는 우리 삶과의 관련성이 있어야 한다는 것이다.[80]

1. 기독교 예배와 그리스도와의 관계성

기독교 예배는 근본적으로 예수 그리스도와 관련되어 있다. 동시에

---

[77] Andy Langford, *Blue Prints Worship*(Nashville: Abingdon Press, 1993), 13.
[78] 박은규, 『21세기의 예배』, 64.
[79] 그레트라인은 현 독일 실천신학계에서 주목받고 있는 학자이며, 뮌스터 대학교의 실천신학 교수로 있다. 본 시금석에 관한 부분은 그의 저서 *Grundfragen der Liturgik*, 『예배학개론』을 의존하기로 하였다. 김상구는 그레트라인의 지도하에 박사학위 글을 마친바 있으며, 그의 책 『개혁주의 예배론』, 제1부 예배의 성경신학적 이해의 2장 '성경적 관점의 결과와 함의'에서 이 시금석을 부분을 다루고 있다. 필자는 그레트라인과 김상구의 이론적 도움을 받아 시금석 부분을 새롭게 보완하며 정리해 보고자 한다.
[80] 그레트라인, 『예배학개론』, 88–97; 김상구, 『개혁주의 예배론』, 29–54.

복음의 증언(말씀)과 세례 및 성만찬(성례전)으로 확실히 구성되어 있으며, 현대 예배 상황에 대한 사회적, 문화적 분석의 틀과도 밀접한 연관성을 갖고 있다.[81] 의식(儀式)이나 제의(祭儀)라는 개념들이 개신교 신학의 범위 안에서 부정적으로 취급되고 있지만 성경적 제의비평에서 볼 때, 예배에서 특별한 의식을 집행해야 할 필요성은 그리스도와의 관계성에 근거한다. 세례와 성만찬은 상호 구별되며, 지상에서의 예수의 뜻과 행동의 관련성 없이는 이해할 수 없다. 동시에 부활의 복음과 관련성 없이도 이해할 수 없다. 이러한 기독교적 신앙에 근거한 관련성에 따라서 이중의 행위, 즉 세례와 성만찬은 처음부터 기독교 공동체와 그들의 모임의 중심에 있었다. 세례의 경우 의사소통의 실행보다는 그리스도와의 개인적 연합(롬 6:3-6)이 보다 강하게 묘사되고 있는 반면, 성만찬은 그리스도와의 교제에 의한 공동체의 연합(고전 10:16)이 강하게 나타난다.[82] 기독교 예배가 단지 제의적 사건에만 예배를 국한시키지 않는다는 것은 그리스도와의 관련성에 근거하기 때문이다. 이는 성경적 증언에 의해 더욱 분명해 진다. 이에 대해 다시 몇 가지로 나누어 살펴볼 수 있다.

첫째, 성만찬과 세례, 즉 성례전이 예배의 중요한 요소라는 사실은 성경의 증거에 기초하는 것이다.[83] 고린도전서 11:23-26에서 전승된 초대교회의 핵심요소인 성만찬은 고린도전서 10:3f, 16f; 요한복음 6:27-51b; 52-58에서 구원에의 참여로 파악된다. 여기에서 성만찬은 기독교 예배의 중요한 요소임을 알 수 있다. 물론 고린도전서 14:23-33과 사도행전 4:23-31에는 성만찬 없이도 예배가 가능하다는 것을 보여준다. 그러나 초대 기독교 공동체의 보편적인 모임에서는 성만찬이 항상 중요한 자리를 차지했다. 세례 역시 기독교 예배의 중요한 요소로 등장한

---

[81] 그레트라인, 『예배학 개론』, 31.
[82] 그레트라인, 『예배학 개론』, 86-87.
[83] 김상구, 『개혁주의 예배론』, 33.

다. 예배는 부활의 주님과 함께 만나는 경험을 표현하는 것이라 할 때, 이것은 세례의 의미를 살펴볼 때 더 분명하게 나타난다. 바울은 로마서 6:3-6에서 세례를 예수 그리스도와 몸의 연합으로 분명하게 피력하고 있다. 세례는 성만찬을 포함한 공동체의 예배참석을 위한 분명한 전제조건이다. 고린도전서 10:16에 따르면, 성만찬은 실제로 성만찬에 참여하는 사람들간의 교제를 타나낸다.

둘째, 기독교 예배의 그리스도와의 관련성은 설교와 더불어 루터에 의해서 반복적으로 제정되었던 성경낭독에서도 나타난다.[84] 예배에서 이루어지는 성경낭독은 구약낭독과 서신서, 복음서를 낭독함으로서 기독교의 목표와 토대가 회상된다. 루터는 예배의식, 성경낭독, 설교는 모두 복음을 목표로 해야한다고 강조하면서, 특히 복음서 낭독은 루터 교회 예배 의식의 절정을 이루도록 배열하였다.[85] 그러므로 예배 요소 중 하나님의 말씀 그 자체를 듣게 해주는 성경낭독과 설교는 중요하게 강조되어야 한다.

셋째, 기독교 예배의 그리스도와 관련성은 하나님이 인간에게 주신 표현양식을 통해서도 나타나야 한다.[86] 그리스도와의 관계성에 따라 예배구성은 인간의 모든 감각과 가능한 인간의 다양한 표현형태의 폭넓은 참여를 요구한다. 성경적 전통에서는 청각이 특별한 역할을 한다. 로마서 10:17에 따르면, 믿음은 들음에서 난다고 말한다. 그렇지만 하나님이 인간에게 주신 또 다른 감각 또한 포기할 수 없다. 하나님이 인간에게 감각들, 즉 청각, 시각, 후각, 미각, 촉각을 주신 이유는 하나님과 인간의 완전한 의사소통을 위해서이다. 개신교 신학자들 안에서 널리 퍼져 있는, 말씀을 강조하는 것은(물론 강조해야함) 뇌해부의 면[87]에서 보

---

[84] 김상구, 『개혁주의 예배론』, 25.
[85] 브라이언 채플, 『그리스도 중심적 예배』, 윤석인 역(서울: 부흥과 개혁사, 2011), 49.
[86] 김상구, 『개혁주의 예배론』, 36-37.
[87] 뇌신경 학자들에 의하면, 인간의 뇌는 두 개의 반구를 갖고 있으며 이들 두 반구는 특별한 기능들이 발달하고 각각의 특수한 감각, 인지, 생각과 아이디어를 갖는다고 한다. 두 개의 반구를 좌뇌와 우뇌로 구분하여 볼 때, 각각의 기능은 다음과 같다. 좌뇌는 부분적 해석, 논리적 표현, 초점인

면 매우 일방적이다. 성만찬을 할 때 청각 외에 미각, 후각, 촉각이 관계되는 것은 우연히 아니다. 또한 세례를 시행할 때 듣는 것과 보는 것 외에 촉각(안수)은 직접적으로 나타난다. 성례전 안에서 하나님 스스로 인간에게 행동하신다는 믿음에 대한 이해의 측면을 생각한다면, 다양한 감각의 통합은 모든 감각을 포함하는 하나님과의 의사소통을 원활하게 할 수 있다.

넷째, 마지막으로 신약성경에서 다양하게 나타난 기독교 예배의 성령에 대한 언급은 그리스도와의 관련성에서 기인한다.[88] 성령의 관련성을 고려하면, 예배구성에 제의 현상학적으로 놓인 편협한 전통의 고착화를 막을 수 있으며, 성령사건의 역동성은 전통의 고착을 거부함을 인지할 수 있다. 사실 공적예배는 확실한 제의적 틀 없이는 이루어지지 않지만, 성령의 간섭 없이 고정적인 예배형태로만 이끌어서도 안 된다.

요약하면, 기독교 예배의 시금석으로서 그리스도와의 관련성은 첫째, 세례와 성만찬, 즉 성례전이 중요한 요소가 된다. 둘째, 설교와 성경낭독이 예배요소에 포함된다. 셋째, 인간의 다양한 표현양식을 통한 예배가 이루어져야 한다. 마지막으로 예배는 성령과 함께 하는 통전적인 예배여야 함을 살펴보았다.

2. 예배의 이해성과 공동의 섬김성

기독교 예배의 두 번째 시금석은 예배 안에서 이해성과 공동의 섬김성이다. 제의적인 표현 형태는 기독교 예배의 분명한 요소이지만, 이러

지, 분석적, 공격적, 시간감각, 어의적, 언어적이며 지적, 수학적 계산 등의 기능을 가지며, 우뇌는 전체적, 동시적 형태표현, 방향인지, 종합적, 수동적, 현재성에 집중, 구성적, 감각적, 경험적인 지식, 패턴의 이해 등을 가진다고 볼 수 있다. 이로보아 예배중의 말씀중심은 좌뇌의 기능적 발달을 주며, 성만찬 등은 우뇌의 기능발달을 준다고 볼 수 있을 것이다. 필립카터 · 켄 러셀, 『역시 창의성이다-좌뇌와 우뇌의 균형을 위하여-』, 최승언 · 전미란 역(고양: 아트나우, 2002), 10-11; 한국실험심리학회 편(이정모 외), 『인지심리학』(서울: 학지사, 2006), 60-63을 참조.
88 김상구, 『개혁주의 예배론』, 43.

한 견해는 이중의 제한적인 토대위에 있는데, 즉 이해성과 공동의 섬김성이 있어야 한다.[89] 이해성의 시금석은 예수 그리스도의 삶과 죽음 그리고 부활을 통해 제시된 하나님의 구원사역에 근거하여, 바울로부터 방언에 대한 구체적인 논의가 어떻게 제시되었는가를 생각하게 한다. 예를 들면, 고린도전서 14장에서 바울은 고린도 교인들이 방언을 함으로서 서로 알아들을 수 없음으로 그것을 하지 못하게 했다. 바울은 공동체의 신앙심을 북돋는 측면에서 방언에 관심을 두었다. 그러므로 예배에 있어서 이해성이란, 가능하다면 각 사람이 심지어 공동체 바깥의 사람들까지도 예배를 함께 경축할 수 있어야 한다는 뜻이다.[90] 예배에 있어서 이해성과 섬김성은 두 가지 측면에서 고려해 볼 수 있다.

첫째, 선교적인 관심사에서 볼 때에도 올바른 예배에 있어 중요한 시금석은 이해성에 있다. 예배의 이해성은 제의사적으로 확인할 수 있는 제의언어의 현상과는 반대 입장이다. 언어적 표현과 움직임의 측면에서 예배는 가능한 명료하게 이해되어야 하고, 비신자에게는 매력적이어야 한다. 예배는 무엇보다 구체적이며, 감각적인 직관이 필요하다. 하나님과 인간사이의 의사소통은 분명히 필요하다. 성경적, 선교적으로 보았을 때, 하나님과 함께 일대일의 표지 체계에서 하나님의 초월성의 측면에서 인간과 의사소통 할 수 있는 체제는 상징의 사용이다. 대표적인 것으로 세례와 성만찬을 들 수 있을 것이다. 예전적 관계에서 상징적 이해를 위한 상황은 우선 제의로서의 예배이다. 즉, 제의로서의 예배는 규칙적으로 반복하여 이루어지며, 이때 행동양식은 상징적인 의미의 내용을 표현한다. 상징적인 이해를 위해 예배에 있어 전체적인 외관적 틀은 대단히 중요하다. 예를 들면, 시간, 장소, 공간적 틀, 색, 음악적 특징 등이 이 범주 안에 포함되어야 할 것이다.[91]

---

[89] 김상구, 『개혁주의 예배론』, 45.
[90] 그레트라인, 『예배학개론』, 95.
[91] 김상구, 『개혁주의 예배론』, 48.

서구에서 의례와 상징들에 대해 그 의미를 과도하게 부어하거나 부풀리는 경향이 있는 것은 사실이지만, 상징과 의례는 성숙한 신앙, 의례적 행동을 통한 신앙의 구현을 가능하게 만들어주는 조건임은 분명하다.[92] 예배의 이해성은 무엇보다 회중의 전 공동체가 건강하게 성장하게 하는 중요한 요소임을 알 수 있다. 하지만, 인간의 의사전달 행위는 스스로 형성되는 것이 아니기 때문에 승인된 교육과 훈련이 필요함도 분명히 인식해야 한다.

둘째, 기독교 예배에서 성령과의 관계를 일치시키려는 기본입장을 받아들이고 발전시킨다면, 예배의 시금석으로서의 공동의 섬김성은 예배에서 더 구체적으로 나타날 것이다. 그리고 모든 세례인은 예배의 공동체에 속하게 될 것이다.[93] 이것은 교회 안에서 회중들이 성령의 은사를 발휘함에 있어 전 공동체 회원들에게 열려진 마음을 가져야 함을 인식하게 하는 문제이다. 예배의 섬김성은 전 회중과의 교제의 중요성을 인식해 주는 문제이기도 한 것이다. 그리고 예배 안에서 회중들의 적극적인 참여를 위해 반드시 필요한 요소인 것이다.[94]

예배구성은 공동체에서 특수한 표현 형태만 수용해서는 안 된다. 예를 들어 구어적 표현을 강조하는 예배형태일 경우, 그러한 언어적인 능력은 능동적, 수용적인 면에서 어느 정도 일정한 교육을 받은 계층에게 연결되기 때문이다. 예배구성에 있어 중요한 시금석은 특정한 계층만을 고려해서는 안 된다는 것이다. 연합성에 대한 재획득과 유지는 기독교 예배에 있어서 중요한 특징들이다.

오늘의 예배를 보면, 같은 주일예배인데도 다른 교단이나 교파에 가서 서로 통하는 예배를 드리기가 쉽지 않음을 볼 수 있다. 언어적, 문화적, 정서적 특수한 상황이 전개되면서 전 그리스도인의 참여를 위한 섬

---

[92] 네이션 D. 미첼, 『예배, 신비를 만나다』, 안선희 역 (서울: 바이북스, 2014), 130-131.
[93] 미첼, 『예배, 신비를 만나다』, 46.
[94] 회중성의 강조에 대한 부분은 나형석, "예배갱신을 위한 제언", 508-511을 참조.

김성의 문제가 반영되어 있지 않기 때문이다. 예배에서 섬김성은 기독교 예배가 성령 안에서 하나 되어야 함을 역설해 주는 중요한 성경적 시금석이다.

3. 예배와 삶의 관계성

기독교 예배에 있어서 세 번째로 인식할 수 있는 시금석은 예배는 우리 삶과의 관련성이 있어야 한다는 것이다 예배는 교회 안에서만 이루어지는 단회적 행동이 아니라, 한 주간의 삶을 이어가는 연속성을 유지해야 한다. 뿐만 아니라 예배는 우리 삶의 전 영역에 걸쳐 있다. 기독교인의 삶이 곧 예배인 것이다. 그리스도인의 삶과의 관련성 부분은 두 가지 측면에서 고려해 볼 수 있다.

첫째, 구약 선지자들과 예수님의 여러 진술에 나타난 것처럼, 제의는 윤리적 태도에 종속되어 있다. 예배는 바울이 진술한 것처럼(롬 12:1f.) 전 삶(정치, 경제, 사회문화 등)과 관련이 있으며, 그리스도인의 삶이 곧 예배이다. 예배는 원칙적으로 모든 사람에게 열려있어야 하며, 그리스도인의 삶의 전 영역과 관계를 맺고 있는 것이다.[95] 일상생활이란 베르거와 루크만이 『실제의 사회적 구조』에서 말한 것처럼, 반복하는 삶의 집행을 포함한다.[96] 이것은 매일의 진행과 주말을 포함하는 연속성을 말한다. 삶과의 관련성이란 다양하고 우리 생활 속의 실제적인 사건들을 지칭하는 것으로서 아이의 출생, 생일, 입학, 졸업, 결혼, 죽음 등이다. 뿐만 아니라 일상적인 삶이란 정치, 경제, 시대사의 흐름에 따라 이루어지는 것이다.

둘째, 통과 의례로서의 예배이다. 예배구성에 있어 예배에 참석하는 자들은 하나님과 의사소통이 매일의 삶과 연결되어야 한다. 이것은 하

---

[95] 김상구, 『개혁주의 예배론』, 50.
[96] 김상구, 『개혁주의 예배론』, 50에서 재인용.

나님과 의사소통하는 장소적인 문제이기도 하다. 예를 들어 가정예배, 식사기도 등은 하나님과의 의사소통을 쉽게 해 주는 길이 열려있어야 한다. 전통적으로 통과의례는 일상생활에서 일어나는 특별한 사건에 따라 행해지는 예배라고 할 수 있다. 여기에는 세례, 견신례(입교), 결혼예식, 장례예식 등이 포함된다. 그 밖의 통과의례로 기도, 광고, 공동체적 관계 등이 실제적으로 제공되어야 한다.

요약하자면, 예배는 예전적인 행위일 뿐만 아니라 철저히 윤리적 삶과 연결되어 있다. 또한 통과의례로서 매일 매일의 삶속에서 하나님과의 의사소통이 일어나야 한다는 것이다. 종교개혁 이후의 개신교회 예배의 특징 중의 하나는 회중의 삶이 반영된 예배일 것이다. 특히 개혁교회 예배는 경건한 삶이 바탕을 이루고 있고 그러한 삶을 지향하고 있다. 경건한 삶의 예배는 18세기 초의 메노나이트 예배나 청교도 예배에서 절정을 이루었다.[97]

한국교회 초기예배는 삶과 관련된 예배를 지향했다고 볼 수 있다. 회개와 헌신으로 충만한 예배는 삶의 변화를 동반하였다. 오늘날에는 예배와 삶의 분리로 인해 기독교인의 정체성이 사회에서 부정적으로 비춰진 것은 안타까운 현실이다. 세상의 비판 때문이 아니라 교회에서의 예배적 삶이 가정과 학교와 직장과 사회에서 동일하게 나타나도록 힘써야 할 것이다.

지금까지 기독교 예배의 내용과 요소를 구성함에 있어 중요한 성경적 시금석의 토대를 살펴보았다. 기독교 예배의 시금석은 첫째, 그리스도와의 관련성에 기인하다는 것이다. 여기에는 성경과의 관계, 성례전 문제로서 세례와 성만찬은 예배의 본질을 유지해 주는 토대라고 하였다. 그리고 예배를 구성할 때 인간의 모든 감각과 표현형태가 포함되어

---

[97] 김세광, 『예배와 현대문화』 (서울: 대한기독교서회, 2005), 207.

야 하며, 그리스도의 몸된 지체들, 다시 말해 공동체적 성격을 가져야 함을 살폈다. 뿐만 아니라 다양한 인종과 계층 간의 예배적 대화가 가능하도록 구성해야 한다는 것이다. 둘째, 예배의 시금석은 이해성과 공동의 섬김성에 의해 구성되어야 한다는 것이다. 여기에는 예배의 언어적 문제와 상징의 활용성 부분 및 예배외관의 틀, 예를 들어 시간, 공간, 장소, 색깔, 음악적 요소 등이 고려되어야 함을 살펴보았다. 셋째, 예배의 시금석으로는 예배는 인간의 전 삶의 영역과 관련이 되어야 한다는 것이다. 일상생활과 인간이 겪는 다양한 삶의 전 분야와 관련성을 제공해 주어야 한다.

시대가 변하고 문화의 충돌이 있는 사회 변혁 속에서 예배의 시금석에 토대를 두면서 예배갱신이나 틀을 유지한다는 것은 쉬운 일은 아니다. 그러나 오늘의 현대 예배를 보면, 예배신학적 측면과 시금석의 고려 없이 무분별하게 예배 구성과 형식을 도입하여 입맛대로 행해지는 예배가 난무함을 부인할 수 없을 것이다. 예배를 통한 성숙한 신앙인을 양육하기보다 목회자 개인의 예배이해에 따라 예배가 구성됨이 보편적이라 할 것이다. 이러다보니 동시대의 모든 그리스도인들이 자신의 교회가 아닌 다른 곳에서 예배를 드릴 때 예배의 통일성을 찾지 못한 면이 많다고 판단된다. 이러한 상황 하에서 예배에 있어서 시급히 갱신되고 회복되어야 부분이 바로 기독교 예배의 시금석에 따른 예배 설정인 것이다.

제3부
존 웨슬리와
그 예배의 숲

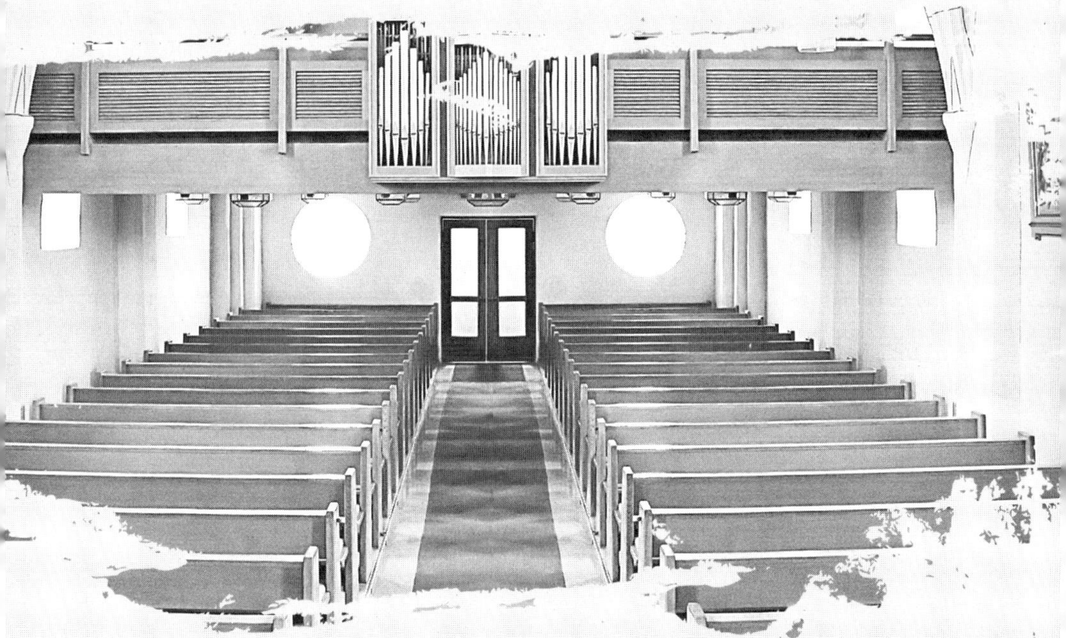

올바른 기독교 예배 이해는 교회의 정체성(Identity)을 수립하게 해주며, 나아가 각 교회 혹은 교파에서 행해지는 예배의 통일성과 다양성을 조화롭게 발전시켜 나갈 수 있는 근간을 제공한다. 예배는 교회의 역사와 함께 발전되고 형성되어 간다. 한국감리교회는 교회의 발전과 함께 이루어진 예배의 역사를 가지고 있다. 이제 한국감리교회 예배를 이해하기 위해 한국감리교회의 뿌리라고 할 수 있는 감리교회의 기원과 예배에 관한 내용을 살펴보기로 한다. 이것은 한국감리교회 예배의 과거와 현재와 미래를 논하는데 있어서 매우 중요한 일이라 할 것이다. 존 웨슬리에게서 볼 수 있는 예배이해는 비단 감리교회 뿐 아니라, 한국교회 예배의 전반적인 개혁과 회복에도 많은 영향을 끼칠 것이라 믿는다.

　먼저, 감리교회의 기원에 대해서 태동과 배경을 살펴본 후, 감리교회의 창시자 존 웨슬리와 그의 예배신학에 대해 탐구해 보기로 한다. 존 웨슬리의 예배는 미국감리교회 예배에 '그 원형을 유지했느냐?' 는 점에서 아쉬움이 많지만, 미국감리교회가 본격적으로 발전하는 근현대 예배 안에 큰 숲을 이루는데 영향을 끼쳤음은 부정할 수 없다. 또한 미국감리교회는 한국감리교회의 역사와 예배의 모체와도 같은 관련성을 갖는다. 여기에서는 한국감리교회에 직접적인 영향을 끼친 미국감리교회 예배에 대해서도 살피는 것을 포함하기로 한다.

제6장
감리교회 창시자
존 웨슬리의 예배이해

　감리교회 창시자 존 웨슬리의 예배를 논하고자 할 때, 아쉬운 것은 웨슬리는 자신의 예배학 책을 남기지는 않았다는 점이다. 하지만, 여러 설교와 저술을 통해 그의 예배관이 소개되고 있다. 그의 예배를 이해하는 데에는 한두 가지로 정의하기가 어렵다는 것이 일반적인 학자들의 견해이다. 웨슬리는 영국성공회 예배전통의 영향 하에 남아 있기를 고집하였지만 끝내 분리하고 말았고, 다양한 예배신학과 입장을 수용하면서 웨슬리만의 독특한 예배를 형성해 갔다.

　웨슬리의 주일예배를 이해하기 위한 귀중한 문헌이 20세기 중반에 미국감리교회(UMC, The United Methodist Church)에서 발간되었다. 이 문헌은 현존하는 웨슬리의 예배와 설교에 관련된 자료들을 참조하여 웨슬리 당시의 예배를 엿볼 수 있도록 원본에 가깝게 복원되었다. 그 웨슬리예배서가 바로 *The Wesley Orders of Common Prayer*이다.[1] 웨슬리의 주일예배에 관해서는 이 문헌을 살필 것이다. 웨슬리의 예배이해를 위해 먼저, 웨슬리 예배신학과 특성을 살피고 둘째, 웨슬리의 성례전(세례와 성만찬)을 논하며 셋째, 찬송가의 공헌에 대하여 살펴볼 것이다. 마지막으로 웨슬리의 주일예배 예식서를 소개해 보고자 한다.

---

1 John Wesley, *The Wesley Orders of Common Prayer*(Nashville: The Board of Education of The Methodist Church, 1957).

1. 존 웨슬리의 예배신학과 특성

존 웨슬리의 예배신학과 특성을 이해하기 위해 먼저 웨슬리의 예배 전통과 배경을 알아본 후에 그의 예배신학과 예배의 특성을 살펴보기로 한다.

1) 웨슬리의 예배전통과 배경

웨슬리는 무엇보다 성경과 예전, 그리고 전통을 중시하면서 다양한 예배전통과 경험을 포함하고 있다.[2] 감리교회 예배란 존 웨슬리(John Wesley, 1703-1791)와 그의 동생 찰스 웨슬리(Charles Wesley)의 제자들과 후예들, 그리고 다른 동역자들(초창기에 이들은 대부분 성공회의 교역자들이었다)에 의해 행해지고 발전된 예배형태를 말한다.[3] 이 예배전통은 영국과 미국의 소위 "감리교"(Methodist) 또는 "웨슬리파"(Wesleyan)라고 칭해지는 교회들에게서 가장 뚜렷하게 나타난다. 또한 이 예배전통은 여러 시대에 걸쳐 감리교회로부터 분리된 약 50여 개 이상의 다른 교파들 −예를 들어, 구세군(the Salvation Army)이나 나사렛 교회(the Church of the Nazarene), 그리고 비오순절 교회에 속하는 성결교회들(the Holiness Churches)−에서도 지속되고 있다. 감리교회는 캐나다 연합교회(the United Church of Canada, 1925), 남인도 교회(Church of South India, 1947), 오스트레일리아 연합교회(Uniting Church of Australia, 1985)와 같이 타 교회 전통들과 융합하였으며, 1968년에 복음적 연합형제교회(the Evangelical Brethren Church)와 같은 다른 교파들에 동화되었다. 이러한 분파와 융합의 결과는 종종 감리교 전통은 그 특징이 없다는 평가를 받기도 한다.

존 웨슬리가 강조한 예배의 기준은 성경과 초대교회의 전통(1−3세

---

[2] 남호, "한국감리교회와 예배", 기독교대한감리회, 『기독교세계』 제836호(1999): 44.
[3] 제임스 F. 화이트, 『개신교 예배』, 김석한 역(서울: CLC, 2002), 255.

기), 영국성공회와 예배, 그리고 인간 이성의 사용 및 복음적 경험 등이었다. 그는 복음적 경험을 다른 세 가지 기준(성경, 이성, 전통)의 권위와는 동등하게 취급하지는 않았지만, 성령의 임재와 역사하심과 관련하여 예배에서는 중요하게 생각하였다.[4] 이러한 기준이 오늘의 감리교회의 4가지 중요한 전통과 사상이며, 이러한 기둥들은 감리교회 신학을 위한 토대이기도 하다.

이러한 토대위에 웨슬리는 다양한 예배전통과 경험을 수용하면서 웨슬리식 예배관을 형성해 갔다. 그는 초대 교부들에게서 많은 영향을 받았으며, 중세기의 경건한 관습-빈번한 성만찬식, 철야기도, 금식-을 재도입하였고, 영국성공회와 청교도에게서 받은 영향이 크다고 할 수 있다.[5] 그리고 루터교 전통 중 모라비안(the Moravian)식의 경건주의도 분명히 나타난다. 그가 사역의 기반으로 삼으며 그가 사랑했던 성공회 전통에 대해서 "성공회는 확고하고 성경적이고 합리적인 경건의 강점이 있다."고 극찬했다.

그는 영혼구원과 관련한 문제가 되는 경우에서만 성공회의 관습을 버렸다. 웨슬리는 영혼들을 구원하는 데 필요하면 다른 사람들의 교구를 침범함으로 교회법(Cannon law)을 깨뜨리곤 했다.[6] 1788년 "영국성공회로부터의 분리에 앞선 생각들"(Father Thoughts upon Separation from the Church)에서 그는 "초대교회 이후 나는 우리 영국교회가 세계에서 가장 성경적인 국가교회라고 생각한다. 따라서 나는 모든 교리에 동의할 뿐 아니라, 예배서의 모든 지시를 준수한다. 나는 영국교회 회원으로 살고 죽을 것을 다시 한 번 선언한다."라고 말했다.[7]

웨슬리는 감리교회의 보조적인 예배모임들에 대해 주로 비국교도

---

[4] 박은규, "감리교회 예배의 뿌리를 찾아서", 기독교대한감리회, 「기독교세계」 3월호(2000): 42. 4가지 기준에 관한 자세한 내용에 관해서는 배리 태브러햄, 『감리교회형성사』, 61-79를 참조.
[5] 남호, "한국감리교회와 예배", 44.
[6] 화이트, 『개신교 예배』, 257.
[7] Wesley, *The Works of John Wesley*, vol. IX, 29-29.

들과 모라비안에게서 본보기를 배웠으며 청교도들의 실천신학과 윤리와 목회방법론, 교회론에 있어서도 깊은 영향을 받았다.[8] 감리교도들은 영국국교회의 예전(Liturgy)예배에 참여하는 것만으로는 그들의 영성생활을 영위하는데 만족하지 않았다. 웨슬리의 강력한 권면으로 국교회예배에 출석하면서도 국교회의 형식주의와 권위주의에만 머물지 않았던 것이다. 감리교회 예배는 친밀한 애정과 따뜻함과 자발성과 신실성과 단순성을 특징으로 점점 더 성숙해가면서 발전한 것이다. 존 웨슬리가 청교도에게서 빌려온 대표적인 것으로 즉흥기도(기도문 없는)와 즉흥설교(원고 없는 설교)와 계약예배가 있다. 그는 제임스 칼라미(James Calamy)가 쓴 『리챠드 박스터의 생애와 시대요약』을 읽고서 『공동기도서』를 축약하여 개정하기로 결심하였고, 장로교인들이 사보이총회(Savoy Conference)에서 1661년에 개정한 것을 기초로 하여 감리교도들을 위한 예전으로 개정판을 내었다. 또한 아이작 왓츠(Issac Watts)의 찬송을 배웠으며 감리교의 복음주의적 회중찬송을 사용한 것은 청교도의 영향이라 할 수 있다.[9] 웨슬리는 청교도 예배의 장점인 자발성(spontaneity)과 신실성(sincerity)및 단순성(simplicity)과 자유(freedom)등을 배워 감리교회 예배에 활용한 것이다.[10]

웨슬리는 모라비안교의 신앙과 예배특성을 감리교회 예배 발전에 사용하였다. 그는 독일의 모라비안교의 본거지를 방문했을 때, 그들로부터 단순한 신앙의 신실성과 그리스도인 생활의 기쁨과 친밀한 애정의 교제 그리고 소그룹 공동체 중심의 경건훈련과 생활에 깊은 감명을 받은 후 그런 요소들을 감리교인들의 예배생활과 영성생활에 사용한 것이다.[11] 가장 두드러진 것으로는 모라비안의 찬송, 애찬식(Love Feast)과 철야기도회(Watch Night Service)이다. 이 두 가지 요소는 초기 감리교

---

[8] 김진두, 『웨슬리의 실천신학』(서울: 진흥, 2000), 131.
[9] Horton Davice, *Worship and Theology in England vol. Ⅳ* (Princeton University Press, 1961), 188.
[10] 김진두, 『웨슬리의 실천신학』, 131.
[11] 김진두, 『웨슬리의 실천신학』, 132.

회 예배의 경건의 특징으로 정착하기도 하였다. 청교도적 예배와 모라비안적 요소는 감리교회 예배를 '마음 뜨거운 예배'가 되게 한 중요한 역할을 한 것이다.

　이상에서 살펴보았듯이 웨슬리는 성경과 전통, 그리고 이성과 복음적 경험을 중심한 예배 배경을 갖고 있다. 예배 형태에 있어서는 평신도 참여의 극대화를 추구하였으며, 자유로운 기도와 설교, 찬송, 고백과 간증, 사랑의 교제 등을 실행함으로서 영국국교회 예전에서 얻을 수 없는 영적 자유함과 기쁨, 그리고 변화를 누리는 예배를 지향했다고 할 수 있다. 물론 존 웨슬리는 일생을 고교회주의자(High Churchman)로 살았다. 올더스게이트에서 복음적 회심을 경험하고 전도자가 된 이후로는 본래의 고교회적 정신을 지키면서 동시에 예배와 기도와 설교와 찬송에 있어서 복음주의적 요소를 결합시킨 것이다. 다시 말해 웨슬리는 고교회주의와 복음주의 그리고 리터지 예배와 비(非)예전 예배형태가 효과적인 조화를 이루었다고 볼 수 있다.

　오늘의 웨슬리안 예배가 독특한 특성이 없다는 평가를 받는 것은 이러한 웨슬리적 요소가 오늘에 까지 면면히 흐르고 있기 때문이라 본다. 그러나 이러한 평가가 오히려 감리교회 예배의 정체성이라 할 것이다. 말씀을 중시하면서도 성례를 결코 소홀히 하지 않으며, 형식을 갖춘 예배(고정예식문)와 자유로운 예배형식을 인정하고 있다. 또한 확고한 성경적 예배를 지향하면서도 특정한 예배전통만을 고집하지 않으며, 다양한 예배형식과 경험들을 결합시킬 수 있는 예배가 웨슬리 예배의 공헌이라 할 수 있다. 그러나 오늘날 한국감리교회 예배 안에 오히려 이러한 본래적 웨슬리 정신의 예배가 살아있는지 의문이다. 예배갱신의 측면에서 웨슬리 예배는 오늘 감리교회 예배뿐 아니라 교파와 신학을 초월하여 많은 유익을 제공하고 있다고 볼 수 있다.

2) 예배신학과 특성

18세기 감리교회 운동은 16세기의 종교개혁의 정신을 영국에서 성취하려는 운동이었다. 특히 전도와 사회개혁을 위한 웨슬리의 부흥운동에 활력을 불어넣은 것은 영감적인 예배였다. 이 예배는 존 웨슬리와 찰스 웨슬리의 지도로 이루어진 것이었다. 존(John)은 신학, 설교, 조직, 그리고 소량의 찬송시를 통하여, 찰스(Charles)는 6,500여개의 찬송시와 예배음악을 통하여 크게 공헌하였다. 웨슬리 형제는 초기 감리교회의 효과적인 예배를 위한 훌륭한 팀을 이루었다.[12]

존 웨슬리의 예배이해는 그의 영성을 파악하는데 중요한 몫을 차지하지만 웨슬리라는 인물 자체가 단순하지 않고 복합적인 것처럼 그의 예배관도 매우 복합적이다.[13] 그에게는 피트(M. Piette)의 *John Wesley in the Evolution of Protestantis*(1937)나 토드(J. M. Todd)의 *John Wesley and the Catholic*(1958)와 같은 가톨릭학자들이 주장한 것처럼 가톨릭 요소도 있고, 하지(H. A. Hodges)과 알친(A. M. Allchin)의 A Rapture of

---

[12] 박은규, "웨슬리의 예배와 성례전", 한국실천신학회『신학과 실천』제2호(1998): 9.
[13] 존 웨슬리의 예배이해를 돕기 위한 자료로는 우선 가톨릭교회의 예배관에 대한 비판적 답변인 "*Of Divine Worship*"와 "*Of the Sacrament*"가 있다. 여기에 대해서는 *The Works of John Wesley*, 3rd ed. vol. X(Grand Rapids: Baker Book House, 1984), 102-111, 145-148, 112-128, 149-158을 참조. 이하 *The Works*라 표기함. 그 다음은 그의 설교들인데, 대표적인 것으로는 "은혜의 수단"(*Means of Grace*), *The Works*, vol. V. 185-201; "영적예배"(*Spiritual Worship*), *The Works*, vol. VI. 424-434; "예배참석에 대하여"(*On Attending the Church Service*), *The Works*, vol. VII. 174-185; 그리고 "계속적인 성만찬의 의무"(*The Duty of Constant Communion*), *The Works*, vol. VII. 147-157 등이 있다. 그 외 존 웨슬리가 직접 만들어 사용한 주일예배서 혹은 공동예배서이다. 존 웨슬리가 사용했을 주일예배서의 원전은 현재 남아있지 않지만, 여러 자료를 참고하여 거의 원본에 가깝게 복원된『웨슬리공동예배서』가 미국감리교회의 노력으로 출간하였다. 이 예배서가 바로 *The Wesley Orders of Common Prayer*이다. 한편 한국웨슬리학회는 2006년에 150편에 달하는 존 웨슬리 설교를 완역하여『웨슬리설교전집』(*The Sermons of John Wesley*) (전7권)을 출판하였다. 이하 SOJW라 표기함. 존 웨슬리,『웨슬리설교전집 전7권』, 한국웨슬리학회편, 조종남·김홍기·임승안외 공역(서울: 대한기독교서회, 2006). 이는 웨슬리 사상과 설교이해에 획기적인 일로서 웨슬리예배 고찰에도 일목요연한 도움을 주고 있다. SOJW에 수록된 것 중에 예배이해에 관한 부분을 살펴보면 다음과 같다. SOJW, 제1권, "은총의 수단"(*The Means of Grace*); SOJW, 제4권, "안식일에 대하여"(*On the Sabbath*); SOJW, 제5권, "영적예배"(*Spiritual Worship*); SOJW, 6권, "성만찬을 규칙적으로 시행해야 할 의무"(*The Duty of Constant Communion*); SOJW, 제7권, "교회의 예배참여에 대하여"(*On Attending the Church Service*) 등이다. 기타 번역서로 웨슬리 사업회편,『표준설교집』(상), 마경일, 송홍국 역(서울: 한국교육도서출판사, 1976), 186-208을 참조.

Praise(1966)와 같은 영국성공회 학자들이 주장 한 대로 영국교회의 예전적인 특징을 풍부하게 찾아 볼 수 있다. 앞서 살펴보았듯이 웨슬리는 영국국교회의 『공동예배서』(*The Book of Common Prayer*)를 높이 평가하였고, 자신 스스로 이를 압축 또는 보충하여 사용하기도 하였다. 나아가서 자유교회(Free Church)의 예배정신이라든가 모라비안과 청교도적인 요소를 겸하고 있다.[14] 그렇다고 이 모든 것을 합성해 놓은 것이 웨슬리 예배는 아니다.

『웨슬리 공동예배서』[15]의 서문에서 에드워드 홉스(E. C. Hobbs)는 웨슬리 예배의 특징을 크게 두 가지로 요약했다. 먼저 웨슬리 예배는 성경적이라는 것이다. 예배서에 사용된 각종 기도문이나 자료는 95%가 성경에서 나왔다. 둘째로 그의 예배는 매우 합리적이라는 것이다. 존 웨슬리 예배의 합리성은 기독교 신앙의 원리와 일치한다는데 있으며, 다른 말로 하면 하나님에 대한 기독자의 관계를 체계적으로 나타내 보이고 있다는 것이다. 프랭크 활링(Frank Whaling)이 지적한 것처럼 웨슬리는 이 모든 전통위에 웨슬리만의 독창적인 비전과 영성을 가지고 있었다는 것이다.[16]

존 웨슬리는 영국국교회의 고교회(High Church) 예배전통과 자유교회의 예배전통 사이의 균형을 조심스럽게 유지하면서 감리교회의 부흥운동을 전개하였다.[17] 일찍이 영국의 개혁자이자 옥스퍼드의 학자인 위클리프(John Wycliff, 1329-1389)는 예배에 관하여 진보적인 생각을 지

---

14 김외식, 『목회전문화와 한국교회예배』(서울: 감리교신학대학교 출판부, 1994), 63.
15 Wesley, *The Wesley Orders of Common Prayer*를 말한다.
16 F. Whaling(ed.), *John and Charles Wesley: The Classics of Western Spirituality*(New York: Paulist Press, 1981), 3.
17 『공동기도서』를 사용하는 이들을 국교도(Conformist 혹은 Anglican)라 하고, 이에 저항하는 사람들을 비국교도(Nonconformist), 혹은 분리주의자(Dissenter)라고 불렀다. 고교회(High Church)는 국교회의 예전(liturgy)을 충성스럽게 사용하고 가톨릭 전통의 예전과 성례전을 높이 평가하는 교회이며, 반면에 국교회 예전(liturgy)보다 개신교 예배전통의 자유로운 형태의 예배방식을 높이 평가하는 교회를 저교회(Low Church)라 부른다. 존 웨슬리는 일생을 고교회주의자로 살았다고 볼 수 있다. 김진두, 『웨슬리의 실천신학』, 120을 참조.

닌 사람으로서 성경과 교회의 예배는 자국어로 시행되어야 한다고 주장했다. 이 개혁 정신은 크랜머(Thomas Cranmer, 1489-1556)의 『공동기도서』(The Book of Common Prayer)에 의하여 계승되었다.[18] 웨슬리가 영국에서 부흥운동을 전개하던 때 뿐만아니라 미국에 감리교회를 확장하는 동안에도 영국교회의 『공동기도서』(The Book of Common Prayer)를 애독하는 동시에 그의 추종자들에게 이것을 권하였음을 볼 때, 크랜머의 『공동기도서』가 웨슬리에게 큰 영향을 끼쳤음을 가히 짐작할 수 있다. 그는 부모의 보수적인 고교회 전통에 따라 성공회예배와 전통을 그대로 지켜가면서 필요에 의하여 다른 유형의 예배를 허용하였음을 볼 수 있다. 그런데 웨슬리의 부흥운동이 활발해지면서 그들의 예배는 전보다 더 비형식적인 형태를 지니게 되었다. 그 예배 안에는 성령의 역사하심에 따라 자유롭게 드리는 즉흥기도, 성경을 자유롭게 낭독하는 일, 영적으로 찬송가를 부르는 것, 감동적인 말씀증언이 포함되었다.[19] 존 웨슬리의 예배가 복합적으로 보이는 것은 아마 이러한 다양한 예배형태에 기인한 것 같다.

여기서 우리는 웨슬리 자신이 예배의 목적과 수단을 어떻게 이해하는지 살펴볼 필요가 있다. 그는 예배의 목적을 우선적으로 중요한 것으로 보았고, 예배의 수단들은 이 목적에 이바지하는 것으로 보았다. 그는 예배의 목적이 하나님을 영화롭게 하며 교회의 덕을 세우는데 있다고 보았다. 웨슬리는 예배의 대상은 "하나님 한 분외에는" 그 누구도 예배의 대상이 될 수 없다고 함으로써, 가령 천사숭배, 성인이나 마리아 숭배와 같은 것을 거절하는 입장을 취한다. 웨슬리는 예배의 수단은 신자들의 마음에 지식을 제공하고, 애정을 일깨우고 경건심을 향상시킬 수 있도록 집행되어야 한다고 말한다.[20] 이러한 점은 가톨릭교회와의 분

---
[18] 박은규, 『예배의 재발견』, 139.
[19] 박은규, "웨슬리의 예배와 성례전", 10.
[20] The Works, vol. X, 102.

명한 결별이라 할 수 있을 것이다.

존 웨슬리는 그리스도인의 예배와 그리스도인의 실제 행동 사이의 역동적인 균형을 강조했으며, 또한 그것을 실현하고자 하였다. 여기서 우리는 신앙의 생활화 내지 예배의 생활화를 강조하는 웨슬리의 모습을 찾아낼 수 있다. 그리하여 그는 "하나님의 선행은혜에 대한 인간의 응답"이 예배에서 이루어져야 하며 그리스도인은 생활 속에서 살아있는 믿음을 지녀야 한다고 주장하였다.[21] 그의 예배에 있어 빼놓을 수 없는 부분은 그가 예배를 "은혜의 수단"(the mean of grace)으로 중요시 했다는 사실이다. 그는 다섯 가지 중요한 "은혜의 수단들"을 강조하였다. 그것은 기도, 말씀(성경낭독과 설교를 포함), 금식, 기독자의 친교모임, 그리고 주의 만찬이다. 웨슬리는 위의 다섯 가지 중에 주의 만찬과 말씀 증언을 특히 중요하게 여겼다.[22] 왜냐하면 이것은 하나님의 선행하는 은혜를 효과적으로 받을 수 있는 수단과 방편이라고 믿었기 때문이다.

이제 웨슬리의 예배신학과 특징을 몇 가지로 정리해 봄으로써 웨슬리 주일예배가 갖고 있는 통일성과 다양성, 그리고 단순성과 연속성의 상관관계를 이해해보고자 한다.

첫째, 존 웨슬리의 예배에 있어 위대한 점은 매주 "말씀의 예배"와 "성만찬의 예배"의 균형을 강조하였을 뿐 아니라 실제로 균형 잡힌 예배생활을 실천하였다는 것이다. 이미 존 웨슬리는 신성회 활동부터 매주 성만찬을 실시하였다.[23] 존 웨슬리 당시 영국국교회는 1년에 3-4회 정도 성만찬을 시행하고 있었는데, 그는 "될 수 있는 대로 자주 주의 만찬을 받는 일은 모든 그리스도인들의 의무이다."라고 설교하였다.[24] 웨슬리가 성만찬을 자주 시행해야 한다는 데는 두 가지 이유가 있다. 첫째

---

21 John Wesley, *The Letters of the Rev. John Wesley*, John Telford, ed.(London: The Epworth Press, 1931), 13.
22 *The Works*, vol. Ⅶ, John Emorg, ed.(New York: Published by B. Waugh and T. Mason, 1831-1833), 30.
23 김외식, 『목회 전문화와 한국교회 예배』, 66-67.
24 Wesley, *SOJW*, 제6권, 343-344.

는 이것은 그리스도의 분명한 명령이기 때문이요, 또 하나는 성만찬을 받음으로써 은혜를 체험하고 주님께 순종해 나갈 수 있는 영적인 힘과 갱신을 얻기 때문이다.

둘째, 성직자와 평신도의 참여가 균형 있게 이루어졌다는 점이다. 그것이 비록 가톨릭교회나 영국성공회의 기도형식이기는 하나 연도(litany)[25]형식의 각종 기도를 많이 사용한 것은 예배 행위의 실주체자는 집례자나 설교자등 소수가 아니라 그들을 포함하는 회중전체여야 한다는 사상을 내포하고 있다.[26]

셋째, 웨슬리의 예배에 있어서 활력 있는 내용과 실제를 구성하여 준 것은 찬송(Hymn)이었다.[27] 웨슬리 예배가 개신교 예배 전반에 크게 영향을 끼친 것이 있다면 바로 찬송이다. 찬송이 전교회에 영향을 끼치기 시작한 것은 1739년에 존 웨슬리와 찰스 웨슬리가 『찬송과 성시』(Hymn and Sacred Poems)를 출판한 후 부터이다. 특히 찰스 웨슬리가 쓴 6,500 여개의 찬송은 부흥운동과 예배를 위해 큰 도움을 준 것은 물론 평신도로 하여금 예배에 참여케 하는데에도 크게 기여 하였다. 이 찬송들은 웨슬리의 신학을 찬송시와 선율로 담아놓은 것이었다.[28] 주의 만찬을 애호한 웨슬리는 1745년에 『주의 만찬의 찬송』(Hymns on the Lord's Super)을 출판한 것을 기점으로 하여, 무려 166편이나 되는 찬송을 성만찬예배를 위해 마련하였다.[29] 찬송에 관한 부분은 후에 웨슬리의 찬송가 공헌을 다루면서 더 언급하기로 하겠다.

넷째, 웨슬리 예배신학은 그의 복음주의적(evangelical) 설교와 영혼구원을 향한 열정에서 그 진가를 확인할 수 있다. 예배중의 그의 설교는 성경적이며 복음적이며 전도의 목적에 집중된 것이고, 방법에 있어

---

[25] 연도는 인도자의 간구에 회중이 응답하는 기도의 한 형태로서, 대부분 간구, 혹은 중보기도의 성격을 띤다.
[26] 김외식, 『목회 전문화와 한국교회 예배』, 66.
[27] 김외식, 『목회 전문화와 한국교회 예배』, 66.
[28] Edwin E. Voigt, *Methodist Worship in the Church Universal*(Nashville: Graded Press, 1965), 64.
[29] 존 웨슬리 · 찰스 웨슬리, 『웨슬리 형제의 성만찬 찬송』, 나형석 역(서울: kmc, 2004)으로 번역되었음.

서는 설득하고 교육적인 성격을 띤 인간 영혼의 구원과 삶의 실제적 변화에 진지하게 초점을 맞춘 것이었다.[30] 웨슬리의 생애는 설교의 생애요 전도자의 생애였다. 그가 전도자로 52년간 사역하면서 영국본토와 섬을 거의다 안 가본 곳이 없을 정도이며, 25만 마일(지구 7바퀴 반을 도는 거리)을 여행하였고, 총 4만번 설교를 했는데 이는 1주간에 평균 15회 정도이고, 타고 다니는 말을 18번이나 교체하였다고 한다.[31] 오늘의 감리교회의 정신은 바로 영혼구원에 최대의 사명을 부여해야 할 것이며, 이것은 예배안에서도 표출되어야 한다.

다섯째, 웨슬리의 예배는 교회연합적인 정신 즉 기독교의 "보편적 정신"(Catholic Spirit)과 연결 되고 있다는 것이다. 그리스도인들은 서로 교리적 의견을 달리할 수 있지만 예수를 믿는 기독교인들은 본질적 진리, 곧 "하나님을 사랑하고 이웃을 네 몸같이 사랑하라" 안에서 하나의 공동체를 이룰 수 있다고 전망하였다. 폭넓은 웨슬리의 생각은 영국 땅에서만 제한되지 않고 "세계는 나의 교구이다." 라는 신념과 함께 세계선교에까지 확장되어 나갔음을 통찰할 수 있다. 마침내 영국의 감리교회는 북미에 씨를 심기 시작하였던 것이다.

웨슬리의 예배는 오늘날 한국감리교회 예배의 반성과 갱신을 위한 귀한 재료를 제공하고 있다. 말씀의 예배와 성만찬의 균형 잡힌 예배로의 회복에 더욱 노력해야 한다. 감리교회 예배전통은 초기부터 오늘에 이르기까지 말씀과 성만찬중심의 예배였기 때문이다. 허도화는 그의 책『한국교회예배사』에서 1910년대의 한국감리교회의 예배를 소개하면서 이 감리교 예배순서는 1910년에 출판된 미 감리회『대강령과 규측』에 소개된 예배보범을 기초로 한 섯으로 미국삼리교회 예배 순서를 번역한 것이라고 밝히고 있다. 그런데 이 예배는 성례전적인 존 웨슬리의 주일예배라고 언급하고 있다. 존 웨슬리 예배를 통해 우리가 또 인식해야 할

---

[30] 김진두,『웨슬리의 실천신학』, 195.
[31] 김진두,『웨슬리의 실천신학』, 204.

것은 하나님의 선행은혜에 대한 응답으로서 신앙의 생활화를 추구하는 예배여야 한다는 점이다.

살핀바와 같이 웨슬리 예배의 특징은 말씀과 성만찬의 균형 잡힌 예배, 성직자와 회중의 적극적인 참여를 통한 예배, 찬송의 적극적인 활용, 교회연합적인 측면에서의 선교의 가능성까지 열어놓은 것을 들 수 있다. 이외에도 웨슬리는 감리교인들이 사랑의 계명을 철저히 지킬 것을 요청한다. 교회 안에서의 의식적인 예배만이 아니라 삶의 전 생애를 통해 구체적으로 이웃을 사랑하는 계명 준수야말로 포괄적인 의미에서 예배라 여겼기 때문이다.

2. 웨슬리의 성례전(Sacraments)

존 웨슬리는 가톨릭교회의 전통적인 7가지 성사, 즉 성세성사(Baptism), 성체성사(Eucharist), 견진성사(Confirmation), 고백성사(Penance), 신품성사(Ordination), 결혼성사(Matrimony), 종부성사(Extreme Unction) 중에서 두 가지 성사만을 성례전으로 받아 들였다. 그 두 가지는 세례와 주의 만찬으로서 이것들을 성례전으로 인정하는 근거는 성경이며, 그리스도가 친히 명령하시고 제정하신 것이라고 믿었기 때문이다.

웨슬리의 성례전 이해는 "보이지 않는 실재의 보이는 표적"(a visible sign of invisible reality)이라는 어거스틴의 정의에 기초한 영국국교회의 신조의 내용과 일치한다. 웨슬리는 "성례전은 내적인 은혜의 외적인 표적"(a sacrament is an outword sign of inward spiritual grace)이고 신자는 성례전에서 외적인 표적을 통하여 내적인 은혜를 받으며 보이는 물질적 표적을 통하여 보이지 않는 영적인 은혜를 받는다고 정의했다.[32]

---

[32] Ole E. Boren, *John Wesley on the Sacraments*(Nashville: Abingdon Press, 1972), 49-50.

웨슬리의 성례전 이해에 있어서 두 가지 중요한 발견점은 첫째, "외적인 표적"(an outward sign)이다. 웨슬리의 이 말은 교회가 받아들인 어떤 종류의 사람이나 권위에 의해 제정된 "외적인 것"을 의미하는 것이 아니다.[33] 이 표적을 제정한 목적은 하늘의 영적인 것을 이해할 능력이 부족한 인간으로 하여금 그 약점을 돕기 위한 것이다. 즉 성만찬의 떡과 포도주는 "그리스도의 살과 피"의 의미를 나타내는 표적이요, 세례의 물은 "성령의 내적 씻음"을 외적으로 나타내는 표적이다. 둘째 부분은 "내적인 은혜"(an inward grace)이다. 이 은혜는 하나님의 선행하는 은총에 다른 속죄와 깊이 관련하였다. 속죄는 구원하는 은혜의 근거요 샘이라고 그는 보았기 때문이다. 따라서 속죄에 따른 칭의와 신생을 비롯하여 성화에 이르는 과정에서 "내적인 은혜"를 받는 것은 신도들에게 가장 필요한 부분이라고 웨슬리는 믿었다.[34]

전체적으로 볼 때, 존 웨슬리가 이해한 성례전은 그리스도인의 신앙 고백의 표지일 뿐 아니라 은혜의 분명한 표적이요 우리를 향하신 하나님의 선한 의지의 표시로 이해 할 수 있다. 이 성례전으로 말미암아 하나님은 우리 안에서 보이지 않게 역사하시며, 동시에 우리의 믿음을 더욱 강화하는 것으로 믿었다.

1) 웨슬리의 세례

웨슬리의 세례를 이해하기 위해서는 1756년 출판한 『세례에 관한 글』(*A Treatise on Baptism*)[35]을 읽고 연구해야 한다. 이 글은 그의 부친 사무엘 웨슬리가 고교회주의적 입장에서 1700년에 출판한 『세례소론』(The

---

33 John Wesley, *The Sunday Service of the Methodists in North America*, vol. Ⅰ (London: Strahan, 1784), 259, 528; *The Works* Ⅶ, 184.
34 박은규, "웨슬리의 예배와 성례전", 16.
35 이 글은 Wesley, *The Works* Ⅹ에 수록되어 있으며, 번역서로는 "세례에 대하여"(*On Baptism*)라는 글로 번역되어 있다. 콜린 윌리암스, 『존 웨슬리 총서(叢書)』제4권, 송흥국역(서울: 新敎出版社, 1979), 제6장 "세례에 대하여", 61-78을 참조. 웨슬리의 세례신학은 영국고교회의 전통과 신학을 견지한다고 볼 수 있다.

Short Discourse of Baptism)을 수정, 요약한 것이다.[36]

웨슬리에 의하면 세례란 그리스도가 제정하시고 모든 신자가 필수적으로 실행해야 하는 은혜의 수단이라고 말한다. 신자는 세례를 통해 하나님의 값없이 주시는 은혜를 받아 칭의에 이르게 되고 동시에 신생(new birth)을 경험하는 것이다. 세례를 통하여 칭의의 은혜를 받아 신생하면 성령의 능력안에서 죄악을 이기며 하나님을 향하여 거룩한 삶을 시작하게 하는 것이다. 물론 웨슬리에게 있어서 세례 자체가 신생과 동일한 것으로 의미하지는 않는다. 성인세례든 유아세례든 세례 자체를 신생으로 볼 수는 없다. 그럼에도 이 둘은 서로 연결되어 있으며, 특히 유아세례는 신생과 관련이 깊다는 것은 분명하다고 할 수 있다.[37] 웨슬리에 의하면 세례는 신자들과 하나님 사이에 언약을 이루는 입회적 성례전(Initiatory Sacrament)이다.

세례를 행하는 방식에서 재료는 물이고, 물의 "씻어내는 자연력이" 죄를 씻는 상징에 적합하다고 보았다. 세례는 성부, 성자, 성령의 이름으로 "씻거나"(washing), "담갔다가 건지거나"(dipping), "물을 뿌림"(sprinkling)으로 행해진다. 이중에 어느 것으로 해도 무방하다는 것이 웨슬리의 입장이다.[38] 예수 그리스도의 세례와 그의 제자들이 행한 세례가 반드시 침례였다는 증거는 증명할 수 없다고 보았다. 죄를 씻는다는 세례의 상징적 의미가 중요하다는 것이다. 즉, 물의 양이 문제가 되지 않는 것은 주의 성만찬시에 빵과 포도주의 양이 문제되지 않은 것과 같다.[39]

웨슬리는 세례를 신도들과 하나님 사이에 언약을 이루는 성례전이며, 세례를 하나님의 언약의 상징이었던 할례에 대치할 만 것이라고 본다. 웨슬리는 세례에 대해 세 가지 신학적 의미를 부여하였다. 첫째, 할

---

[36] 박은규, "웨슬리의 예배와 성례전", 29.
[37] 케네스 J. 콜린스, 『성경적 구원의 길』, 장기영 옮김(서울: 새물결플러스, 2017), 238-239.
[38] 김진두, 『웨슬리의 실천신학』, 155.
[39] 콜린 윌리엄스, 『존 웨슬리 총서(叢書)』, 제4권, 제6장 "세례에 대하여", 63.

례가 하나님의 언약의 표적이요 인증인 것처럼 세례도 마찬가지다.[40] 둘째, 세례에서 성령으로 말미암아 씻겨지고 성화되며 하나님의 진노로부터 해방되어 죄의 용서를 받는 동시에 하늘의 씻김을 받아 영원한 복을 누리는 은혜를 받는다. 셋째, 그는 중생에 대한 영국교회의 견해를 대체로 따르면서 세례는 입교뿐만 아니라 그리스도의 몸에 접붙임을 받는 것 그리고 하나님의 양자가 됨을 인증하는 것이라 보았다.[41]

웨슬리는 다른 종교개혁자들이 인정하고 있는 것과 마찬가지로 유아세례를 인정하고 강조한다.[42] 이 때 중요한 것은 유아세례시에 회개와 신앙이 빠져있기 때문에, 유아들이 성숙해지면 회개와 신앙을 분명히 요구해야 한다고 강조한 점을 유념해야 한다. 웨슬리는 유아세례는 그리스도가 명령한 것이고, 사도들로부터 초대교회의 실천이요 교회의 오랜 전통으로 믿어졌으며, 성서로부터도 충분한 근거가 있다고 주장한다.[43]

유아 세례에 대한 중요성과 타당성에 대해 다음 몇 가지로 언급하고 있다. 첫째, 어린아이도 원죄의 죄책을 지니고 있으므로 세례에 의하여 그것을 씻어버리지 않으면 구원을 얻을 수 없고, 어린이도 하나님과 복음적 언약관계에 들어갈 수 있으며 그 언약의 인증인 세례를 받을 권리가 있고, 주님은 어린이가 가까이 오는 것을 방해하지 말라고 하셨으므로 어린이도 세례의 정당한 대상이 된다(마 19:13,14). 그러므로 어린이는 그리스도 앞에 나아와 세례를 받고 교회에 들어오도록 허가되어야 하며 하나님께 봉헌 되어야 한다는 것이다. 둘째, 그는 사도들이 어린이에게 세례를 베풀었을 것이라고 전제하면서, 유대인이 가끔 유대교로 개종하는 어린이들에게 할례를 베풀듯이 주님의 제자들도 어린이들에게 세례를 베풀었을 것이라고 주장한다. 셋째, 유아세례는 모든 장소

---

40 Wesley, *The Works*, X, 188.
41 Wesley, *The Works*, X, 191-192.
42 박은규, "웨슬리의 예배와 성례전", 33.
43 *The Works*, X, 193-195.

와 시대를 거쳐 그리스도인의 교회에서 보편적으로 실천되어 왔으므로 이것은 일찍이 사도들의 실천이었음이 분명하며, 결과적으로 그것이 그리스도의 생각이었음에 틀림없다고 언급한다.[44]

그렇다면 모든 세례는 어떠한 유익이 있을까? 여기에 대해 웨슬리는 몇 가지로 정리하고 있다.[45] 무엇보다 세례에 의한 첫 혜택은 그리스도의 죽음의 공로를 적용하는 것으로 말미암아 원죄가 지니는 죄책이 씻기워지는 것이다. 그리고 세례를 받음으로 신자가 하나님과의 계약 속으로 들어가는 것이고, 세례를 받음으로 신자는 교회에 입교하게 된다. 그리스도의 몸인 교회의 지체가 되며, 세례를 받음으로 "본질상 진노의 자녀들"에서 하나님의 자녀로 신분이 변화하는 것이라고 언급한다. 그리고 우리가 하나님의 자녀가 되는 것 같이 천국의 상속자들이 되는 것이라고 강조한다. 웨슬리에게 있어 세례는 성례의 징표로서 외적인 것이며, 신생은 세례가 의미하는 실체로서 내적인 것이기 때문에, 신자는 세례받음이 신생 자체가 아님을 인식하며, 마음의 변화 즉 내적 변화를 받아야함을 강조하였다.[46]

세례의 존속 시기는 언제까지 일까? 세례는 교회가 있는 만큼 지속될 것이고, 교회에 입교하는데 지정된 수단으로 사용되어야 한다. 이것은 주께서 제자들에게 부탁하신 근원적인 위임에서도 나타난다. "가서 모든 족속으로 제자를 삼고 아버지와 아들과 성령의 이름으로 세례를 주고 내가 너희에게 분분한 모든 것을 가르쳐 지키게 하라 보라 내가 세상 끝 날까지 언제나 너희와 함께 있겠다."(마 28:19-20) 이 위임이 지속되고 그리스도께서 세례를 베푸는 가운데 그들과 함께 계시기로 약속하신 동안 의심할 것 없이 그들은 세례를 베풀고 가르치도록 되어 있었다.[47]

요약하면, 웨슬리는 세례가 성경적 근거에 따라 이루어져야 함을 강

---

[44] The Works, Ⅹ, 193-199.
[45] The Works, Ⅹ, 190-192.
[46] 콜린스, 『성경적 구원의 길』, 242-243.
[47] 윌리암스, 『존 웨슬리 총서(叢書)』, 제4권, 제6장 "세례에 대하여", 67.

조하였고, 세례로 인한 유익을 5가지로 말하면서 세례는 죄사함으로부터 천국의 상속자가 되는 특권을 상징해 주는 중요한 표지로 인식하고 있다. 그는 세례가 그리스도의 삶과 죽음과 부활에 참여하는 의식이며, 그리스도인의 삶으로 들어가는 완전한 입교의식으로 보았기에 당시 영국국교회가 시행하던 세례후의 견진성사(Confirmation)를 인정하지 않았다. 세례의 시효성은 주의 교회가 끝날 때까지, 교회가 존재하는 날까지 존재한다고 보았다. 교회는 세례가 집례될 때 진정한 의미에서 교회의 의무와 특권을 행사하고 있다는 것이다. 세례의 대상을 "모든" 사람에게 둠으로서 은혜의 수단을 효과적으로 사용해야함을 인식하게 한다.

감리교회의 예배갱신은 철저하게 성경적인 근거를 두어야 하고, 개인적 차원을 넘어서서 전 인류적 변혁을 위한 목표로 다양하게 응답되는 성례전을 강화하는 예배가 되어야 함을 시사해주고 있다. 이점은 비단 감리교회 예배만이 아니라, 모든 교파를 초월한 예배갱신의 방향이다.

2) 웨슬리의 성만찬[48]

존 웨슬리는 성례전의 중요성을 어릴 때부터 가정에서 배웠다. 그의 아버지 사무엘 웨슬리는 성만찬을 매우 중요시하여 가정에서 자주 시행하였다. 웨슬리 자신도 성만찬에 참여하는 것은 주님의 명령이기 때문에 주님의 재림 때까지 이것을 시행할 것을 설교하였다.[49] 처음 1세기의 기독교회와 오늘날의 많은 교회들에게 매주일 혹은 날마다 시행되는 성만찬은 예수의 고난과 죽음을 기억하며, 그가 모든 사람들을 위하여 행하신 구원을 현재화하는 예전이다.[50] 성만찬을 거행함으로써 공동체는

---

[48] 웨슬리의 성만찬연구를 위해 공헌한 대표적인 학자들로서는 래텐버리(J. Ernest Rattenbury), 데이비스(Horton Davis), 패리스(John R. Parris), 아우틀러(Albert C. Outler), 보우머(John C. Bowmer), 보르겐(Ole E. Borgen), 그리고 한국의 조종남 등이 있다. 성만찬을 지칭하는 용어에 대해 장로교, 감리교, 성결교에서는 '성만찬' '성찬' '주의 만찬' 등을 혼용하여 사용하고 있는데, 필자는 가능한 '성만찬' 이라는 용어로 통일하여 표기하기로 한다.

[49] Wesley, SOJW 제6권, 349; 김영선, 『존 웨슬리와 감리교신학』, 327을 참조.

[50] "나는 모든 목사들에게 매 주일 성만찬을 행할 것을 권고한다."라고 웨슬리는 1784년 "북미감리

하나님과 세상의 화해에 대하여 감사를 표현하며 또 하나님의 미래적인 구원 활동에 대한 소망을 드러낸다.[51] 웨슬리의 성만찬 신학에 관하여 가장 귀한 정보를 제공하는 원본은 1745년에 웨슬리가 발간한 『성만찬에 관한 찬송가』(Hymns on the Lord's Supper)로서 그 책의 서문에는 브레빈트(Dr. Daniel Brevint)의 언급을 발췌한 부분이 포함되어 있다.[52] 여기서 웨슬리는 브레빈트의 성만찬론을 기본적으로 참고하면서, 성만찬을 은혜의 수단 중에 중요한 요소로 보았다.[53]

이제 좀 더 구체적으로 웨슬리의 성만찬신학을 전개해보기로 한다.[54] 웨슬리는 『주님의 성만찬 찬송』(166편)에서 성만찬의 과거적(회상), 현재적(은총의 방편), 종말론적 차원과 그것의 체험들을 반영하고 있다. 특히 성만찬의 희생적 차원을 넘어서 성경적이고 교부적이며 개신교적 관점에서 규모 있게 제시하고 있다. 20세기를 휩쓴 예배갱신운동은 성만찬에 대한 의미 있는 참여가 그 중심에 놓여있다. 예배갱신운동은 설교와 성만찬의 조화로운 예배 설정이 관건이었다. 웨슬리 형제의 복음주의적 성만찬 사상은 이러한 예배갱신 운동의 진로를 밝혀주는 매우 적절한 관점으로 볼 수 있다. 존 웨슬리가 정리한 5가지의 성만찬 이해를 웨슬리의 『주님의 성만찬 찬송』(166편)에서 브레빈트의 언급을 웨슬

교 형제들에게 보낸 주일예배"에서 밝히고 있다. Wesley, SOJW 제6권, 356.
51 W. 클라이버, M. 마르쿠바르트, 『감리교회 신학』, 조경철 역(서울: kmc, 2007), 428–429.
52 웨슬리는 브레빈트가 쓴 8장의 언급을 6장으로 간추려 놓았다. 그 내용을 열거하면 다음과 같다. 첫째, 브레빈트의 언급은 다음과 같다. I. 성례전의 본질에 대한 바른 이해의 중요성 II. 그리스도의 고난과 죽음에 대한 기념으로서의 성례전에 관한 관심 III. 성만찬: 현재 은혜의 표적 IV. 성만찬: 은혜의 수단 V. 성만찬: 올 영광의 보증 VI. 성만찬: 희생제사 VII. 우리자신의 희생적 헌신에 관하여 VIII. 우리의 소유를 희생적으로 바치는 것에 관하여 둘째, 웨슬리의 언급은 다음과 같다. I. 그리스도의 고난과 죽음에 대한 기념으로서의 성만찬, 찬송가 1–27장 II. 은혜의 표적과 수단으로서의 성만찬, 찬송가 28–92장 III. 하늘의 보증으로서의 성만찬, 찬송가 93–115장 IV. 희생제사의 뜻을 함축하는 성만찬, 찬송가 116–127장 V. 우리자신을 희생적으로 바치는 것에 관하여, 찬송가 128–157장 VI. 성례전이후, 찬송가 158–166장이다. John C. Bowmer, *The Sacrament of the Lord's Supper in Early Methodism* (London: Dacre Press, 1951), 167.
53 박은규, "웨슬리의 예배와 성례전", 19.
54 웨슬리의 중요한 성만찬 이해에 관한 원문에 해당하는 구체적인 내용은 존 웨슬리·찰스 웨슬리, 『웨슬리 형제의 성만찬 찬송』, 50–218; 나형석, 『성만찬으로의 초대』(서울: kmc, 2004), 11–118을 참조.

리가 발췌하여 수용한 부분을 중심으로 살펴보기로 한다.

첫째, 그리스도의 고난과 죽음의 기념으로서의 성만찬(condeming the sacrament, as it is a memorial of the suffering and death of christ)이다.[55]

과거의 사건인 그리스도의 고난을 마음에 그려낼 수 있도록 하기 위해 제정되었다는 뜻에서 성만찬은 기념물(a memorial)이다. 그리스도의 고난은 무섭고 두려우며 거룩하여 하늘이 곡하고 땅이 몸을 떨며 모든 사람들이 전율하였다. 그러나 이처럼 위대한 일도 잊혀지기 쉬운법이다. 따라서 그분은 당신의 마지막 만찬에서 이 사크라멘트(Sacrament)를 고난의 기념물과 상징물로 주신 것이다.[56] 이 사크라멘트를 허락하신 이유는 그리스도께서 쪼개진 떡과 부어진 포도주 그리고 이 의식에 참여함이 무슨 뜻인지 질문하게 될 때에, 이 거룩한 신비를 통해 십자가에서 죽으신 구주의 희생과 죽음을 설명하기 위함이다. 아울러 죄의 대속을 위해 당신의 몸을 내어놓으심과 당신의 피 흘리심, 그리고 당신의 내밀한 영혼을 부어주심에 대한 사실을 증거하고 설명하기 위해서이다.

그리스도를 믿는 신앙인은 주의 만찬을 받을 때, 갈보리의 주님을 회상하게 되며 예수 그리스도의 고난과 죽음을 다시 기억하게 된다. "이것을 행하여 나를 기념하라(눅 22:20)"에서 "기념"(Anamnesis)은 자신을 바치신 예수그리스도의 대속적 은혜를 다시 불러내며 회상케 할 뿐 아니라 지금 여기서 구원의 은총을 실제로 확증하는 것이다. 이 "기념"은 인간이 스스로 하나님을 향해 믿음과 행위를 나타내는 기념이기보다 하나님의 선행하는 은총에 대한 응답적 기념이며, 성령의 역사에 따라 임마누엘의 하나님과 지금 영적으로 교통하는 것을 포함하는 기념이다.

둘째, 은혜의 표지와 수단으로서의 성만찬(condeming the sacrament, as it is a sign present grace, or means of grace)이다.[57]

---

[55] 존 웨슬리·찰스 웨슬리, 『웨슬리 형제의 성만찬 찬송』, 12.
[56] 성만찬을 지칭하는 Sacrament는 문맥에 따라 성매(聖媒), 성사(聖事), 성례(聖禮), 혹은 성만찬으로 그 의미를 대입하여 이해하기도 하기 때문에 여기에서는 "사크라멘트"로 사용하거나 표기한다.
[57] 존 웨슬리·찰스 웨슬리, 『웨슬리 형제의 성만찬 찬송』, 18.

웨슬리에 따르면 "은혜의 수단"은 기도, 말씀, 금식, 기독자의 친교 모임 그리고 주의 만찬이다. 주님이 제정하시고 명하신 주의 만찬은 외적인 표적을 통하여 내적인 은혜를 나타내는 성례전으로서 믿음을 가지고 참여하는 신도들로 하여금 예방케 하며, 의롭게 하며, 성화시키는 은혜의 방편이라는 것이다.[58]

성만찬이 은혜의 수단이 되는 이유로는 그리스도와 더욱 밀접한 교제를 갖게 하여 신자의 신앙을 성장시키고 강화하고, 교제의 식사에 이어 그리스도의 희생을 재현함으로써 우리의 신앙을 일깨우기 때문이다. 아울러 회심자의 양육을 위하여 그리스도가 성령을 통하여 선행적, 의인적 및 성화적 은총을 전달하기 위하여 성만찬을 사용하신 다는 것이다.[59] 물이 세례의 상징으로 선택되었듯이 빵과 포도주는 주님의 만찬 안에서 그리스도의 고난을 가리키며, 그것으로 인해 우리가 받게 될 복들을 가리키는 외적 상징으로 선택되었다는 것이다. 사크라멘트는 설명되고 기억되는 이 피를 모든 믿음의 영혼들에게 전달해 주는 방편(a means)이다.[60]

셋째, 장차올 영광의 보증으로서 성만찬(condeming the sacrament, as it is a pledge of future glory)이다.[61]

사크라멘트는 장차 하늘에 이르게 될 때에 우리에게 영광을 주시겠다는 약속을 보증하시기 위해 주님께서 주신 보증물이다. 사크라멘트를 통해 주신 거룩성에 이르게 될 때 보증물 자체는 없어지게 될 것이다. 성만찬에서 은혜를 받는 신자들이 하늘에 있을 자격을 갖추게 되며, 특히 성결케 하는 은혜를 전달받는다고 본다. 주의 만찬은 하나님의 약속을 표현한다. 그것은 하늘에 계신 그리스도와 함께 하는 우리의 보증이다. "취하라, 먹어라, 이는 내 몸이니라" 라는 말씀에서 성별된

---

[58] Wesley, *Sermons on Several Occasions*, vol. I. 229.
[59] 김영선, 『존 웨슬리와 감리교신학』, 328-329.
[60] 존 웨슬리·찰스 웨슬리, 『웨슬리 형제의 성만찬 찬송』, 23.
[61] 존 웨슬리·찰스 웨슬리, 『웨슬리 형제의 성만찬 찬송』, 29.

떡은 그분의 몸을 묘사하고(represent), 이 땅의 우리 영혼들에게 그 몸으로부터 나오는 은혜의 힘을 가져다주는 것에 그치지 않는다. 그것은 그분이 값을 내고 사신 저 하늘의 행복을 얻을 수 있는 신분과 자격을 우리가 소유하고 있다는 사실을 보증하고 확인해 주는 가장 거룩한 방편이 된다.

넷째, 그리스도의 대속적 희생의 표적과 인증으로서 성만찬(condeming the sacrament, as it is a sacrifice, and first, of the commemorative sacrifice)이다.[62]

어떤 희생도 죄를 제거할 수 없으며 이것은 오직 예수 그리스도의 희생에 의해서만 이루어진다. 구약의 모든 희생제의들은 성만찬의 희미한 그림자였고, 속죄에 관한 한 그리스도의 희생만으로 충분하다. 이 희생은 참된 봉헌으로서 한 번 이상 드려질 필요가 없다. 그럼에도 이 희생은 경건하고도 감사에 넘치는 기억과 회상을 통해 매일 드려져야 한다. 성 오스틴은 예수의 거룩한 몸이 세 가지 방식으로 봉헌되었다고 말한다. 첫째, 그분은 세상에 오시기 전에는 율법 하에서 예표적 희생을 통해 봉헌되었다. 둘째, 십자가 위에서는 자신의 실제적 희생을 통해서이다. 셋째는 그분이 하늘로 오르신 이후에는 우리로 하여금 기억하고 회상할 수 있게 해주는 사크라멘트적 희생을 통해 봉헌된 것이다.

따라서 주께서 친히 보여주신 성만찬은 자신의 몸을 찢고 피를 흘림으로써 이루어지는 대속의 희생을 표상하는 만찬이다. 그러므로 성만찬은 주께서 당하신 대속의 죽음의 의미를 표적으로 나타내며 또한 인증하는 것이다. 그러므로 우리는 성만찬을 받을 때마다 하나님의 선행하는 은총과 그리스도의 대리적 희생을 마음에 그리게 되며, 동시에 그리스도의 희생정신을 따르고자 하는 다짐이 성만찬식 때마다 일어난다. 여기에 성만찬을 자주 실행해야 할 필요성과 당위성이 제기된다.

---

[62] 존 웨슬리 · 찰스 웨슬리, 『웨슬리 형제의 성만찬 찬송』, 34.

다섯째, 우리 자신을 희생적으로 바치는 것으로서 성만찬(condeming the sacrifice of ourselves)이다.[63]

그리스도의 십자가외에 죄를 대속하고 하나님의 의를 만족시킬 수 있는 다른 희생은 생각할 수 없다. 그러나 우리의 희생이 구원을 만들어 내거나 초래할 수는 없지만 그 구원을 받아들이기 위해서는 우리의 희생이 필수적이다. 머리되신 그리스도는 당신의 몸을 위해 행동하시고 고난당하셨고, 몸된 교회는 그 연약한 몸이 감당할 수 있는 방식으로 머리의 움직임과 머리가 고안한 모든 것을 따른다. 우리 주님의 탄생, 죽음, 부활은 우리의 복종과 일치의 대상으로 주어졌다. 승천, 영생, 하늘에서의 영광 역시 우리로 그분과 더불어 공유해야 할 것으로 우리에게 주어진 것이다.[64]

지금까지 웨슬리 성만찬의 특성을 5가지로 살펴보았다. 첫째, 그리스도의 고난과 죽음의 기념으로서의 성만찬이다. 둘째, 은혜의 표지와 수단으로서의 성만찬이다. 셋째, 장차올 영광의 보증으로서 성만찬이다. 넷째, 그리스도의 대속적 희생의 표적과 인증으로서 성만찬이다. 다섯째, 우리 자신을 희생적으로 바치는 것으로서 성만찬 등이다. 이렇게 웨슬리는 성만찬이해를 5가지로 피력하면서, 예배에 적극 반영하였으며 성만찬에 대한 고집스러운 강조는 감리교회 예배의 특성을 나타낸다고 할 수 있을 것이다.

웨슬리 성만찬 이해에서 주목되는 것은 주 안에서 성도의 교제와 연합을 이룬 것이다. 속회와 조(Bands)의 모임에서 성도의 교제와 돌봄이 이루어졌다. 성도의 교제는 단순히 인간적인 교제가 아니라 그리스도의 대속적 죽음과 희생에 의한 구원의 확신이 이루어진 가운데 나누는 사귐이다. 그리고 이 성도의 교제는 교제 자체로 끝나지 않고 복음전파

---

[63] 박은규, "웨슬리의 예배와 성례전", 38.
[64] 박은규, "웨슬리의 예배와 성례전", 39.

와 사회봉사를 위한 동력으로 삼았다.[65] 이를 위해 자신과 소유물의 희생까지도 강조한 것이다.

웨슬리는 성만찬시에 가난한 이들을 위한 의연금을 바치는 것을 허용함으로서 편협한 개인주의적 경건에만 머물지 않도록 하는 사회 전체의 구원을 향한 운동으로까지 발전시켜 나갔다. 성만찬의 시행방식에 대해 초기 감리교도들은 성단 앞의 난간으로 나아갔다. 거기서 무릎을 꿇고 앉으면 성직자가 떡과 포도주를 성도들의 손안에 전달해 주었다. 웨슬리는 성만찬을 효과적으로 받게 하기 위하여 신도들에게 금식을 권장하였다. 이런 전통은 감리교 운동의 초기에 계속되어 신자들은 성만찬 받기 전 여섯 시간 동안 금식하였다.[66]

웨슬리는 외적인 표적을 통하여 내적인 은혜를 나타내는 것이 성례전이라 이해하였다. 그중에 성만찬은 믿음을 가지고 참여하는 수찬자들에게 하나님의 은혜를 전달하는 "은혜의 수단"으로 보았다. 이것은 내적 신앙도 중요하지만 외적인 의식을 통해서도 충분히 은혜를 받을 수 있음을 시사해주는 것을 말해 준다. 따라서 잘 준비된 성만찬은 그 자체만으로도 큰 은혜를 끼칠 수 있을 것이다. 성만찬이라는 은혜의 수단에서 하나님의 은혜를 받을 수 있다는 사실은 웨슬리에게 있어서 매우 중요한 관심사항이었다. 이 은혜는 선행하는 은혜, 의롭다 하는 은혜 그리고 거룩하게 하는 은혜로서 효력을 발휘한다. 따라서 감리교회의 성만찬은 열린(개방수찬) 성만찬을 지향한다고 할 수 있다.[67]

---

65 John Wesley, *Explanatory Notes upon the New Testament* (London: The Epworth Press, 1954), *Phil.* 3:10 주석.
66 Bowmer, *The Sacrament of the Lord's Supper in Early Methodism* , 105.
67 클라이버, 마르쿠바르트, 『감리교회 신학』, 431; 김동환, 『목사 웨슬리에게 목회를 묻다』(서울: kmc, 2014), 303-307을 참조. 한국감리교회는 성만찬 수찬자격에 대해 웨슬리의 초기입장(수세자로 제한)에서 나중의 입장인 개방수찬을 권하였다가 최근에 다시 수찬자격을 "세례받은 교인"으로 개정하는 등 수찬자격에서 혼선을 야기하고 있다. 장정개정(편찬)위원회, 『교리와 장정』(서울: kmc, 2016), 80. 여기에 제3편 조직과 행정법 제2장 제2절 [121] 제12조 교인의 권리 ①에 따르면, **교인은 성찬식에 참례한다(개정)**으로 되어 있다. 즉 2016년 이전에는 수찬자격이 "세례교인"이었는데, 2016년에 "교인"으로 개정된 것이다. 그러다가 2017년 제32회 입법의회에서는 이를 다시 개정하기에 이른다. 즉 『교리와 장정』, 제3편 조직과 행정법 제2장 제2절 [121] 제12조 교인의 권리 ①에, **세**

개방수찬을 주장한다고 하여 성만찬의 신학과 은혜의 수단을 가볍게 여기거나, 무의미하게 받는 일을 경계해야 한다고 웨슬리는 강조한다. 예수를 구주로 믿고 거듭나고, 은혜를 갈급하는 모든 그리스도인들은 은혜의 수단인 성만찬에 참여함이 당연하다고 본다. 하지만 필자는 수찬자격에 대해서 다소 엄격한 규정(수세자)이 강화되거나 신중해야 한다는 입장이다. 누구든지 떡과 포도주를 받아야 하지만, 이때 여기서 "누구든지"는 적어도 앞의 웨슬리의 5가지 성만찬 이해를 갖는 자라야 합리적이라고 본다. 아울러, 웨슬리 세례이해에서 보듯이, 교회의 입교(입회)원으로서 기본자격이 세례이기에, 철저한 신학적 이해와 준비가 없는 성만찬의 개방수찬은 웨슬리가 강조한 세례의 의미를 약화시킬 우려가 있다. 즉 그리스도인이 아니면서도 성만찬에 참여하는 비성례전적 행위들이 나타날 수 있다.

웨슬리의 성만찬 신학에서 더 의미 있게 발견하는 점은 무엇보다 성만찬을 더 자주 행해야 한다는 것이다. 실제 웨슬리는 매주 성만찬을 행할 것을 권하고 있고, 자신도 그렇게 시행하였다. 특히 한국감리교회 예배는 웨슬리의 전통을 회복하기 위해 주 1회 성만찬을 시도하는 것을 원칙으로 하되, 상황에 따라 최소한 월 1회 이상은 실행되도록 해야 할 것이다. 이를 위해 새로운 예배의 모델을 수립해 나감이 바람직하다고 본다. 뿐만 아니라 성만찬을 거행함에 있어 신앙적인 내면의 자세 뿐 아니라 외식이 아닌 의식(Ritual)면에서도 보다 철저한 성만찬 의식 준비를 해야겠다는 것이다.

현재 한국교회에서 행해지는 성만찬은 사전교육이나 훈련을 거치지 않은 상태에서 거의 그 당일에서만 참여하는 경우가 많은 것이 사실이다. 성만찬에 참여하는 준비와 자세, 참여수, 참여자격, 성만찬시 떡과

례받은 교인은 성찬식에 참례한다(개정)로 개정한 것이다. 필자는 이러한 혼선은 교단의 성례신학에 대한 무지와 예배학적 검토와 반영을 충분히 논의하지 않은데서 기인한다고 본다. 이에 예배학자들과 신학교육의 성찰이 필요하며, 교단은 이러한 중요한 예전적 조항에 대해, 보다 신중한 검증과 공포를 할 것을 제안하는 바이다.

포도즙의 신학적 의미 등을 가르치는 노력이 필요하다. 다행히 한국감리교회는 초기부터 가지고 있는 성만찬 예식을 위한 귀한 문헌들을 갖고 있다. 『미이미교회강례』(1890)이나 『의경문답』(1893)[68], 『감리교예식규범』(1964)등과 같은 문헌들을 오늘의 시대에 맞게 번안하여 적절하게 사용하면 좋을 것이다. 성만찬을 실시함에 있어 개인에만 머물지 않고 교제와 연합을 통한 사회전체의 구원에 관심을 갖게 하는 계기로 삼아가야 할 것이다.

특히 감리교회 신자는 이러한 웨슬리 시대의 깊은 성만찬 유산을 웨슬리의 가정처럼 가정에서부터 회복하여 나가도록 힘써야 할 것이다. 웨슬리는 은혜의 수단(The Means of Grace)에 대한 그의 설교에서 은혜의 수단이 성경적 설교를 하는 것과 주님의 성만찬을 받는 것과 기도로 이루어진다는 사실을 명확하게 밝혔다.[69] 성만찬은 매우 중요했다. 성만찬을 자주 거행하는 일이 드물었던 시대에[70] 웨슬리는 "빈번한 성만찬의 의무"(The duty of frequent communion, 1733)에 대해 설교하며 "이를 행하라"는 말씀은 가능한 한 자주 성만찬을 거행해야 한다는 의미하고 주장했다.[71] 그런데 웨슬리는 회심 후 1788년에 내용의 변경없이 이 설교를 다시 출판하였는데, 이때 그는 '빈번한'(frequent)이라는 말 대신에 '지속적'(constant)이라는 말로 바꾸어 사용하였다. 이것은 '빈번한'이라는 표현보다 더 강한 의미를 지닌 말이다. 웨슬리 자신은 그의 생애동안 "평균 4일내지 5일에 한번씩"은 성만찬을 받았다.[72] 존 웨슬리는 가능한 모든 사람이 매주 성만찬을 받게 되기를 원했다.

---

68 한국교회 초기 최대 규모의 요리문답으로 올링거(F. Ohlinger)가 내스트(William Nast)의 The Lager Catechism을 중국어로 번역한 것을 다시 한글로 번역한 책이다. 이 책에는 기독교 신앙교육의 전통적 주제로 주기도문, 십계명, 성례전 등을 상세히 싣고 있다.
69 *The Works* Ⅰ, 381.
70 여기에 관한 배경은 김진두, 『웨슬리의 실천신학』, 165를 참조.
71 *The Works* Ⅲ, 428-429.
72 Bowmer, *The Sacrament of the Lord's Supper in Early Methodism*, 55.

3. 찬송가의 공헌

웨슬리의 예배에 있어서 활력 있는 내용과 실제를 구성해준 것은 찬송(Hymns)이었다. 이 찬송은 신도들의 예배와 생활, 교훈 등의 모든 국면에 관련되었다. 최초의 웨슬리 찬송가는 미국에서 출판되었는데 그것은 웨슬리 형제가 조지아 주를 방문중인 1737년 찰스타운(Charlestown)에서 출판한『시편과 찬송모음집』(*A Collection of Psalms and Hymns*)이다.[73] 여기에는 영국에서 가져온 70편의 "새번역" 시편송과 왓츠의 찬송[74]과 존 웨슬리가 모라비안 찬송가에서 번역한 5편의 찬송이 수록되어 있다. 이 찬송가는 복음적 찬송가(Evangelistic Hymnody)에는 별 영향을 주지는 않았지만, 고교회(High Church)의 예배의식에서 사용되는 찬송들이 전혀 포함되지 않았다는 것이 특징이다. 이는 영국 국교회의 전통적인 찬송의 권위에 대한 반항의 표시라고 할 수 있다.[75] 웨슬리의 두 번째 찬송가『시편과 찬송모음집』(*A Collection of Psalms and Hymns*, 1738)이 출판되었는데, 여기에는 76편의 찬송이 수록되어 있고, 찰스타운 찬송집과 비슷하게 왓츠의 찬송이 반 이상을 차지하고 있다.

찬송이 전교회에 영향을 끼치기 시작한 것은 1739년 존 웨슬리와 찰

---

[73] 조숙자·조명자,『찬송가학』(서울: 장로회신학대학 출판부, 1985), 118.
[74] 아이작 왓츠(Isaac Watts, 1674-1748)는 영국 찬송가의 아버지라 불리워지며, 찰스 웨슬리와 함께 18세기 영국찬송에 획기적인 전환을 이룬 인물이다. 비국교도였던 그는 1701년에 런던 마크레인독립교회(Mark Lane Independent Chapel)의 목사가 되었으나 몸이 허약하여 22년간 설교목사로만 봉사하였고, 저술과 시작(詩作)에만 몰두하였으며 말년에 애버딘(Aberdeen)과 에딘버러(Edinburgh)대학에서 명예신학박사 학위를 수여받았다. 왓츠는 시편이든지 창작된 찬송이든지 교회의 노래는 신약성서의 복음의 빛에 비추어 재해석된 복음적인 내용이어야 한다고 주장하였다. 최초의 왓츠의 찬송가 1705년에 나온 *Horae Lyricae*에 이어 두 번째 찬송가로 1707년에 출판된『찬송과 영가집』(*Hymns and Spiritual Songs*)에는 왓츠의 창작 찬송 210편이 수록되어 있다. 이 찬송가는 성경에 기초한 찬송, 일반 찬송, 성만찬 찬송 세부분으로 되어 있으며, 우리에게 익숙한 "주 달려 죽은 십자가"(찬송가 147장); "웬말인가 날 위하여"(찬송가 141장) 등이 처음 나타났다. 이외에 왓츠의 유명한 찬송가로는 성탄찬송으로 널리 알려진 "기쁘다 구주 오셨네"(찬송가 115장); "예부터 도움 되시고"(찬송가 438장) 등이 있다. 왓츠는 찬송을 작사할 뿐 아니라 교회에서 드리는 예배에 찬송을 도입하여서 시편가에서 찬송가로의 전환을 가져온 계기를 마련했다는 데 그의 공헌이 있다.
[75] 조숙자·조명자,『찬송가학』, 118.

스 웨슬리가 『찬송과 성시』(Hymns and Sacred Poems)를 출판한 후부터이다. 이것이 웨슬리 이름으로 출판된 첫 번째 찬송가이다. 여기에는 우리에게 익숙한 "천사 찬송하기를"(찬송가, 126장), "만입이 내게 있으면"(찬송가, 26장)등이 수록되었으며, 이전에 출판된 것과 같이 부흥집회때 주로 사용되었다. 1741년에 런던에서 출간된 『시편과 찬송모음집』(A Collection of Psalms and Hymns, 1741)에는 152편의 찬송이 수록되어 있는데 교회에서 예배 때에 사용하기 위해 만들어졌다. 웨슬리 형제의 회중찬송에 대한 관심은 53년간의 활동기간 56종류의 찬송가를 출판한 것으로 입증된다. 웨슬리의 찬송이 가장 많이 수록되어 있는 찬송가는 1780년에 출판된 『감리교 찬송가』(A Collection of Hymns for the Use of the People called Methodists)이다.[76] 웨슬리의 찬송과 웨슬리 부흥운동에서 사용된 찬송 곡조에서 그의 관심은 모든 사람이 부를 수 있는 평이한 곡이어야 하며, 온건하고, 경건성이 있어야 한다는 것이었다. 웨슬리는 평민들에게 익숙하고 친밀한 가사와 유행가, 민요조의 곡조, 세속음악을 채택하기도 하였다. 이는 오늘날까지도 복음적 찬송의 전례가 되고 있다. 웨슬리의 찬송곡조는 청교도의 전통보다는 오히려 성공회의 음악적 전통과 세속음악의 이론을 따르고 있다고 볼 수 있다.[77] 이것은 웨슬리의 찬송이 회중의 적극적인 참여를 반영하고, 예배에서의 찬송을 통한 복음의 선포라는 교리적 측면까지도 반영한 웨슬리 찬송의 특징을 보여주는 것이라 하겠다.

아이작 왓츠와 웨슬리의 차이점이라 한다면, 웨슬리는 찬송이 복음적 메시지를 갖는 동시에 기독교인의 독특하고 체험적인 신앙경험을 강조한 주관적 성격이 농후한 찬송이라 볼 수 있다. 반면에 아이작 왓츠는

---

[76] 존 웨슬리편집, 『웨슬리 찬송시선집』, 나형석 옮김(서울: kmc, 2010), 5. 최근 나형석 교수에 의해 번역된 『웨슬리 찬송시선집』(1780)에는 525장 2,862절의 찬송시가 수록되어 있다. 웨슬리는 이 선집을 메도디스트 소사이어티의 공예배, 소규모의 집회들(철야, 언약예배, 밴드, 속회, 애찬식, 장례식 등) 그리고 개인적 경건생활을 위한 자료집으로 기획하였다고 밝힌다.
[77] 조숙자·조명자, 『찬송가학』, 123.

모든 기독교인이 공감할 수 있는 공통된 기독교 경험과 교리에 근거한 객관성 있는 찬송을 썼다는 것이다. 웨슬리와 왓츠는 주관과 객관, 복음과 교리 등을 아우르는 당대의 완벽한 조화를 이룬 찬송으로 오늘에 이르기까지 크게 영향을 끼친 찬송의 대가들임을 알 수 있다.[78] 웨슬리 형제의 출현은 기독교 찬송에 지대한 영향을 끼쳤다. 찰스 웨슬리가 쓴 6,500여개의 찬송과 존 웨슬리의 27편의 찬송시 등은 양적으로도 기독교 찬송가에 귀중한 보고를 더해 주었을 뿐 아니라 부흥운동과 예배를 위하여 큰 도움을 준 것은 물론, 평신도로 하여금 예배에 참석하는 데에도 큰 기여를 한 것이었다.[79]

찬송들은 웨슬리 신학의 가장 훌륭한 근원이 되고 있다. 특히 1745년에 출판된 166곡의 『주님의 만찬에 대한 찬송들』(*Hymns on the Lord's Supper*)은 영어로 성만찬식에 대한 경건을 나타내는 가장 위대한 걸작품들 중에 하나이다.[80] 또한 이 찬송들은 웨슬리의 성만찬신학을 나타내는 중요한 문서이기도 하다. 이 찬송들은 사람들로 하여금 예배에 능동적으로 참여하게 하였고 모든 예배에 힘을 부여 했다.

이 찬송집의 특징은 초기 감리교 운동의 복음적 열기의 한가운데서 태어났다는데 있다. 라텐베리(J. Ernest Rattenbury)에 따르면 웨슬리 형

---

[78] 웨슬리와 아이작 왓츠의 찬송에 관한 문헌으로는 박은규, 『예배의 재구성』(서울: 대한 기독교서회, 2002); Bernard L. Manning, *The Hymns of Wesley and Watts* —*Five Informal papers*— (Made in Great Britian, 1942) 을 참조. 주요 내용으로는 1. *Hymns for the use of the people called Methodist* 2. *The recall to Religion in the Hymns of Charles Wesley* 3. *Wesley's Hymns Reconsidered* 4. *The Hymns of Dr. Issac Watts* 5. *Some Hymns and Hymn-Books* 등이다.
[79] 박은규, 『예배의 재발견』, 145; 조숙자 · 조명자, 『찬송가학』, 124를 참조.
[80] 웨슬리는 *Hymns on the Lord's Supper*(1745)의 초판서문에서 브리벤트(Brevint) 박사의 책 『그리스도교 샤크라멘트와 희생』(*Christian Sacrament and Sacrifice*)을 요약 발췌하고 있다. 그 다음으로 『성만찬 찬송』(*Hymns on the Lord's Supper*)을 수록하였다. 여기에는 166곡의 성만찬 찬송이 실려 있다. 웨슬리의 성만찬 찬송은 J. Ernest Rattenbury, *The Eucharistic Hymns of John and Charles Wesley*(London: The Epworth Press, 1948), 176-249를 참조. 이 중에 제3부 "그리스도교 샤크라멘트와 희생"(브레빈트 박사의 책에서 발췌된)과 "주님의 성만찬찬송"(존 웨슬리와 찰스 웨슬리 작시)은 나형석역『웨슬리의 형제의 성만찬찬송』으로 출판 되어 있다. 166곡으로 되어있는 성만찬 찬송시는 6가지 주제를 가지고 수록되어 있다. 그 내용은 Ⅰ. 그리스도의 고난과 죽음의 기념물로서의 성만찬 Ⅱ. 은총의 수단으로서의 성만찬 Ⅲ. 하늘의 보증물로서의 성만찬 Ⅳ. 희생으로서의 성만찬 Ⅴ. 우리 자신의 희생에 대하여 Ⅵ. 성만찬후 등이다.

제의 성만찬 찬송은 부흥찬송(Revival Hymns)이었다. 성만찬의 횟수와 참여도에서 나타난 성만찬에 대한 애착과 열기는 웨슬리 형제와 초기감리교회 설교자들이 외친 하나님의 사랑에 대한 불타는 메시지로 점화되었다. 감리교도들의 성만찬에 대한 사랑과 성만찬의 영성은 철저한 복음주의와 부흥운동의 열매였으며 복음 선포의 필연적 결과였던 것이다.[81]

웨슬리 형제는 부흥운동을 전개하면서 네 권의 찬송집을 출판(1739, 1745, 1780, 1784)하여 새로운 영적 개혁운동을 위해 효과적으로 사용했다. 웨슬리 찬송의 특징은 다음과 같다. 첫째, 훌륭한 문학적 및 시적 표현을 담고 있다. 둘째, 깊은 영적 감각을 지닌다. 셋째, 모든 인류를 위한 복음을 강조하고 있다. 넷째, 개인적 구원의 경험과 기쁨에 대한 표현한다. 다섯째, 다양한 운율의 사용을 한다. 여섯째, 부흥집회, 공중예배, 개인예배, 교회력에 따른 예배를 위한 찬양을 포함한다. 일곱째, 신학, 교리, 생활교훈을 담은 것을 들 수 있다.[82]

아이작 왓츠는 공중예배와 회중찬송을 위해 장엄하고 경건성 있는 찬송을 썼음에 비해 찰스 웨슬리는 자신의 영적 경험과 구원의 확신에 관한 것을 썼다. 그리고 개인적 희망과 신앙 증언을 포함한 자애스런 찬송, 즉 성령의 영적 감동과 내적 경험을 토대로 하여 현존하시는 하나님께 찬양을 드리는 찬송을 썼다. 찰스 웨슬리가 쓴 찬송 중에, 한국에 소개된 찬송으로는 국내에서 가장 최근 출판된『21C 찬송가』에 보면 다음과 같다.[83] "만입이 내게 있으면"(21C 찬송가 23장), "하나님의 크신 사랑"(21C 찬송가 15장), "천사 찬송하기를"(21C 찬송가 126장), "오랫동안 기다리던"(21C 찬송가 105장), "예수 부활했으니"(21C 찬송가 164

---

[81] 존 웨슬리 · 찰스 웨슬리,『웨슬리 형제의 성만찬 찬송』, 5.
[82] 박은규,『예배의 재발견』, 147.
[83] 한국찬송가공회는『찬송가』를 2006년 11월 6일(초판)에 새롭게 발행하였다. 이 찬송가는 이전의 588곡으로 되어있던 것을 645곡으로 곡을 늘리고, 그 안에 한국인 작사, 작곡 128곡을 포함하였으며 교독문도 두 배로 늘려 발간하였다. 이 찬송가의 정확한 명칭은 확인할 수 없으나 여기서는 편의상『21C찬송가』로 표기하기로 한다. 찰스 웨슬리의 찬양이 수록된 찬송은『21C찬송가』(2006년 초판 발행)에 준하기로 한다. 한국찬송가공회,『21C 찬송가』(서울: 아가페출판사, 2007), 참조.

장), "비바람이 칠 때와"(21C 찬송가 388장) 등이다.

웨슬리의 찬송은 그리스도께서 온 인류를 위하여 죽으셨기 때문에 누구나 구원받을 수 있으며, 그리스도의 속죄의 은혜를 무한이 값없이 누릴 수 있다는 복음의 선포를 강조한 찬송이었다. 따라서 웨슬리 전통 혹은 감리교 예배전통은 설교와 찬송이 불가분리로 작용하고 있다.

4. 존 웨슬리 주일예배문 및 해설

존 웨슬리의 주일예배문은 두 가지 정보를 통해 얻을 수 있다. 그 중 하나는 존 웨슬리가 북미감리교인들을 위하여 직접 쓴 *The Sunday Service of Methodist in north America with other Occasional Services*(London: Strahan, 1784)이다.[84] 이 원본은 그 보존 여부가 알려져 있지 않으며, 일반적으로 사용할만하게 재판되지도 않은 희귀한 자료로 알려져 있다. 다행인 것은 감리교 예배학자 제임스 F. 화이트가 웨슬리의 개정판 The Sunday Services(개정판) 원문을 복사하여 출판함으로 우리에게 소개되고 있다.[85] 이는 바로 영국국교회의 『공동기도서』(BCP)를 웨슬리가 축약, 혹은 개정하여 1784년에 북미감리교도들에게 보낸 것이다.

또 하나는 현존하는 존 웨슬리의 여러 자료들을 참조하여 거의 원본

---

[84] 이하 *The Sunday Services*로 표기함. 미국감리교회는 1784년 볼티모어에서 열린 크리스마스연회에서 웨슬리의 *The Sunday Services*를 새로이 탄생하는 미국감리교회의 예배서로 채택하였다. 김진두, 『웨슬리의 실천신학』, 123. *The Sunday Services*의 서문에서 웨슬리는 감리교 예배는 세계에서 가장 잘 구성된 교회인 영국교회의 예전을 조금 다르게 고쳐서 만든 것이라 말하면서 다음과 같이 권면하였다. 첫째, 모든 순회설교자들은 매주일 회중예배에서 이것을 사용하라. 둘째, 매수요일과 금요일에만 연도(*Litany*)를 사용하라. 셋째, 주간의 다른 날에는 즉흥기도(*Extempore prayer*)를 하라. 넷째, 모든 장로들(*elders*)은 매주일 주의 만찬(*The Lord's Supper*)을 실행하라. *The Sunday Services*, ii 을 참조.

[85] Wesley, *The Sunday Services*(1784)를 참조. 제임스 화이트 박사는 자신이 쓴 개론과 함께 이 예배서를 1984년에 *The United Methodist Publishing House*를 통해 출판하였다. 그리고 필자가 새롭게 확인한 바로는 이 예배서는 후에 1895년 스크랜톤이 한국 감리교 선교를 위해 번역하여 사용한 『쥬일례빙경』(1895)에 나타난 주일예배와 흡사한 것을 확인하였다. 이는 한국선교사로 들어온 초기선교사인 스크랜톤이 미국에서 사용하던 『웨슬리 주일예배문』을 편역하여 소개한 것이라고 판단할 수 있다.

에 가깝게 복원된 『웨슬리 공동예배서』[86]가 미감리교회의 노력으로 출간되었는데, 이것이 바로 *The Wesley Orders of Common Prayer*(Nashville: The Board of Education of the Methodist Church, 1957)이다. 이 예배서 서문에서 에드워드 홉스(E. C. Hobbs)는 웨슬리 예배를 성경적이라고 말한다. 예배서에 사용된 각종 기도문이나 자료는 95%가 성경에서 나왔다. 둘째는 그의 예배는 매우 합리적이라는 것이다.[87]

여기서는 *The Wesley Orders of Common Prayer*(WCP)에 나타난 웨슬리의 주일예배문을 살펴보기로 하겠다. 왜냐하면, 필자가 확인한 바에 의하면, 이 예배서가 The Sunday Services의 순서나 내용을 충실히 따르고 있으며, 『웨슬리 공동예배서』가 예배요소와 순서를 이해하기 더 쉽게 구분해 놓았기 때문이다.[88]

1) 존 웨슬리의 주일예배문

존 웨슬리의 주일예배문은 *The Wesley Orders of Common Prayer*에 나타난 것을 중심으로 살펴보고자 한다. 특이한 것은 이 주일예배 순서의 명칭을 '주일예배 순서'(The Orders for Morning Worship)라 하지 않고, '주일아침 기도순서'(The Orders for Morning Prayer)라고 표현하고 있으며, 예배를 지칭하는 Worship이 아니라 Prayer이라고 표현하고 있다는 점이다. 이는 공동기도서(BCP)에 근거한 것으로 보인다. 내용을 살펴보면 단순히 기도회 순서가 아니라, 주일예배를 의미하는 순서로 짜여져 있기 때문에 여기서는 '주일아침 예배순서'라 표현하기로 한다. 순서에 따른 자세한 내용은 소개한 예배서를 참고하면 된다. 예배문은 설교중심의 예배라 할 수 있는 주일아침 예배순서와 성만찬의 예배로 나누어 알아보기로 한다.

---

[86] Wesley, *The Wesley Orders of Common Prayer*를 말한다.
[87] Wesley, *The Wesley Orders of Common Prayer*, 8-11.
[88] Wesley, *The Wesley Orders of Common Prayer*, 17-23, 24-36.

주일 아침 예배 순서(음악사용)[89]
(The Order for Morning Prayer) (with music)

예배를 위한 준비

전주

예배에로의 부름: 마음을 정결케 하기 위한 기도를 목사가 인도.

만일 행렬이 있다면 교회의 뒤에서부터 출발. 혹은 성단에서 시작한다;

회중들은 무릎을 꿇어 앉는다.

입례찬송(찬송가집에서) 다같이 (일어서서)

Ⅰ. 참회의 예배(The Service of Confession)

성구 목사가 한 구절 혹은 몇 구절 읽는다. (모두 일어서서)

겔 18:27; 시 51:17; 단 9:9-10; 눅 15:18-19; 시 143:2 등

참회의 부름 목사가 인도

공동기도 다같이 (무릎을 꿇고)

사죄의 기도 목사가 인도

주의기도 다같이

Ⅱ. 말씀의 예배(The Service of the Word)

목사: 오 주님, 우리의 입술을 열어 주소서

회중: 그리고 우리의 입술은 당신을 찬양합니다.

(여기서 모든 회중은 일어설 수 있다.)

목사: 아버지와 아들과 성령께 영광을 !

회중: 태초와 이제와 끝이 없는 세상에서 영원까지, 아멘

목사: 너희는 주님을 찬양하라

---

[89] 주일예배문의 순서에 대한 세부내용은 *The Wesley Orders of Common Prayer*, 24-31에 자세하게 나와 있다.

회중: 주님의 이름이 찬양받으소서!

구약성경 신앙고백: Venite[90] 다같이 (목사와 회중이 교독)
구약성경 찬송 다같이 시편송가로 제창: "아버지께 영광을" 등.
구약성경 낭독 회중들은 자리에 앉는다.
하나님 예찬: Te Deum[91] 목사와 회중이 교독(모두 일어서서)
신약성경 낭독 회중들은 앉아서
신약성경 찬송: Benedictus[92]: 목사와 회중이 교독(모두 일어서서)

이때 만일 다르게 "신약성서" 찬송 중에 하나로 하고자 한다면, 축복송 (Benedictus)대신에, (그리스도 안에서 행하신 하나님의 행동을 축하하는 것을 한 곡을) 찬송가에서 택하여 부를 수 있다.

신약성서 신앙고백: 사도신경(Apostle' Creed)[93]

모두 함께 사도신경을 외운다.

말씀의 증거(설교) 목사가 인도, 회중들은 앉는다.

Ⅲ. 봉헌의 예배

봉헌 성구 목사가 다음중 하나, 혹은 몇 개를 읽는다.

행 20:35; 롬 10:14; 신 16:16-17; 대상 29:11; 대상 29:14 등

우리의 예물(은사)의 봉헌

만일 찬양대 찬양이 있다면, 예물을 바치는 동안 부를 수 있다. 예물이 목사에 의해 식탁에 놓여 졌을 때, 회중들은 일어서서 찬양한다. "모든

---

[90] 시편 제95편 및 96편(아침 기도의 송가로 부름)이나 그 악곡을 지칭함.
[91] 하나님 예찬에 관한 시를 목사와 회중이 교독으로 낭독한다.
[92] Benedictus(축복송)이란 예배안에 있는 시편이외의 성구를 노래하는 소창(Canticle)의 하나이다. 누가복음 1:68-79에 나오는 내용으로서 세례요한의 부친 사가랴가 입이 열리면서 예언한 축복의 노래를 지칭하는 말이다. 이 시는 예전적으로 로마교회의 새벽 성무일과(lauds)와 1662년판 영국성공회 『공동기도서』(BCP)에서 사용되었다. 김순환, "베네딕투스, 축복송", 『예배학 사전』(서울: 예배와 설교아카데미, 2002), 798.
[93] 이 부분은 *The Wesley Orders of Common Prayer*. 35. *Traditional wording of Apostle' Creed. See Notes*, 102를 보라.

축복을 넘치게 주신 하나님을 찬양하라"(찬송가 616장)

목사: 주님이 여러분에게 함께 하시길,

회중: 성령이 당신과 함께 하소서

목사: 주님, 우리에게 자비를 베푸소서

회중: 그리스도여, 우리에게 자비를 베푸소서

목사: 주님, 우리에게 자비를 베푸소서

첫 번째 오늘의 기도 목사가 드림(모두 꿇어 앉아서)

두 번째 평화를 위한 기도 다같이

세 번째 삶의 안전을 위해 은혜를 구하는 기도 다같이

은혜(The Grace) (고린도후서 13:14) 목사가 인도

우리 주 예수 그리스도의 은혜와 하나님의 사랑과, 성령의 교통하심이

너희 모든 무리에게 함께 있을 지어다. 아멘

예배 후 (After-Service)

행진찬송(찬송가 중에서) 회중들은 일어서서

축도(Benediction) 목사가 인도, 회중들은 무릎을 꿇고

후주

성만찬의 예전(Holy Communion)[94]

아침이나 저녁에 성만찬의 테이블 앞에서 서서 흰보를 걷은 후, 기도문들을 읽는다. 목사는 테이블 앞에 서서 다음의 기도문과 주의 기도를 인도하며, 회중들은 꿇어 앉아 진행한다.

주의 기도

기도문(The Collct) 목사가 드린다.

---

94 각 순서에 따른 내용은 *The Wesley Orders of Common Prayer*, 37-50에 나와 있다. 웨슬리는 주일 아침이나 저녁에 드릴 수 있는 설교중심의 예배문을 소개하였고, 성만찬 중심의 예배는 별도의 순서로 소개하였다. 이것으로 보아 웨슬리 당시 주일예배는 설교중심예배 형식과 성만찬예배 형식을 구별하여 드린 것으로 추정된다. 물론 성만찬예배 때에도 설교 순서는 들어있었다.

십계명 교독

　　이후 목사는 오늘의 기도를 드릴 수 있으며, 기도 후에는 서신중에서,
　　혹은 복음서 중에서 몇 구절을 읽을 수 있다.

니케아신경(Nicene Creed) 모두 일어서서

성구 복음서와 서신서중에서 한 구절 혹은 몇 구절 읽는다.

설교 (Sermon)

봉헌 가난한 이들을 위한 구제금을 테이블 앞으로 가져온다.

　　이 때 빵과 포도주를 테이블 위로 함께 올릴 수 있다.

기도

참회의 기도

용서의 확언 복음서나 서신서 중에서 한두 구절을 읽어준다.

대화(마음을 드높이)[95]

　　목사: 여러분의 마음을 높여 경건하게 합시다.
　　회중: 우리가 주님을 향해 마음을 경건히 합니다
　　목사: 우리 주님께 감사드립시다.
　　회중: 그에게 감사드리는 것이 마땅합니다.

서언 (Proper Prefaces)[96] 목사와 회중이 대화 형식

기도 성만찬을 받으려는 회중들을 위해 목사가 드리는 기도

성별의 기도

성만찬 기념사와 제정사

성만찬분급 분급 후 성만찬보를 덮는다.

주의 기도

성만찬 후 감사기도

축도 축도하기 전에 목사는 상황에 따라 즉흥적인 기도를 드릴 수 있다.

---

[95] 수르숨 코다(Sursum Corda)를 의미하며, "마음을 드높이"라는 의미로서 모든 이들이 성만찬 기도를 준비하도록 하는 순서이다.

[96] 서언(preface)은 성만찬 기도의 서두를 장식하는 감사의 부분을 일컫는 것으로 이 시작기도는 하나님의 창조사역과 구속사역을 감사하며 미래에 완성될 나라에 대한 믿음을 고백함으로 전체 성만찬 기도의 기초를 이루는 중요한 기도이다. 한진환, "서도", 『예배학 사전』, 579.

2) 분석 및 평가

존 웨슬리의 예배를 주일아침예배와 성만찬예배로 나누어 살펴보았다. 먼저 주일아침예배 순서는 성만찬이 없이 말씀예전 중심으로 구성되어 있다. 예배의 구성은 입례예전, 참회의 예전, 말씀의 예전, 봉헌의 예배, 그리고 파송예전으로 되어 있다. 예배 구성의 주요 순서는 입례예전 순서로 예배를 위한 준비, 전주, 예배의 부름, 입례송이 있고, 참회의 예배로는 참회의 성경말씀, 참회의 부름, 공동참회 기도(본래는 무릎을 꿇고), 사죄의 기도, 주의 기도로 되어 있다. 말씀의 예전 순서에는 목사와 회중이 교독하는 예찬과 구약의 신앙고백(Venite), 구약의 찬송, 구약성경 낭독, 하나님 예찬(Te Deum, 목사와 회중이 교독), 신약성경 봉독, 신약의 찬송 혹은 Benedictus, 신약의 신앙고백(Apostle's Creed), 설교로 되어 있다. 봉헌의 예전으로는 봉헌성구, 예물봉헌, 첫 번째 오늘의 기도, 두 번째 평화를 위한 기도, 세 번째 잘 살기를 위한 기도 후에 은혜(The Grace)가 있다. 예배 후 파송의 예전으로는 행진찬송, 축도(Benediction), 후주로 되어 있다.

성만찬의 예배는 성만찬 중심으로 되어 있으면서, 설교가 들어 있으며, 주요순서는 주의 기도, 기도문, 십계명 교독, 니케아신조(Nicene Creed), 성구, 설교(Sermon), 봉헌(구제헌금), 기도, 참회의 기도, 용서의 확언, 대화, 서언(Proper Prefaces), 기도, 성별의 기도, 성만찬 기념사와 제정사, 성만찬분급, 주의 기도, 성만찬 후 감사기도, 축도로 되어 있다. 마지막 축도하기 전에 관심사에 대한 즉흥기도를 드릴 수 있다.

웨슬리 주일예배 순서에서 가장 두드러진 것은 다음과 같다.

첫째, 주일예배순서로는 주일아침예배와 저녁(오후)예배를 소개하고 있으며 그 뒤에 성만찬예배가 소개되고 있다. 이러한 예배 유형은 웨슬리가 초대교회와 교부들에 대한 관심 때문으로 이해 할 수 있다. 이 때 성만찬예배에는 설교가 포함되어 있다. 이로 보아 주일아침예배는 주로 말씀예배를 드렸고, 저녁(오후)예배는 성만찬예배로 드렸을 것으로 보인다. 웨슬리가 매주일 성만찬을 드릴 것을 강조했다 해도 주일에 있는 아침과 저녁예배를 두 번다 성만찬예배를 드리기는 어려웠을 것이다. 비록 오늘날 예전적 주일예배의 형태인 4중 구조(입례예전, 말씀예전, 성만찬예전, 파송예전)로 완전하게 정형화된 형태는 아니었지만, 웨슬리는 말씀예배와 성만찬예배를 특징으로 삼았다고 볼 수 있다. 이러한 면에서 웨슬리는 철저한 성례전주의자라고 할 수 있다.[97]

둘째, 웨슬리 예배순서의 내용들은 거의 성경에서 나왔다는 것이 특징이다. 말씀의 예배에서 보면, 구약성경과 신약성경의 낭독과 함께 각각의 찬송이 드려지고 있다. 이때 찬송도 시편송가로 제창하고 있으며, 구약성경낭독과 신약성경 낭독 사이에 있는 하나님 예찬(Te Deum)의 내용 역시 성경적 시로 되어있다. 찬송을 할 때에도 성경을 사용한다. 이처럼 말씀과 찬송은 감리교회의 예배전통에 중요한 요소임을 보여주고 있다. 특히 성만찬 순서에서 웨슬리는 성구를 포괄적으로 그리고 빈번하게 사용하고 있다. 감리교회의 성만찬은 성경을 통해 단순히 예수 그리스도의 죽음을 기억나게 할뿐 아니라, 예수께서 이루신 화해를 현재화하며, 교제의 축제와 종말론적인 희망의 축제로 거행되게 하고 있다.

셋째, 웨슬리 주일예배는 대화예배의 가능성을 열어 주고 있다는 것이다. 이는 회중의 적극적인 참여와도 일맥 통하는 부분이다. 수동적이고 피상적인 예배가 아니라 목사와 회중의 대화요소들로 인해, 예배의 역동성을 살려주고 있다. 예를 들어, 주일아침 예배 순서 중에 말씀의 예배에서 목사와 회중의 교독, 구약의 신앙고백, 신약의 찬송순서를 행할 때 목사와 회중이 교독형태로 하게 하였으며, 성만찬의 예전에서는 "대화"라는 순서를 제시하고 있는 것 등을 들 수 있다.

넷째, 웨슬리 주일예배문은 고정문 형태의 예전(Liturgy)를 중시하는

---

[97] 웨슬리는 어려서부터 부모의 성만찬이 있는 경건주의 분위기속에서 자라났고, 성만찬은 그의 경건과 영성을 형성하는데 중요한 요소였다. 그는 8세부터 성만찬상에 나아갔으며, 그때부터 거룩한 습관이 되었으며 일생동안 열성적인 성만찬주의자처럼 살아갔다.

모습을 보여주고 있으면서도, 자유롭고 즉흥적인 기도나 설교를 허용하고 있다. 하지만 미국으로 건너간 웨슬리(감리교회) 예배는 미국감리교회 내에서 조차 위의 예문대로 시행하는 데는 많은 어려움이 있었다. 왜냐하면, 이 예배순서는 당시 미국인들의 정신과 예배에 적합하지 못했고, 당시 미국감리교회 성도들도 예전적인 훈련을 받지 않은 상태였기 때문이다.[98]

존 웨슬리의 예배에 대해 4가지 내용으로 살펴보았는데, 웨슬리 예배는 오늘의 감리교회 뿐 아니라, 한국교회 예배갱신 방안에 적지 않게 시사하는 바가 많다.

첫째, 존 웨슬리의 예배전통과 배경은 존 웨슬리와 동생 찰스 웨슬리, 그리고 다른 동역자들에 의해 행해지고 발전된 예배형태를 말한다. 웨슬리 예배는 영국국교회와 청교도 전통이 나타나고 있으며, 독일 모라비안 경건운동에서도 많은 영향을 받아 감리교회 예배에 접목시켰음을 볼 수 있다.

둘째, 웨슬리의 예배신학과 그 특성을 단정적으로 정의하는 것은 어려운 일이다. 홉스(E. C. Hobbs)의 지적처럼 웨슬리 예배신학의 핵심은 "성경적이며 합리적이다"라는 것이다. 그리고 예배를 은혜의 수단으로 삼았다는 것이 특징이라 할 수 있다. 웨슬리 예배신학에 있어 성례전의 비중을 결코 무시할 수 없다. 그는 성례전을 그리스도인의 신앙고백의 표지요 은혜의 분명한 표적으로 보았다.

셋째, 존 웨슬리 예배의 특징 중 하나는 찬송가의 공헌이었다. 그의 생애 동안에 네 권의 찬송집을 발간하였다는 사실은 그의 찬송가에 대한 공헌이 얼마나 위대한지를 보여준다. 이 당시 찬송의 특징은 회중들에 의한 열정적인 부흥운동을 반영하는 것이었으며, 이는 감리교부흥

---

[98] 박은규, 『예배의 재발견』, 148.

운동에 절대적 영향을 끼쳤다. 특히 웨슬리 형제의 찬송들 중에 성만찬 찬송은 가장 사랑받고 광범위하게 사용되었다. 그리고 성만찬 찬송에서 알 수 있듯이 감리교회 예배는 복음과 부흥이라는 구조 속에서 태어난 독특한 예배였다.

넷째, 존 웨슬리의 주일예배서에서 알 수 있는 것은 그의 예배가 철저히 말씀과 성만찬의 균형 잡힌 예배였다는 사실이다. 그러나 1784년에 북미에 보낸 *The Sunday Services*는 미국감리교회 안에서는 제대로 정착하지 못하였다. 그 이유는 당시 미국인들의 정신과 예배 형태에 적합하지 못했고, 미국 감리교인들은 예전적 훈련을 제대로 받지 못했던 상황이었기 때문이었다. 이것은 감리교회 예배가 일정시기 동안 비예전적 예배하에 놓이게 되었다는 것을 의미한다.

존 웨슬리의 예배는 오늘의 예배갱신에 영향을 끼칠 수 있는 많은 유산들을 담고 있다. 말씀예배와 성만찬예배의 강화와 함께 교창, 찬송, 기도, 대화 등의 순서를 통해 회중전체의 적극적인 참여를 강조한 점, 성경적 찬송의 적극적인 활용 및 교회연합적인 정신 등은 예배를 통해서 얼마든지 오늘의 기독교 선교의 지평을 넓히는 관점을 제공하고 있다고 본다. 또한 예배와 삶의 일치를 강조하면서 이웃사랑을 구체적으로 실행하는 제자화의 삶은 예배정신이 곧 기독자의 정신임을 인식시키고 있다.

오늘날 한국감리교회를 포함한 대부분의 교회가 주일예배를 통해 예배의 본질과 목적을 제대로 실현하고 있는가? 마이클 퀵은 그의 『예배와 설교』에서 오늘의 목회자들은 예배와 설교에 대한 인식에서 설교를 중요하게 여기면서 예배에 내해서는 무관심한 태도를 몇 가지로 지적한다. 첫째, 예배는 덜 중요한 것으로 여긴다. 둘째, 예배는 부담스러운 것으로 여긴다. 셋째, 예배는 전문가의 주제로서 이해한다. 설교자들은 예배 자체에 대한 어떤 가르침도 받지 않은 체 설교하는 것만을 훈련받고, 예배는 예배인도자의 영역으로 취급한다. 넷째, 예배는 논쟁을 일으키는 것으로 간주한다. 다섯째, 예배는 열정이라고 여겨진다. 여섯째, 예배는 개인적인 고통을 야기한다. 일곱째, 예배는 지루한 것이라고 묵살한다. 마지막으로 예배는 단지 이해되지 않고 있다는 것이다.[99]

초기 기독교 예배는 설교와 예배, 즉 말씀과 성례가 서로 떼어 놓을 수 없는 관계로 생각했다. 하지만 오늘의 목회자들은 설교를 잘하려고 애쓰면서, "예배안에서 설교"를 찾으려는 노력을 기피한다. 설교는 깊이 연구하지만, 예배에 대해서는 찬양 사역자들이나 순서를 맡은 인도자들의 몫으로 치부하고 있는지도 모른다. 예배와 설교는 주일예배 안에서 서로 분가분리의 관계에 놓여 있다. 설교는 예배 안에서 다루어져야 하고, 그런 의미에서 설교훈련 못지 않게 예배훈련을 쌓아야 할 것이다. 이런 상황이 바로 오늘의 한국교회 주일예배의 상황이 아닐까싶다. 예배의 본질과 정신을 성경적, 신학적으로 바로 돌려놓으려는 과거 개혁가들의 노력을 소중한 자산으로 여겨야 한다. 이런 점에서 웨슬리의 예배는 오늘의 예배를 개혁하는 일에 귀중한 지침을 준다.

우리는 예배전통과 예배신학적 이해가 포함된 예배설정을 해야 한다. 지나치게 개 교회 중심적이거나 목회자의 재량에 따라 자율적인 예배를 드리는 것은 주일예배를 통한 그리스도 사건을 재현하는데 제약을 야기할 수 있다. 주일예배를 통해 부흥과 성장을 강조한 나머지 자아의 욕구만을 충족시켜주려는 나르시시즘과 기복주의적인 예배현상을 양산할 수 있기 때문이다. 따라서 고정된 예배문을 통한 다양성(다양한 기도문 제시)과 통일성 있는 성례전적 주일예배를 지향하는 것은 이러한 유혹을 뿌리칠 수 있는 대안이 되리라 믿는다. 기독자는 그리스도 사건의 체험과 그 증언자로서의 삶을 영위하는 예배의 생활화를 삶의 최대의 목적으로 삼아야 한다. 이러한 목적이 실현될 때에 부흥과 성숙은 자연스럽게 열매로 나타날 것이다. 이것을 위해 우리는 부르심을 받았다.

---

[99] 퀵, 『예배와 설교』, 52-66을 참조.

교회가 성장하고 발전될 때 거기에는 예배의 역할과 공헌이 있음을 알 수 있다. 동시에 언제든지 그 본질을 벗어날 유혹과 위험에 직면할 수 있음을 인식해야 한다. 오늘의 상황도 예외가 아니다. 이러한 때 고집스럽게 예전을 중시하며, 성례전을 강화하면서 철저히 성경중심의 예배를 펼쳤던 웨슬리 예배는 그 대안이 될 가능성을 제공한다. 한국감리교회 예배는 그 뿌리라 할 수 있는 웨슬리 예배의 회복과 갱신을 위한 실천적 노력을 해야 한다.

제7장
미국연합감리교회(UMC)의 예배이해

앞서 감리교회 창시자 존 웨슬리의 예배를 살펴보았다. 웨슬리의 예배는 미국감리교회와 예배에 지대한 영향을 끼쳤다. 하지만, 어떤 의미에서 그가 북미감리교도들에게 보낸 『주일예배서』(The Sunday Services)는 후에 기대만큼 장착되지는 않았다. 그의 주일예배서는 웨슬리 사망 1년 후에 미국감리교회의 교리와 장정인 Discipline(1792)안에 축약되어 39페이지 분량의 『성례집』(Ritual)이라는 것으로 수록되었을 뿐이었다.[100] 그러나 예배서가 발간될 때(1945, 1965, 1992)마다, 웨슬리 주일예배는 그 뿌리가 되어 미국감리교회의 예배에 직접적인 영향을 끼치고 있다.[101] 한국감리교회는 미국감리교회 예배에서 크게 영향을 받았고, 의존도가 크다. 한국감리교회 예배이해를 위해서는 미국감리교회 예배를 알아야 한다.

여기서는 미국감리교회 예배이해를 통해 한국감리교회의 예배이해에 한 걸음 더 나아가고자 한다. 먼저, 미국감리교회의 예배의 신학과 특성과 발전과정을 살펴본 후에. 그 후 미국연합감리교회(UMC) 주일

---

[100] The Methodist Church, *The Book of Worship for Church and Home* (Nashville: The Methodist Publishing house, 1945), 5; 화이트, "예배학," 『기독교대백과사전』(서울: 기독교문사, 1987), 301-302.
[101] 미국감리교회는 공식적으로 세 차례의 예배서를 발간하였다. 첫 번째는 *The Book of Worship for Church and Home*(1945), 두 번째는 *The Book of Worship for Church and Home*(1965), 세 번째는 미국연합감리교회(UMC)로 통합한 후에 나온 *The United Methodist Book of Worship*(1992)이다.

예배예식서를 소개하려고 한다.

1. 미국감리교회 예배의 신학적 특성과 발전과정

여기에서는 미국감리교회 예배가 시기별로 어떤 특징이 있는지 살펴보고, 예배와 예배예식서의 발전과정을 언급해 보고자 한다. 이 과정 속에서 존 웨슬리의 예배가 어떤 모습으로 뿌리를 내리고 있는지 인식하게 될 것이다. 아울러 20세기 이후 미국감리교회는 예배갱신의 흐름 속에서 후에 한국감리교회에 어떠한 영향을 끼쳤는지 살펴볼 것이다.

1) 18세기-19세기 미국감리교회 예배

18세기 웨슬리의 감리교회 운동은 북미에 씨를 심기 시작하였다. 웨슬리는 1784년에 "북미 감리교회 주일예배서"(*The Sunday Service of the Methodists Church in North America with other Ocasional Services*)라는 소책자를 미국으로 보냈다. 그러나 이 책은 미국인들의 정신과 예배에 그리 적합하지 않았다. 왜냐하면, 그것은 1662년 영국 공동기도서(BCP)를 거의 복사한 것이었으며, 북미인들이 예전적 훈련을 받지 않은 상태에 있었기 때문이다.[102]

감리교회 예배는 19세기의 미국 개척자의 경험에 의해 크게 변형되었고, 개척자 예배(frontier worship)의 모양을 형성했으며 또한 거기에 동화되었다. 웨슬리에 의한 미국 선교가 감리교회 예배형성의 기원이 되었다고 볼 수 있다. 하지만 1735년-1738년 동안의 웨슬리의 미국 선교는 그가 기대했던 성공에 훨씬 미치지 못하였다. 다만, 1737년에 최초의 성공회 찬송가 집인『시편과 찬송 모음』(*Collection of Psalms and Hymns*)을 출판했으며, 찰스 웨슬리(Charles Wesley)는 6,500개 이상의

---
[102] 박은규,『예배의 재발견』, 148.

보배로운 찬송가를 만들어 냈다.¹⁰³

　미국감리교회의 실제적 창시자는 프란시스 에즈베리 감독(Bishop Francis Asbury, 1745-1816)이었다. 에즈베리는 영국 태생이었지만 미국상황에 동화되었다. 웨슬리의 실용주의는 그를 크게 매료 시켰지만 웨슬리의 전통주의는 그에게 매력이 없었다. 그는 미국의 상황들에 맞추었고 대체적으로 실용주의적인 예배개혁을 추진하였다. 웨슬리의 공동기도서에 대한 애정, 빈번한 성만찬과 교회력의 강조 역시 기대에 못 미쳤다. 에즈베리의 경건은 성례와 고정된 형태의 기도에 초점을 맞추지 않고 설교와 훈련된 생활에 초점이 맞추어 졌다.¹⁰⁴

　그러다가 웨슬리가 사망한지 1년 후인 1792년 그 해에 『장정』(Discipline)에서 314쪽에 달하는 주일예배서는 39쪽에 달하는 『성례집』(Ritual)으로 대체되었다.¹⁰⁵ 남게 된 것은 축소된 유아와 성인을 위한 예배, 횟수가 줄어든 성만찬, 결혼식, 장례식, 그리고 세 가지 성직 수임 의식 등이었다. 1808년 후에 이 『장정』(Discipline)은 매 4년마다 개정되었는데 작은 변화들이 종종 나타났다.¹⁰⁶ 이 장정의 의식들은 1848년과 1870년에 "예배규범(Ritual)"으로 칭해졌다. 1828년 『장정』은 "공적 예배의 일치 확립"을 조성하는 것에 관심을 두고, "예배의식이 일사분란하게 사용되어야 한다."는 호소를 빈번하게 사용하는데, 아마도 이것은 예배의식이 그렇게 행해지지 않았다는 증거일 것이다. 1864년에는 교회 건물의 머릿돌 안치와 봉헌에 대한 것과 수습 교인을 정식 교회원으로 수용하는 새로운 예배 의식들이 추가되었다. 1876년에는 성만찬에 "발효되지

---

103 화이트, 『개신교예배』, 259.
104 화이트, 『개신교예배』, 270.
105 Paul Bradshaw, "Methodist worship", The new SCM dictionary of liturgy and worship, (London: SCM Press, 2002), 317. 이외에 Methodist worship에 대해서는, The Book of Worship, 1964; William F. Dunkle, Jr and Joseph D. Quilliam, Jr(eds), Companion to the Book of Worship, 1970; H. Grady Hardin, Joseph D. Quillan, Jr, James F. White, The Celebration of the Gospel, 1964; The Methodist Hymnal, 1964; Season of the Gospel, 1979; Word and Table, 1980을 참조.
106 화이트, 『개신교예배』, 271.

않은 순수한 포도즙"을 사용하라는 최초의 권고가 주어졌다.[107]

이 시기의 감리교회 예배는 소그룹 형태의 평신도에 의해 인도되는 기도회 형태가 주류였다. 사람들은 함께 기도하며 또한 서로를 위해 기도하며 기쁨과 슬픔을 나누었다. 이러한 기도회는 즉흥기도가 주류였으며, 간간히 찬송을 불렀으며 설교가 이어진 것을 들 수 있다.[108] 이런 모습은 감리교회 순회단이 교회에 나올 수 없는 변경의 사람들에게 맞는 예배형태를 취한 것이라 보여지며 무엇보다 기독교 신앙을 심어주는 것에 일차적 관심을 두었다고 볼 수 있다.

이러한 소그룹 형태는 공식적인 설교가 없는 기도회 모임으로 진행 되는 경우가 흔하였다. 교회 건물이 존재하지 않았으며 가정이나 선술집(taverns)같은 곳에서 모임이 이루어졌다. 한 가정 혹은 한 세대가 소그룹의 핵심을 이루었으며, 18-19세기를 반영하는 이러한 감리교회 예배는 오늘날 감리교예배서의 책명 – *The Book of Worship for Church and Home*[109] –을 형성하는데도 직접적인 영향을 끼쳤다.[110]

또한 웨슬리의 성만찬신학 역시 미국 토양에 제대로 옮겨 심어지지 못했다. 계몽주의 영향 하에 성만찬을 하나님의 명령으로 보지만 필수적인 은혜의 수단으로 보지 않는 것이었다.[111] 고든 웨익필드는 웨슬리 이후 감리교회의 성만찬이 쇠퇴하게 된 것에 대해 다음과 설명한다. 같은 개 교회로부터 감리교인들이 배척된 것이며, 수 십년 동안 감리교 설교가들의 신분이 모호했던 점 그리고 그로 인해 교회의 수에 비해 안수

---

107 화이트, 『개신교예배』, 271.
108 Kenneth B. Bedell, *Worship in the Methodist Tradition* (Nashville: General Commission on Archives and History, 1987), 31.
109 미국연합감리교회(UMC) 예배서는 1945년, 1965년, 1992년에 걸쳐 발간이 되었는데, 이중에 1945년과 1965년의 예배서는 그 제목이 *Tne Book of Worship for Church and Home*(1945, 1965)로 되어 있다.
110 Bedell, *Worship in the Methodist Tradition*, 37.
111 계몽주의 예배에 대한 이해를 위해서는 김상구, 『일상생활과 축제로서의 예배』(서울: 이레서원, 2005), 52-61을 참조. 김상구의 인용에 따르면, 그라프, 『독일개신교에서 고대 예배적 형태에 의한 해결의 역사』; 스탤린, 『개신교 예배의 역사』라는 저서에서 그들은 "계몽주의는 개신교회에서 예배학의 퇴보를 가져왔다."고 피력하고 있다.

자가 부족하였다는 사실과 함께 모든 유형의 복음주의자들을 위협한 영국 가톨릭(Anglo-Catholicism)교도들의 미사의 부흥이 그 이유였다고 언급한다.[112] 그러나 보수적이며 웨슬리주의적이었던 남부 감리교 감독교회(1844-1939)의 『장정』(Disciplines)에서는 매월 성만찬식을 요구했고, 이 장정은 아직도 남부 일부에 잔존하고 있다. 이 시기에는 또한 전통적인 교회력은 거의 의미가 없어지고, 새로운 실용적인 달력이 지역의 축제들을 중심으로 발전하였다.

웨슬리의 성만찬 찬송들은 1905년과 1935년의 찬송가에서 완전히 사라졌다가 20세기 후기에 다시 나타나기 시작하였다. 세월이 흐르면서 다시 고정된 형태의 기도문에 관심을 갖는 사람들이 생겨났다. 남감리교회 감독으로서 월1회의 성만찬을 강조한 토마스 섬머즈(Thomas O. Summers, 1812-1882)는 웨슬리의 『주일예배』(The Sunday Services)의 재발행을 주관했고, 기도 모음집 『황금 향로』(Golden Censer)를 편집하여 표준적인 예배순서를 발전시켰다.[113] 이것은 웨슬리의 주일예배가 변형된 형태로 정착이 되어가는 과정 속에서도 일부 감리교인들에 의해 웨슬리의 예배는 존속되고 있음을 뜻한다. 하지만 성만찬의 약화는 부정할 수 없는 현실이었다.

18-19세기 미국으로 건너온 감리교회 예배의 이 당시 특징은 첫째, 초기부터 웨슬리의 예배가 제대로 정착되지 못하였다. 그 이유는 당시 미국에 있는 감리교인들이 예전적 훈련을 받지 못한 상태였으며, 미국의 존 웨슬리라고 불리우는 미국감리교회의 태동에 주요 인물이라 할 수 있는 에즈베리의 실용주의적 노선에 영향이 컸기 때문이었다.

둘째, 가정이나 야영에서 모이면서 설교중심의 소그룹 형식의 예배가 유행하였다. 뜨거운 소위 복음성가, 그리고 즉흥기도와 열광적인 예

---

[112] 고든 웨익필드, 『예배의 역사와 전통』, 김순환 역(서울: CLC, 2007), 167.
[113] 화이트, 『개신교예배』, 272.

배 형태를 취하였던 것을 알 수 있었다. 이것은 감리교회 예배가 평신도 사역자들에 대한 사역위임과 소그룹을 통한 사랑의 교제와 실천, 기도회 등으로 이어지면서 삶으로 드려지는 예배를 취했다는 평가를 할 수 있다. 이 시기의 예배는 회심자를 얻는데 집중했다는 것으로 볼 수 있으며, 예배신학적 측면에서는 예배의 본질을 와전시키는 역할도 컸다고 할 수 있다.

셋째, 수차례 장정이 개정되면서 전통적인 웨슬리의 예배의식을 고집하는 교회들도 나타나는 등 그 뿌리는 면면히 유지되었다. 특히 성례전에 있어서는 초기에 정착이 잘 되지 못하다가 차츰 회복하려는 움직임이 나타났다.

넷째, 19세기 미국감리교회는 예배신학적 측면에서 웨슬리의 예배신학이 변형된 형태로 정착되어 가면서 성만찬이 소홀해지는 등 예전적 예배요소가 약화되어 가고 있음은 부인할 수 없다고 하겠다.

2) 20세기 미국감리교회 예배와 예배서

20세기 미국감리교회 예배는 18-19세기 개척자의 예배(the Frontier Worship)와 신앙부흥운동이 쇠퇴하면서 새로운 예배경향이 대두하기 시작하였다. 그동안 감성주의와 자발성을 강조하면서 주로 회심자들을 얻는 수단으로 사용되던 예배가 20세기에 들어서면서 부터는 자발성과 즉흥성 있는 예배형태를 대체하는 것으로 나타난 것이다. 즉, 감정주의와 자발성을 대체한 유미주의(aestheticism)라 칭하는 "예배형식을 부요하게"하는 노력들이 나타나게 된 것이다. 이러한 예술지향적 예배의 분위기는 세련된 건축가가 유행하는 모든 양식으로 설계한 형태를 취했다.[114]

음악에서 유미주의는 전문적으로 훈련을 받은 성악가들이 부르는 음

---

[114] 화이트, 『개신교예배』, 282-283.

악의 질을 향상시킴으로 나타났다. 극히 작은 교회를 제외한 모든 교회들에게 찬양대가 기본이 됨으로 교인들의 역할은 찬양대의 화답송으로 대체되었다. 사실 웨슬리는 예배에서의 성가대 사용을 달가와 하지 않았다.[115] 그럼에도 불구하고 이때에 찬양대의 찬양은 예배의 중요한 부분이 되었다. 1935년의 "고대의 찬송과 성가들"에 첨가하여 성만찬예식을 위한 다수의 예배음악들이 마련되었다.

그러나 사회 개혁운동으로서 유미주의와 예배는 20세기 상반기에는 사람들의 흥미를 끌었으나 제2차 세계대전 후부터 이것이 불충분하다는 분위기가 생겨나기 시작하였다. 그리하여 등장하게 된 것이 각종 예배학과 예배서의 출현이라 할 수 있다. 이 시기에 나타난 주요 예배경향은 20세기 후반까지 영향을 끼쳤고, 미국감리교회의 예배발전에 전기를 마련해 주었다고 할 수 있을 것이다.

20세기의 감리교 예배학은 1926에 출판된 놀란 하몬(Nolan B. Harmon)의 『감리교의 전례와 예배식』(*Nolan B. Harmon's The Rite and Ritual of Episcopal Methodism*)과 함께 태어났다. 1932년에 윌버 씨킬드 감독(Bishop Wilbur P. Thirkield)과 올리버 헉클(Oliver Huckle)은 『공동예배서』(*Book of Common Worship*)를, 존 스톤 로스(Johnston Ross)는 『기독교 예배와 그 미래』(*Johnston, Christian Worship and Its Future*), 그리고 피츠제랄드 파커(Fitzgerald Parker)의 『기독교 예배의 실제와 경험』(*The Practice and Experience of Christian Worship*)과 같은 책들이 나타났다.[116]

대체로 이들은 예배개념에 있어 신웨슬리파였다. 그들은 한 세기 동안 망각했던 웨슬리의 『주일예배』(*The Sunday Services*)의 고정된 형태의 예배를 선호했다. 그렇다고 미국감리교회 예배가 고정된 형태(Voluntary)의 예문을 특징으로 삼지는 않았다. 1945년 발간한 예배서에 따르면, 감리교회 예배전통은 예전적 예배(liturgical)와 자유스러운

---

[115] Bedell, *Worship in the Methodist Tradition*, 16.
[116] 화이트, 『개신교예배』, 285-286에서 재인용.

예배(free)를 동시에 취한다고 언급하고 있다.[117]

이러한 많은 노력들의 결과가 3차례의 예배서 출판으로 나타났다. 첫째, 1944년에 총회에 의해 승인된 최초의 『예배서』(The Book of Worship for Church and Home)가 1945년에 출판되었으며, 그로부터 20년 후인 1965년에는 두 번째 『예배서』(The Book of Worship for Church and Home)가 승인을 받고 출판되었다.[118]

1965년의 『예배서』와 1966년의 『찬송가』는 북부 교회들과 남부교회들의 (1935년의 찬송가에 각각 인쇄되었던)성만찬 의식들의 합병 전조가 되었다. 말씀과 성만찬의 예배는 여러 변형들로 인쇄되었고, 성만찬 예배는 짧은 형식으로 통상적인 주일예배에 첨가되었다. 비록 1966년에 이르러 일부 감리교 신학교에서 매주 거행되었지만 여전히 성만찬이 특별예배로 간주되었던 것은 분명하다. 웨슬리의 성만찬예배가 절반이라도 회복되기는 길이 아직도 멀었다. 제2차 바티칸 공의회 후 예배전례의 시대가 개막되기 전에는 새로운 예배서와 찬송가가 거의 출판되지 않았다.[119] 그러다가 세 번째로, 1992년에 미국연합감리교회(UMC)는 통합이후 최초로 『미국연합감리교회 예배서』(The United Methodist Book of Worship, 1992)를 출간하였다. 이상에서 살펴본 바에 따라 미국감리교회 예배서의 발전과정은 20세기, 특히 1939년 미국연합 감리교회의 태동이후 가장 많은 변화와 발전을 하였음을 알 수 있다.[120] 이러한 상황은 한국

---

[117] The Methodist Chuch, *The Book of Worship for Church and Home*(Nashville: The Methodist Publishing house, 1945), 6.
[118] 이 두 예배서는 미국연합감리교회(UMC)가 태동하기 이전이므로 모두 The Methodist Publishing Press House에서 출판하였고, 1968년 통합이후 『미국연합감리교회 예배서』는 The United Methodist Publishing Press House에서 출판하였다.
[119] 화이트, 『개신교예배』, 288.
[120] 앞에서 살펴본 내용을 중심으로 미국감리교회 예배서의 발전과정을 정리하면 다음과 같다. 1920년대까지의 예배발전의 특징은 비형식적 예배로부터 예전의 형식을 갖춘 예배로 옮겨지기 시작한 시기였으며, 교회당의 구조와 양식은 고딕식 건축이 부활되었다. 평신도 운동이 활성화되기 시작하였고, 처음에는 유미주의적(aesthetic)인 것이 선호되었지만, 나중에는 전통적이고 역사적인 형식을 애호했다. 이 시기에는 예배를 돕는 일정한 예배 지침서는 없었다. 1945년에는 미국감리교회 최초의 『예배서』(The Book of Worship)를 발간하였다. 1965년에는 『예배서』(The Book of Worship)를 개정하였다. 여기에서는 예배서에 필요한 예문, 기도, 성구, 교회력에 따른 예배의 구조와 내용을

감리교회에서도 예외는 아니다. 한국감리교회 역시『교리와 장정』(1962)에 나타난 '표준예배서'를 내 놓은지 약 30년간 별다른 주일예배문이나 예배예식서가 발간되지 않았다. 한국감리교회는 1992년에 미국감리교회의 1965년판 예배서를 토대로『예배서』(1992)를 내놓게 된 것이다.[121]

요약하자면, 20세기 미국감리교회 예배는 다음과 같은 특징이 있다. 첫째, 자발성과 즉흥성을 대체한 화려한 유미주의형 예배가 출현하였다. 둘째, 각종 예배학과 예배서들의 발간을 통한 신웨슬리적 예배성향을 지향하였다. 이는 고정된 예문과 함께 자유스러운 예배형태를 표방한 것이었다. 셋째, 세 차례의 예배서 발간은 미국감리교회 예배의 정체성과 예배갱신의 모델로서 확고부동한 자리매김을 하고 있다. 이 세 차례의 예배서는 지금까지 두 차례 있었던 한국감리교회 예배서(1992, 2002) 발간에 직접적인 영향을 끼쳤다.

2. 미국감리교회 주일예배의 구조와 내용

여기에서는 미국감리교회 주일예배의 구조와 요소 등을 살핌에 있어 가장 중요한 예배서라 할 수 있는 두 가지『예배서』(1965, 1992)를 살

실었다. 1968년에는 미국감리교회가 연합형제교회(the United Brethren Church)와 한 교단으로 통합하면서 미국연합감리교회(UMC)를 탄생시켰다. 1972년에는 예배서를 일부 개정하였다. 그리고 이때부터 예배서안에 예배보조 자료를 포함하기 시작했다. 1980년에는 10개의 예배보조 자료가 출판되었다. 제 10권으로 되어 있는 "We gather together"에는 주일예배, 결혼식, 견신의 예문, 갱신예식, 죽음과 부활의 예배(종전의 장례식)를 포함하고 있다. 1983년에는 11개의 예배보조 자료를 출판하였다. 1984년에는 예배보조자료 제 15권을 발간하였다. "희망으로부터 기쁨으로"(From Hope To Joy)라는 표제를 붙인 제 15권은 강림절기, 성탄절기, 주현절, 웨슬리의 언약예배, 세례, 그리스도의 변용(Transfiguration)의 예배를 포함하고 있고, 따라서 거기에 필요한 설명과 소개를 곁들이고 있다. 1992년에는 『예배서』(The United Methodist Book of Worship)를 내놓았다. 이 예배서는 미국연합감리교회(UMC) 라는 이름으로 나온 첫 번째 예식서이다. 이 책과『미국연합감리교회 찬송가집』(The United Methodist Hymnal, 1989)은 현재까지 미 연합감리교회 예배의 초석이 되고 있다. 이같은 미국감리교회 예배 발전에 관한 내용은 박은규, 『예배의 재발견』, 149-150; Robert N. Schaper, In His Prence : Appreciating Your Worship Tradition(Nashville: Thomas Nelson Publishers, 1984), 137-138; The United Methodist Church, The United Methodist Book of Worship(Nashville: The United Methodist Publishing House, 1992), 3을 참조.
[121] 기독교대한감리회, 『예배서』(서울: 기독교대한감리회 선교국, 1992), 3.

펴보려고 한다. 전개방식은 이들『예배서』에 나타난 예배신학적 배경과 특징, 그리고 주일예배 구조 등을 간략히 살피고, 분석과 평가를 정리해보고자 한다. 이 2개의 예배서는 한국감리교회『예배서』(1992년, 2002년)와 예배 형성에 많은 영향을 끼치고 있음을 발견하게 될 것이다.

1) 1965년 『가정과 교회를 위한 예배서』(The Book of Worship for Church and Home)에 나타난 주일예배

(1) 배경과 특징

1965년에 발행된『가정과 교회를 위한 예배서』는 이반 리 홀트 감독 (Bishop, Ivan Lee Holt)의 리더십 하에 일찍부터 예배위원회에 의해 준비 되었던 것이었다. "선택적이며 임의적으로 사용할 수 있게"한 1944년 총회에 의해 채택된 것을 1956년 총회는 좀 더 도움이 될 수 있는 예문을 개정해야 할 필요성이 미국감리교회에 의해 수용되기에 이르렀다.

1964년의 총회에서 채택된 이 예배서는 지난 8년간의 인터뷰를 통하여 예배위원회에서 만들어낸 수고의 결과물이다. 예배위원회의 멤버들은 모든 감리교회의 집회에서 이 개정된 예배서를 광범위하게 사용하며, 유용하게 사용되기를 희망한다고 밝히고 있다.[122]

이 예배서의 주요 특징은 제Ⅰ부와 제Ⅳ부에서 교회의 성무일과 예식들을 위한 예문과 성무일과를 포함하고 있다.[123] 제Ⅱ부에서 소개하고 있는 성경선집, 기도문들, 그리고 예배의 보조자료 예문과 같은 다른 예전적 재료들은 제Ⅰ부에서 소개한 예배서 예문과 일치한다. 이들

---

[122] The Methodist Church, *The Book of Worship for Church and Home*, (Nashville: The Methodist Publishing House, 1965), *Preface*를 보라. 이하 *BOW*(1965)라 표기하며, 필요에 따라 전체제목을 표기하기로 한다.

[123] *BOW*(1965)의 목차(*Contents*)은 구성은 다음과 같이 5부로 되어 있다. Ⅰ부에는 일반예배 (*The general service of the church*), Ⅱ부에는 기타예배자료(*Aids for the odering of worship*), Ⅲ부에는 성서 교독문(*Acts of praise*)이 제시되어 있고, Ⅳ부에서는 예배보조 자료(*Occasional offices of the church*)들이 나와 있으며 마지막 Ⅴ부에서는 감리교 예배전통(*Service in the Methodist tradition*)부분을 구성하고 있다.

보조자료들 중에 어떤 것은 교회력에 따라 배열하였고, 다른 것들은 예배 예문의 차례에 따르고 있음을 볼 수 있다. 이러한 예문들은 특별예배를 위한 것이나 동시에 가족 혹은 개인 헌신을 위해 사용할 수 있다. 예배 예문은 예배에 있어서 낭독(lesson)이라든지, 금언, 혹은 찬양 행위에 있어서 더 많은 성경의 활용을 가능하게 해주고 있다. 제Ⅲ부에서는 성서교독문이라는 제목을 붙였는데, 시편 그리고 다른 찬양 곡들의 모음집으로 구성되어 있다. 제Ⅴ부는 감리교회 전통을 상기하는 재료들을 포함하고 있다.

BOW(1965)는 교회에서 드리는 예배를 위해 중요한 구조를 공급하기 위해 디자인되었다. 이것은 그 역사를 통해 감리교회 예배를 특징지을 수 있는 성령에 의존하는 것을 거절하거나 자발적 행위에 족쇄를 채우는 것을 의미하는 것이 아니며 오히려 이 예배서는 모든 감리교회의 예배전통과 함께 교회를 위한 요구를 찾게 해주고 있다. BOW(1965)는 존 웨슬리 자신이 영국공동기도서(BCP)를 위해 헌신하였으며, "북미 감리교인들을 위한 예배서"의 예문들은 우주적 교회의 헌신과 역사적으로 의미 있는 유산을 우리에게 주었다고 밝히고 있다.[124] 결국 BOW(1965)는 이전의 BOW(1945) 보다 한층 더 성경적이며, 전통적이며, 웨슬리적인 감리교 예배문을 제시하고 있다고 볼 수 있을 것이다.

(2) 주일예배 순서

BOW(1965)안에는 제Ⅰ부 일반예배(The general services of the church)안에 주일예배 순서가 나와 있다.[125] 여기에는, 주일예배서 순서 중에 설교중심 예배라 할 수 있는 예배로서 요약된 형식과 완전한 형식으로 제시하고 있다. 그리고 세례예식 집행순서, 견신례와 입교식 집례

---

124 BOW(1965), Preface, 1-2.
125 말씀중심의 주일예배문은 위의 책 3-6. 말씀과 성만찬이 함께 있는 주일예배문은 위의 책 15-22을 보라.

순서이 나오고, 그 다음에 성만찬이 들어 있는 주일예배를 소개하고 있다. 따라서 여기에서는 주일예배순서(완전한 형식)와 성만찬이 들어있는 주일예배를 살펴보고자 한다. 주일예배 순서로 나온 형식은 설교중심의 예배를 말하며, 성만찬이 들어있는 주일예배는 말씀과 성만찬이 함께 있는 주일예배인 셈이다. 즉, 1965년 미국감리교회 주일예배에서는 설교중심의 예배도 소개되고, 말씀과 성만찬이 함께 있는 예배로 발전되어 가고 있음이 가장 큰 특징임을 알 수 있다. 1945년 예배서와는 다르게 1965년 주일예배 순서에서는 예배 예문들에 대한 설명이 나와 있지 않고 곧바로 주일예배 순서문이 나와 있다. 여기에서는 주일예배 순서(The order of worship)의 완전한 형식은 예배순서만 언급하기로 하며, 그 순서는 다음과 같다.

전주-예배에로의 부름-찬송-기원-고백에의 부름(기도)-공동고백-용서의 말씀-주의기도-시편 혹은 성시교독-찬송-성경낭독(구약, 신약)-신앙고백-오늘의 기도-목회기도-헌금-찬송-설교-예수 제자로의 초청-찬송-축도-후주로 되어 있다.[126] 이제 성만찬이 함께 있는 주일예배를 중심으로 살펴보고자 한다.

성만찬이 함께 있는 주일예배 순서[127]

- 성만찬은 목사에게 주어진 거룩한 직무, 즉 "하나님의 말씀과 성만찬을 충실하게 베푸는 자"로서 기억하고, 정한 때를 따라 경건하게 이 성례를 집례 해야 한다.
- 환자와 같이 특별한 경우에는 집이나 다른 곳에서 성만찬을 베풀 때, 모든 순서를 완전하게 집례 할 수는 없지만, 다음의 요소는 반드시 포함되

---

[126] *BOW*(1965), 4-6.
[127] *BOW*(1965), 15-19.

어야 한다. 즉, 초대, 죄의 고백, 용서의 기도, 위로의 말씀, 성별의 기도, 낮은 마음(humble access), 분급, 성만찬 후 감사기도, 축도이다.
- 성만찬시에 테이블은 정결한 흰 보를 사용하여 깔고, 그 위에 빵과 포도주를 놓은 후 흰보로 덮어 놓는다. 포도주는 주스를 사용하여도 무방하다.
- 빵과 포도주는 회중들이 테이블 앞으로 나와 무릎을 꿇어 손으로 받아먹는 것이 관습이다. 그러나 목사의 판단에 따라 분급을 회중석에 가서 행할 수도 있다.
- 회중들은 예배당 안에 들어오면, 예배가 선언될 때 까지 엎드려 기도해야 한다.

전주
성구 집례자는 다음의 구절가운데 몇 구절을 낭독한다.

계 3:20; 요 6:51; 고전 10:16-17; 요일 4:7,9; 고전 5:7-8; 벧전 2:24; 요 1:29; 고전 2:9-10 등

기도
집례자: 주님이 여러분과 함께하시기를!

회중: 당신과도 함께 하시기를 빕니다.

집례자: 다같이 기도합시다.

(회중은 무릎을 꿇거나 머리를 숙이고, 목사와 함께 기도한다.)

주의 기도
공동기도 일어서서 말로 하거나 노래로 할 수 있다.

죄의 고백
집례자는 주의 만찬상을 향하여 무릎을 꿇고, 회중은 모두 무릎을 꿇거나 고개를 숙이고 다함께 죄의 고백 기도를 드린다. (그 후 목사는 죄의 용서를 위해 기도한다.)

사죄의 말씀
집례자가 일어서서 다음과 같이 말한다. "여러분! 진정으로 주님께 돌아

오는 모든 사람에게 성경이 주는 위로의 말씀을 들으십시오. 다음의 성구를 몇 구절 읽는다. 마 11:28; 요 3:16; 딤전 1:15; 요일 1:9; 요한일서 2:1-2 등

목회기도(응답기도)

이 때 집례자가 드리는 기도로는 세계교회 위하여, 교회의 동역자들을 위해, 슬픔과 가난과 질병과 그 밖의 어려움을 당한 이들을 위해, 거룩한 성도들의 교제를 위해 기도한다. 이때 회중들은 집례자의 선기도 후에, 함께 이렇게 기도한다. "주여, 우리가 간구하오니 들어 주옵소서" 라고 기도한다.

성경낭독

두 가지 본문을 읽을 때, 하나는 서신서에서 하나는 복음서에서 읽는다. 첫 번째 본문을 읽고 찬양대 찬양이나 찬송을 부를 수 있다.

신앙고백 일어서서 사도신경이나 신앙의 확증을 확인하는 고백을 한다.

설교

교회소식(parish notices)[128]

찬송 이때 목사는 성만찬보를 벗긴다.

헌금[129]

---

[128] 교회소식이 예배가 끝나갈 무렵에 있지 않고, 성만찬 전에 자리하고 있는 것은 예배신학적으로 타당한 일이라 할 수 있다. 고대교회로부터 교회소식(광고)는 예배의 중요한 요소로 예배의 중심에 자리하고 있다. 교회소식에서는 세례와 결혼식 및 장례식을 알리며, 지난주 헌금에 대한 감사와 헌금의 목적, 그리고 교회의 직무에 대해 알린다. 자세하게는 김상구, 『일상생활과 축제로서의 예배』, 252-253. 교회의 오랜 전통에 따르면 광고는 말씀예전이 끝나고 성만찬예전 으로 들어가기 전에 하였다. 말씀의 예전까지는 모든 세례자와 세례자와 세례예비자들이 참여하였으며, 광고가 끝나면 세례예비자들은 교육을 위해 다른 장소로 이동하였기 때문이다. 히뽈리뚜스에 의하면, 예비자들은 성만찬예전에 참여할 수 없었으며 교리교육을 받아야 했다. 히뽈리뚜스, 『사도전승』, 50.

[129] 여기서의 헌금은 감리교전통에 따르면, 성만찬예전이 시작되면서 드리는 일반 주일헌금 외에 구제헌금을 포함하는 것을 의미한다. 감리교회 전통은 일반헌금외에 성만찬 예식 때 드리는 별도의 봉헌(Alms)을 드렸다. 주로 가난한 이들을 구제하기 위한 구제연보로 드린 것이다. 이것은 영국 국교회 공동기도서(BCP)에서 '봉헌순서에는 교직의 생활유지를 위한 것과 가난한 사람들의 구제를 위한 연보의 의무를 강조하는 성구낭독으로부터 시작된다.' 이 연보와 헌금을 모은 후 그것들을 떡과 포도주와 함께 성만찬대 위에 바쳐졌다. 여기에 대해, 맥스웰, 『예배의 발전과 그 형태』, 정장복(서울: 쿰란출판사, 1996), 192-193을 참조. 이런 영국교회 전통은 초기 감리교 전통에 계승되었고, 웨슬리 성만예배에서도 다시 확인되는 것이다. 웨슬리 성만찬에서 봉헌순서에서 '성구를 낭

성만찬보를 벗기고, 회중으로부터 받는 헌금을 올린다. 헌금을 드릴 때, 회중은 일어서고 봉헌기도를 노래나 기도로 드릴 수 있다. 그리고 유래가 있는 교회에서는 성만찬을 받으러 나올 때 헌금 봉헌대 위에 헌금을 드릴 수 있다.

감사의 기도 목사는 다음과 같이 말한 후 성만찬을 위한 감사기도를 드린다.

집례자: 여러분의 마음을 높이십시다.

회 중: 우리의 마음을 높여 주님께 올립니다.

집례자: 우리 주님께 감사를 드립시다.

회 중: 그같이 하는 것은 우리의 마땅한 일입니다.

(이때 드리는 감사의 기도 예식문은 절기에 따라 다양하게 드릴 수 있다.)[130]

삼성창

거룩, 거룩, 거룩 만군의 하나님, 하늘과 땅은 하나님의 영광으로 충만합니다! 가장 높으신 주님께 영광을 돌립니다. 아멘.

성별의 기도

회중은 무릎을 꿇거나 엎드리고 목사는 성만찬상 앞에 향하여 드린다.

성만찬제정사

침묵기도

목사는 성만찬상 앞에 무릎을 꿇고 잠시 침묵기도를 드리고, 회중과 함께 기도드린다.

하나님의 어린양[131] 다같이 노래를 부르거나 말한다.

독한 후, 가난한 자를 위한 구제연보를 다른 봉헌물과 함께 성만찬테이블로 가져온다.'라고 되어 있다. *The Wesley Orders of Common Prayer*, 42를 참조. 즉, 감리교회는 초기부터 성만찬시에 이런 구제헌금을 별도로 드렸던 것을 볼 수 있다. 하지만 오늘날 말씀예전이 중심이 되어버린 주일예배가 시행됨으로서, 성만찬이 있는 주일예배에서도 이런 초기교회와 감리교회의 귀한 전통을 이어가는 교회가 얼마나 있을지는 회의적이다.

130 *BOW*(1965), 23을 참조.

131 라틴어로 Agnus Dei라고 부르는 찬송으로서 수세기동안 성만찬 중에서 분병과 분잔 사이에 불렸던 노래이다. 최근에는 취지에 맞게 떡을 떼면서 부른다. 요한복음 1:29에 "세상 죄를 지고 가는 하나님의 어린양을 보라"에 근거하여 만든 것으로 추측하기는 7세기경 시르기우스 1세(687-701)의 교황직 수행 무렵부터 동방에서 소개된 듯하다. '하나님의 어린양'은 성만찬상에 희생의 제물로 임재하신 그리스도께 향하는 기도로서 분병시 또는 떡과 잔을 섞는 동안 찬양대가 '하나님의 어린양'

오 하나님의 어린양이시여, 세상의 죄를 덮어주시고 우리에게 자비를 주소서.

오 하나님의 어린양이시여, 세상의 죄를 덮어주시고 우리에게 자비를 주소서.

오 하나님의 어린양이시여, 세상의 죄를 덮어주시고 우리에게 당신의 평화를 주소서.

성만찬분급

목사와 보좌하는 이들, 그리고 회중의 순서로 성만찬을 받는다. 성만찬분급을 하는 동안 적당한 찬송이나 곡을 연주한다.[132]

성만찬분급 후 감사기도

목사는 성만찬상 앞에 무릎을 꿇고 회중은 무릎을 꿇거나 엎드리어 함께 기도한다.

찬송

축도

후주

(3) BOW(1965)에 나타난 주일예배문의 분석과 평가

BOW(1965)에 나타난 주일예배 순서 중에서 완전한 형식의 주일예배 순서(설교중심의 예배)와 성만찬이 함께 있는 두 가지 주일예배 형식에 대한 그 특징을 몇 가지로 정리해 보고자 한다.

첫째, 완전한 형식의 주일예배 순서와 성만찬이 함께 있는 주일예배 순서의 형식은 각각 '말씀중심의 예배'와 '말씀과 성만찬이 함께 있는 예배'로 특징지을 수 있다. 미국감리교회 예배는 1965년 주일예배에서부

을 선창하면 회중은 '우리를 불쌍히 여기소서'라고 응답한다. 이 순서는 1549년 『공동기도서』에 나왔다가 1552년판에는 대부분 개혁시대의 예전과 더불어 사라졌다가 19세기와 20세기에 여러 교파들의 성만찬예식에 포함되기도 했다. 김순환, "하나님의 어린양", 『예배학사전』, 844-845. 좀 더 자세하게는 김상구, 『일상생활과 축제로서의 예배』, 267-268.
[132] 이때 사용하는 찬송가는 *The United Methodist Hymnal*(1989)을 사용한다.

터 성만찬이 함께 있는 주일예배 형태를 취하고 있는 것이다. 이전의 예배서는 성만찬은 예배서 후반부에 별도의 예식문처럼 다루었으나, 여기서는 성만찬이 있는 주일예배 순서로 자리하고 있는 것이다.

둘째, 두 가지 예배의 구성을 살펴보면 다음과 같다. 먼저, 완전한 형식의 주일예배 순서로는 전주, 성구, 예배에로의 부름, 찬송, 기원, 고백의 기도, 공동고백, 용서의 말씀 혹은 확언의 말씀, 주의 기도, 시편 혹은 성서교독, 성삼위영가, 찬양대찬송, 성경낭독(구약과 신약), 신앙고백, 오늘의 기도, 목회기도, 헌금(헌금은 설교 후에 올 수도 있음), 찬송, 설교, 예수 제자에로의 초청, 찬송, 축도, 후주로 되어 있다. 성만찬이 있는 주일예배 순서는 전주, 성구, 기도, 주의 기도, 공동기도 ,죄의 고백(용서의 기도), 사죄의 말씀, 목회기도(응답기도), 성경봉독(복음서, 서신서), 신앙고백, 설교, 교회소식, 찬송, 헌금, 감사의 기도, 삼성창, 성별의 기도, 성만찬제정사, 침묵기도, 하나님의 어린양, 성만찬 분급, 성만찬분급 후 감사기도, 찬송, 축도, 후주로 되어 있다.

셋째, 두 가지 예배순서에 나타난 주요 특징을 살펴보면, 몇 가지 차이점을 보여주고 있다. 설교중심의 예배의 순서에는 시작부분에서 예배에의 부름, 찬송, 기원 등이 들어있는데 반해, 성만찬이 있는 예배에서는 이 시작부분 요소가 빠져있다. 시작부분에서 전주 후에 기도로 예배가 시작됨을 보여준다. 그 외에도 삼위영가, 오늘의 기도, 성가대 찬양, 설교후에 있는 예수제자로의 초청 등은 성만찬이 있는 예배에서는 빠져있다.

이것은 성만찬이 있는 예배를 드리기 위해 순서상 축소시킨 것으로 여겨진다. 성경낭독에 있어서 설교중심 예배에서는 구약과 신약을 낭독하지만, 성만찬이 함께 있는 예배에서는 주로 신약만 낭독한다. 이는 성만찬예배에 대한 내용을 첨가하는 것으로 보이지만, 설교가 선포될 경우를 전제로 한다면 구약을 낭독하는 것이 좋다고 본다. 교회소식은 중요한 예배요소임에도 불구하고, 설교중심의 예배에서는 빠져 있다.

넷째, 1945년 예배서와는 달리, 1965년 예배서의 설교 중심예배에 있어서는 공동고백, 오늘의 기도 등이 첨가되어 있다. 목회기도가 있을 경우 오늘의 기도는 회중 가운데도 맡을 수 있도록 했다. 예배순서 위치에 있어 차이점이 발견되는데, 신앙고백이 1945년 예배서의 '아침예배 Ⅱ'에서는 성경낭독 전에 위치했으나, 1965년 예배서에서는 성경낭독 후에 위치하는 것으로 바뀌었다. 즉 성경낭독-신앙고백-설교로 되어있다. 초기 미국감리교회『장정』에 따르면, 사도신경은 개회찬송 후에 곧바로 위치하였다. 이것은 초기 한국감리교회 예배에서도 동일하게 나타나는 점이다. 하지만 사도신경은 그 위치가 나라마다 시대를 따라 다양하게 위치하였음을 볼 수 있다. 신앙고백은 설교 후에 신앙의 확증과 응답으로서 나오는 것이 논리상으로 맞고, 성만찬 예전 안에 들어 있는 것이 예배원형에 가깝고 바람직한 일이다. 따라서 설교 뒤에 위치하는 것이 옳다고 본다.[133]

다섯째, 존 웨슬리의 주일예배(*The Sunday Services*)는 1945년 예배서와 마찬가지로 1965년 예배서에도 들어 있다. 차이점이라 하면, 1945년 예배서에서는 'An Order for Morning or Evening Prayer'라는 이름으로 주일예배문 소개 후에 곧바로 들어 있으며, 비교적 예배순서가 간략하게 되어있다.[134] 1965년 예배서에서는 예배서 제Ⅴ장 감리교 예배전통 안에 *The Order for Morning Prayer, from John Wesley's Sunday Service*, (1784)라는 제목하에 그 순서가 첨가되어 있는데, 거의 웨슬리 주일예배문의 원

---

133 신앙고백은 고대교회 때부터 세 가지로 존재하였다. 즉, 사도신경과 니케아신경, 아다나시아신경으로 표현되었다. 이것은 예배의 필수적인 구성요소는 아니었으나 4-5세기경부터 유래하였다. 신앙고백의 위치에 대해 루터는 복음서 낭독과 설교 사이에 고정시켰다. 칼빈은 성만찬에서 주의 기도와 성만찬제정사 사이에 두었으며, 계몽주의 이후에도 그 위치는 다양하게 변하였다. 한편, 독일『개정예식서』(1999)에서는 신앙고백의 위치를 설교 뒤에 두는 것으로 추천한다. 왜냐하면 성경낭독과 설교의 관계를 연속성 있게 하기 위함이다. 여기에 대해 김상구,『일상생활과 축제로서의 예배』, 176-178. 그리고 종교개혁 이후 20세기에 들어 세계교회 일치를 위해 제정된 '리마예식서'(1982)에서도 사도신경은 설교이후로 위치하였다. 정장복,『예배의 신학』, 210-211. 한편『미국연합감리교회 예배서』(*UMBW*, 1992)에서 사도신경의 위치는 설교 후에 '말씀에 대한 응답'(*Response to the Word*)의 형태에 포함할 수 여러 가지 요소 중의 하나라고 설명한다. *UMBW*(1992), 24를 참조.
134 *BOW*(1965), 31-34.

형에 가깝게 수록하고 있다. 이것은 미국감리교회가 웨슬리 예배문을 연구한 끝에 원본에 가까운 예배서를 발간하였던 1957년의 *The Wesley Orders of Common Prayer*(WCP)가 발간된 후였기에 그 자료를 추가하여 제시한 것으로 보인다. 이처럼 미국감리교회는 웨슬리 예배전통을 유지하면서 감리교회의 예배의 특성을 이어가고 있음을 보여준다.

여섯째, 예배서의 서문에서 밝히고 있듯이 이 예배서는 1945년의 자발적이고 임의적인 예배 형태를 넘어서서 좀 더 성경적이고, 감리교 전통에 입각한 주일예배를 지향하고 있다는 점을 들 수 있다. 각종 기도문, 성무일과, 예문, 그리고 두 가지 예배순서에서 살폈듯이 많은 요소들의 출처가 성경에서 나왔음을 보여준다. 이는 웨슬리의 예배전통이며 동시에 감리교회 주일예배가 철저히 성경적 예배를 지향하고 있음을 보여주는 것이다.

일곱째, 1965년 예배서는 한국감리교회 예배와 밀접한 관계를 갖는다. 한국감리교회가 최초의 공식 예배서를 1992년 발간하게 되는데, 이때 예배서의 토대가 되었던 문헌이 바로 이 1965년 미국감리교회 예배서이다. 여기에 대한 비교는 『기독교대한감리회 예배서』(1992)에 나타난 주일예배를 통해 다룰 것이다. 이처럼 한국감리교회는 미국감리교회 예배전통, 그 이전은 웨슬리 예배전통의 토대위에 세워졌음을 인식해야 한다.

한국감리교회 주일예배는 설교중심형 예배를 특징으로 삼지 않는다. 말씀과 성만찬이 함께 있는 주일예배가 가장 감리교회적이며, 성경적이며, 합리적인 예배인 것을 알아야 한다. 하지만 이러한 상황을 인식하고 있어도 제대로 시행하지 못하는 것은 개 교회 목회자만의 문제는 아닐 것이다. 예배 설정을 쉽게만 생각하는 목회자와 신학교에서의 예배신학적 이해부족과 함께 교단에서 대처하는 예배예식서에 대한 인식의 결여가 상호작용한 것이라 판단된다. 예배갱신을 위해 이는 시급히 해결되어야 할 과제이다.

2) 1992년 『미국연합감리교회 예배서』(The United Methodist Book of Worship)에 나타난 주일예배

(1) 배경과 특징

미국연합감리교회(UMC)는 1992년에 『미국연합감리교회 예배서』(The United Methodist Book of Worship)를 발간하여 세상에 내놓았다.[135] 이 예배서는 존 웨슬리의 "1784년에 북미 감리교인들을 위한 주일예배"로부터 찬송가들, 의식들, 앞선 교파들의 예배서, 그리고 오늘날 사용하고 있는 여러 가지 예배학적 자원들과 유산을 포함하여 만들어 내어 미국연합감리교회(UMC) 이름으로 나온 최초의 예배서이다.[136] 존 웨슬리의 예배가 더욱 빛을 발하는 측면이 아닐 수 없다. 이 예배서와 함께 1989년에 발간한 『미국연합감리교회 찬송가』(The United Methodist Hymnal)는 이제 미국연합감리교회 예배의 초석이 되고 있다.[137] 이 예배서는 영국 국교회의 예전유산과 미국 연합 형제교단(EUBC), 그리고 감리교회 유산을 승인하고 있으며 문화적, 민족의 다양화에 따라 예배를 경축화하고 있는 예배서라 볼 수 있다. 또한 여성, 남자, 젊은이와 어린이를 모두 공적 예배 안에서 포함되어야 하며, 이러한 다양성과 고유성의 근원은 우리를 모두 함께 예수그리스도의 제자라고 불러주신 하나님이심을 인식하고 있다.

UMBW(1992)를 만들어 낸 미국연합감리교회 예배서 위원회는 4년 동안 회중들을 만났고 무수한 자료들을 탐험했고, 차이점 있는 이슈들에 대해 전력으로 씨름을 했다고 밝히고 있다. 그리고 현재까지 이 예배서

---

[135] 이하 UMBW(1992)라 표기하기로 하며 때에 따라 『미국연합감리교회 예배서』라고도 표기한다.
[136] The United Methodist Church, *The United Methodist Book of Worship* (Nashville: The United Methodist Publishing House, 1992)의 목차(Contents) 구성은 다음과 같다. Ⅰ. General Service Ⅱ. Music as Acts of Worship Ⅲ. The Christian Year Ⅳ. Special Sundays and Other special Days Ⅴ. General Acts of Worship Ⅵ. Daily Praise and Prayer Ⅶ. Occasional Services Ⅷ. Healing Service and Prayers Ⅸ. Service Relating to Congregations and Buildings Ⅹ. Consecrations and ordinations Ⅺ. Other Annual Conference and District Services Ⅻ. General Church Services
[137] 이하 UMH(1989)라 약칭하여 사용하기로 한다.

는 미국감리교회에 주는 가장 최상의 예배 자원으로 평가하고 있다.[138]

미국감리교회의 저명한 예배학자인 힉맨(Hoyt L. Hickman)은 1964년부터 1992년 사이 기간은 예배에 있어 오랜 보증을 깨고, 새롭게 발전한 미국감리교회 예배갱신의 초석이 되는 기간이었다고 말한다.[139] 이 기간 동안의 주요한 예배갱신 변화에 대해 힉맨은 5가지로 설명을 하고 있다. 첫째, 감리교회가 그동안 미국식의 정체성을 오랫동안 유지해왔었지만, 이제는 미국사회의 세속성, 문화적 충격을 흡수해야 하는 새로운 예배 발전을 시도하였다. 둘째, 감리교회는 에큐메니칼적이면서, 예전지향적인 교회로 놀라운 변화를 인식하였다. 이것은 로마가톨릭의 제2차 바티칸 공의회 이후 일어난 가톨릭의 예배개혁과 다른 개신교회들의 예배갱신운동, 영국성공회의 개혁, 복음주의 은사주의적 예배와 함께 전통과 현대의 조화를 포괄하는 예배로의 전환이 정점이 되었다. 특히 예배음악은 예배갱신의 주요 이슈였다고 할 수 있다. 셋째, 1968년 미국감리교회와 복음주의 연합형제교회(EUBC)와의 통합으로 생겨난 미국연합감리교회(UMC)는 새로운 찬송집과 예배서에 대한 필요성을 인식했던 시기였다. 넷째, 통합하기 이전의 양교단의 찬송가집과 예전서들에 대한 불만 요소가 확산되어 가던 시기였다. 다섯째, 감리교회와 에큐메니칼 학자들은 미국연합감리교회가 최근의 학자들의 결과물들과 웨슬리 전통 뿐 만아니라 19세기와 20세기의 주일예배전통을 통합하는데 주저하고 있다고 불평하였던 시기였다. 즉, 웨슬리와 초기 미국감리교회의 전통인 성경의 사용이라든가, 성만찬신학의 사용 등을 강력히 요청받던 시기였다고 할 수 있다.[140]

---

[138] The United Methodist Church, *The United Methodist Book of Worship* (Nashville: The United Methodist Publishing House, 1992), 1.
[139] Hoyt L. Hickman, "Word and Table: The process of Liturgical Revision in the United Methodist Church", *The Sunday service of the methodist: Twentieth-century worship in worldwide methodist*, Karen B. Westerfield Tucker Ed.,(Nashville: Abingdon press, 1996), 120.
[140] Hickman, "Word and Table: The process of Liturgical Revision in the United Methodist Church", 121.

이러한 배경하에서 1992년 미국연합감리교회 예배서가 태동하게 된 것이다. 미국감리교회 예배학자 앤디 랑포드는 이 두 가지 책의 공헌에 대해 다음과 같이 극찬하고 있다. "이 두 책은 목회자와 평신도들에게 도움이 될 뿐 아니라, 상호간의 내용이 조화(예를 들어, 참조 표시)를 이루고, 성경에 초점(예를 들어, 성서정과)을 맞추고 있다. 인종간의 다양성을 긍정하고(예를 들어, 라스 뽀사다스와 같은 남미계 미국인들 Hispanic의 대강절/아프리카계 미국인들의 음악에 대한 새로운 이해와 존중 등), 세계의 다양성을 반영하고 있다. 교회내에서 점증하는 여성의 역할과 특수한 필요들을 인식하고, 에큐메니칼 예배갱신과 일치를 지지하고 있다(예를 들어, 말씀과 성만찬의 예배형식). 그리고 웨슬리 전통과 복음적인 전통에 대한 새로운 이해를 표현(예를 들어, 애찬식과 그리스도 제자됨의 초대등)한다."[141]

(2) 일반(공중)예배(General Service)

이제 주일예배 순서를 살펴보기로 하겠다. 주일예배예식서는 *UMBW*(1992)안에 일반예배 안에 그 순서가 들어있다. 일반예배의 주요 내용으로는 '예배의 기본 구조와 말씀과 성만찬 예배'라는 제목하에 '말씀과 성만찬의 예배' 1, 2, 3, 4, 5가 나오고 있으며, 교회력에 따른 기도문과 각종 예식문들이 나오고 있다.[142] 먼저, 예배의 기본 구조에 대한 것을 살펴본 후, 주일예배의 순서로는 '말씀과 성만찬의 주일예배 I'(A Service of Word and Table I)을 중심으로 살펴보자. 이전의 예배서와 달리, 1992년 예배서는 '말씀중심의 예배'는 소개조차 되어 있지 않고, '말씀과 성만찬이 함께 있는 예배' 유형을 제시하고 있다. 이러한 예배 경향은 예배 갱신 운동을 반영한 가장 기본적인 패턴이라고 할 수 있을 것이다.

---

141 랑포드, 『예배를 확 바꿔라』, 69.
142 *UMBW*(1992), 51-81을 참조.

① 예배의 기본 구조에 대한 이해

UMBW(1992)안에 소개된 예배의 기본구조는 성경과 미국감리교회의 유산이자 경험 안에 그 뿌리를 두고 있다고 밝히고 있다.[143] 이것은 이 예배서가 성경적, 역사적, 그리고 기독교 예배의 신학적 통합을 가지며 주일 공중예배에 모든 기초가 될 수 있음을 표현하는 것이다. 이 기본 구조는 모든 예배의 특징을 이해하는데 도움을 주며, 예배순서의 다양성을 추구하고 있음을 보여 주고 있다. 이것은 미국감리교회 예배의 다양성 뒤에는 기본적인 통일성이 있다는 것을 말해준다.[144] 이러한 기본구조를 토대로 다양한 방법으로 성령이 역사하는 예배를 드릴 수 있으며, 성경의 진리를 미국감리교회 예배의 기본토대로 삼고 있다. 이 기본 구조는 예수 그리스도의 예배로 돌아가고 있으며, 회당예배와 식탁에 둘러서 드렸던 유대교 가족예배에 까지 반영하고 있음을 보여준다.

UMBW(1992)안에 나타난 주일예배 순서는 예배구조에 있어서 4중 구조의 형태를 취하고 있다.[145] 4중 구조를 보면, 먼저 입당(Entrance)과 선포(Proclamation)와 응답(Response)이라는 구조는 흔히 말씀의 예배 혹은 설교 중심의 예배라 부르는 회당예배의 것을 기독교 예배가 채택한 것이었다. 거기에다가 주의 만찬(Lord's Supper) 혹은 거룩한 친교(Holy Communion)라 부르는 '감사와 교제'(Thanksgiving and Communion)가 추가된 것이다. 성만찬은 가족식탁(Family meal tables)이라는 유대교 전통과 예수의 죽음 전에 마지막 밤에 가졌던 식사모임을 주의 만찬(Lord's Supper)이라는 유대 전통 의식을 기독교가 채택한

---

143 *UMBW*(1992), 13.
144 *UMBW*(1992), 13.
145 주일예배에 있어서 4중 구조 형태의 예배란 개회예전, 말씀예전, 성만찬예전, 파송예전을 의미한다. 이러한 오늘날의 예배갱신의 화두이지만 사실은 그 원형은 이미 성경과 초대교회로부터 이어져 온 전통유산이라 할 수 있다. 예배의 4중 구조에 관해서는 김상구, 『일상생활과 축제로서의 예배』, 159-201; 김순환, 『21세기 예배론』, 170-171; 웨버, 『예배가 보인다 감동을 누린다』, 205-216; 박은규, 『예배의 재발견』, 151을 참조.

것이었다고 볼 수 있다.[146]

이렇게 보면, 결국 *UMBW*(1992)안에 채택된 주일 예배의 기본구조의 뿌리와 근원은 첫 번째 그 근원이 성경에서 출발하고 있음을 분명히 알 수 있다. 그리고 회당예배를 통해 오늘날의 4중 구조 중의 3가지를 채택하였으며, 유대교 예배에서 성만찬의식을 채택하였음을 분명히 확인할 수 있다. 이러한 예배구조는 1945년 예배서에서는 드러나지 않으며 1965년 예배서에서도 성만찬이 함께 있는 주일예배순서 소개는 하지만 4중 구조 형태로 나오지 않았다. 이러한 4중 구조 예배형태가 1992년 『예배서』에서 나타나고 있음은 예배갱신의 발전적 측면이라 할 수 있을 것이다. 물론 1945년 『예배서』에서도 성만찬예식이 따로 분리되어 그 예문이 소개되고 있고, 1965년 주일예배에도 '말씀과 성만찬이 함께 있는 주일예배'가 제시되어 있다. 그러나 예배의 4중 구조 형식으로 예배순서가 소개되고 있는 예배서는 *UMBW*(1992)에 나타난 주일예배가 최초인 것이다.

그렇다면 이러한 예배의 4중 구조의 출처는 무엇이라고 인식할 수 있을까? 그것은 회당예배(행 9:2ff., 20; 13:5, 13ff.; 44ff.; 14:1; 17:1ff.; 18:4, 19, 26; 19:8; 22:19; 24:12; 26:11)와 주의 날(주일)에 드리는 빵 떼는 일행 20:7ff), 그리고 엠마오 마을로 가던 두 제자사건(눅 24:13-35)에 근거한다고 볼 수 있다.[147] 엠마오 사건보고(Emmaus account)는 오늘날 예배의 기본구조를 선포하고 가르칠 때에 사용될 수 있다. 이 자료를 보면, 절망스런 두 제자가 예수님을 만남을 이루고(입례), 예수님께서는 성경을 말씀하시고(말씀), 말씀하신 후에는 빵을 떼어 그들에게 주시며(성만찬), 그들의 마음이 열리며 알아볼 때, 예수는 사라지고 그들은 세상에 나가는 (파송)형식을 취하고 있기 때문이다.

로렌스 홀 스투키(Laurence Hull Stookey)는 공관복음서에서 말하는

---

146 *UMBW*(1992), 14.
147 *UMBW*(1992), 14.

제정사 못지않게 누가가 제공하는 엠마오이야기(눅 24:13-35)에 관심을 가져야 한다고 주장한다.[148] 즉, 그동안 우리의 성만찬은 목요일 저녁의 무거운 다락방 분위기에 너무 치우쳐왔다는 것이다. 그런데 누가는 "저희와 함께 음식을 잡수실 때"에 아직 정체가 확인이 안된 상태의 부활의 주는 "떡을 가지사 축사하시고 떼어" 저희에게 주시었다. 그리고 그들의 시야에서 사라진 뒤 그들은 "떡을 떼심으로 알려진 주님"을 증언하게 된 것이다. 다시 말해 목요일의 주님은 부활이전 식사를 제정하신 분이기도 하지만, 부활의 날에 하나님의 구원에 관한 승리와 기쁨을 선포하게 하신 분이라는 것이다. 부활 전 식사와 부활 후 식사는 분리할 수 없다는 것이다.[149] 이것은 성만찬이 죽음의 기념으로서만이 아니라 부활의 경축으로서의 의미를 담지하고 있어야 함을 의미한다.

신약성경 시대 후에, 이 기본 패턴은 오랜 역사를 통해 발전 되어왔다. 이 구조는 때로 불분명하고 훼손되기도 하였고, 어떤 경우에는 이 구조가 새롭게 재발견되고 갱신되기도 하였다. 웨슬리적 부흥은 선포하고 가르치는 것으로 거룩한 식사를 경축하면서 복음을 전하고 있는 말씀과 식탁에 이 강조점을 계속 두고 있다. 오늘날 미국감리교회는 우리의 성경적, 역사적 유산들을 재 교정 중에 있으며, 이 기본 구조안에서 "신령과 진리로" 하나님을 예배하는 것을 추구하고 있다고 볼 수 있다.[150]

UMBW(1992)에 나타난 주일예배 안에 나타난 기본구조의 배경과 특징을 살펴본 바와 같이 성경적이며 역사적인 동시에 경험과 유산을 중요시하고 있다. 특히 예배의 기본 구조를 4중 구조로 제시하고 있음이 그 특징이라 할 수 있다. 회당예배에서의 말씀예전과 성만찬의 근거를 유대공동체의 유산에서 찾았고, 입례예전과 파송예전을 추가함으로서 예배의 기본 구조를 제시하고 있다. 오늘날의 예배에 나타나고 있

---

[148] 스투키, 『성찬, 어떻게 알고 실행할 것인가?』, 김순환 역(서울: 대한기독교서회, 2002), 54.
[149] 스투키, 『성찬, 어떻게 알고 실행할 것인가?』, 54-56.
[150] UMBW(1992), 14.

는 말씀중심의 예배는 사실 기독교 예배의 기본 구조라는 측면에서 볼때, 성경적, 역사적, 경험적인 측면에서 규범적 예배형태라 할 수는 없을 것이다. 그렇다고 1945년, 1965년 예배서에 나타난 주일예배 순서를 무시할 수는 없다. 이들 예배 순서에 대한 반성이 예배갱신과 함께 예배 역사에 대한 재인식을 통한 예배로 발전되어 갔기 때문이다. 이러한 발전과정을 통해 점차 성경적이며 역사적인 동시에 경험적 기본 패턴으로 정착된 4중 구조로 정립되어 갔다는 점이 중요한 것이다. 1992년 미국 연합감리교회 예배서(UMBW)는 이점에 있어 오늘날 예배갱신의 선봉에 서는 틀을 유지하고 있는 것이다.

이제 1992년 예배서가 제시하고 있는 예배의 기본 구조를 살펴보고자 한다.

② 예배의 기본 구조(The Basic Pattern of Worship) [151]

예배의 기본구조는 4중 구조로 되어 있다. 4중 구조는 입당(Entrance), 선포와 응답(Proclamation and Response), 감사와 교제(Thanksgiving and Communion), 파송(Sending Forth)를 말한다. [152]

입당(Entrance)

여기에 포함되는 주요 요소들은 다음과 같다. 회중들은 주의 이름으로 함께 모인다. 거기서 인사(Greetings), 음악(Music), 그리고 찬송(Song), 기도(Prayer)와 찬양(Praise)이 있다.

선포와 응답(Proclamation and Response)

여기에 포함되는 주요 요소들은 다음과 같다. 성경은 회중들에게 성경낭독, 설교, 증언, 음악, 다른 예술과 미디어를 통해 열려져 있다.

---

[151] *UMBW*(1992), 15.
[152] Hickman, *The United Methodist Hymnal*(1989), 54-56을 참조.

배치(Interspersed)는 시편, 찬송가(성가), 그리고 찬송이다. 하나님의 말씀에 대한 응답은 위탁의 행위를 포함하며 세상과 다른 사람들을 위한 관심, 기도, 감사, 봉사의 헌신을 가진 믿음을 포함한다.

감사와 교제(Thanksgiving and Commuion)

교제로 드린 예배 안에서 다락방에서 가진 예수의 행동은 다음과 같이 재현되었다. "떡과 잔을 취하사", "떡과 잔을 들고 축사를 하시고", "떡을 떼시며", "떡과 잔을 주시다"

파송 (Sending Forth)

회중들은 주의 축복을 받으며 사역 안으로 보내진다.

이제 주일예배의 순서와 그 특징을 살펴보고자 한다. 여기서는 말씀과 성만찬의 주일예배 I 를 중심으로 하여 살펴보려고 한다.

(3) 주일예배순서

여기에서는 '말씀과 성만찬의 주일예배 I'(A Service of Word and Table I)를 살펴보기로 한다.[153]

이 예배는 *UMH*(1989), 6-11에 기초를 두고 있다. 예배 회집시에 온전한 예배를 위해 이 텍스트를 사용할 수 있다. 다양한 말씀과 성만찬 예배을 드릴 때에 년도별 과정의 기도문에 관한 것은 다음과 같은 것을 참고하는 것이 바람직할 것이다: '말씀과 성만찬의 예배 II와 III', 감사주일(54-80), 그리고 교회력을 위한 자료(224-421), 더 많은 지시와 옵션은 13-32를 보라.

---

[153] Hickman, *The United Methodist Hymnal*(1989), 33-39.

Ⅰ. **입당**(Entrance)

함께 모임(Gathering)

인사 (Greeting)

    목사: 주 예수 그리스도의 은혜가 여러분과 함께 하시기를 바랍니다.

    회중: **목사님께도 함께 하시기를 빕니다.**

    목사: 부활의 주님은 우리와 함께 하십니다.

    회중: **주님을 찬양합니다.**

찬양과 경배의 찬송(Hymn of Praise)

개회기도(Opening Prayer)

    다음과 같이 하거나 그날의 기도를 제공한다.

    거룩하신 하나님, 당신께 모든 마음을 열고, 당신에게는 비밀이 없고, 숨길 것이 없음을 모든 사람은 알고 있나이다.

    주의 거룩한 성령의 감동으로 우리 마음의 생각을 깨끗하게 하옵시고, 우리가 온전히 하나님을 사랑하게 하옵시고, 당신의 거룩한 이름에 합당하게 찬양하오며, 우리 주 예수 그리스도 이름으로 기도하옵나이다. 아멘.

성서 교독(Act of Praise)

Ⅱ. **선포와 응답**(Proclamation and Response)

성령의 조명을 위한 기도(Prayer for Illumination)[154]

    주님, 당신의 성령의 능력으로 우리 마음을 열어주소서. 성경을 읽는 것처럼, 당신의 말씀을 선포하면서, 오늘날 우리에게 말씀하신 것을 기

---

[154] 이 기도는 성경낭독 직전이나 설교 전에 하는 기도로, 성령께서 진리를 밝히 보여주심으로써 모든 회중이 성경말씀에 의해 깨닫기를 구하는 기도이다. 1993년 출간한 미국연합장로교회의 예배서(Book of Common Worship)를 한국장로교출판사에서 「공동예배서」라는 것으로 출판하였는데 여기에서 이 기도문에 대한 전형적인 예문을 이렇게 보여주고 있다. "하나님, 주님의 말씀과 성령으로 우리를 인도하셔서 주님의 빛 안에서 빛을 보며, 주님의 진리안에서 자유를 찾으며, 그리고 주님의 뜻 안에서 주님의 평화를 발견하게 하소서. 우리 주 예수 그리스도이름으로 기도합니다. 아멘", 김소영·김세광·안창엽 편역, 「공동예배서」(서울: 한국장로교출판사, 2001), 117.

쁨으로 들을 수 있게 하옵소서. 아멘

성경낭독1 (Scripure Lesson)

시편송(Psalm)

성경낭독2 (Scripure Lesson)

찬송, 성가, 혹은 알렐루야 (Hymn , Song or Alleluia)

성경낭독3 (Scripure Lesson)

설교(Sermon)

말씀에 대한 응답(Response to the Word)[155]

나는 천지를 창조하신 거룩하신 하나님 아버지를 믿습니다.

나는 성령으로 잉태하신 독생자이시고

동정녀 마리아에게 나시며

본디오 빌라도에게 고난 받으시고

십자가에 못박혀 죽으시고, 장사되시며

죽으신지 3일 만에 다시 살아나시며

하나님 보좌 우편에 앉아 계시며, 산자와 죽은자를 심판하기 위해 다시 오실 우리 주 예수 그리스도를 믿습니다.

나는 성령을 믿으며 성도의 교제와 죄의 용서함을 믿으며 몸이 다시 사는 것과 영원히 사는 것을 믿습니다. 아멘.

관심사들과 기도(Concern and Prayers)

초청(Invitation)

목사는 주의 식탁 뒤에 선다.

우리 주 예수 그리스도는 그들의 죄를 진심으로 회개하며 또 다른 형제와 평안을 추구하며 살기를 그를 추구하는 모든 사람들을 그의 식탁으로 초대하십니다. 그러므로 우리 모두 하나님 앞에 우리 죄를 고백하십시다.

---

[155] '말씀에 대한 응답 부분'으로 UMBW(1992)에서는 사도신경을 포함하여 9가지 유형으로 드릴 수 있다고 하였다. 여기에서는 사도신경을 암송하도록 하였다. UMBW(1992), 24를 참조.

고백과 용서(Confession and Pardon)

자비로우신 하나님, 우리 마음을 다해 하나님을 사랑하지 못한 것을 고백합니다. 우리는 교회를 복종하는데 실패했나이다. 위로는 당신의 뜻대로 행하지 못하였고, 당신의 율례를 깨뜨렸으며, 당신의 사랑을 거슬려 반항하였나이다. 우리는 이웃을 사랑하지 못했고, 우리는 가난한 자들의 부르짖는 소리를 듣지 못했나이다. 우리의 기도를 들으사 용서하여 주옵소서. 우리가 기쁨으로 복종하게 하옵소서. 우리 주 예수 그리스도 이름으로 기도하옵나이다. 아멘.

모두 조용히 기도한다.

집례자는 다음을 회중들에게:

여기에 좋은 소식이 있습니다.

그리스도는 우리가 아직 죄인 되었을 때에 우리를 위해 죽으심으로 우리에 대한 하나님의 사랑을 나타내어 주셨습니다.

예수 그리스도 이름 안에서 여러분은 용서를 받았습니다.

회중들이 인도자에게:

예수 그리스도 이름으로 당신도 용서하셨습니다!

집례자와 회중들 하나님께 영광을, 아멘.

평화의 교제(The Peace)

봉헌(Offering)

회중들을 용서하시고 화해하심 같이

우리 모두 하나님께 우리의 감사와 자신을 드리며 찬송, 시편, 찬송은 예물을 드릴 때 찬송함으로 드린다.

빵과 포도주는 다른 감사예물과 함께 주의 식탁으로 회중들의 대표들에 의해 운반된다. 혹은 이미 식탁에 덮개를 벗겨놓은 채 있다.

찬송, 영광송, 혹은 다른 응답은 감사예물과 같이 봉헌한다.

만약 여기 나오는 것을 사용하기보다 다른 감사기도를 사용하려면, 말씀과 식탁Ⅲ.(A Service of Word and Table Ⅲ)을 사용한다.

Ⅲ. 감사와 성만찬(Thanksgiving and Communion)

떡과 잔을 취함(Taking the Bread and Cup)

감사기도[156] (The Great Thangsgiving)

이 때, 미국감리교회찬송가(UMH, 17-18)에 있는 음악 중에 하나를 사용할 수 있다.

주의 기도(Lord's Prayer)

이때 목사의 양손은 크게 열어 회중을 초청한다.

떡을 뗌(Breaking the Bread)

목사는 주의 식탁 뒤에서 회중을 보면서 계속 서 있는다. 조용하게 떡을 떼면서 말한다.

---

[156] 3세기 초기문헌인 히뽈리뚜스의 『사도전승』에 따르면 이 성만찬기도는 다음과 같이 드려졌다. 즉, 성만찬 감사기도(대감사)는 감독자의 권유("주께서 여러분과 함께", "마음을 드높이", "주님께 감사합시다.")와 회중의 응답("또한 당신의 영과 함께", "우리는 주님께 마음을 향하고 있습니다." "마땅하고 옳은 일입니다.")으로 시작된다. 이런 권유의 인사말이 있는 다음 본격적인 축성기도가 이어지는데, 5가지로 되어 있다. 첫째, 예수 그리스도의 구원업적에 대해 하나님께 감사기도 둘째, 성만찬 제정사에 대한 주님의 말씀 셋째, 주님의 죽음과 부활을 기념하는 기념사(Anamnesis) 넷째, 성령을 청하는 기도(Epiclesis) 다섯째, 장엄한 영광송(Doxology)이다. 히뽈리뚜스, 『사도전승』, 45. 세계교회의 성만찬예식서라 할 수 있는 리마예식서등을 종합해보면 "성만찬감사기도"의 전형내용은 이보다 약간 순서가 더 많은 10가지로 되어있다. 그 10가지는 대화적인인사(Dialogue), 처음기원(preface), 삼성창(Sanctus), 감사의 기도(Thanksgiving), 예비적인 성령임재의 기원1(Epiclesis), 성만찬제정사(institution), 기념사(Anamnesis), 성령임재의 기원2(Epiclesis), 추모의 기원(Commemoration), 마무리 송영(Concluding)등이다. 박근원, "라마성만찬예식서의 의의와 가치", 「신학사상」제 56집, 봄호(1987): 228. 이 가운데 역사적으로 문제가 되어온 것은 "성령임재의 기원" 이었다. 언젠가부터 서방교회에서 "성령임재의 기도"가 빠진 것이다. 결과적으로 성만찬에서 성령의 역할은 약화되고 사제나 감독의 직권이 절대화된 것이다. 서방교회의 성만찬의 신학적 퇴화가 여기서 기인하였고, 후에 부패요인까지 되었다. 동방교회와 신학적 논쟁에서 분열까지 초래한 것이다. 종교개혁자들도 서방교회의 성만찬예식에 문제가 있음을 알았지만, 초대교회 예배전통의 문헌미흡으로 "성령임재의 기원"을 복원할 수가 없었다.

 그러다가 금세기에 와서 가려졌던 동방교회의 예전이 세계교회에 소개되면서 예전전통에 "성령임재의 기원"이 보존되어 왔음을 확인하게 된 것이다. 그리고 신약성서와 초대교회 문헌연구 결과 "성령임재의 기원"은 성만찬기도의 중요한 부분이었음이 속속 드러나게 되면서 리마예식서에는 이 요소를 중요한 순서로 복원하게 된 것이다. 이 복원의 역사적인 의미는 과거의 분열을 세계교회의 일치의 핵심을 발견하게 된 것이다. 따라서 성만찬예식에서 이 순서는 반드시 복원되어야 할 것이다. 이에 대한 자료로는, 박근원, "리마성만찬예식서의 의의와 가치"; 박근원, 『리마예식서』(서울: 한국기독교협의회, 1987), 43-49를 참조. 물론 우리는 성만찬감사 기도문을 그대로 실행하는 데는 많은 제약이 따를 것이다. 따라서 간소화된 순서를 연구하여 사용할 수 있다. 그러나 성만찬감사기도와 성령임재의 기원, 제정사와 기념사는 꼭 들어가도록 하는 것이 바람직하며, 세계교회의 흐름인 것을 인식할 필요가 있다.

떡과 잔을 나눔(Giving the Bread Cup)

성만찬 후 감사기도

IV. 파 송(Sending Forth)

찬송 혹은 성가(Hymn or Song)

복의 선언과 폐회(Dismissal with Blessing)

    평안으로 세상을 향해 가라

    우리 예수 그리스도의 은혜와 하나님의 사랑과 성령의 교통하심이

    여러분 모두에게 함께 하시기를 축원합니다. 아멘.

세상을 향해 나감

(4) UMBW(1992)에 나타난 주일예배문에 대한 분석과 평가

지금까지 *UMBW*(1992)에 나타난 일반예배 중에서 주일예배를 살펴보았다. 먼저 *UMBW*(1992)의 배경과 특징에 이어 예배의 기본구조에 대한 신학적 이해를 살펴보았다. 그리고 예배의 기본구조인 4중 구조(입당예전, 말씀예전, 성만찬예전, 파송예전)에 대해 고찰하였다. 끝으로 주일예배의 기본모델인 '말씀과 성만찬의 주일예배 I (A Service of Word and Table I)'에 대해 살펴보았다. 이제 *UMBW*(1992)에 나타난 '말씀과 성만찬의 주일예배1'에 대한 그 특징을 몇 가지로 정리해 보고자 한다.

첫째, 말씀과 성만찬의 주일예배 1은 예배구조에 있어 4중 구조를 이루고 있다. 4중 구조란, 입당(Entrance), 선포와 응답(Proclamation and Response), 감사와 성만찬(Thanksgiving and Communion), 파송(Sending Forth)을 말한다. 미국감리교회 예배에 있어서 이러한 4중 구조 예배형태는 *UMBW*(1992)에 나타난 주일예배가 최초라 할 수 있다. 4중 구조는 성만찬의 회복을 강화하는 현대예배 갱신의 가장 큰 성과이

다. 4중 구조의 예배형태는 예배갱신의 기본원리이며, 가장 기독교적 예배요 성경적 예배이다. 초대교회 예배는 주로 회당과 집에서 드렸는데, 회당예배에서는 말씀예전(Service of the word)과 다락방 예전(Service of the Table)의 기원을 발견할 수 있고, 시간이 흐르자 하나님의 임재 (Acts of Entrance)와 폐회(Acts of Dismissal)의 필요성을 느꼈다. 그 결과 이 같은 네 가지 구조로 나누어진 것이다. 이러한 4중 구조의 예배행위는 예배갱신을 통해 회복되고 있다.[157] 이같이 UMBW(1992)에 나타난 주일예배는 예배전통에의 회복과 성경적, 역사적, 경험적 예배를 반영한 것으로서 예배갱신에 있어 가장 모범적인 모델로 평가할 수 있을 것이다.

둘째, 예배의 구조와 순서를 자세히 살펴보면, 먼저 입당예전으로는 함께 모임, 인사, 찬양과 경배찬송, 개회기도, 성시교독으로 되어 있고, 선포와 응답예전으로는 성령의 조망을 위한 기도, 성경낭독(1,2,3), 성경낭독사이에 시편송, 찬송, 성가 혹은 알렐루야송, 설교, 말씀에 대한 응답, 관심사들과 기도, 초청, 고백과 용서, 평화의 교제, 봉헌(찬송, 시편송, 찬양대의 찬양을 할 수 있음)으로 되어 있다. 감사와 성만찬예전으로는 떡과 잔을 취함, 대감사기도, 주의 기도, 떡을 뗌, 떡과 잔을 나누어줌, 성만찬 후 감사기도로 되어 있다. 파송예전으로는 찬송 혹은 성가, 복의선언(축도), 파송, 세상을 향해 나감으로 되어 있다. 각 예배 구조와 순서에 대한 상세한 해설과 추가되는 사항 혹은 임의로 선택할 수 있는 점 등 통일성과 다양한 가능성에 대한 내용은 예배의 기본 구조 (4중 구조)에 이어 자세히 다루고 있다.[158] 예를 들면, 위의 예배순서에서는 나타나 있지 않지만 성경낭독의 경우, 낭독1은 구약성경에서, 낭독2는 복음서가 아닌 신약성경에서, 낭독3은 복음서 중에서라는 해설

---

[157] 웨버, 『예배가 보인다 감동을 누린다』, 56, 60.
[158] UMBW(1992), 15-32.

이 들어있고,[159] 말씀에 대한 응답의 경우에도 설교 후 신앙의 확증(사도신경)등을 암송하라 되어있고,[160] 감사와 성만찬의 경우에는 대감사기도 안에 성만찬감사기도, 성령임재의 기원, 성만찬 제정사, 기념사 등이 들어있다.[161]

이러한 예배구성은 모두 초기 기독교 예배(2-3세기)뿐 아니라, 히뽈리뚜스 성만찬예전과 동서방교회의 예배는 물론 종교개혁이후 오늘에 이르기까지 이루어진 예배형태와 그 발전을 충실하게 반영한 것이라 볼 수 있을 것이다.[162]

셋째, 이 주일예배문은 기독교 예배의 기본 원리와 방향성을 충실하게 포함하고 있는 예배문으로 평가할 수 있다. 힉맨은 그의 책에서 예

---

[159] *UMBW*(1992), 22-23.
[160] *UMBW*(1992), 24.
[161] *UMBW*(1992), 28.
[162] 미국감리교회 예배형태와 구성은 초대교회 전통과 그 유산을 반영하고 있다. 이는 한국감리교회『새예배서』(2002)에 나타난 주일예배 배경과 흡사하다. 여기에 대해 언급해 보기로 한다. 초기 기독교 예배의 기본틀인 말씀예전과 다락방예전은 2세기 동안 그대로 명맥을 유지하였다. 2-3세기의 히뽈리뚜스의 성만찬예전, 알렉산드리아의 클레멘트와 오리겐의 문헌속에도 그대로 반영되어 있음을 알 수 있다. 여기에 "알렐루야송", "인사의 교환", "삼성창"(sanctus), "키리에"(kyrie eleison, 자비송으로 '주여 우리를 불쌍히 여기소서'), "주의 기도"등이 추가된 정도이다. 그 후 여러 세기 동안 예배사에 영향을 준 세 가지 대표적인 유형이 있다. 그것은 예루살렘의 예배유형, 콘스탄티노플의 예배유형, 그리고 로마의 예배유형이다. 예루살렘 예배는 교회의 축제적 절기와 그 절기에 따른 성서일과의 개발과 축제적 행진이 특색을 이루었다. 콘스탄티노플의 예배는 동방교회 예배의 핵심이 되는 비잔틴예배의 모체가 되었다. 여기에서는 "예배행진"(procession, 주로 시편 92편, 93편, 95편), "시편찬송"(psalmody), "연도"(litanic prayer), "삼중고독식 찬양"(three antiphones), "영광송"(gloria patri), "중보의 기도"등이 발전되었다. 로마예배는 라틴어와 그 문화를 포용하는 예배의식으로서 사순절(lent)과 교회의 절기 행사, 예배행진 등을 발전시켰다. 박근원,『오늘의 예배론』, 22-30을 참조.
이렇게 볼 때 동·서방교회 예배는 2-3세기 예배의 원형인 기본틀과 히뽈리뚜스 예전의 틀을 유지하고 있음을 알 수 있다. 종교개혁 이후에 기독교 예배는 정체된 설교중심의 예배를 드리다가 20세기에 들어서 제2차 바티칸 공의회의 리미예전을 통한 예배갱신으로 많은 변화를 가져온 것이다. 미국감리교회 예배속에는 이러한 예배역사와 예배전통을 반영하고 있으며, 오늘의 예배형태로 발전시켰다고 볼 수 있다. 이러한 예배형태는 20세기 말에 들어서서 한국감리교회는 물론 모든 개신교교단에 영향을 끼쳤다고 볼 수 있다. 오늘날 주일예배 갱신 중에 실현해야 할 중요한 요소들을 이렇게 예배전통과 유산속에서 찾는 일은 현대예배학의 흐름이다. 따라서 주일예배예식서에는 이러한 내용들이 반영되어야 한다. 물론 각 교단에서 예배신학적 반성과 개혁이 수반되느냐의 문제와 함께 개체교회에서 이러한 복잡한 예배순서로 인한 시간과 공간, 목회자 인식의 제약 등이 따를 것이다. 그렇기 때문에 통일성과 다양성을 잃지 않으면서도 간소화 할 수 있는 방안들도 계속 연구되어야 할 것이다.

배의 기본 원리를 5가지로 언급하고 있다. 그것은 예배는 하나님의 말씀이 제일 중요한 요소이고, 역동적인 회중의 참여가 결정적으로 중요하다는 것이다. 자발적(자유형) 양식과 고정문 양식이라는 의식의 틀이 상호보완적이어야 하고, 예배는 적시성과 포괄성이 있어야 한다고 언급하였다. 마지막으로 예배는 하나님과의 만남, 회중간의 만남이라는 거룩한 교제를 이루어야 한다고 말하였다.[163] UMBW(1992)에 나타난 주일예배 안에는 이러한 예배신학적 입장이 골고루 반영되어 있음을 인식할 수 있다.

넷째, 존 웨슬리의 주일예배(The Sunday Services)가 첨가되지 않았다. 1945년과 1965년 예배서에 소개되어 있는 것과는 다른 점이다. 이는 1992년 주일예배가 예배개혁과 통합에 따른 시대적 요청을 더 비중 있게 반영하였기 때문이라 본다. 하지만 웨슬리의 예배신학까지 배제된 것은 아님을 알 수 있다. 예배순서보다 중요한 것은 예배전통과 유산들이다. 웨슬리 예배 중에 성만찬의 강조와 찬송가의 적극적인 활용은 미국감리교회 예배갱신 속에 나타난 웨슬리 유산임을 누구도 부인할 수 없다.

다섯째, 이 주일예배문은 제2차 바티칸 공의회 이후, 세계교회의 예배개혁과, 전통과 현대의 조화를 추구해야 할 시대적 요청을 반영한 예배의 통합적 노력을 보여주고 있다고 평가할 수 있다. 힉맨의 지적처럼 에큐메니칼이면서 예전지향적인 변화를 추구하고 있고, 웨슬리와 초기 미국감리교회의 전통인 성경의 사용 뿐 아니라 성만찬과 예배음악을 적극적으로 활용하고 있다. 즉, 19세기와 20세기의 예배전통을 포함하면서 다양성과 통일성을 제시하는 예배라고 할 수 있다.

우리가 미국감리교회 주일예배를 통해서 얻을 수 있는 교훈은 초대교회 예배로부터 세계교회 예배전통과 그 유산을 발굴하여 오늘의 예배

---

[163] Hoyt L. Hickman, *United Methodist Worship*(Nashville: Abingdon Press, 1991), 32–33.

에 반영하였다는 것이다. 이점에 있어서 미국감리교회 예배서가 한국 감리교회 예배서 발간에도 충분한 모범이 되었음을 인식하게 한다.

여섯째, 한국감리교회는 1992년에 이어 2002년에 『새예배서』를 발간하여 세상에 내놓았다. 미국에 UMBW(1992)가 있다면, 한국감리교회는 『새예배서』(2002)가 있다. 이 『새예배서』는 발간배경에서 밝히고 있듯이 미국의 UMBW(1992)로부터 많은 영향을 받았다. 차이가 있다면 전적으로 의존하였던 『예배서』(1992)와는 달리 『새예배서』(2002)는 세계의 여러 교회 예배서를 참조하면서도 한국적 토양에 맞는 예배서를 만들었다는 점이다.

지금까지 미국연합감리교회(UMC)의 예배에 나타난 주일예배를 살펴보았다. 주일예배를 이해하기 위해 먼저 미국감리교회의 역사를 살펴보았다. 교회의 역사는 예배발전과 서로 밀접한 관련성이 있음을 확인할 수 있었다. 그리고 미국감리교회의 예배의 신학적 특성을 시기별로 나누어 살펴보았다. 18-19세기의 예배는 존 웨슬리 예배가 소개는 되었지만, 제대로 정착하지 못했음을 알 수 있었다. 현지 감리교도들이 예전적 훈련이 되어있지 않았고, 부흥운동의 영향으로 인한 말씀과 찬양의 집회 형식이 유행하였던 시기였기 때문이었다. 이 시기는 여러 가지 원인으로 인해 성례전적이고, 감리교적인 예배형성에는 미흡함이 있어 제대로 정착하지 못하였음을 볼 수 있었다.

그러다가 20세기에 와서 미국감리교회는 새로운 예배경향에 진입하게 되는데, 예배학과 예배서에 대한 지대한 관심이 그것이다. *BOW*(1945)과 *BOW*(1965)에 나타난 주일예배예식서는 말씀중심의 예배에서 한걸음 나아가 말씀과 성만찬의 균형 잡힌 주일예배를 제시하는 예배서들로서 이 예배서중 *BOW*(1965)의 주일예배서는 한국감리교회 『예배서』(1992)를 발간할 때 거의 절대적 영향을 주었던 것을 알 수 있다.

1968년 미국연합감리교회(UMC)로 통합한 이후 최초로 세상에 내놓은 *UMBW*(1992)는 이 모든 20세기 예배학과 예배서의 결정적 산물로서 평가받고 있다. 가장 중요한 특징은 *UMBW*(1992)에 나타난 주일예배예식서는 성경적이고, 감리교적, 역사적, 전통적, 동시대적, 문화적 측면을 적극적으로 활용하고 반영하고 있다는 사실이다. 무엇보다 20세기에 들어서서 예배학의 화두로 대두되었던 예배갱신의 측면, 즉 성례전의 강화, 예배전통의 통합에 관한 분명한 입장을 인식시켜준 오늘에 이르기 까지 예배 실행에 충분한 표준으로서 자리 잡고 있음을 알 수 있었다.

미국감리교회 예배는 한국감리교회의 교회역사 뿐만 아니라. 한국 감리교회 예배역사에 있어 뗄 수 없는 지대한 영향을 주고 있다. 한국감리교회는 『새예배서』(2002)를 독자적으로 내놓기 전까지(물론 2002년 예배서도 영향을 받음) 초기 선교에서부터 현대예배 갱신에 이르기까지 미국감리교회의 예배예식서에 크게 영향을 받고 있음을 확인하였다. 따라서 한국감리교회 예배 이해는 미국감리교회 예배이해가 선행되어야 함을 인식할 필요가 있다. 물론 이러한 인식 속에는 긍정적 측면과 비평적 측면도 고려해야 할 것이다.

예배갱신은 예배 문제인식부터 출발해야 한다. 아직도 한국교회는 문제인식만 팽배하고, 예배갱신의 구체적인 시도를 게을리 하고 있다. 이는 주일예배에 대한 예배의 역사와 전통 그리고 예배신학적 측면이 고려되지 않은 채 오늘의 강단에서 설교중심 형태의 예배가 주류를 이루는 것만 보아도 알 수 있다. 따라서 교단과 신학교는 본래의 기독교 예배가 회복되도록 예배갱신 문제인식에서 해결중심의 차원으로 나서야 할 것이다. 이를 위한 가장 효과적이고 구체적인 방법은 예배의 4중 구조가 설정되는 주일예배예식서의 재발견과 활용이다. 지금까지 살핀 미국감리교회 예배서는 이러한 측면에서 한국감리교회 예배회복에 큰 도움을 주고 있다고 볼 수 있다.

제4부
존 웨슬리 전통과 한국교회 주일예배

앞장에서 우리는 감리교회의 기원이 되는 감리교회의 태동과 감리교회 예배의 근간이라 할 수 있는 존 웨슬리 주일예배와 미국감리교회 예배예식서를 살펴보았다. 이러한 과정을 통해 얻은 중요한 사실은 존 웨슬리의 주일예배와 미국감리교회 예배는 예전지향적이고 성경적이며 합리적인 특성을 갖는다는 것이며, 기독교 예배의 근간이 되는 두 기둥을 중심으로 되어 있다는 것이다. 이 두 기둥은 말씀과 성만찬의 형태의 구조를 이룬 주일예배이다. 뿐만 아니라 초대교회 예배전통과 함께 동, 서방교회 예전 및 종교개혁이후 20세기 예배 갱신으로 시도된 유산들을 적극적으로 반영하고 있음도 확인할 수 있었다. 이러한 예배전통은 한국감리교회 선교역사와 함께 주일예배 역사에 지대한 영향을 끼치고 있다고 볼 수 있다.

그러나 오늘의 한국감리교회는 대부분의 한국교회가 그렇듯이 주일예배에서 대부분 성만찬을 소홀히 하는 예배를 드리고 있으며, 성만찬 교육이 미흡한 실정이며, 교회가 성도들의 성만찬에 대한 기대감에 부응하지 못하고 있다고 본다.[1] 대부분의 타교단과 교회와 마찬가지로 한

---

[1] 한국교회 성만찬에 관한 연구를 한 김문철에 의하면, 한국감리교회를 포함하여 대부분의 한국교회의 성만찬 횟수(조사한 교회의 평균)는 1년에 1–4회가 62%나 되었고, 5회 이상이 37%였다. 개교회에서 성만찬에 관한 전문 교육은 14% 정도가 받은 바가 있다고 답했고, 나머지는 설교를 통해서만 대충 알고 있거나 교육이 거의 없다고 답하고 있다. 하지만 그의 연구에 따르면 성도들은 성만

국감리교회 역시 여전히 말씀중심의 예배의 틀에서 벗어나지 못하고 있는 것이다. 이러한 틀은 하루아침에 생겨나지 않았다. 최근에도 예배갱신의 영향 하에서 예배에 대한 문제인식만 대두되고 있을 뿐, 해결을 위한 방법과 시도는 별 힘을 쓰지 못하고 있다. 필자는 여기에 대한 비판적 반증으로 예배신학과 예배예식서에 대한 총체적인 인식결여와 무관심 때문이라는 시각을 갖고 있다.

예배신학과 예배예식서의 새로운 인식과 재발견으로 인해 예배갱신을 위한 해결의 실마리를 찾을 수 있다고 믿고 있다. 이 목적을 위해 우리는 예배의 역사와 예배예식서에 대한 통전적인 이해를 필연적으로 접근해 가야 할 것이다. 오늘날 예배갱신의 출발은 신약시대와 기독교 초기문헌을 탐구하면서부터 그 가능성과 대안을 구체적으로 실현하고 있다.[2] 이점은 한국감리교회 예배갱신에도 그대로 적용된다. 한국감리교회 예배갱신을 위해 한국감리교회 초기주일예배부터 현대에 이르기까지 예배발전과 예배예식서를 고찰함은 이러한 과제를 풀어가는 실마리를 줄 것이며, 아울러 대안까지도 창출하게 해 줄 것이다.

본 제4부에서는 한국감리교회 예배예식서에 나타난 주일예배의 형성과 발전과정을 취급할 것이다. 여기에서는 한국감리교회의 태동부터 1992년 『기독교대한감리회 예배서』(1992)까지 고찰하려고 한다. 그 방법은 각 주요 시기별로 주일예배 형성과정을 살펴보는 것이다. 여기에 해당되는 범위는 초기선교사들의 주일예배(1885-1930)와 1931년부터 1992년까지의 주요 주일예배가 될 것이다. 이것을 위해 고찰할 문헌은 교회역사에 관한 측면과 주일예배의 형성 과정을 확인할 수 있는 공식적인 감리교회의 문헌을 중심으로 살펴보려고 한다. 즉, 초기선교사들

찬에 관한 기대감과 그 수용에 대한 효과가 높음을 지적하였다. 이것은 성만찬에 대한 목회자의 의미부여와 의식개혁의 필요성을 강조한 결과이며 평가라고 할 수 있을 것이다. 김문철, "성만찬 해석과 참여자의 성만찬 수용연구", (목회신학박사학위, 연세대학교연합신학대학원, 2005), 155-158; 171-202를 참조.
[2] 박근원, 『오늘의 예배론』, 10-14를 참조.

의 주일예배문서(1885-1930)와 감리교회의 공식문헌인『교리와 장정』(1931, 1962)과『감리교 예식규범』(1964),『예배서』(1992) 등을 살피게 될 것이다. 필자의 관심은 주일예배에 관한 고찰에 중점을 두고 있음을 다시 밝혀 둔다.

제8장
초기 한국감리교회의 주일예배
(1885-1930)

초기 한국감리교회 주일예배를 시작으로 한국감리교회는 과연 어떤 주일예배를 드리고, 성례전(세례와 성만찬)등은 어떤 형태로 발전하고 변형되어 갔을까? 초기 한국감리교회 예배문헌에 관한 자료는 그동안 정리된 것이 거의 없지만, 최근 초기 한국교회 예배에 관한 포괄적인 몇 가지 연구들이 활발하게 논의되면서 밝혀진 부분이 상당히 많아졌다. 그럼에도 불구하고 이 연구들의 특징은 초기한국교회의 예배 형성사와 성례전(세례, 성만찬) 연구에 집중되고 있다는 것이다. 초기부터 현대에 이르기까지 주일예배의 형성과 발전 부분에 대해서는 따로 충분하게 논의한 것은 흔하지 않다고 본다. 여기서는 그 동안의 연구들을 인식하면서, 초기 한국감리교회 주일예배의 형성과 발전에 관한 내용을 집중적으로 다루려고 한다. 초기 한국감리교회 주일예배를 다루는 목적은 오늘날의 예배갱신을 위해 초기예배가 어떤 예배전통과 형성과정을 거쳐 진행되어 왔으며 오늘의 예배에 어떤 영향을 끼쳤는지를 이해하는 작업이 반드시 필요하기 때문이다. 또한 이러한 연구가 귀중한 예배전통과 유산들을 이해하게 할 뿐 아니라 현대예배의 통합을 위해서도 중요한 밑 걸음이 되기 때문이다.

초기 한국감리교회 예배 시기는 1985년 아펜젤러의 선교활동부터 시작하여 기독교조선감리회가 태동하는 1930년까지로 정하였다.³ 주로 살펴보려는 것은 크게 3가지로 나누었다. 첫 번째는 초기 선교사들의 주일예배, 두 번째는 한국인들과 함께 드려진 주일예배, 그리고 미감리회 『장정』(DDMEC)⁴와 남감리회 『장정』(DDMECS)⁵에 나타난 주일예배로 나누어 살펴보려고 한다.

1. 초기 선교사 시대의 주일예배 형태(1885-1890)

1) 아펜젤러와 주일예배

초기 한국감리교회 예배를 이해하기 위해서는 최초의 선교사 아펜젤러 등이 드렸던 예배부터 인식해야 한다. 초기 선교사들이 한국에 도착하여 선교활동을 하면서 드렸던 예배는 곧바로 한국인들이 참여하는 한국인 예배로 드려졌다고 볼 수 없다.⁶ 다시 말해 초기에는 주로 장로교와 감리교 선교사들이 연합하는 형태의 예배로 드려지다가 차츰 한국인들이 참여하는 주일예배가 된 것이다. 1884년 7월 미이미교회(Methodist Episcopal Church)⁷의 맥클레이(Robert S. Maclay)선교사가 고종 황제에게 선교허가를 받은 후, 1885년 4월 아펜젤러(Henry

---

3 본 글에서는 초기 한국감리교회 예배시기를 아펜젤러가 선교를 시작한 1885년 4월을 기점으로 하여 남·북감리교회가 통합하여 기독교조선감리회가 태동한 1930년까지로 한다. 이듬해 기독교조선감리회는 『교리와 장정』(1931)을 내놓는다. 이 『교리와 장정』(1931)은 한국감리교회가 자치의 시대를 열기 시작한 첫 번째, 공식 헌법과 규칙이라 할 수 있다. 여기에는 주일예배가 소개되어 있다. 본 글에서는 1931년 주일예배를 별도로 다루려고 하였기에, 초기 한국감리교회 예배시기를 1930년까지로 정하였다.
4 DDMEC는 *Doctrines and Discipline of the Methodist Episcopal Church*의 약어로 『미감리회 강령과 규측』을 뜻한다. 이것을 흔히 『장정』이라 칭하며 영문약어로는 *Discipline* 혹은 *DDMEC*라 표기한다. 본 글에서는 이 두 가지를 병행하여 사용하기로 한다.
5 DDMECS는 *Doctrines and Disciplne of the Methodist Episcopal Church, South*의 약어로 『남감리회 강령과 규측』을 뜻한다. 이것을 흔히 『장정』이라 칭하며 영문약어로는 *Discipline(s)* 혹은 *DDMECS*라 표기한다.
6 주학선, 『한국감리교회 예배』(서울: kmc, 2005), 15.
7 미이미교회(美以美敎會)는 아시아 지역 감리교감독교회(Methodist Episcopal Church)의 선교 초기의 이름이다. 흔히 '북감리회' 혹은 '미감리회'라고 불렀다.

Gerhard Appenzeller)와 스크랜톤(William B. Scranton)이 내한하여 선교활동을 하였을 때, 그들의 활동은 의료와 교육사업으로 제한되어 있었으나 조선에서 외국인들이 모이는 사적인 종교집회는 허용되었다. 박대인(Edward W. Poitras)이 지적하듯이 초기 한국감리교회의 예배는 "외국인들 사이에서 시작되어 한국인 구경꾼들이 생겨났고, 점차로 한국인의 회심자가 생기면서 마침내는 자유로운 공공예배를 드리는" 모습으로 발전되었다.[8]

한국 땅에서 감리교 선교사들이 참석하여 드린 최초의 공식적인 주일예배는 1885년 6월 28일에 있었다. 감리교회와 장로교회 선교사들 및 부인들이 함께 모여 드린 이 예배에 관해 장로교회 선교사 알렌(Horace Allen)은 일기에 이렇게 기록해 놓았다. "이날 저녁에 우리들은 최초의 공적인 주일예배를 드렸다. 헤론박사 부부, 스크랜톤 부인과 대부인도 함께 참석했다."[9] **1885년 10월 11일,** 정동예배당에서는 외국인들과 한국인들이 함께 한 한국개신교 최초의 성만찬예배가 드려졌다. 최근에 정동제일교회는 이날을 창립일로 지키고 있다.[10] 이 날 드려진 최초의 성만찬이 있는 예배는 어떤 모습 이었을까? 여기에 대해 아펜젤러는 다음과 같이 기록하고 있다.

> "지난주 일요일, 이 달 11일에 우리는 기도와 간증모임에서 성만찬식을 거행했습니다. 내가 알기로 이것이 개신교에 의해 거행된 최초의 성만찬식 이었습니다. 언더우드 목사와 제가 떡과 포도주를 나누어 주었는데, 참석한 사람은 11명이었습니다."[11]

---

8 Edward W. Poitras, "Ten Thosand Tongues Sing: Worship among Methodists in Korea", *In The Sunday Services of the Methodists: Twentieth- Century Worship in Worldwide*, ed. Karen B. Westergield Tucker(Nashville: Kingswood Books , 1996), 195.
9 주학선, 『한국감리교회 예배』, 15에서 재인용.
10 주학선, 『한국감리교회 예배』, 15. 정동교회는 최근에 성만찬이 함께 있는 주일예배를 드렸던 시점을 교회 역사의 시작으로 인정하고 있다. 여기에 대해서는 본 장, 2)벧엘 예배당과 한국감리교회 최초의 주일예배(1887)에서 밝힐 것이다.
11 아펜젤러가 리드(J. M. Leid)박사에게 보낸 *Letters*, 1885. 10. 13을 참조.

1886년 7월 13일에는 언더우드의 초대를 받은 세 명의 한국인들이 선교사들의 연합예배에 참석하였으며, 7월 18일 주일에는 서울에서 최초로 장로교인이 된 한국인 노 씨에 대한 세례예식이 의사 헤론(J. W. Heron)의 집에서 베풀어졌다. 아직 연합예배를 위한 예배당이 없었을 뿐 아니라 한국인 개종자에게 대한 세례식이었으므로 선교사의 집에서 비밀리에 진행될 수밖에 없었다. 이때 언더우드를 보좌하였던 아펜젤러는 다음과 같이 기록했다.

"지난 주일인 7월 18일 오후에 언더우드 형제가 이 나라 수도에서 개신교 최초의 한국인 개종자인 노 씨에게 세례를 베풀었다. 나는 기쁨으로 이 예식을 보좌했다. 의사인 헤론의 딸 사라 앤(Sarah Ann)도 언더우드에 의해서 세례를 받았다. 세례식은 헤론의사의 집에서 베풀어졌다. 이후에 우리는 언더우드의 집에서 정기적인 예배를 드렸다. 내가 인도할 차례였으므로 사도행전 13:38-41의 말씀을 가지고 짧은 설교를 했다. 우리는 지금 외국인에 의해 예배당을 건립하기 위한 절차를 밟고 있다. 이 교회는 연합으로 세워지게 될 것이다."[12]

1886년 11월 추수감사주일에는 언더우드목사가 '한국기독교사상 최초의 추수감사절 설교'를 했다. 그 이듬해 2월 말에는 50여명이 모여 예배실이 꽉 찰 정도로 성장하였다. 1887년 12월 25일 (주일)에도 교회는 만원이었다.[13] 아펜젤러의 기록을 보면 그는 외국인 예배에 한국인들이 관심을 가지는 것에 대해 큰 기대와 기쁨을 가지고 있었음을 알 수 있

---

12 Henry Gerhard Appenzeller, *Diary in Henry Gerhard Appenzeller Papers*, Compiled by Paul A. Byrnes(New York: The Union Theological Seminary Library Archives, Missionary Reserch Library Collections, 1977), 1886. 7. 24. 이하 아펜젤러 일기는 *Diary* 로 표기한다. 한국어로 번역된 아펜젤러 일기에 관해서는 노종해역, 『자유와 빛을 주소서』(서울: 대한기독교서회, 1988); 이만열, 『아펜젤러-한국에 온 첫 선교사』(서울: 연세대학교 출판부, 1985)가 있다.
13 이만열, "아펜젤러의 초기 선교활동과 한국감리교회'의 설립", 『한국기독교와 역사』 8 (서울: 한국기독교역사연구소, 1998), 43.

다. 그는 "지난 주일에는 언더우드 형제가 설교할 차례였는데 일본에 가 있는 바람에 내가 그의 자리를 대신했다. 한국인들이 우리예배에 많은 관심을 가지고 있는 것이 참으로 기쁘다."[14] 고 기록하고 있다.

아펜젤러는 한국인 선교에 앞서서 일본인들에 대한 선교를 강화했다. 1887년 4월 10일 부활주일에는 일본 영사관의 무관 수기바시 고이치로(Sugibashi Koichiro)씨가 세례를 받았다. 이 또한 꾸준히 계속된 성경공부와 아펜젤러의 설득의 결과였다.[15] 아펜젤러가 이렇게 한 것은 한국인 예배공동체를 세우고자 하려는 선교전략적인 측면이 없지 않다. 몇 개월 후인 1887년 7월 24일 주일에 아펜젤러는 첫 번째 한국인 회심자인 박중상에게 감격적인 세례를 베풀었다.[16]

2) 벧엘 예배당과 한국감리교회 최초의 주일예배(1887)

1887년 10월 2일 주일 저녁, 아펜젤러는 그의 거실에서 배재학당 학생인 한용경에게 한국인으로서는 두 번째로 세례를 베풀었다. 한용경은 약 8개월의 수련기간을 가진 후에 세례를 받았다.[17] 주목되는 것은 "나는 언문(Unmun)으로 번역된 세례예식서를 가졌으며, 한국말로 그에게 세례를 베풀었다."는 아펜젤러의 증언이다.[18] 아펜젤러는 이 해 3월에 이미 한국어로 된 교리문답서를 처음으로 반포해 갖고 있었다고 증언한다.[19]

그러니까 그는 '한글'로 번역된 세례예식서에 의해 '한국어'로 세례를 베풀었던 것이다. 이때 사용한 예식서는 과연 무엇이었는지는 정확

---

14 *Diary*. 1887. 3. 1.
15 *Diary*. 1887. 4. 11.
16 *Diary*. 1887. 7. 24.
17 *Diary*. 1887. 2. 21. 이 날 일기에 보면, "학생 중에 한명이 진리를 찾고 있는데, 그 이름은 '한용경'이다. 그는 작년 가을에 한문성경을 본 이후로 관심을 갖게 되었다고 하며, 지난주와 지지난주 일요일 저녁에 어둠이 짙든 후 빛을 찾아서 내게로 왔다. 나는 그와 다른 사람에게 하루 속히 빛이 오기를 기도했다."라고 되어 있다.
18 *Diary*. 1887. 10. 11.
19 *Diary*. 1887. 3. 13. 원문은 "*I for the first time gave our Catechisms*" 로 되어 있다.

하게 확인하긴 어렵지만, 『미이미회강례』의 중국어판 『美以美會鋼例』(1880)를 일부분 한글로 번역하여 사용하였거나, 연도는 정확히 알 수 없으나(1884년 것으로 추정) 미감리회 『장정』(DDMEC)에 나오는 예문에서 세례편을 한글로 번역해서 사용했을 가능성이 있다고 추측할 수 있다.[20]

중요한 것은 예식서를 활용하고 있다는 점은 초기부터 예전을 중시였다는 것이다. 당시 예배가 무질서하게 드려지지 않고, 고정된 예식서를 가지고 있었다는 것은 한국교회 예배에 있어 대단히 중요한 의미를 갖는다. 1887년 9월 미감리회는 서울 정동에 작은 집 한 채를 구입하고 "벧엘 채플"(Bethel Chapel)이라고 불렀다.[21] 이 벧엘 채플에서 한국감리교회의 최초의 주일예배가 있었다. **1887년 10월 9일**, 주일 오후에 벧엘 채플에서 드리게 되었다. 아펜젤러가 그의 일기에서 '감리교 선교부에 의해 열린 최초의 종교집회'라고 쓴 이 모임이야 말로 감리교 최초의 한국인 공중예배였다.[22] 벧엘에서의 이 첫 예배는 정동제일감리교회의 첫 예배인 동시에 한국감리교회의 첫 예배가 된 셈이고, 이를 계기로 정동제일교회는 그동안 10월 9일을 교회 창립일로 정하여 지켰었다.[23] 이 역사적인 사건에 대해 아펜젤러는 그의 일기에서 이렇게 적고 있다.

"10월 9일, 주일, 나는 벧엘에서 오후예배를 시작했다. 벧엘은 우리가 성서활동을 위해 사들인 집이다. 지난주에 만주 목단의 존 로스 목사가 이곳을 방문했는데 두 명의 한국인 기독교인과 같이 왔다. 그중의 한명은 학교 학생이고, 도 한명은 지금껏 만나 본 한국인 중에 가장 좋은 사람이라고 하

---

20 이러한 추측이 가능한 것은 시기적으로 볼 때, 한국 최초의 성례집으로 알려진 『미이미교회강례』는 1890년에 아펜젤러에 의해 한글로 출판되었고, 『세례문답』는 1895년에 스크랜톤에 의해 한글로 출판되었기 때문이다.
21 아펜젤러, *Annual Report of the Missionary Society of the Methodist Episcopal Church*, 『연례보고서』(1887), 314.
22 이만열, "아펜젤러의 초기 선교활동과 '한국감리교회'의 설립", 57.
23 유동식, 『한국감리교회의 역사 I』(서울: 도서출판 kmc, 2005), 73;. 유동식, 『정동제일교회의 역사 1885-1990』, 51.

며 나에게 추천했다. 나는 그를 두 번째 권서인으로 채용했다. 예배에는 네 명의 한국인이 있었는데 두 명의 권서인과 강씨 그리고 진리를 믿고 추구하는 최씨의 부인이었다. 우리는 8평방 피트의 방에 모여 한국식으로 앉았고, 내가 영어로 기도하고 우리는 마가복음 1장부터 읽었다. 장씨가 기도함으로써 폐회했다. 집회는 우리들에게 깊은 감명을 주었다. 나는 이것이 하나님의 뜻을 이루는데 한 위대한 센터가 되기를 하나님께 간절히 기도한다. 이제 우리는 서울에 일곱명의 감리교인과 원입인을 가지게 되었다. 여기에는 두 명의 일본인들이 포함되어 있다. 이밖에도 구도자들이 있다."[24]

그 다음 주일인 10월 16일에는 벧엘 예배당에서의 여성으로는 첫 세례식, 그리고 첫 성만찬식이 거행했던 사실을 보고하고 있다. 그는 이 사건들에 대해 그의 일기에서 다음과 같이 적고 있다.

"10월 16일, 일요일에 28세의 젊은 부인인 최씨의 아내에게 세례를 주었다. 그는 물음에 명확하게 대답하였다. 아마 그는 이 땅에서 개신교 선교사에게서 세례를 받은 최초의 여성일 것이다. 우리 감리교가 안방에까지 진출하게 된 것이 기쁘다. 하나님의 말씀을 받은 영성들이 또 있다. 이 첫 열매들을 축복하소서. 한주일 후, 10월 23일 주일에 한국감리교 최초의 성만찬을 거행했다. 감리교의 예식서를 사용하였으며, 이것 역시 한국감리교회의 요람인 벧엘 같은 방에서 열렸다. 최씨, 장씨, 강씨, 한씨, 그리고 최씨 부인이 참석했고, 박씨는 출타중이어서 없었다. 모두 진지하게 참여했다. 이 백성에게 생명의 떡을 떼어 주다니 이 얼마나 큰 특권인가, 우리의 가슴이 감사함으로 넘치게 하소서"[25]

그의 일기에 의하면 여기에서도 "우리는 감리교회 예식서를 사용하

---

24 *Diary*. 1887. 10. 11.
25 *Diary*. 1887. 10. 31.

였으며"라는 구절이 나온다. 위의 기록으로 보아 아펜젤러가 어떤 예식서를 사용했는지 분명하게 알 수는 없다. 이에 대해 박해정은 한국감리교회에서 처음으로 사용된 이 예식서는 중국어로 번역된 예식서였으며, 성만찬에 참여한 한국인들은 이 예식서대로 성만찬에 참여한 것이라고 말한다. 그 증거로 아펜젤러의 글 "한국"이라는 소책자를 인용한다.[26] 그 내용은 다음과 같다.

> "다음 주일인 23일에 스크랜톤 박사의 도움으로 아펜젤러는 한국인들과 성만찬 예배를 처음으로 드렸다. 5명의 한국인이 이 예배에 참여 하였다. 이때 중국인들을 위해서 만들어진 번역본 예식서를 사용하였고, 참여한 사람들은 신실하게 참여하였다."[27]

그렇다면 이 때 사용한 중국어로 된 성만찬예식서는 무엇일까? 1887년 10월에 한국말로 번역된 예식서가 없었다면 이때 사용한 것은 1890년 이전의 번역본이라야 할 텐데, 이때 사용한 성만찬예식서는 1880년 중국어판 『美以美會鋼例』가 확실하다고 본다.[28] 이 책은 아펜젤러가 1890년에 번역한 『미이미교회강례』(1890)보다 이전 것이다. 이 중국어판 『美以美會鋼例』(1880)는 감리교회 역사학자 윤춘병에 의해 가장 최근에 입수된 것으로서 당시 감리교회의 중국 선교 본부였던 복건성(福建省)의 복주(福州)에서 선교활동을 하던 맥클레이에 의해 번역된 것으로 추정하고 있다.[29] 그리고 이 중국어판은 그 서문에서 밝히고 있듯이

---

[26] 박해정, "초기 한국 감리교 선교사들의 성만찬 이해", 한국실천신학회, 「신학과 실천」제8호 (2005): 134-135.
[27] Henry Appenzeller, *Korea*. 아펜젤러는 안식년이었던 1892년부터 1893년 사이에 미감리교회 필라델피아 연회에서 보고한 내용을 책자로 만들었다.
[28] 중국어판 『美以美會鋼例』는 1876년 미감리회 총회결의에 따라 중국 복주(福州)의 미화서국(美華書局)에서 발행한 것이다. 『美以美會鋼例』(1880), 3-4.
[29] 윤춘병, 『한국선교의 문을 연 맥클레이 박사의 생애와 사업』(서울: 한국기독교문화원, 1984), 46. 여기에 맥클레이의 번역서 『감리교회 조례』(1908) 역시 『美以美會鋼例』와 동일문서로 판단된다.

미감리교회『장정』(DDMEC)을 번역하도록 1876년 총회의 결의로 이루어진 것이다.[30] 따라서 이때 번역하게 된 미감리회『장정』영문판은 1876년 이전의 것임을 알 수 있다.[31] 아펜젤러가 한글판 사용 이전에 한국인들과 함께 사용한 예식서임에 틀림없다고 본다.

이러한 사실은 볼 때 확인 할 수 있는 것은, 선교초기 아펜젤러가 이미 한국에 들어올 때, 당시에 미국감리교회에서 사용하던 감리교『교리와 장정』(Discipline)과 성만찬 관련 자료들을 가지고 입국하였고, 당시 한국 장로교회도 감리교 예식서를 사용했을 가능성이 높다고 볼 수 있다.

당시 한국인들은 주로 중국어판『美以美會鋼例』(1880)을 사용하게 되었고, 이후 아펜젤러에 의해 한글판『미이미교회강례』(1890)을 발간하였다는 것이다. 그리고 이 예식서는 한국감리교회가 발간하였지만, 초기 장로교회에서도 활용할 가능성이 높다는 사실이다.[32] 왜냐하면 당시는 장로교회와 감리교회가 함께 예배를 드리기도 하였고, 감리교회가 처음부터 출판사를 운영하였기 때문에 감리교회가 아닌 타 교단과 교회는 감리교회 출판사에서 발행한 문헌을 사용했을 가능성이 높다고 보기 때문이다. 그리고 아펜젤러는 귀국 당시에 성만찬기 일체를 가지고 입국하였으며, 이는 당시 콕스베리 출판사에서 판매하던 성만찬기로서 이는 회중 전체가 사용할 수 있는 동잔, 접시, 주전자, 그리고 이를 담는 케이스였다.[33]

벧엘 예배당에서의 첫 번째 예배[34]는 한국감리교회의 최초의 교회인 정동제일교회의 시작이었으며, 정동교회는 항상 "제일교회"라고 불렀

---

[30]『美以美會鋼例』(1880), 안표지 참조.
[31] 미감리회는 1792년 연회 이후 차후 4년마다 열리는 총회에서『장정』을 발간하였다.
[32] 박해정, "초기 한국 감리교 선교사들의 성만찬 이해", 133을 참조
[33] 박해정, "초기 한국 감리교 선교사들의 성만찬 이해", "초기한국감리교회 성만찬 양상들: 1885-1935", 감리교신학대학출판부,『신학세계』vol. 54(2005): 307.
[34] 벧엘예배당에서 일어난 최초의 일들을 다음과 같다. 최초의 한국감리교인 예배일은 1887년 10월 9일, 최초의 한국감리교회 여성세례는 1887년 10월 16일, 한국감리교회 최초의 성만찬 예식은 1887년 10월 23일, 아펜젤러가 한국인들에게 최초로 공식적으로 설교-1887년 12월 25일, 최초로 한국어로 설교한 일-1887년 12월 25일 등.

다. 여기서 새롭게 발견하는 중요한 사실이 있다. 그것은 정동제일교회의 예배당 명칭과 창립일에 관한 것이다. 흔히 벧엘 예배당이라고 알려진 첫 예배당은 그 시작이 아펜젤러의 개인집으로 1885년 7월 19일 구입하여 시작한 '정동예배처'라는 것이었다. 그 후 서울 중심부에 성경공부를 위해 그리고 성경공부에 참석한 학생들을 위해 쓸 수 있는 집한 채를 사도록 결의하여 1887년 9월에 구입하게 된 것이 바로 '벧엘 예배당'이라는 사실이다.[35] 그리고 창립일에 관해서도 최근 정동제일교회에서 발간한 자료집,『하늘 사명의 전당, 벧엘 예배당-정동제일교회 문화재 수리보고서』에 따르면, 그동안 정동제일교회의 창립 일을 한국감리교회 최초의 예배가 드려진 1887년 10월 9일로 지킨 적이 있었다. 그러나 건물로서의 예배당의 역사라기보다는 예수 그리스도의 살과 피를 나누는 성례전의 선포가 더 중요하다는 의미를 받아들여, 지금은 첫 번 개신교 성만찬예배가 거행된 1885년 10월 11일을 교회창립일로 지키고 있다는 것이다.[36]

따라서, 정동제일교회의 창립일의 의미를 벧엘 예배당에서 드린 첫 주일 예배로 보는 시간과 공간으로서의 창립일이 아니라, 말씀과 성례전이 선포되는 기념비적인 사건에 의미를 두는 해석을 해야 할 것이다.[37] 주의 말씀과 함께 성만찬이 거행되는 모습이 기독교 예배요, 그 곳이 바로 교회라는 것이다.

벧엘 예배당에서 일어난 또 하나의 중요한 사건은 예배 형식을 갖춘 최초의 성탄절 예배(1887)를 드렸다는 점이다.[38] 1887년 12월 25일 성탄

---

35 벧엘예배당 발전위원회,『하늘 사명의 전당, 벧엘예배당-정동제일교회 문화재수리보고서』, (서울: 정동제일교회, 2002), 21. 이하『하늘』로 표기.
36 벧엘예배당 발전위원회,『하늘』, 21.
37 현재, 정동제일교회의 창립일을 10월 9일로 보고 있는 자료로는, 유동식,『한국감리교회의 역사 I』, (서울: 도서출판 kmc, 2005), 73; 유동식,『정동제일교회의 역사』, 1885-1990』, 51; 이만열, "아펜젤러의 초기 선교활동과 '한국감리교회'의 설립", 57; 주학선,『한국감리교회 예배』, 26. 등이 있다. 이것은『하늘』이 발간된 2002년 이전의 문헌을 따랐기 때문이다.
38 유동식,『한국감리교회의 역사1』, 76.

절 주일 오후 2시에 아펜젤러가 처음으로 한국말로 설교를 한 또 하나의 역사를 만들었다. 그는 이날 사건에 대해 "나는 이것이 한국에서 있는 감리교회 최초의 설교라고 확신하며, 아마 개신교 선교사에 의한 최초의 공식 설교가 아닌가 한다."고 기록했다.[39] 이 날의 예배순서는 다음과 같다. 성례(세례, 김명옥)-찬송-기도(한글로, 스크랜톤)-성경낭독2 -설교("이름을 예수라 하라", 마1:21, 아펜젤러)-주의 기도-찬송-축도로 되어 있다. 예배의 기본요소는 하나님의 말씀, 성례전(세례와 성만찬), 기도, 교제, 찬양을 들 수 있는데[40] 아펜젤러가 공식적으로 한국어로 된 최초의 공중 주일예배는 이 같은 요소가 들어있다. 하지만 그 순서나 해설은 간소하게 되어 있다.

그렇다면 이러한 아펜젤러의 주일예배는 과연 어떤 예배형식과 전통을 가지고 드렸는지 확인할 필요가 있다. 필자는 아펜젤러가 미국감리교회의 예배예식서 전통을 소개했다고 판단한다. 1884년과 1888년 미감리회의 『장정』(DDMEC)을 살펴보면, 이 당시 한국감리교회 예배에 대한 중요한 정보를 얻을 수 있기 때문이다. 즉, 아펜젤러는 당시 한국에서 주일예배를 시행함에 있어 미국감리교회 『장정』(Discipline)에 나타난 주일예배를 가지고 드렸던 것으로 볼 수 있다. 아펜젤러가 가지고 들어와 사용하던 당시 미국감리교회의 『장정』에 해당하는 것으로는 1884년과 1888년 『장정』(Discipline)이라 볼 수 있는데 여기에 나타난 주일예배 순서를 살펴보면 다음과 같다.

첫째, 1884년 『장정』(Discipline)에 나타난 주일예배 순서를 간략하게 정리해 보면 다음과 같다. 찬양-기도-구약낭독-신약낭독-설교-주의기도-영광송(Doxology)-축도로 되어 있다.[41] 이것을 보면 아펜젤러가 드렸던 성탄주일예배와 거의 유사함을 알 수 있다. 다만 주의 기도

---

[39] *Diary*, 1887. 12. 25.
[40] 박은규, 『21세기의 예배』, 64-81을 참조.
[41] DDMEC(1884), Part Ⅰ -ChapterⅢ. *Means of Grace* "Public Worship", 40-41.

후에 찬송을 부른 반면, 1884년『장정』(Discipline)에서는 영광송을 부르도록 되어있다. 순서는 극히 단순하고 간략함을 보여주고 있다. 그리고 예배지침으로는 예배를 참여하는 사람은 열정적으로 찬양과 기도, 성경낭독과 주의 기도를 실행하라고 되어 있고, 성례를 행할 때에는 반드시 예전적 형식을 취하라고 하고 있다.

둘째, 1888년『장정』(Discipline)에 나타난 주일예배 순서를 간략하게 정리해 보면 다음과 같다. 찬양(회중 일어서서)-기도-주의 기도-구약낭독-신약낭독(교독으로 가함)-사도신경-찬송(회중 앉음)-설교-축복기도-영광송(혹은 찬송)-축도로 되어 있다.[42] 이 순서는 1884년 예배순서와 거의 유사하지만, 성경낭독 전에 주의 기도를 드리게 하였고, 설교 후 기도와 사도신경이 첨가되어 있다. 그리고 설교 후 영광송이나 찬송을 하도록 했다. 1888년 예배는 1884년 보다 좀 더 첨가된 예배순서를 갖추었다고 볼 수 있다. 그리고 예배지침으로는 첫째, 오후예배나 저녁예배는 각 성경낭독을 생략해도 좋으며, 이외에는 동일한 순서를 따른다. 둘째, 성례전이 있는 예배에서는 앞의 순서의 요소들을 베풀면서 찬양, 기도, 축도를 제외하고는 생략될 수 있다. 셋째, 성례를 베푸는데 있어 죽으심에 대해서 우리는 반드시 예전적 형식을 사용해야 한다. 넷째, 회중들이 하나님께 공중예배를 참여하기 위해서는 열정적이어야 하며, 찬양과 기도, 그 다음에 무릎을 꿇는 겸허한 태도로 성경을 봉독하고, 주의 기도를 암송하는 것으로 한다. 다섯째, 안식일에 예배를 드리는 곳이 어디든지 간에 이같은 형식을 취할 것을 권고하고 있다.

이 두 가지 주일예배를 정리하자면, 아펜젤러는 1884년『장정』(Discipline)에 나오는 예배지침을 충실하게 따르고 있다는 것을 알 수 있다. 그 중에 1884년『장정』(Discipline) 55조는 예배의 중요한 네 가지 요소로, 찬양, 기도, 성경낭독, 그리고 설교를 제시하였다. 그런데 1887

---

[42] DDMEC(1888), 38-39.

년 성탄절 예배에서 이 네 가지 요소를 모두발견 할 수 있다. 한국감리교회는 선교초기부터 『장정』에 제시된 예배에 관한 지침을 충실하게 따름으로 공동예배의 통일성을 확립하였다. 벧엘에서의 최초의 예배는 간단하고, 비형식적인 예배로 출발한 것 같지만, 아펜젤러는 1887년 한국감리교회 주일예배시에 『장정』에 따른 성례와 형식을 갖춘 예배로 발전시키고 있는 것이다.[43] 그리고 절기 때 성례를 베푸는 모습이 나타나고 있는데, 이는 오늘의 절기예배에서도 흔히 취하는 형태로서 초기 예배전통인 것으로 추정된다.

살펴본 바에 따르면, 한국교회 예배가 소개될 때 처음부터 설교중심 예배, 혹은 집회중심의 예배형태를 취하고 있어서 예전적 예배를 드리지 않았을 것이라는 일부 평가는 재고되어야 할 부분이 있다. 한국감리교회는 초기에 오히려 성례가 거행되는 예배와 회중의 참여가 역동적인 예배, 절기 강조, 예식서나 예문 등을 가짐으로서 상당히 예전적 예배를 지향하고 있었음을 주목해야 할 것이다. 선교사들이 초기에 소개한 예배는 성례전 없는 예배를 소개하지 않았던 것이다. 한국감리교회가 세례와 성만찬 시행이 없는 집회중심식 예배 혹은 말씀중심 예배로 흘러간 것은 선교의 시초부터라기보다는 시간이 지난 얼마 후부터 성만찬을 자주 시행할 수 없었던 한국선교내의 당시 사정이 있었기 때문이다. 이에 대해 박해정은 다음과 같이 설명한다. "한국 초기감리교회에서 성만찬은 연회와 계삭회 등에서는 정기적으로 행하여졌다. 하지만, 지역교회에서는 성만찬을 매달, 혹은 적어도 분기별과 같이 정기적으로 행해지지는 못했다. 이는 정회원목사의 수가 절대적으로 부족했기 때문으로 성만찬 집례가 어려웠다. 또한 성만찬 이해에 대한 한국교회의 이해부족 역시 성만찬을 소홀히 하는데 일조하였다."[44]

즉, 처음부터 성만찬예배가 없었던 것이 아니라, 선교가 본격화되면

---

43 주학선, 『한국감리교회 예배』, 29.
44 박해정, "초기한국감리교회 성만찬 양상들: 1885-1935", 321.

서 교인수가 증가하고 선교사와 한국인 정회원 목사가 부족한 탓에 성만찬이 소홀하게 되었다는 것이다. 이같이 정회원 목사가 부족한 것에는 선교사들이 한국인 목사를 신속히 임명하지 못한 탓도 기인한다고 판단할 수 있다.

지금까지 살펴본 벧엘예배당에서의 주일예배와 아펜젤러 당시 한국 최초의 주일예배를 다음과 같이 정리해 볼 수 있을 것이다.

초기 선교사들이 드린 주일예배의 형태는 주로 장, 감선교사들이 연합하여 예배를 드린 형태였다. 영어로 드려졌을 연합예배는 주로 기도와 간증모임, 그리고 성만찬 예배도 드려졌고, 세례를 거행하였다. 선교사들은 정기적인 예배를 드렸다고 보고하고 있으며, 이들의 예배를 구경하던 한국인들이 점차 관심을 갖게 되었다.

벧엘에서 드려진 최초의 한국감리교회 주일예배에서 몇 가지 중요한 점을 발견할 수 있다.

첫째, 벧엘 예배당의 창립주일로부터, 말씀과 성례의 시행이 이루어지고 있으며 예식서가 사용되고 있음은 예배의 본질을 잘 이해하는 출발점이었다고 볼 수 있다. 그리고 일반적으로 세례식이 거행된 이후에 성만찬 예식이 뒤따랐다. 이는 초기 한국감리교회의 성만찬은 세례예식과 밀접한 관계를 갖고 행해졌음을 뜻한다.[45] 물론 세례와 성만찬이 함께 있는 주일예배가 매주 이루어지긴 어려운 상황이었을 것이다. 하지만 초기 한국감리교회의 예배의 대세는 집회중심(혹은 설교중심)의 예배였을 것이라고만 단정하는 주장은 수용하기 어렵다. 성례를 중심으로하는 예전적 예배 성격을 지니고 있었음을 보게 하는 중요한 사료가 충분히 반영되고 있기 때문이다.

둘째, 아펜젤러가 주일예배 때와 성례전(세례와 성만찬)을 행할 시

---

[45] 박해정, "초기한국감리교회 성만찬 양상들: 1885-1935", 318.

에 감리교 예식서를 사용했다는 점이다. 이로 보아 한국감리교회는 아펜젤러 시기에는 성례에 대한 분명한 인식이 있었고, 실제 예전을 갖춘 예배를 드리고자 했던 흔적이 존재했다는 사실이다. 아펜젤러는 완벽하지는 않지만 웨슬리의 예배유산과 미감리교회의 예배전통이 잘 정착되어 갔기를 희망했다고 말할 수 있다. 물론 지적하고 싶은 것은 이 당시에 예배형식과 요소가 단순하고, 간략했던 것은 영혼을 구원하는데 초점을 맞춘 것이라서 그랬을 것이다.[46] 따라서 1900년대를 지나면서 한국감리교회가 점차 성례에 소홀하게 되어가는 상황은 원래의 뜻이 아니었다고 본다.

셋째, 한국인 참여와 한국어 예배가 차츰 정착되어 가고 있다는 사실이다.

2. 한국인들과 함께 드려진 주일예배(1890-1910)

그렇다면, 아펜젤러를 비롯한 선교사들이 소개한 한국감리교회의 주일예배는 어떻게 발전되어 갔을까? 그리고 시간이 지나면서 예배는 어떤 영향을 주었으며, 어떤 변화와 갱신을 가져왔는지 살펴볼 차례가 되었다.

이 당시의 주일예배 형식과 내용 그리고 특성을 파악하려면, 당시 사용되었던 예배예식서와 감리교회에서 발행되었던 자료들을 찾아서 살펴보면 될 것이다. 이 시기에 해당되는 주요 자료로는 『교리와 장정』에 해당하는 『미이미교회강례』(1890), 『쥬일례비경』(1895), 『미감리회 대강령과 규측』(1910)이 있고, 당시의 신학잡지라 할 수 있는 『죠선그리스도

---

[46] 당시의 주일예배 순서를 보면 분명 웨슬리의 예배의 전형적인 모습을 보여주고 있지는 않다. 그리고 미감리회 예배 역시, 웨슬리 예배가 제대로 정착되지 않았던 초기 미국감리교회 예배 모습을 반영하고 있다고 보여 진다. 하지만 이 당시 예배순서가 단순했다고 해서 무조건 집회형식(말씀중심)의 예배이거나 부흥운동의 영향하의 비예전적 예배라고 단정하는 것은 평가절하한 분석이라 본다.

인회보』(1898)⁴⁷에 소개된 주일예배⁴⁸,『신학월보』⁴⁹와 찬송가인『찬미가』(1905)안에 있는 주일예배에 관한 문헌을 들 수 있다.⁵⁰

이 시기 주일예배의 특징 중에 대표적인 것은 한국어로 된 주일예배 예식서와 예문 등이 선교사들에 의해 왕성하게 번역되고 출판되어 한국교회에 소개되었다. 한국감리교회 교인들은 이러한 귀중한 예배예전 전통을 가지고 선교사들과 함께 주일예배를 드렸다.⁵¹

앞에서 언급하였듯이 최근 들어 초기 한국교회 예배에 관련한 글이나 연구가 활발히 진행됨에 따라 이미 성례전 부분은 밝혀진 것이 상당

---

47 이 회보는 주간지 형식으로 발간되었으며, 3가지 이름으로 발전하며 발간하게 되었다 처음단계는『죠션크리스도인회보』라는 명칭으로 1897년 2월 2일부터 같은 해 12월 1일 통권 제44호까지 발행하였는데, 발행인은 아펜젤러였다. 그러다가 국호가 바꾸어지자『대한크리스도인회보』로 게재하여 1905년 6얼 24일까지 발행하였던 선교초기에 속하는 신문이다. 세 번째 단계는,『그리스도회보』로서 한국의 남북감리교회가 연합하여 1911년 1월 31일부터 1915년 2월 28일 동안 제43호로 종간하기까지 남감리교회 W. G. 크람선교사가 사장이 되어 펴낸 것이었다. 그 내용에 있어서는 아펜젤러의『죠션크리스도인회보』와 맥을 같이 하는 귀중한 신문이다. 한국감리교회사학회에서는 1986년 9월 이 세 가지 문헌들을 3권의 영인본으로 모아 발간하였다. 이 자료는 현존하는 초기 남북 감리교회 선교사들의 선교상황과 한국의 초대교회의 생생한 모습을 볼 수 있는 희귀본에 속한 귀중한 문헌들이다. 여기에 관하여 한국감리교회사학회,『죠션크리스도인회보1, 2』;『그리스도회보』(1986) "간행사"를 참조.

48 여기에 나온 주일예배순서는『대한크리스도인 회보』(1898) 1. 12(수) 일자에 '례빗례식' 이라는 제목으로 나타나는데, 그 순서는 다음과 같다. 1. 풍류소리 2. 찬미홈 3. 수도신경을 외옴(이후 쥬의 긔도) 4. 긔도홈 5. 셩가홈 6.구약 몃귀졀 닑으옴(시편 화답) 7. 영광경 8. 신약 몃귀졀 닑으옴 9. 수젼과 고시홈 10. 찬미홈 11. 젼도홈 12. 긔도홈 13. 찬미홈 14. 수도츅문. 이 순서는 미감리교회의 DDMEC (1896) 에 실린 공예배순서를 그대로 따른 것이다. 1888년 DDMEC에서는 공공예배 순서를 9가지로 명시했었는데, 1896년 DDMEC 부터는 14개로 늘어났다. 새롭게 들어간 순서를 보면, 전주, 사도신경, 셩가, 송영 그리고 구약과 신약낭독이 따로 분리된 것이다.

49『신학월보』에 나타난 예배에 대한 자료로는 1900년 12월호에 "쥬일직힘"이라는 글과 "탄일경축 례식"이라는 예배의식이 수록되어 있다. "쥬일직힘"에는 이 당시 교회의 교인들이 주일예배를 어떻게 지키고 있는지 잘 보여주고 있다.『신학월보』1909년 제7권 제1호의 "예배당의 교측"과 제7권 45호의 "례배당규측"에도 주일예배 순서는 소개되어 있지 않지만 당시 주일예배를 위한 안내와 지침을 담고 있다.

50『찬미가』(1905)에 실린 주일예배순서는 1904년에 발행된 미감리회의 DDMEC (1904)에 있는 주일예배의 순서를 옮긴 것이다. 그 순서를 살펴보면 다음과 같다. 1. 풍류로 노래홈 2. 교우들이 서서 찬미가 3. 수도신경 4. 긔도(업드려) 후 다 굿치 쥬의긔도 5. 성가나 풍류로 노래홈 6. 구약낭독(교우들이 목수와 홈 께 번추례로) 7. 성부성조성신께 찬숑홈 (찬미가 182) 8. 신약낭독 9. 광고호고 슈젼 10. 찬미가로 노래 11. 젼도홈 12. 긔도홈 13. 셔서찬미가를 부름 14. 데일찬미가 후 목사가 츅도홈.『찬미가』는 183곡의 찬송가를 모아 개정 출판한 것이었다. 여기에 실린 예배순서는 한국감리교회의 공인된 찬송가에 실린 공식적인 것으로 초기 한국감리교회 예배에 통일성과 전통을 세우는데 중요한 역할을 하였다.

51 주학선,『한국감리교회 예배』, 124-125.

히 많다. 그러나 주일예배의 형성과정에 관한 전반적인 내용을 밝힌 것은 흔하지 않다. 따라서 여기에서는 주일예배예식서에 관한 부분으로 제한하여 1890년대부터 1910년까지의 주요 문헌들에 나타난 주일예배 예식서를 살펴보고자 한다. 이 시기에 고찰 해 할 주요 문헌으로는 『미이미교회강례』(1890), 『쥬일례배경』(1895), 『미감리회대강령과 규측』(1910)을 들 수 있다.

1) 『미이미교회 강례』(1890)

초기 한국감리교회의 예배예식문들은 아펜젤러의 자료에 따르면 거의 미국감리교회의 것들을 소개하여 사용하였음을 알 수 있었다. 그 증거로 삼을 수 있는 문헌이 바로 지금까지 한국개신교 최초의 예배문헌으로 밝혀진 『미이미(美以美)교회강례』이다.[52] 미감리교회 선교부에 의해 1890년에 순 한글 국한 52쪽으로 출판된 『미이미교회강례』[53]는 아펜젤러가 선교사역에 필요성을 느껴 번역한 것으로 개인적인 번역이긴 하나 한국어 최초의 『장정』혹은 『예문집』으로 한국어 발행 최초의 예전서(禮典書)의 하나이기도 하다.

『강례』는 그 내용의 상당부분이 세례와 성만찬에 관해 수록하고 있어서 필자는 『미이미교회 성례예전서』라 표현하는 것도 가능하다고 본다. 그런데 이 책이 과연 아펜젤러가 어떤 책을 번역한 것인지에 대해서는 몇 가지 논란이 있다. 허도화는 "미감리교회의 1888년의 *Discipline*을

---

[52] 미이미교회라는 이름은 1847년 10월에 중국 푸저우(福州)지역의 선교사로 같던 맥클레이(R. S. Maclay)가 미국감리교감독교회 (Methodist Episcopal Church)를 "미이미교회"로 번역하면서 처음 사용하기 시작했다. 그 후 맥클레이의 지휘 아래에서 한국의 선교사로 파송을 받았던 아펜젤러와 스크랜톤이 한국에서도 이 명칭을 그대로 사용함으로서 흔히 북감리교회로 알려진 감리교감독교회(Methodist Episcopal Church)의 한국선교 초기의 공식명칭으로 사용이었다. 그러다가 미이미교회라는 명칭은 1906년에 "감리교회"라는 명칭으로 바뀌었다. 이 "감리교회"라는 명칭은 원래 남감리교회가 처음부터 사용하던 이름이었다. 여기에 관해서는 윤춘병, 『한국감리교회성장사』, 185. J. S. Ryang, *Southern Methodism in Korea, Thirtieth Anniversary* (Seoul: Board of Mission Korea Annual Conference, Methodist Episcopal Church, 1929), 23.

[53] 이하 『강례』로 표기하기로 하며 필요에 따라 『미이미교회강례』라는 용어를 사용하기로 한다.

부분적으로 번역한 것이다."라고 주장하고[54], 김경진도 『강례』가 1890년에 발행되었으므로 미감리교회의 1888년의 *Discipline*의 번역이라고 보고 있다.[55] 주학선은 미감리교회의 *Dicsipline*의 일부분을 번역한 것으로 보면서, 『강례』중에서 '대강'과 '총례'는 미감리교회의 1884년의 *Discipline*에서 번역한 반면, '예문'은 1884년에 나온 미감리교회에서 발행한 『감리교 찬송가』(Hymnal of the Methodist Episcopal Church)에 실린 예문을 번역한 것이라고 주장한다.[56] 그런데 내용에 있어서는 1884년과 1888년의 *Discipline*이나 『감리교찬송가』에 실린 '예문'이나 '총례'가 동일하다. 따라서 아펜젤러가 번역으로 사용한 책은 1884년 발행한 *Discipline*과 『감리교회찬송가』를 사용했을 가능성이 높다는 주학선의 주장에 일리가 있다. 왜냐하면, 아펜젤러가 한국 땅에 도착할 때가, 1885년 4월 15일인 점을 감안하고, 아펜젤러가 『감리교회찬송가』에 나온 예문을 사용했다는 점을 고려하면 번역한 자료는 1888년 이전 것일 가능성이 높기 때문이다. 그리고 아직 한글과 한문에 익숙하지 않았을 선교사들은 영문판 미감리회 『장정』을 사용했을 것이다.

그런데 가장 최근에 밝혀진 사실이 있다. 그것은 앞서 아펜젤러가 일기에서 소개하고 있듯이 한국인이 참여한 성만찬 예식에서 중국어 예식서를 가지고 집례했다는 근거와 한국인들이 함께 드릴 수 있는 예식서를 사용했다[57]는 단서로 보아 이때 사용한 것은 중국어판 『美以美會鋼例』일 것이다. 결국 번역한 한글판 『강례』(1890년)는 영문판 『장정』에 나온 예문보다 1880년 중국어판 『美以美會鋼例』를 더 많이 의존하여 번역했을 것이라는 추론이 나온다는 것이다.[58] 그렇다면 『강례』(1890)가

---

54 허도화, 『한국교회예배사』, 66.
55 Kyeong Jin Kim, "*The Formation of Presbyterian Worship*" Th.D.Diss. Boston University School of Theology, 1999, 60.
56 이렇게 주장하는 이유에 대해서는 주학선, 『한국감리교회 예배』, 127.
57 박해정, "초기 한국감리교 선교사들의 성만찬 이해: 19세기 미국감리교회 전통으로부터", 135; 아펜젤러, *Dariy* , 1887. 10. 23.
58 이에 대한 자세한 내용은 김태규, "한국교회 초기문헌의 역사적 고찰에 따른 성만찬신학과 실

1884년이나 1888년의 Discipline을 일부 번역했을 가능성도 있다고 본 주학선이나 김경진의 주장에 대해선 어떻게 받아들여야 하는가? 그것은 그들이 그동안 중국어판『美以美會鋼例』(1880)를 발견하지 못해 초래된 일이라 할 수 있다.

『강례』는 총 세 부분으로 되어 있다. '대강'59, '총례', '예문'의 세부분으로 되어 있다.60 한 가지 중요한 점은『강례』안에 과연 주일예배에 관한 지침이 있느냐는 것이다. 만약 있다면 그것을 발굴하여 밝히는 것은 당시의 주일예배의 정확한 출처를 이해하는데 큰 도움을 줄 것이다. 아펜젤러에 의해 1890년에 번역되어 우리가 갖고 있는『강례』(1890)안에는 주일예배 순서가 빠져있다. 그러나 놀라운 사실은 중국어판『美以美會鋼例』(1880)에는 주일예배순서가 정확히 소개되고 있다. 그리고 그 내용은 1884년 미감리회『장정』에 나타난 주일예배와 내용이 같다.61 따라서 1884년『장정』의 주일예배에 있어서도 아펜젤러 당시에는 중국어판『美以美會鋼例』(1880)을 사용하여 번역했을 가능성이 높다. 이렇게『강례』는 그 이전의 문헌인 중국어판『美以美會鋼例』(1880)을 사용하여 번역했을 것이 훨씬 높은 것이다. 왜냐하면 아펜젤러는 이미 한

제"(미간행신학박사논문: 백석대학교 기독교전문대학원, 2006), 18-19.

59 대강은 25개조로 구성된 종교 강령으로 존 웨슬리가 영국과 미국감리교회를 위해 영국 국교회(성공회)의 39개조 종교강령에서 3, 8, 13, 15, 17, 18, 20, 21, 26, 29, 31, 33, 34, 36, 37조항(합 15개항)을 뺀 24개 조항과 추후 미국 볼티모어 연회에서(1784. 12. 14)추가한 1개 조항(제23조)을 추가한 감리교 25개조 강령을 뜻한다. 여기에 대해 *The Creeds of Christendom With a History and Critical Notes vol Ⅲ*, *Ed. by Pillip Schaff · Rev. by David S. Schaff* (Grand Rapids: Baker Books, 1996), 807-813.

60『강례』(1890). 1-52, 여기에 제목을 원문대로 옮겨보기로 한다. 대강: 1)셩신삼위일톄 2) 도는곳 사름 되셧든샹뎨의 아들이라 3) 키리쓰도부싱 4) 셩신 5) 셩경에구원ᄒᆞ는도가갓초엇슴이라 6) 구약 7) 사름의원죄 8) ᄌ쥬쟝ᄒᆞᆫ 쯧 9) 사름의의 10) 션공 11) 분외의일 12) 의를엇은후에범흔죄 13) 교회 14) 련옥 15) 교회즁에맛당히사름이다알아드른말을쓸거시니라 16) 셩례 17) 셰례 18) 쥬의만찬 19) 썩과술을맛당이논하줄지라 20) 키리스도스의홀졔ᄉᆞ가에싑ᄌᆞ가에못침이라 21) 목사혼취 22) 교회규측과례의 23) 국가관쟝 24) 키리스도스문도의산업 25) 키리스도스문도의밍셔 총례:(이하 한글표준) 감리회의성격과 제도, 유럽감리회, 속회의 조직및 속쟝의 임무, 감리회입회요구사항및 감리회에 계속머물기위해 필요한 일, 노예제도를 금함, 예문:어린ᄋᆞ희셰례주ᄂᆞᆫ례문, 셩인흔사름 셰례주ᄂᆞᆫ례문, 쥬의긔도문, 교우밧ᄂᆞᆫ례문, 쥬의만찬, 쟝로복비ᄂᆞᆫ례문, 혼인례문, 샹쟝례문, 사도신경, 끝에는 한문으로된 聖差信經, 한글 십계명 등으로 되어 있다.

61 여기에 대해서는 아펜젤러의 주일예배문을 살펴보라. *DDMEC*(1884), 40-41. *Means of Grace* "Public Worship", 제 55조에 나온 주일예배 순서를 보라.

문으로 된 성만찬 예식서를 갖고 집례를 했다고 증언하기 때문이다. 그리고 그 안에 주일예배문도 들어있기 때문이다. 이 사실은 『강례』를 *Discipline*(1884, 1888)을 가지고 일부 번역했다는 주장보다 시점이 앞선 것이며, Discipline를 번역하기 전부터 이미 한국인과 함께 드릴 수 있는 예배예전(중국어판 등)을 갖추고 있었다는 데 의의를 부여해 주는 것이다. 이제 『美以美會鋼例』(1890)에 나타난 주일예배순서를 살펴보기로 한다. 주일예배는 第三章 恩惠諸法에 나오고 있는데 그 원문을 그대로 살펴보면 다음과 같다.[62]

公衆禮拜

本會欲於主日, 令各方之公衆禮拜, 同歸一例, 故特立章程數則列下

一. 上午禮拜, 當有唱詩, 祈禱, 讀舊約新約各一課, 然後講經.

二. 下午或薄暮禮拜, 赤當唱詩, 祈禱, 讀聖經 一二課, 然後講經

三. 値施行主晩餐之日, 禮拜無須讀聖經

四. 行聖禮或葬禮俱宜遵本會禮文如公衆禮拜, 牧師首次祈禱, 末當與會衆 同念主祈禱文以終之. 至禮拜畢, 則歌頌讚一闋, 並念聖徒祝福文而散

五. 宣動勸會衆於公衆禮拜上帝時, 無須各與其事, 一唱詩, 二祈禱時須遵 聖經所示之式, 同詭同念主祈禱文.

六. 安息日牧師稍有得便卽當與會衆會集.

(해설) 공중예배

주일에 모이고자 할 때, 공중예배의 각 방법을 명하니, 다음과 같이 한 예를 따를 것. 특별히 예부터 『징징』이 세운 규칙에 나를 것.

1. 오전예배에는, 시편 찬송, 기도, 구약과 신약의 각 일과를 낭독, 그 후에 성경을 강론할 것.

2. 혹 저녁해질 무렵(저녁) 예배에는, 적당한 시편찬송, 기도, 성경일과

---

62 중국어판 『美以美會鋼例』, 二三-二四.

(1,2), 그 후에 성경을 강론할 것

3. 주일에 성만찬을 시행할 때, 예배에 성경낭독은 없음

4. 장례예식이 있을 때는 공중예배와 같이 본 교회가 정한 예문에 따라, 거룩하게 갖추어 시행하고, 목사는 먼저 기도로 나아가고, 회중과 끝까지 함께 있는 것이 당연함

5. 공중예배시 회중들이 하나님 앞에 나아갈 때, 모름지기 각기 일 하지 않고 참여할 것이며, 먼저 시편찬송, 다음은 기도를 좇아 행해야 함. 성경을 보고자 할 때, 법에 맞게 하고, 함께 주기도문을 외우는 것을 포함해야 함.

6. 안식일(주일)에 목사는 회중의 모임을 적당하고 편리한 때를 곧 확보할 것.

정리하자면, 아펜젤러가 번역한 『강례』(1890)은 영문판 『장정』보다는 중국어판 『美以美會綱例』(1880)을 더 크게 의존하여 번역한 것임이 거의 확실하다는 사실이 새롭게 밝혀진 것이다. 이 안에 주일예배 순서가 있으며, 그 내용은 1884년 미감리회 『장정』(Discipline)에 나타난 순서와 내용이 같다. 따라서 우리말로 번역된 『강례』(1890)안에 주일예배 순서가 없었던 것은 필요성을 느끼지 못해서 제외하거나 뺀 것이 아니라, 아펜젤러는 중국어판 『美以美會綱例』(1880)안의 주일예배와 1884년 『강령과 규측』(Discipline)에 나온 주일예배문을 이미 사용(혹은 함께)하고 있었기 때문에 따로 번역하지 않았을 것이라고 추론이 가능하다고 본다.

중요한 사실은 아펜젤러는 초기부터 감리교회 예배전통에 따라 예식문을 가지고 주일예배를 드림이 확인되었다는 것이다. 전도부흥에만 관심이 있는 것이 아니라, 선교초기부터 한국감리교회 예배는 말씀과 성례에 충실하려고 했으며, 감리교 예전에 부응하려는 노력이 존재했다는 것이다.

2) 쥬일례비경(1895)

『쥬일례비경』(1895)은 『장정』은 아니었으나 한국감리교회 초기에 발행된 예배 지침서였다. 김양선에 의하면 『쥬일례비경』은 스크랜톤이 "웨슬리의 주일예배"를 부분적으로 번역한 것으로 1895년에 발행되었다고 한다.[63] 주학선은 여기서 "웨슬리의 주일예배"가 1784년 『북미감리교도들에게 보낸 주일예배』인지는 확실하지는 않지만 만약 그렇다고 한다면 『쥬일례비경』(1895)은 1784년 『북미감리교도들에게 보낸 주일예배』일 가능성이 크다고 주장하였다.[64] 그런데 그동안 이 『쥬일례비경』은 그 책이 발견되지 않은 것으로 알려졌으나, 최근에 숭실대학교 기독교박물관에 소장되어 있음이 밝혀졌다.[65]

『쥬일례비경』(1895)의 주요 내용을 보면 다음과 같다.[66] 열 가지 은혜로온 교훈ᄒᆞᄂᆞᆫ경(일), 아ᄎᆞᆷ에 혼ᄌᆞᄒᆞᄂᆞᆫ 긔도문, 저녁에 혼자ᄒᆞᄂᆞᆫ긔도문(오), 교회도문(륙), 죠석도문(륙), 권즁문(십), 즁인이인지문, 목ᄉᆞ가 쥬의긔도문외올때마다 모든 교우가 흠끠따ᄅᆞ 외올니라, (십ᄉᆞ), ᄀᆞ래송(십오), 영광경(십륙), 찬미송(이십), 쥬ᄅᆞᆯ 놉히ᄂᆞᆫ숑(십구), 신가송(이십), 이사렬송(이십일), 환호셩(이십이), 쥬쎄구ᄒᆞᄂᆞᆫ숑(이십삼), 연민송(이십ᄉᆞ), ᄉᆞ도신경(이십오), 이길아신경(이십오), 구안도문(이십

---

63 김양선, "한국기독교 초기간행물에 관하여", 『사총』12. 13호(1968년. 9월), 594. 김양선은 여기에서 『쥬일례비경』(1895)은 웨슬리의 The Sunday Services를 스크랜톤이 편역한 것이라고 언급하였다. 한편, 같은 글에서 그는 성공회 전용의 여러 가지 경문집중의 하나인 趙馬可神父編, 『쥬일례비경』(1895)을 함께 소개하고 있다. 이것으로 보아 『쥬일례비경』은 동일한 것이 두 가지가 있는 것으로 판단할 수도 있다.
64 주학선, 『한국감리교회 예배』, 129-130.
65 이 『쥬일례비경』(1895)은 가장 최근에 한국교회 초기 성만찬연구를 하여 백석대학교에서 박사과정을 통과한 김태규에 의해 숭실대 기독교박물관에 소장되어 있음이 확인되었고, 필자도 이를 계기로 『쥬일례비경』을 입수하게 되었다. 필자는 이 문헌이 스크랜톤에 의해 웨슬리의 The Sunday Services을 편역 하여 소개한 『쥬일례비경』이 맞다고 판단한다. 그 근거로서 『쥬일례비경』의 처음부분에서 스크랜톤이 번역한 『세례문답』(1895)의 "열가지 은혜로온 교훈ᄒᆞᄂᆞᆫ경" "아ᄎᆞᆷ에 ᄒᆞᄂᆞᆫ 긔도문" 등이 동일하게 나오고 있으며, 그후에 나오는 주일예배 순서는 웨슬리의 주일예배순서와 그 내용이 매우 흡사하기 때문이다. 필자는 본서에서 최근 입수한 『쥬일례비경』(1895)은 웨슬리의 주일예배를 스크랜톤이 편역한 것이라는 입장을 취하고자 한다.
66 스크랜톤, 『쥬일례배경』, 죠션개국 504년, 1895년 발행.

팔), 구은도문(이십팔), 저녁구안도문(이십구), 님군과 권셰잡은쟈쟈를 위ᄒᆞ야ᄒᆞᄂᆞ도문(삼십), 셩품인과회즁뭇ᄉᆞ룸을위ᄒᆞ야ᄒᆞᄂᆞ도문(삼십), 뎐ᄒᆞ사룸을위ᄒᆞ야ᄒᆞᄂᆞ도문(삼십일), 감사도문(삼십일), 응ᄒᆞ기기를구ᄒᆞᄂᆞ도문(삼십이), ᄉᆞ도츅문(삼십삼), 뗴를따ᄅᆞᄅᆞᄒᆞᄂᆞ도문(삼십삼), 우리그리스도다토ᄂᆞᆫ온교회를위ᄒᆞ여ᄒᆞᄂᆞ도문(삼십삼)등이 실려 있고, 마지막 ᄉᆞ도츅문(고후13:13)을 소개한 후, 총도문죵이라 하여 쥬년주일츅문이 들어있는데, 이는 강림절로 시작하여 성탄절, 부활절, 승천절, 삼위일체절 등의 교회력에 따른 츅문들이 나와 있다.

필자가 확인한 바로, 『쥬일례빅경』의 내용은 웨슬리가 보낸 1784년 『북미감리교도들에게 보낸 주일예배』(*The Sunday Services*)에 나타난 주일예배 순서와 그 내용이 거의 같음을 확인하였다.[67] 오히려 기도문의 예시는 『쥬일례배경』에 더 많이 첨가되어 있다. 이는 웨슬리 예배문을 번역하면서 형편에 따라 더 추가한 것으로 보인다. 주일예배에 관한 부분은 교회도문(륙)부터 ᄉᆞ도츅문(삼십삼)까지를 담고 있다. 『쥬일례빅경』에 나타난 주일예배 순서는 교회도문(륙)라는 순서로 시작하고 있는데, 그 내용을 원문대로 소개해 보면 다음과 같다.[68]

교회도문(륙)
죠셕도문(륙) 죠셕으로 긔도시작 홀때 아래성경 몃귀절[69]을 큰소릭로 외여 각 귀졀외온후에 그졀슈 ᄉᆞ지외오라 쏘ᄒᆞ아모날이라도셩찬베프거든목ᄉᆞ의무ᄋᆞᆷ듸로 이라래쥬의검도문ᄉᆞ지나오직이아래글을 듸신으로 외옴이 맛당ᄒᆞ니라
겔 18:27, 시 51:17, 단 9:9-10, 눅 15:18-19, 시 143:2, 요일1:8-9, 합

---

[67] *The Sunday Services*, 7-14를 보라.
[68] 『쥬일례빅경』, 5- 32. 여기서 페이지는 원문상의 페이지를 가리킴. 예배순서에 대한 자세한 사항과 기도문 등을 볼 수 있다.
[69] 여기에서 성구는 편의상 한글표준형을 사용하기로 한다.

2:20, 시 122: 1, 시 19:14, 빌 1:2

강림쥬일이라(셩탄일이라 됴회일이라 예수슈난일이라 예수 부싱일이라 예수승텬일이라 셩신강림일이라 삼위일톄쥬일이라)-권즁문이라[70]-즁인이인죄문이라[71]-목ᄉ가 긔도ᄒᆞᄂᆞ말[72]-긔도문후마다 교우가 일제히 아멘-쥬의긔도문-응답숑(계: 쥬룰 우리입을열으시샤 응: 쥬룰 찬미ᄒ겟ᄂᆞ니다 계: 텬쥬여 우리를 속히구원ᄒ옵쇼셔 응: 쥬여우리를 급히도으쇼셔 교우ᄂᆞᆫ 니러셧고 계: 영광이 셩부쯰와 셩ᄌᆞ쯰와 셩신쯰계시도다 응: 태초와 이제와 영원홀 셰샹ᄭᆞ지 무궁이계시도다 아멘 게: 우리 맛당히 쥬룰 찬미홀지여다 응: 쥬의일홈을찬미ᄒᆞᄂᆞ니다)-긔리숑[73]-영광경-구약 공부[74]-찬미숑[75]-쥬룰 놉히ᄂᆞᆫ숑[76]-신가숑[77]-신약공부[78]-이사렬숑[79]-환호숑[80]-쥬쯰구ᄒᆞᄂᆞᆫ숑[81]-연민숑[82]-ᄉ도신경[83]-셋축문[84]-찬미[85]- 슈젼(찬미나 슈젼후긔도)-목ᄉ긔도-사도축문(고후 13:13).

『쥬일례배경』의 순서를 살펴보면 다음과 같다. 웨슬리의 주일예배처럼, 먼저 참회의 예배 부분이 나오고 그 후 말씀의 예배가 나온 후 봉헌의 예배 형태를 취하고 있다. 참회의 예배로는 참회의 기도(초청), 참

---

[70] 그 내용이 참회의 고백으로 초청하는 말로 되어있다.
[71] 그 내용이 참회의 고백을 가리킨다.
[72] 그 내용이 용서의 확언을 가리킨다.
[73] 시편송을 의미한다.
[74] 첫째 공과로 구약낭독을 가리킨다.
[75] 웨슬리 주일예배의 Te Deum을 가리킨다. 저녁예배 때에는 찬미송을 생략하였다.
[76] 눅 1:46-53에 나오는 이른바 '마리아의 찬가'를 말한다.
[77] 시 98편을 가리킨다.
[78] 둘째 공과로 신약낭독을 가리킨다.
[79] 눅 1:68-79에 나오는 '사가랴의 노래'를 말한다.
[80] 시 100편을 가리킨다. 저녁예배 때에는 시편송을 생략하였다.
[81] 눅 2:29-32을 가리킨다.
[82] 시 67편을 가리킨다.
[83] 이 순서는 매주일 사도신경을 외우게 하였으나 부활절, 승천일, 삼위일체주일, 성만찬베푸는 주일일 때에는 니케아 신조를 외우도록 소개하고 있다.
[84] 세 가지 아침기도문을 말한다.
[85] 설교나 성만찬 때에는 그 찬미는 샤도축문(축도)후에 하라고 되어 있다.

회의기도, 용서의 확언, 주기도문, 응답송(시편송), 영광경으로 되어있고, 말씀의 예배로는 구약낭독, 찬미송, 마리아의 찬가, 시편송, 신약낭독, 사가랴의 노래, 환호송(누가복음, 시편송), 사도신경으로 되었다. 봉헌의 예배로는 세 가지 기도문, 찬미, 헌금, 목사의 기도 후 축도로 끝을 맺고 있다.

이 내용은 웨슬리의 『북미감리교도들에게 보낸 주일예배』(*The Sunday Services*)의 주일예배순서(아침기도문)와 거의 일치하고 있다. 예를 들면, 『쥬일례빅경』(1895)의 교회도문 죠석도문(륙)에 보면, 기도문으로 사용하고 있는 본문 성구가 그 순서까지 동일하게 나타나 있다. 그 주요 본문들을 보면, 에스겔 18:27, 시편 51:17, 다니엘 9:9-10, 누가복음 15:18, 시편 143:2 등으로 되어있는데, 이것은 웨슬리의 *The Sunday Services*(1784)의 내용 중 'the order for morning prayer every lord's day'에 부분에 나온 내용과 같음을 알 수 있다.[86] 또 다른 예는 『쥬일례빅경』의 감샤도문(삼십일)의 내용은 *The Sunday Services*의 *A General Thanksgiving* 부분에 나오는 감사기도문이 동일하다.[87] 『쥬일례배경』의 특이한 것은 순서 중에 전도(설교)순서가 불분명하게 되어있다. 정확히 어느 순서에서 했는지 확인이 어렵게 되어 있다. 아마도 봉헌예배에 앞에 있는 사도신경 후에 했을 가능성이 많다고 본다. 웨슬리의 주일예배에서도 사도신경 후에 설교 순서가 들어가 있다.

그리고 『쥬일례배경』에는 성만찬에 관한 자세한 순서는 나와 있지 않다. 하지만, 각 기도문을 소개한 곳에 보면, 성만찬베풀 때 외워야 할 각 기도문을 소개하고 있다.[88] 이것으로 보아 당시의 예식서는 말씀의 예배 중심이었음을 알 수 있고, 성만찬이 있을 때에는 별도의 성만찬예식서로 집례했음을 짐작하게 한다.

---

[86] 필자가 가지고 있는 웨슬리의 『북미감리교도들에게 보낸 주일예배』(1784)는 화이트에 의해 소개된 *John Wesley's Sunday Service of the Methodist in North America* (1784)이다. 7을 참조.
[87] *The Sunday Services*, 27.
[88] 각 기도문은 『쥬일례빅경』, 이십구부터 사십삼 사이에 소개되고 있다.

정리하자면, 『쥬일례비경』(1895)은 "웨슬리의 주일예배"를 스크랜톤이 편역하여 활용한 것으로 볼 수 있다. 『쥬일례비경』(1895)의 의의는 초기 한국감리교회가 예전적인 성향의 웨슬리 예배의 예배지침을 수용하려고 하였다는 점을 들 수 있다. 초기 한국선교사들은 웨슬리의 주일예배를 소개받았음을 알 수 있는 것이다. 나아가 당시 미국감리교회의 예배예전의 영향을 크게 받고 있다는 점을 들 수 있을 것이다. 이러한 주일예배문과 예식서의 발견은 초기 한국감리교회가 예전적인 예배를 지향했다는 증거이다. 이러한 문헌이 존재했다는 그 자체만으로도 한국교회 예배예식사(禮式史)에 커다란 의의를 제공한다고 하겠다.

『쥬일례비경』의 공헌으로는 웨슬리 예배전통의 직접적인 영향하에 설정된 이러한 주일예배가 스크랜톤에 의해 소개됨으로서 아펜젤러가 1890년 번역한 『강례』에 빠졌던 주일예배순서를 소개함으로서 보완했다는 점이다. 그러나 이러한 특징에도 불구하고 『웨슬리의 주일예배』와 동일시되는 『쥬일예비경』은 나중에 계속하여 정착되어 가지 못하고 있음을 보여준다. 그것은 1900년 이후의 장정에 나타난 주일예배 순서를 보아도 알 수 있다. 1910년의 『대강령과 규측』에 나타난 순서도 『쥬일례배경』보다 다소 축소된 예배형식을 취하고 있고, 그 후에도 『장정』(Discipline)이 새롭게 발간되면서 축소 혹은 개정되어 나타났고, 그 순서가 간소하게 됨으로서 웨슬리 주일예배는 뿌리 깊게 정착되지 못하고 있음을 볼 수 있다. 동시에 이점은 성례전(세례와 성만찬)의 후퇴를 의미하는 것으로 판단할 수 있다.

3) 미감리회 『대강령과 규측』(1910)[89]

초기 한국감리교회가 사용한 『미감리회 대강령과 규측』(1910)은 미국감리교회의 1908년 『장정』(Discipline)의 내용을 번역하여 사용한 것임을

---

[89] 미감리교회, 『감리교회 대강령과 규측』, E. M. Cable외 3인역(경성: 야소교서회, 1910), 52-55.

알 수 있다.[90] 1910년에 발행한 『대강령과 규측』의 제3장 1관, "례배홈"에는 다음과 같은 "공동례배의 졀ᄎ"가 나와 있다. 이 내용을 보면 거의 1908년 *Discipline*에 소개된 주일예배와 유사하다. 초기 한국감리교회는 당시 미국감리교회의 교리와 장정에 나타난 예배형식을 거의 그대로 옮겨 시행하였다. 그러면 1910년에 출판된 『미감리회 대강령과 규측』에 나타난 주일예배 순서를 살펴보기로 한다.

(1) 공동례배의 졀ᄎ

1항 우리 감리교회에쥬일례배를 어김이업시 일뎡한 시간에 쟉뎡ᄒᆞᆯ 것이오 회우들이 셩뎐에 드러온후에곳ᄭᅮ러 업대여 묵묵히긔도ᄒᆞᆯ지니라

1. ᄌᆞ원ᄒᆞ야 풍류를 치거나 소리 ᄒᆞᆯ 것이오
2. 회즁이 다이러서셔 찬숑가로 찬숑ᄒᆞᆯ 것이오
3. 회즁이 다이러서셔 ᄉᆞ도신경을 외올거시오
4. 긔도ᄒᆞᆯ 것이오(목ᄉᆞ와 회즁이 다쓸어업듸여 긔도ᄒᆞᆫ 후에 쥬의기도문을 외올지니라)
5. 셩가를 찬숑ᄒᆞ거나 ᄌᆞ원ᄒᆞ야노릭를 부를것이오
6. 구약공과를 닑으되 모든 회즁이 이러서셔 화답홈이 가ᄒᆞᆯ 것이오 오후례빅에나 밤례빅에는 구약공과를 닑음이 가ᄒᆞ지아니ᄒᆞ니라
7. 셩부와 셩ᄌᆞ와 셩신을 찬숑ᄒᆞᆯ 것이오 셩부셩ᄌᆞ셩신ᄭᅴ 거룩ᄒᆞ신 영광이 계시도다 틱초와 지금브터 영원ᄒᆞᆫ 셰샹ᄭᆞ지 무궁히계시도다아멘
8. 신약공과를 닑을것이오
9. 광고ᄒᆞ고 슈젼도 ᄒᆞᆯ 것이니 이일은 셩경보ᄂᆞᆫ 동안이나 혹셩경본후에행홈이 가ᄒᆞᆯ 것이오
10. 회즁이 다이러서셔 챤숑가로 챤숑ᄒᆞᆯ 것이오
11. 젼도 ᄒᆞᆯ 것이오

---

90 *The Doctrines and Discipline of the Methodist Episcopal Church*(DDMEC), ed. by D.A. Goodsell et.al.(New York: Eaton & Mains, 1908), 59–61.

12. 회즁이 업대여 긔도홀것이오 젼도후에 긔도졀ᄎ와 찬숑졀ᄎ를 곳쳐 ᄒ여도 무방홀지니라
13. 회즁이 다일셔셔 찬숑홀것이오
14. 뎨일찬숑가를 노래하고 ᄉ도의 축ᄉᄒ고 례빅를맛츨지니라 (고린도후서13:13)

2항 무론어나쎡던지 셩례를베풀씩에는 이후혜례식을 졔ᄒ여도 관계치으니ᄒ나 오직찬숑과 긔도와 ᄉ도의축ᄉ는 가히졔ᄒ지못홀지니라
3항 셩례베풀씩와 쟝례힝홀씩에 반ᄃ시 우리교회례식을 쥰힝홀지니라
4항 하ᄂ님씌 공동례빅홀씩에 회즁이열심으로 례빅ᄒ기를 권ᄒ노니 찬숑할씩에 흠씌ᄒ며 긔도홀씩에 흠씌업ᄃ이며 쥬의긔도문외울씩에 흠씌외올지니라
5항 쥬일은 셩회가 어ᄃ셔던지 모힐수잇ᄂᄃ로 모혀례빅홈이 맛당ᄒ지니라[91]

(2) 분석과 평가

『대강령과 규측』(1910)의 주일예배는 이전의 아펜젤러가 사용하던 『장정』(*Discipline*)(1884, 혹은 1888)에 나타난 주일예배보다는 훨씬 더 예배형식을 갖춘 형태라 할 수 있다. 주요 예배구성을 보면, 자원하여 풍류함, 찬송, 사도신경, 기도와 주의 기도, 성가 혹은 자원노래, 구약낭독, 삼위찬송, 신약낭독, 광고와 수전(성경 보는 동안이나 이후), 찬송, 전도(설교), 기도, 찬송, 제1찬송, 축도로 되어 있다. 찬송 후에 사도신경과 기도 후의 주기도문이 들어있으며, 성경낭독을 구약과 신약을 읽되 구약은 오후예배나 저녁예배 때 생략이 가하도록 했다. 삼위잉가(송영)를 부르고 있으며, 사도의 축사라 표현하고 있는 것은 축도를 의미한다.

---

[91] 『대강령과 규측』(1910), 52-55.

성례에 대해서 순서의 생략이 가능하지만, 찬송과 기도와 축도는 빼지 못하게 하고 있다. 여기서 광고란 오늘날의 예배시간에 있는 성도의 교제로서의 광고인 것으로 보인다. 그리고 성례나 장례 등을 시행할 때 반드시 예식서의 활용을 강조하고 있다. 예배함으로 주일성수를 강조하고 있음을 보여준다. 당시에는 예배당의 수가 적었을 것이다. 그래서 어디든지 모여 예배드릴 수 있다고 명시해 놓았다.

이 예배순서를 보면, 1898년의 『대한크리스도인의 회보』에 나온 "례배례식"과 순서가 거의 같다.[92] 그리고 "례배례식"은 미감리교회 *Discipline*(1896)에 나타난 주일예배순서를 그대로 옮긴 것이며, 1905년의 『찬미가』에 나온 예배순서와도 거의 같음을 알 수 있다.[93] 찬미가(1905)에 나온 주일예배는 미감리교회 *Discipline*(1904)의 주일예배를 옮긴 것이다.[94]

결국 『대강령과 규측』(1910)에 나타난 주일예배는 미감리교회의 *Discipline*(1896)에 이후 나타난 주일예배와 동일함을 알 수 있으며, 『쥬일례빙경』(1895) 이후 14가지 순서로 되어진 예배의 틀이 상당기간 형성되었음을 확인할 수 있는 것이다. 즉, 『대강령과 규측』(1910)에 나타난 주일예배는 1931년 이전까지의 한국감리교회 초기예배의 기본 모델을 제시한 예배순서라고 할 수 있다.

예배의 주요 구성요소인, 성경낭독, 기도, 설교, 찬송이 들어가 있는 예배형식을 띄고 있다고 평가 할 수 있다. 회중으로 하여금 엎드리게 하거나 일어서게 하는 등 역동성 있는 예배의 모습을 보여주고 있는 것도 특징이라 할 수 있다. 그리고 성례의 시행지침이 들어있기는 하지만, 예배 순서 안에 세례나 성만찬을 실행하고 있는 예식순서는 포함되어 있지 않다. 세례와 성만찬이 함께 있는 예배를 드릴 때에는 별도의 성례

---

[92] 본서 제4부 8장 2. 한국인들과 함께 드려진 주일예배를 참조.
[93] 『찬미가』, (경성: Methodist Publishing House, 1905), 2-3.
[94] *DDMEC*(1904), 57-59.

예식서로 시행한 것으로 판단된다. 아펜젤러 주일예배 이후 점차 한국 감리교회 예배는 성례에 관한 부분이 소홀히 다루어지고 있는 분위기를 엿보게 한다.

　아울러 『웨슬리의 주일예배』 혹은 『쥬일례빈경』의 주일예배와 비교해 볼 때, 몇 가지 차이점이 있다. 먼저, 참회의 예배와 말씀의 예배, 그리고 봉헌의 예배 형식이 구분되지 않고 있고, 순서에 있어서 참회의 기도나 용서의 선언, 시편송, 세 가지 기도문 등의 순서가 빠져있다. 이는 아쉬운 대목이라 할 수 있다. 사도신경이 순서의 거의 맨 앞에 위치하며, 헌금순서가 『웨슬리 주일예배』나 『쥬일예배경』과는 달리 설교 전에 들어있다. 『웨슬리 주일예배』에서는 헌금순서가 설교 후에 위치하며, 성만찬예식을 시행할 때 함께 봉헌할 수 있게 한 것을 볼 때, 『대강령과 규측』의 주일예배는 봉헌이 성만찬과 연속성을 잇지 못하고 있음을 볼 수 있다.

　결론적으로 1910년대의 한국감리교회 주일예배는 미감리회 『대강령과 규측』(1910)의 영향에 따른 예배를 드렸다고 볼 수 있다. 그리고 『대강령과 규측』에 나타난 주일예배 형태는 1931년 이전까지의 한국감리교회 초기 예배의 모습을 보여준다고 할 수 있다. 이는 『웨슬리의 주일예배』 형식을 제대로 반영하지 않고 있다는 아쉬운 대목이다.

3. 미감리회와 남감리회의 『장정』(Discipline)에 의한 주일예배(1910-1930)

1910년 이후부터 1930년 당시의 한국감리교회 주일예배 형태는 『장정』(Discipline)을 통해 살펴볼 수 있다. 당시의 『장정』이라 함은 미감리회와 남감리회가 각각 사용하던 Discipline을 말한다. 여기서는 Discipline안에 나타난 주일예배 편의상 간략한 도표를 만들어 살펴보고 그 특징들과 공공예배의 형성과정을 살펴보기로 한다. 1910년대의 한국감리교회 주일예배는 1930년까지 별다른 큰 변화 없이 정착되고 있음을 보여준다. 이 시기의 주일예배는 별다른 변화가 없었다.

초기 아펜젤러 주일예배처럼 말씀예배뿐 아니라 성례전을 포함하는 예배가 제대로 드려지지 않고 있음도 볼 수 있다. 성례전이 점점 소홀하게 취급되는 양상을 보이고 있다.

이제 1910년대부터 1930년까지의 주일예배에 관한 내용을 확인 할 수 있는 미감리회와 남감리회의 『장정』(Discipline)을 간략한 표-1를 통해 살펴보고, 그 특징들과 이 당시 예배상황을 평가해 보겠다. 1910년-30년대 주일예배를 비교해 볼 수 있는 장정으로는 미감리회『대강령과 규측』(1910), 남감리교회『도리와 장정』(1919), 미감리교회『교의와 도례』(1921), 남감리회『도리와 장정』(1923), 『미감리교회 법전』(1926)을 들 수 있다.

1) 『장정』에 나타난 1910년-1930년대 주일예배 비교〈표-1〉

1910년[95](북)	1919년[96](남)	1921년[97](북)	1923년[98](남)	1926년[99](북)
1항/ 우리감리교회에 쥬일례배를어검이업이 일정훈 시간에 작덩훌것이오 회우들이 성뎐에 드러온후에 곳꾸려 엎대여 묵묵히 긔도훌지니라	모든 례배를 일정훈 시간에 시작훌 것이며 교우들이 성뎐에 들어온후에 즉시업대여묵상긔도하게훔	1항/ 례배식은 곡 지덩훈 시간에 시작훌지오 모든 교우들은 례배당에 드러온 후에는 꾸러 업대여 종용히 긔도훌지니라 [독쥬(獨奏)긔악(器樂)혹은 성악(聲樂)]	모든 례배를 일덩한 시간에 시작하게 할것이며 또 교우들이 성뎐에 드러와서는 즉시업대여 묵상긔도하게 훔	禮拜는 꼭 指定호 時間에 始作훌지오 모든 敎友들은 禮拜堂에 들러온 후에는 꾸러업대여 從容히 祈禱훌 것 獨奏(器樂혹은 聖樂) 讚頌(起立호여, 讚頌歌로)
주원호야 풍류를치거나 소리1 훌것이오 찬송(이러서서) 수도신경 긔도와 쥬의긔도문 (꿀어업듸어) 성가혹은주원노러 구약공과 낭독(이러서서) 성부와성주와성신 찬송 신약공과 낭독 광고와 슈젼 찬송(이러서서) 젼도 긔도 찬송(이러서서) 데일찬숑가와 수도의축수(고후 13:14)	[志願대로(奏樂이나 聲樂훔)] 讚頌훔(이러서서) [使徒信經(서서)] 祈禱(훔께꿀어) 主의祈禱 [聖歌나 奏樂] 舊約朗讀(詩篇이면 應答的으로) [歸營歌] 新約朗讀 收金하고廣告(그후 奏樂이나 聲樂 훌수잇슴) 讚頌(이러서서) 講道훔 祈禱훔(업대여서) 讚頌(일어서서) 讚聖歌와 使徒의 祝福	찬송(그립호야찬숑가로 찬숑훔) 수도신경(그립호야) 긔도(무릅꿀코) 주의긔도 [찬송가혹은독창] 구약공과 낭독(회중이 그립호야 화답훔이가훔) 舊約朗讀 [귀영가(歸營歌)] 신약공과 공포(公佈) 십일됴와 슈젼(헌금찬숑) 찬송(그립호야 찬숑가로) 강도 긔도(무릅꿀코) 찬송(그립호야찬숑가로) 삼위일톄 찬송과 수도의 축복(고후 13:14)	[志願하여 奏樂또는 聲樂] 讚頌함(이러서서) [使徒信經(이러서서)] 祈禱와 主의祈禱(함께꿀어) [志願하여 聖歌나 奏樂훔] 舊約朗讀 (詩篇이면 一節式 應答的으로) [歸營歌] 新約朗讀 收金하고 廣告 讚頌(이러서서) 講道 祈禱 讚頌(이러서서) 讚頌歌와 使徒의 祝福(고후13:14)	使徒信經(起立호야) 祈禱(무릅꿀고)後에 主의祈禱 [讚頌歌 혹은 獨唱] 舊約工課(會衆和答可)훔 歸營歌 新約工課 廣告 獻金(十一條와收錢-이때獻金讚頌) 讚頌(會衆(起立호야,讚頌歌로) 講道 祈禱(무릅꿀고) 讚頌(起立호야,讚頌歌로) 三位一體의 讚頌 使徒 祝福 (고후 13:14)

---

95 미감리교회, 『감리교회 대강령과 규측』, 52-55.
96 남감리회, 『감리회 도리와 장정』, 양주삼역(경성: 죠선야소교서회, 1919), 83-84.
97 미감리교회, 『미감리교회 교의와 도례』, W. C. Swearer and E. M. Cable 역(경성: 조선야소교서회, 1921), 53-55.
98 남감리회, 『남감리회 도리와 장정』, 양주삼 역(경성: 남감리회 선교백주년기념회사무소, 1923), 205-206.
99 미감리교회, 『미감리교회 법전』, E. M. Cable 외 3인역(경성: 기독교창문사, 1926), 74-76.

2항/성례를 베플때에는 이우혜례식을 제하여도 관계치아니하나 오직 찬송과 긔도와 ᄉ도의 츅슈는 가히 제하지못ᄒᆞᆯ지니라 3항/성례베플때와 쟝례행ᄒᆞᆯ 때 반드시우리교회례식을 준행ᄒᆞᆯ지라 4항/하ᄂᆞ님게 공동 례배ᄒᆞᆯ 때 회즁이 열심히 례배ᄒᆞ기를 권ᄒᆞ노니 찬송ᄒᆞᆯ때, 긔도할 때, 쥬의 긔도문외올때 흠게 외올지라	주의/1.[ ]갓히괄호ᄒᆞᆯ 것은 쓰던지 말던지 임의대로 ᄒᆞ라ᄂᆞᆫ표 2.교인들이 ᄭ꾸러기도 ᄒᆞᆯ 때는 목ᄉ를 향ᄒᆞ라고 권면ᄒᆞᆷ 3.오후 례배는 구약낭독을 대하야도 가ᄒᆞᆷ 4.강도후에 긔도와 찬송ᄒᆞ는 순서을 서로밧구아도 무방홈 5. 강도홋후에 찬송가를 부르고져 ᄒᆞᆯ 때에 누구던지 밋기를 원ᄒᆞ면 압흐로 나오라 청ᄒᆞᆷ	주의/ 1.[ ]는 쓰던지 말든지 임의대로 하라는표 2. 교인들이 ᄭ꾸러기도 할때에는 목사를 향하라고 권면 3.강도후에 긔도와 찬송하는 순서를서로 박고와도 무방함 4. 강도한후에 찬송가를 부르고져할때에 누구든지 밋기를 원하면 압흐로 나오라 청함	주의/1.( )표에 項目은 形便에 依하야 任意로 取捨함. 2.聖禮를 베풀때에는 이우에 順序를 簡略 히하여도 관계치아니하나 오직 讚頌과 祈禱와 使徒의 祝福은 可히 除ᄒᆞ지못ᄒᆞᆯ 것 3항/하나님께 公衆 禮拜할 때 會衆이 熱心히 禮拜하기를 勸ᄒᆞ노니 讚頌 할 때, 함께 하며 祈禱할 때, 업대이며, 主의 祈禱할 때 흠께 외울지라
	[ ]는 형편에 따라 임의로 취사 할수 있음	[ ]는 형편에 따라 임의로 취사할수 있음	[ ]는 형편에 따라 임의로 취사할수 있음	[ ]는 형편에 따라 임의로 취사할수 있음

2) 예배순서 및 용어 해설

당시의 예배요소나 의식에 대하여 연구할 수 있는 자료가 많지 않다. 초기 한국감리교회는 당시 미국감리교회의『장정』(Discipline)에 나타난 예배 형식을 거의 그대로 사용하였다.[100] 따라서 위의 도표에 대한 설명을 당시 미국감리교회『장정』[101]과 비교해 보는 것이 한국감리교회 예배를 이해하는데 중요한 역할을 하게 된다. 1910년에서 1930년 사이에 드려진 주일 예배는 순서나 용어가 어떤 방향으로 개정되어가고, 변해갔는지를 살펴보기로 하자.[102]

---

100 김외식,『목회전문화와 한국교회 예배』(서울: 감리교신학대학출판부, 1994), 92.
101 미국감리교회『장정』을 제목을 정리해보면 다음과 같다. *The Doctrines and Discipline of the Methodist Episcopal Church*(DDMEC로 표기함), ed. by D.A. Goodsell et.al.(New York: Eaton & Mains, 1908); *The Doctrines and Discipline of the Methodists Episcopal Church, South*(DDMECS로 표기함), ed. by G. Alexander(Nashville: Smith & Lamar, 1910); *The Doctrines and Discipline of the Methodists Episcopal Church, South*(DDMECS), ed. by G. T. Rowe(Nashville: Lamar &Barton, 1922).
102 이 부분에 대해 좀 더 자세한 내용은 김외식,『목회전문화와 한국교회 예배』, 90-99; 주학선,

예배준비

1910년 『대강령과 규측』의 예배순서에는 "주일예배는 일정한 시간에 작정할 것이며, 교우들이 성전에 들어오면 꿇어 엎드려 묵묵히 기도할 지니라" 고 되어 있다. 여기서 꿇어 엎드려라는 것은 미국교회의 "무릎을 꿇는것"(kneeling)과는 약간 다르다. 한국교회가 부복하는 자세라면, 미국교회는 단순히 "무릎 꿇는 것"이라 하겠다. 1910년 이 순서 때부터 "묵묵히"라는 표현이 등장하고 있음을 볼 수 있다. 그런데 이 예배 준비는 말 그대로 준비이지 예배순서는 아니었다.

1919년 남감리회 『도리와 장정』에서는 "묵상기도"하라고 되어 있고, 1921년 미감리회 『교의와 도례』에서는 "종용히" 기도하라고 되어있으며, 남감리회 『도리와 장정』(1923)에서는 "묵상기도", 『미감리교회 법전』(1926)에서는 "꿇어 엎드려 종용히 기도" 하라고 되어 있다. 살펴 본 대로 예배가 시작되기 전 묵상기도를 드리고 있다. 따라서 한국교회가 흔히 예배 때 행하는 "묵상기도로 예배를 시작하겠습니다." 라는 표현은 예배훈련이 부족한 인도자(목회자)들이 예식서를 보면서도 그냥 순서로 집어넣어 진행했던 것이며 예배순서상으로는 옳지 않은 표현임을 알 수 있다. 아무튼 1910년에서 1930년 이전에 "묵상기도"는 예배준비 전의 자세로 자리 잡고 있음을 볼 수 있다.

전주(Voluntary)

이것은 오늘의 전주(prelude)에 해당되는 순서인데 한국교회는 이것을 예배의 요소로 인정했다. 대부분 주악이나 성악으로 할 수 있다고 하고 있다. 그런데 미국교회는 주익을 포함하여 몇몇 요소들은 경우 따라 생략해도 좋다고 해놓았다.[103] 위의 도표에서 볼 수 있듯이 1919년 이후

『한국감리교회예배』, 175-217을 참조.
[103] 미국교회에서 생략해도 된다고 한 요소들은 사도신경, 개회기도 후 찬양, 영광송이다. cf. *DDMEC*(1908), 71-72; *DDMECS*(1910), 113-114, (1922), 281-281.

에는 미국교회처럼 한국교회도 형편에 따라 취사할 수 있다고 했다.

개회찬송

이때 부르는 찬송은 전부 "일어서서"라고 되어 있다. 이 개회 찬송 외에도 대부분의 찬송은 "일어서서" 부르도록 했다. 이러한 의식은 예배에 회중들의 능동적인 참여를 유도하기 위한 것으로서, 오늘날의 미국 연합감리교회의 대부분의 교회들은 이 전통을 따르고 있다.

그 뿐 아니라 1921년과 1926년 미감리회『장정』에서는 찬송할 때 "찬송가로"라는 표현으로 보아, 예배 시에 회중들이 성경 외에 별도로 찬송가를 예배 중에 지참하였음을 보여준다. 그리고 올바른 찬송을 부르도록 하기 위해, 각『장정』에서는 "찬송가의 신과 진리"(1910)[104], 문(問) 2. "우리가 어떻게 하여야 형식적으로 창가함을 피하리요?"(1919),[105] "찬송의 진의(眞意)와 진리"(1921),[106] "우리가 어떻게 하여 형식적으로 창가함을 피하겠느뇨?"(1923),[107] "찬송의 진의(眞意)와 진리(眞理)"(1926)[108]라는 내용을 삽입하였던 것이다. 예배의 중심에 말씀만이

---

[104] 그 내용은 다음과 같다. 1항. 당시 성경에 합당한 찬송을 부를 것이며, 한 번에 너무 많이 찬송하지 말 것 2항. 찬송곡 곡조는 찬송할 뜻과 합당케 하며 찬송을 느리게 부르지 말 것 3항. 회중은 찬송의 뜻과 거룩한 풍류 뜻을 알아야 할 것 4항. 목사가 원하면, 계삭회에서 해마다 두 세 사람을 택해 위원으로 예배할 때 찬송할 것을 의논하여 정할 것 5항. 찬송함은 예배함과 일례하니 모든 회중이 합하여 찬송하고 빠지지 말 것, 『대강령과 규측』(1910), 55.
[105] 그 내용으로는, 문(問)2. "우리가 어떻게 하여야 형식적으로 창가함을 피하리요?" 245단 답(答) 1. 시기에 적합한 찬송을 택하라 2. 한 번에 창가를 너무 많이 하지말라. 5-6절 정도로 하라. 3. 곡조와 언사(言辭)가 적합하게 하라 4. 찬송하다가 가끔 정지하고 교우를 향하여 그 찬송의 의미를 아는가 물어보고 과연 그 심중에 맞고 같이 감각하는가 물으라. 5. 우리교회 모든 교우들이 찬송가를 공부하게 하고 우리의 찬송가와 보조책을 사용하도록 함. 6. 찬송가를 할 때, 10인중 1인만 하지 말고 전부다 할 것, DDMECS (1919), 85-86.
[106] 『미감리교회교의와 도례』(1921), 55-56.
[107] 그 내용으로는 문(問) 2. 601단-605단, 1. 시기에 적합한 찬송을 택하라 2. 한 번에 창가를 너무 많이 하지 말라. 5-6절 정도로 하라. 3. 곡조와 언사(言辭)가 적합하게 하라 4. 찬송하다가 가끔 정지하고 교우를 향하여 그 찬송의 의미를 아는가 물어보고 과연 그 심중에 맞고 같이 감각하는가 물으라. 5. 우리교회 모든 교우들이 찬송가를 공부하게 하고 우리의 찬송가와 보조책을 사용하도록 함. 『남감리교 도리와 장정』(1923), 207.
[108] 미감리교회,『미감리교회 법전』E. M. Cable 외3인역(경성: 기독교창문사, 1926), 77. 그 내용은 1910년『대강령과 규측』에 나오는 내용과 거의 유사하나 단지, 찬송위원회(회장: 담임목사)가 과

아니라 찬송을 중요한 순서로 다루고 있는 것이 감리교회의 예배특징 중의 하나라고 할 수 있다. 그러나 당시에 이러한 찬송신학의 강조 분위기는 남북감리교회가 합동하여 "기독교조선감리회"가 출범한 1930년대 이후『교리와 장정』에서 제외되고 있음을 볼 수 있다. 하지만 초기 한국 감리교회의 예배에서 찬송가는 제외할 수 없는 중요한 예배요소임을 주목해야 할 것이다.

사도신경

이것은 1910년대만 해도 반드시 해야 할 요소였으나, 1919년, 1923년 장정에서 볼 수 있듯이 남감리교회에서는 생략 가능한 요소가 되었다. 그러나 1921년『교의와 됴례』에서는 사도신경을 제외한 세 순서(전주, 성가, 삼위찬송)만 생략 가능한 순서로 되어 있고, 1926년『미감리교회법전』에서도 사도신경은 예배의 중요 요소로 자립잡고 있다. 주로 남감리회에서는 생략하고 있고, 미감리회에서는 이 사도신경을 생략하지 않고 있다. 따라서 사도신경은 1910년 이후, 1930년대 사이에 예배의 중요요소로 사용되긴 했어도 생략 가능한 요소로 한국감리교회에 소개되고 있음을 볼수 있다. 그러다가 1930년대 이후는 '사도신경'이 '개회 찬송' 이후에 자리를 잡고 있음을 앞으로 살피게 될 것이다.

기도와 주의 기도

모든 예배순서에서 목사와 회중이 꿇어 엎드려 기도를 드린 후(이때의 기도는 대표기도였을 것으로 보여진다)에 반드시 주의 기도를 암송하였다. 여기서 1908년『장정』(Discipline)에서는 회중들이 목사의 얼굴을 향하여 꿇어 엎드려 하도록 권면하였으나『대강령과 규측』(1910)에서는 이 번역이 목사와 회중이 꿇어 엎드려 기도하라는 것으로만 되어

거 계삭회에서 구역회의 제재(制裁)를 받을 것이라 명시함.

있다. 기도 후에 주의 기도를 소리를 내어 암송하는 것은 오늘날 예배에서 거의 동일하게 시행하고 있다.[109]

성가나 주악

이것은 1910년에는 나타나고 있으나 나머지 예배순서에서는 생략 가능한 요소로 나타나고 있다. 오늘의 찬양대 찬양을 가리키고 있다고 볼 수 있다. 아마 예배드리는 교회의 찬양대 유무에 따라 실행하기도 하고, 생략했을 것으로 본다.

성경낭독

이 당시 성경낭독의 두드러진 특징 중의 하나는 구약과 신약을 다 낭독했다는 것이다. 특히 구약의 경우 시편을 낭독할 경우 응답하는 형식을 취했다. 주일오후 예배나 밤 예배에서는 구약공과를 읽지 않아도 가하다고 표시하고 있다.[110] 이는 초기 한국감리교회가 성만찬을 오후 예배 때에 시행함으로서 순서도 축소하고 성만찬 예식의 배경이 되는 신약을 더 비중 있게 취하였던 것으로 볼 수 있다.

이러한 구약과 신약의 성경낭독은 오늘날 한국교회 주일예배에서 하루빨리 새롭게 정착되어야할 요소라고 본다. 특히 성경낭독을 집례자가 할 것이 아니라 평신도가 참여하는 것이 좋다고 본다. 그리고 "구약공과"와 "신약공과"로 되어 있는데, 이는 구체적으로 그날의 설교 본문을 "공과"로 표기한 것이다.[111]

---

109 김외식, 『목회전문화와 한국교회 예배』, 94.
110 『대강령과 규측』(1910), 53. 여기에는 오후예배나 밤예배에는 구약낭독을 하지 않음이 가하다고 되어있다. 남감리회 『도리와 장정』(1919), 84. 여기에서는 오후예배에는 구약낭독을 제하여도 가하다고 되어 있다. 남감리교회 『도리와 장정』(1923), 207. 여기에서는 저녁예배도 오전과 같이 하나 성경 낭독하는 것은 목사의 임의대로 그 중 한가지나 혹 두 가지를 다 제할 수 있다고 되어 있다.
111 주학선, 『한국감리교회 예배』, 201.

삼위영가(Gloria Patri)

1910년 『대강령과 규측』에는 삼위찬송으로 되어 있고, 나머지는 모두 귀영가로 되어 있으며, 1926년 『미감리교회 법전』에서는 예배순서에 들어갔으나 나머지는 예배순서에서 생략 가능한 요소로 사용되었다. "귀영가"와 "삼위일체 찬송"인 나오는데, 귀영가는 성삼위 하나님을 찬양하는 것이고, 삼위일체 찬송가(Doxology)는 일종의 봉헌송이다, 1919년 이후에 삼위찬송에서 귀영가로 개칭되었는데, 오늘날은 전자를 영광송, 후자를 송영으로 부르고 있다. 그러나 이 둘은 지금도 혼동하여 부르고 있는 실정이다. 귀영가는 예배 전반부에 불렀고, 찬성가는 후반부에 불렀다.

광고와 수전(Collection)

헌금과 광고를 "슈전과 고시"라고 했다. 이 순서는 헌금봉헌과 교회소식을 전하는 것으로서, 모두 설교 전에 들어갔다. 그리고 이것은 미국감리교회가 하는 스타일이다. 그러나 『웨슬리 주일예배』와 『쥬일례배경』에서는 주로 설교 후로 위치해 있으며, 성만찬이 이어질 때 함께 봉헌하기 위함이었다고 보여 진다. 용어에 있어서는 1910년에는 "광고와 수전", 1919년에는 "수금하고 광고", 1921년에는 "십일조와 슈전", 1923년에는 "수금하고 광고", 1926년에는 "십일조와 수전"으로 그 용어를 사용하고 있다. 이 모두 교회소식(광고)를 예배를 중요한 순서에 넣고 있다는 점을 주목할 수 있다.

오늘날 설교 후에 광고하는 것에 비하여 이 당시 광고를 상당히 중요한 위치에 두고 있다고 볼 수 있는 내목이다. 그리고 1919년, 1923년에 순서에는 헌금하는 동안 헌금찬송을 하고 있다. 오늘날 한국교회는 설교 후에 헌금하면서 헌금찬양을 부르는 경우가 대부분인데, 이를 성만찬을 시행하면서 바치는 성물 봉헌순서와 연계하는 것이 옳은 일이다. 그리고 이 당시 헌금을 위한 기도는 없는 것으로 나타나 있다. 헌금기도

가 등장하는 것은 1931년 예배순서에서 나타난다.[112]

찬송

이것은 헌금이후 찬송이나 봉헌송은 아니며, 설교직전에 부르는 공동찬송이다. 이때 부르는 찬송은 모두 다 일어서서 찬송을 했다. 이것은 오늘의 찬양대 특송은 아닌 것으로서 전 교인들이 일어서서 공동으로 찬양하였던 것이다. 말하자면 찬양대가 아닌 전교인들이 찬양하는 전통을 가졌던 것이다. 이것이 원래 감리교회가 가진 전통이라 할 수 있다. 그런데 오늘의 찬양은 설교직전에 찬양대의 특송으로 변형되면서 전 회중의 참여보다는 구별된 찬양대원들만의 찬송이 자리하게 되었으며, 주로 설교를 예고하거나 집중하기 위한 순서처럼 전락해 버렸다. 찬양대의 유무가 언제부터 세워졌는지 여기서 확인할 길은 없으나, 웨슬리도 찬양대가 존재하는 것을 원치는 않았으나 후대에 이 순서가 찬양대 특송 순서로 자리 잡혀 가고 있는 것이다.

설교(The sermon)

이것은 1910년대에는 "전도"로 쓰이다가, 1920년 이후에는 "강도" 그러다가 1931년에 가서는 "설교"라고 부르고 있다.[113] 설교는 개신교 예배의 가장 중심적인 위치에 있었으나 이 당시 설교가 어떤 형태였는지는 여기서 자세히 다룰 수는 없다.

설교 후 기도와 찬송

설교후의 기도는 주로 무릎을 꿇거나 엎드려서 드렸으며, 이때 찬송은 일어서서 찬송을 하였다. 설교 후에 기도하고 찬송을 부르는 것이 보통이었으나 이 순서를 바꾸어도 상관없다고 하였다. 미국감리교회는 "초

---

[112] 기독교조선감리회, 『교리와 장정』(1935), 41.
[113] 기독교대한감리회, 『교리와 장정』(1931), 57-58, 12항.

청의 시간" 혹은 "결단의 시간"(An invitation to come Christ, or to unite with the Church)을 가지려면 설교 후 찬송 부를 때에 해야 한다고 명시했는데 1910년 초 한국감리교회는 이 조항을 삭제하였다. 그러나 1910년대 말부터 1920년에 부활되었다가 1930년대 이후 다시 사라지고 만다.

송영(Doxology)

이 명칭은 "제1찬송"(1910), "찬성가"(1919), "삼위일체 찬송"(1921), "찬송가"(1923), "삼위일체찬송"(1926)으로 불렀다. 미국감리교회 예배에서는 그 명칭을 계속 송영 (Doxology)이라고 부르고 있다.

축도(Benediction)

예배는 축도로 마치고 있다. 이것은 시대에 따라, "사도의 축사"(1910), "사도의 축복"(1919), "사도의 축복"(1921), "사도의 축복"(1923), "사도 축복"(1926)으로 바뀌었다. 그러다가 그냥 "축복"(1935, 1950)으로 사용했다. 언제부터 지금의 "축도"라는 용어를 사용했는지 앞으로 살펴봐야 할 것이다. 초기한국교회는 이 사도의 축복을 고린도후서 13:14절을 명시해놓았다.

3) 1910년대-1930년대 주일예배의 특징들

지금까지 살펴본 1910년대의 예배로부터 30년대의 주일예배의 특징을 다음과 같이 요약해볼 수 있다.

첫째, 초기 한국감리교회 예배는 예배 구성에 있어 당시 미국감리교회의 것을 그대로 따랐다고 할 수 있다. 물론 당시에는 미국감리교회의 선교사들이 주도적 역할을 했기 때문에 예배모범도 당연하였을 것이다. 이 점은 먼저 토착적인 예배를 시도하지 못했고, 성경적 예배연구가 부족하였음을 시사해준다. 감리교회 예배전통에 대한 연구가 부족했음을 보여준다. 이것이 바로 미국감리교회 예배와 한국교회 예배가 당시에 별 차이가 없는 모습이었다는 점을 인식하게 한다. 그런데 감리교회 예배전통에 있어서 이러한 미국감리교회 예배가 웨슬리 예배를 상당히 벗어나 있음을 보여주었다고 할 수 있다. 1784년 웨슬리가 『북미감리교인들에게 보낸 주일예배』(The Sunday service, 1784)를 상당부분 무시하거나 삭제하였다. 예를 들면, "참회의기도" "용서의 기도"등은 한동안 무시되었다. 1960년대 와서야 미국감리교회는 다시 웨슬리예배의 중요성을 알고 대폭적인예배 개혁을 시도하였다.[114]

둘째, 예배의 순서와 용어 중에 중요한 특징으로는 다음과 같은 것들이 있다. 초기 감리교회예배는 "묵도"로 예배를 시작하지 않았다. 예배당에 들어오면 꿇어 엎드려 묵상기도를 하였고, 전주(주악이나 성악)에 해당하는 순서로 시작하였다. 따라서 "묵도로 예배를 시작하겠습니다."라는 표현은 예배순서상 맞지 않은 표현이다. 대부분의 찬송은 일어서서 하였다. 이것은 예배자의 적극적 참여를 이끌 수 있으며, 예배의 대상이신 하나님께 초점을 맞추고 그에 대한 최선의 신앙표현의 행위라 할 수 있다. 찬송, 성경낭독, 기도, 설교, 축도 등은 예배의 중요순서로 확실히 자리잡아가고 있다. 이중 특히 찬송, 기도, 축도는 주일 오후예배 때 혹시 성례를 행할 때에도 이 순서들은 결코 제할 수 없다고 하였다.

모든 예배 시에 구약공과와 신약공과를 낭독하였는데, 구약을 낭독할 때는 '일어서서'라는 표현이 들어있고, '응답적으로'라는 표현이 있다. 이것은 구약본문이 시편일 경우 목사와 회중이 교독하도록 한 것이며 후에 이것은 교독문으로 발전하였다. 그리고 오후예배 때는 구약낭독을 생략하여도 가하다고 함으로서 미국감리교회 예배전통에서 벗어나지 않고 있음을 보여준다. 초기 한국교회는 "목사가 임의대로 신약과 구약 중 한 가지 또는 두 가지 모두 생략할 수 있다"고 제안한 1919년과 1923년의 『남감리교회 도리와 장정』에 따라 점차 성서일과제도를 지키

---

[114] 김외식, 『목회전문화와 한국교회 예배』, 108.

지 않게 된다.[115]

모든 예배에서 광고와 헌금순서가 설교 전에 들어가 있다. 오늘날 "성도의 교제" 혹은 '교회소식'으로 칭하는 이 광고가 예배순서에 중요한 자리를 차지하고 있는 것이다. 그리고 헌금순서가 있을 때, 차츰 헌금찬송을 불렀음을 알 수 있다. 그리고 헌금을 십일조와 슈전으로 표현한 점은 미국감리교회의 *Discipline*(1920)을 그대로 따르고 있는 것이다. 즉, 미국에서 1920년대부터 광고와 헌금이 각각의 순서가 되었으며, 수금(collection)이라는 용어가 사라지고, "십일조와 헌금을 봉헌"이라고 되어 있다.

설교 후에 초청의 시간을 두었다.[116] 1919년 5항과 1923년 주의 5번에 "강도 후에 찬송을 부를 때 누구든지 믿기를 원하면 앞으로 나오라 함"이라고 되어 있다. 1905년『찬미가』의 뒷부분에는 예문이 포함되어 있는데, 이『찬미가』에는 주일예배순서가 들어 있는데, 이는 미감리교회의 *Discipline*(1904)에 있는 것을 그대로 옮긴 것이다.[117] 미국에서도 미감리교회와 남감리교회가 연합으로 1905년에『감리교찬송가』(*the Methodist Hymnal*)를 새로 발행했는데 여기에도 동일한 예배순서가 들어 있다. 그런데, 1905년『찬미가』와 1910년『대강령과 규측』을 번역할 때, 이 설교 후 초청 부분이 빠져있음을 알 수 있다. 다시 말해, 미 감리회『장정』(*Discipline*)에는 들어 있었으나 번역할 때, 초청의 시간이 빠져있는 것이다. 삼위일체송과 송영이 용어로 볼 때 다소 혼란스럽게 사용되고 있음을 볼 수 있다. 삼위찬송(1910)는 귀영가(1919, 1921, 1923, 1926)로 개칭되면서 성삼위일체 하나님께 영광을 돌려드리는 찬양이 되었다. 그린데, 송영으로 알려진 제1찬송(1910), 찬성가(1919), 삼위일

---

[115] *DDMECS*(1919), 85. *DDMECS*(1923), 207.
[116] 이 초청의 시간이 예배 시에 등장하게 된 것은 당시 주일예배가 대부흥운동의 영향으로 보여진다. 주로 결신자를 세우려는 의도로 본래 예배순서에는 없던 것을 시대적 현상에 부응하는 수단으로 사용되었음을 보여준다.
[117] *DDMEC*(1904), 57-59.

체 찬송(1921), 찬송가(1923), 삼위일체 찬송(1926)등은 흔히 송영과 같은 헌신찬양인데, 이 용어가 혼동스럽게 사용되고 있는 것이다. 후에 한국교회가 삼위일체송과 송영을 혼동하여 부르게 된 것은 초기부터 이 용어가 불분명하게 사용되었기 때문이 아닌가 싶다.

셋째, 예배를 위한 간략한 지침서가 제시되고 있다. 1910년의 2항, 3항, 4항, 그리고 1919년의 "주의"에도 5가지 지침이 있다. 1923년에는 "주의" 5가지, 1926년의 2항, 3항을 두어 예배를 효과적으로 드리기 위한 것을 첨부하고 있다.[118] 그러나 이러한 주의나 권면은 1930년대 이 후 예배순서에서는 찾아보기 힘들어졌다.[119]

넷째, 주일예배를 드릴 때 감리교회에서 발행한 예식서를 사용했음을 보여주고 있다. 『찬송가』를 사용하라든지[120], 성례시에 우리교회 예식으로 준행하라는 표현 등이 그렇다.[121] 그리고 예배순서 후반부에 사도신경이나 주기도문을 제시함으로서 회중이 함께 외움으로서 예배 시에 더욱 공동체적인 요소가 가미되어 있음을 볼 수 있다.

다섯째, 예배의 공동체성을 강조하고 있음을 알 수 있다. 1910년, 1926년 예배순서 하단부에, "하나님께 공동 예배할 때 회중이 열심히 예배하기를 권하노니 찬송할 때, 기도할 때, 주의 기도 암송할 때 함께 외울지라"라고 강조하고 있다.

여섯째, 생략 가능한 순서를 제시해 줌으로서 예배의 다양성과 자율성을 열어주고 있다. 이 생략 가능한 순서로는, 전주(주악, 성악) (1919, 1921, 1923), 사도신경(1919, 1923), 성가나 주악(1919, 1921, 1923, 1926), 귀영가(1919, 1921, 1923) 등이 있다.

일곱째, 미감리교회와 남감리교회 주일예배가 순서와 요소에 있어 거의 유사함을 보여주고 있다. 차이점이라 한다면, 남감리교회에서는

---

[118] 각 '주의'나 '권면내용'은 본 서 제4부 〈표-1〉의 하단을 참조.
[119] 김외식, 『목회전문화와 한국교회 예배』, 99.
[120] 1921년, 1826년 등의 순서에 나타난다.
[121] 1910년, 1921년, 1926년 예배순서를 참조.

생략가능한 순서로, 전주(주악이나 성악, 1919, 1923), 사도신경(1919, 1923), 성가나 주악(1919, 1923), 귀영가(1919, 1923)등이며, 구약낭독을 생략(1919)하여도 가능하다고 보고 있으며, 미감리교회는 전주(1921), 성가나 주악(1921, 1926), 귀영가(1921, 1926)를 생략가능하다고 보는 점이다. 그리고 미감리회보다 남감리회가 예배지침을 좀 더 자세히 제시하고 있는 점 등이 차이점이라 할 수 있다.

여덟째로, 1930년대 이전까지 초기 한국감리교회 예배는 성만찬을 매월 1회씩 정도 시행하는 것으로 알려지고 있다. 성만찬을 자주 시행하라는 웨슬리의 뜻과는 부합되는 형태로 주일예배는 흘러갔다고 볼 수 있다. 대신 애찬식을 자주 실행하도록 하였다. 그러나 제대로 지켜졌다고 보기에는 어렵다고 본다.

"각 교회에서 할 수 있는 대로 매삭 1차식은 주의 성만찬을 행하되 만일 이것이 불편하면 매 계삭에 1차식은 행하고 성만찬을 행하고저 하는 예배는 시간을 평균히 이용하여 성례를 행할 시에 시간이 단축하지 않게함".[122]

"문　애찬회에 대하여 지도할 것이 무엇이뇨

답1　애찬회는 매계삭 간이나 혹 전도사 적당한 줄로 생각하는 시에 폐문하고, 행할 것이니 입교인외에도 도를 간절히 사모하는 자는 전도사의 임의대로 참여케 할 수 있음.

답2　애찬회를 행할 시에 먼저 찬송과 기도하고 전도사가 이 예식의 성질과 본의를 간단히 설명한 후에 참여자가 병과 수를 조금씩 먹고 마셔 형제와 같이 친애한 뜻을 표하고 각각 자기의 신령상 경험을 간단히 증거한 후에 찬송과 기도로 폐회함."[123]

---

[122] 남감리회 『교리와 장정』(1919), 제5장 1관 242단 85. 1923년 제24장 1관 598단, 207. 『대강령과 규측』(1910)에 1항에 예배절차 소개한 뒤 2항에다가 이렇게 기록하고 있다. "무론 어느 때든지 성례를 베풀 때에는 이후에 예식을 제하여도 관계치 아니하나 오직 찬송과 기도와 사도의 축사는 제하지 못할지니라", 54. 이것은 DDMEC(1908), 74의 내용과 같다.
[123] 남감리회 『도리와 장정』(1919), 86-87, 1923년, 208.

그러나 성만찬과 애찬식은 제시한 것처럼 그렇게 되지 않았다. 이에 대해 초기한국감리교회 성만찬 이해를 연구한 박해정은 다음과 같이 설명한다. 당시에 성만찬이 소홀해지는 경향을 갖게 된 것으로 하나는, 성만찬 집례자수가 절대 부족했다는 것이다. 미감리회의『장정』에 따르면 정회원 목사와 준회원 목사가 있는데, 준회원 목사는 설교할 권한과 세례를 베푸는 것과 성만찬을 보좌하는 권한이 있고, 정회원 목사는 설교할 권한, 세례와 성만찬을 집례할 수 있는 권한이 있다. 정회원 목사에게만 성만찬 집례 권한을 부여하는 것은 성만찬의 횟수에도 영향을 미치게 되었다는 것이다.[124] 그리고 초기 선교사들은 한국인이 정회원 목사되는 것을 허락하는데 인색하였다.

그리고 1903-1904년 동안 러일전쟁으로 한반도는 정치적인 탄압이 있었는데, 이 시기에 맞추어 대부흥 운동을 맞이하게 되었다. 이때의 예배는 열성적인 찬송, 설교, 간증, 통성기도와 같은 즉흥기도로 구성되어 있었고, 미국 변방의 부흥회와 유사성이 있었다. 이러한 한국의 부흥운동하에서의 주일예배는 성례전적인 예배요소들을 찾아보기가 힘들었다.[125] 이 시기의 대부흥운동의 여파로 인해 한국감리교회 예배는 오늘날의 성만찬예배를 소홀하게 하는 토대를 만든 셈이 되고 말았다. 이에 대해 주학선은 이렇게 언급하였다.

"안타깝게도 1900년대 초반부터 부흥운동이후로 1910년대의 한국감리교회는 비성례전적인 주일예배가 점차 유행하였다. 이는 회중찬송, 즉흥기도, 성경 읽고 그리고 복음주의적 설교 등이었다. 이러한 유형은 한국감리교회 공중예배의 규범적인 형태가 되었고, 20세기까지 이러한 모습으로 계속되었다. 미감리회에서 규정한 매달 혹은 분기별 성만찬 예식은 1932년 『교리와 장정』에서는 삭제하라고 되어 있다. 성만찬이 손상된 것은 아니지

---

[124] 박해정, "초기한국감리교회 성만찬 양상들: 1885-1935", 308.
[125] 박해정, "초기한국감리교회 성만찬 양상들: 1885-1935", 325.

만, 성만찬은 쇠퇴의 나락으로 빠져들게 된 것이다."[126]

이러한 한국감리교회 대부흥운동은 선교사들로 하여금 한국목회자의 부족함을 느끼던 커다란 계기가 되었다. 그럼에도 불구하고, 한국목회자들에게 선교사들은 정회원 목사안수 주는 일에 인색하였고, 목회자의 숫적 부족은 결국 성만찬 집례를 정기적으로 시행하는데 부족한 것으로 나타나게 된 것이다.[127]

성만찬의 빈도수에 있어서도 본래 웨슬리는 성만찬을 자주 시행하라 명하였다. 자신도 일생을 놓고 볼 때, 4-5일에 한차례의 성만찬에 참여하였다.[128] 1918년 남감리회 교리와 장정에 따르면, "가능하면 교회들은 매달 한차례 씩 성만찬예배로 드릴 것이다. 이것이 가능하지 않을 경우, 분기별로, 성만찬예배를 드려야 할 것이다."[129]라고 매달 성만찬을 권유하고 있지만, 초기 한국감리교회는 정회원 목사부족으로 인해 매달 성만찬을 어려웠던 것이다. 성만찬예배에 대해 소홀하게 된 또 다른 이유로는 성만찬에 대한 이해부족이다.[130] 성만찬예식에 익숙하지 않았고, 무릎을 꿇고 성만찬을 받는 것에 대해 조상신을 섬기는 자와 유사하다 생각을 하기도 하였다.[131] 이 시기에 대부흥운동이 일어나고, 교회가 발전하였지만 이때 성례를 집례할 목회자 부족, 성만찬에 대한 이해부족 등으로 시간이 지남에 따라 성례전이 소홀히 취급되는 결과가 나온 것이다. 이러한 여파는 거의 20세기 중반 혹은 종반에까지 흘러갔다고 말할 수 있을 것이다.

---

126 Haksun Joo, *The making of Methodist Worship in Korea*(1885-1931), Th.D. diss. Boston University school of Theology, 2003, 75.
127 박해정, "초기한국감리교회 성만찬 양상들: 1885-1935", 310 .
128 박해정, "초기한국감리교회 성만찬 양상들: 1885-1935", 313.
129 *DDMECS*(1919), 85.
130 박해정, "초기한국감리교회 성만찬 양상들: 1885-1935", 319.
131 박해정, "초기한국감리교회 성만찬 양상들: 1885-1935", 319.

제9장
『교리와 장정』(1931)에 나타난 주일예배

1. 한국형 예배모범과 해설

1) 기독교조선감리회 『교리와 장정』(1931)에 나타난 주일예배

1930년 12월 2일에 "기독교조선감리회"를 탄생시킨 한국감리교회는 그 이듬해 1931년에 『교리와 장정』을 발간하였다.[132] 1931년 주일예배의 형식은 1930년 이전의 주일예배와는 달리 많은 변화와 차이가 있음을 보여준다. 예배용어와 순서가 이전 것보다 단순화되었고, 예전적 성향의 미감리교회 예배의 형식에서 벗어나는 흔적을 보여준다. 이러한 배경에는 무엇보다 한국감리교회의 통합에 따른 한국적 교회의 주일예배를 형성하려는 분위기 때문이라 볼 수 있다. 1931년 『교리와 장정』에 실린 주일예배를 살펴보고, 이에 대한 분석을 하고자 한다.

---

[132] 1931년 『교리와 장정』의 주요 목차는 다음과 같다. 제1편 역사와 교리 제1장 전권위원회 제2장 역사적 선언 제3장 교리적 선언 제2편 헌법과 관계 제4장 헌법 제5장 본교의 관계 제3편 입법과 행정 제6장 교인 제7장 본처사역자 제8장 교직자 제9장 의회 제10장 총리원 제11장 교회경제 제12장 재판법 제4편 과정 연회관계 제13장 과정 제14장 연회관계 부록 제5편 예문 제15장 예문으로 구성되어 있다. 이중에서 제3편 제6장 교인에서 제1관 교인의 반열과 자격 제2관 교인의 권리와 의무 제3관 교인의 은혜 받는 방법이 있다. 이 안에는 제6항 세례받음, 제7항 성만찬식에 참예함, 제8항 은밀 기도와 가족기도를 행함, 제9항 부흥회와 사경회에 참예함, 제10항 속회에 참예함, 제12항 주일예배에 참예함 등이 있다. 그리고 예문편에는 영아세례문부터 시작하여 주택봉헌식예문까지 20여 가지의 예문이 소개되어 있다. 기독교조선감리회 총리원교육국, 『교리와 장정』(경성: 기독교창문인쇄소, 1931), 1-8을 참조.

공중예배(1931)

제6장 73단 제12항 공중례배에 참예함(이는 교인들이 주일마다 조석으로 예배당에 모이어 예배함을 이름이니 그 순서는 대개 아래와 같다.)

1. 묵 도(주악)
2. 찬 송
3. 사도신경(주일아츰)
4. 긔 도(주긔 도문)
5. 구 약(시편)
6. 찬 송(혹 귀영가)
7. 헌 금(긔도)
8. 광 고
9. 찬 송(혹 특별음악)
10. 신약낭독
11. 설 교
12. 긔 도
13. 폐회찬송
14. 축 복
15. 묵도(주악, 산회)

2) 해설

이 예배 순서는 기독교조선감리회가 세워진 이후 최초의 공식 주일 예배순서라 할 수 있다. 이 예배모범은 1962년 『교리와 장정』에 나타난 '표준예배' 순서가 나올 때까지 지속되었다고 볼 수 있다. 이 순서를 살펴보면, 1930년 이전의 주일예배와 순서상으로는 큰 변화나 차이가 없어 보이지만 예배의 요소와 내용은 상당히 단순해진 것을 볼 수 있다.

첫째, 묵도가 처음으로 예배의 맨 처음 순서로 자리 잡고 있다. 이전 미감리교회와 남감리교회의 주일예배에서는 예배의 첫 순서에 '자원하여 풍류함'(1910, 1919, 1923 등)으로 표현되었다. 그런데 이 순서가 빠지고, 묵도가 맨 먼저 순서로 들어가면서 주악과 함께 하는 것으로 되어 있다. 실제 예배를 드릴 때에는 "다같이 주악에 따라 묵도함으로 예배를 시작하겠습니다."라는 표현을 사용했을 것으로 보여 진다. 묵도는 원래 예배의 준비로서 예배당에 들어오는 즉시 엎드려 묵상으로 기도하도록 되어 있던 것이 이제 정식 순서로 자리 잡게 된 것이다.[133] 이러한 형태는 비단 감리교회만의 독특한 면이 아니고, 장로교회 등 당시 한국 교회의 전반적인 모습이었다.[134] 그동안 미 감리교회의 순서를 따른 것이 한국식으로 묵도라는 표현으로 사용되기 시작한 것이다.[135] 순서 끝의 묵도 역시 새롭게 들어간 순서인데, 예배의 순서 끝에 들어간 이 '묵도'는 1962년 '표준예배'가 나오기 전까지 사용하고 있다.

둘째, 찬송할 때 '일어서서' 하라는 지침이 없다. 1930년대 이전예배에서 찬송할 때는 거의 '일어서서' 찬송을 하였다. 그리고 찬송할 때 '일어서서'의 전통은 사실 미감리교회의 예배전통에서 기인한 것이다. 초기 미국감리교회의 『장정』(Discipline)에서는 주일예배 시 찬송할 때에는 '일어서서'(standing)라고 되어 있다.[136] 그런데 1931년 한국형 주일예배 모범에서는 이러한 몸짓언어 행동이 나타나지 않고 있다. 이것은 회중의 적

---

133 1910년, 1919년, 1921년, 1923년, 1926년의 주일예배순서 전반부 지침을 참조.
134 정장복외, 『예배학사전』, 984를 참조.
135 정장복은 오래 전부터 한국교회가 예배를 시작할 때, 첫 순서로 "다같이 묵도함으로 예배를 시작하겠습니다."라는 말을 하고 있다고 말하면서, 이 순서는 기독교 예배역사에서 찾아보기 어려운 순서라고 언급한다. 그는 한국교회가 묵도로 예배를 시작하게 된 배경을 두 가지로 설명하고 있다. 첫째, 이 땅의 많은 종교의 예배행위들이 먼저 머리를 숙이고 묵념을 하는 것을 일상화 했던 것에서 유래했을 것이다. 둘째, 떠드는 교인들을 조용하게 하는 방편으로 묵도를 사용했을 가능성이 있다는 것이다. 초기 선교사들은 교인들이 예배당에 들어오면 예배의 엄숙성을 실현하기 위해 우리의 제의문화에 이미 자리 잡은 '묵상기도'라는 것을 활용하였을 것이라고 추론할 수 있다는 것이다. 정장복, 『그것은 이것입니다』(서울: 예배와 설교아카데미, 2002), 36-37.
136 Discipline(1888, 1904, 1908, 1912, 1916, 1920, 1924)에 보면, 주일예배 순서에는, "*Sining from the Common Hymnal, the People standing*"로 되어 있다.

극적인 예배참여 측면이 고려되지 않고 있음을 엿보게 해준다. 그리고 삼위영가, 송영을 포함하여 6번 정도 있던 찬송이 4번으로 줄었다. 찬송을 많이 부르던 감리교회 예배의 전통이 특성을 살리지 못하고 있다. 점차 예배가 회중의 편리를 도모하는 쪽으로 후퇴하고 있는 것처럼 보인다.

셋째, 헌금과 광고는 지금까지는 주로 신약낭독 후에 설교 전에 왔다.[137] 그리고 광고와 수금(헌금)이 함께 순서를 가졌으나 1921년부터는 각각 독립순서를 가졌다. 그리고 1931년 예배에서는 신약낭독 앞에 헌금이 먼저 들어와 있고 광고가 그 뒤를 잇는 것이 특징이다. 그리고 헌금기도는 1905년『찬미가』의 순서[138]와 유사하다. 다만 찬미가에서는 광고가 먼저 온다.

넷째, 신약성경 낭독전의 찬송은 특별 음악이라는 표현을 사용하고 있는데, 회중이 함께 하는 찬송이 아닌 것으로 보인다. 구약과 신약낭독 사이에 헌금과 광고가 들어감으로 삼위영가로 구약과 신약을 이어주던 순서에 추가로 삽입된 순서를 갖고 있다. 원래 삼위영가(Gloria patri)는 초기 미국감리교회의 전통으로서 구약성경과 신약성경 사이에 위치를 두었다.[139]

다섯째, 설교라는 용어가 처음 등장하였다. 전도(1910), 강도(1919, 1921, 1923, 1926)였던 것이 설교라는 용어로 새롭게 등장하였다. 이러한 용어는 회심자를 얻기 위한 전도중심의 설교인 "전도"에서 말씀을 풀이하는 "논설"로, 말씀을 가르치고 교육하는 면이 강조된 "강도"로 하다가 기독교의 진리를 선포하는 "설교"로 바뀌게 된 것이다.

여섯째, 축복은 축도를 의미하는 것으로서 미감리교회에서는 지금까지 "ᄉ도축문" "축원" "ᄉ도축수" "목ᄉ가 축도" "ᄉ도의 축ᄉ"라고

---

[137]『대강령과 규측』(1910), 남감리회『도리와 장정』(1919, 1923),『미감리교회 교의와 됴례』(1921),『미감리교회 법전』(1926) 등의 주일예배 순서를 참조.
[138]『찬미가』(1905)의 주일예배 순서에는 "목사가 광고ᄒ고 슈전을 밧은 후에 목사가 긔도로 밧침"으로 되어 있다.
[139] Discipline(1904, 1908, 1912, 1916)에 보면, 주일예배 순서 중에 Lesson from the Old Testament(구약낭독), The Gloria patri(성삼위영가), Lesson from the New Testament(신약낭독)순서로 되어 있다.

불렸고, 남감리회에서는 "사도의 축복"이라 불렀다. 축도 할 때 사용되던 고린도후서 13장 13절에 관한 내용도 사라졌다. "축도"[140]라는 용어가 공식으로 한국감리교회에서 사용된 것은 1962년『교리와 장정』에 나오는 주일예배에서 부터이다. 한국교회에서는 축도를 기복적 신앙관점에서 사용되는 면도 없지 않은 것 같다. 그러나 축도는 예배의 요소 중의 하나로서 마지막 순서에 목사가 선언하는 '복의 선언' 혹은 '강복선언' 이라는 측면을 인식해야 할 것이다.

2. 분석과 평가

1931년『교리와 장정』에 나타난 주일예배 순서에 대한 내용을 다음과 같이 평가해 보고자 한다.

첫째, 한국감리교회가 통합을 이룬 후에 나온 최초의 한국형 주일공예배 모범이라는 점에서 그 의의가 크다고 볼 수 있다.

둘째, 1930년 이전의 예배순서에 소개되어 있던 주일예배를 바르게 드리기 위한 지침이나 주의와 같은 권면이 없다. 1930년대 이전에는 미국 감리교회의 장정에 따라 선교사들이 중심이 되어 주일예배를 드렸다. 그 당시 사용되어진 주일예배서는 거의 미국감리교회의『장정』(*Discipline*)들이었다. 장정을 번역하여 사용하던 선교사들은 당연히 한국인들에게 필요한 내용을 간추려 사용했을 것이다. 주일예배 시 예배

---

[140] 축도로 번역된 라틴어 Benediction은 '복의 선언'(pronouncement of good)을 뜻한다. 초대교회에서 축도는 감독이 성만찬 직전에 했으나, 천년 이후에는 사제가 예배의 끝에 하는 것이 보편화되었다. 기독교 예배 역사 안에서 축도로 사용되었던 성구는 다음과 같은 것들이 있다. "여호와는 네게 복을 주시고, 너를 지키시기를 원하며 여호와는 그 얼굴로 네게 비춰사 은혜 베푸시기를 원하며 여호와는 그 얼굴을 네게로 향하여 드사 평강 주시기를 원하노라"(민 6:24-26), "주 예수 그리스도의 은혜와 하나님 아버지의 사랑과 성령님의 교통하심이 너희 무리에게 있을 지어다."(고후 13:13) 이외에도 엡 6:23-24, 히 13:20-21)을 들 수 있다. 종교개혁자들은 축도를 성례로 보지 않았으며 축복을 선포하는 '사제적' 기능으로 받아들였다. 즉, 축도 자체가 성례는 아니며, 기도도 아니며, 예배에 있어 예배로의 부름이나 사죄의 확신과 같은 '복의 선언' 또는 '강복선언'이라는 의미의 예배 순서 용어인 것이다. 축도의 유래와 의미에 대해서 한진환, "축도, 강복선언"『예배학 사전』, 627-629를 참조.

의 지침이나 간략한 권면이 들어 있었던 것이다. 그러나 1931년 주일예배에서는 이런 모습이 나타나지 않고 있다. 이러한 결과 발생할 수 있는 문제점으로는 자율성이 부각되면서 통일성과 일관성이 결여된 양상을 초래 할 수 있다. 한국인에 의해 주일예배가 드려지고 있으며, 한국인 목사들이 주일예배의 재량권을 갖고 주일예배를 집례하고 있기에 예배모범이나 지침이 오히려 강화되어야 옳았을 것이다.

셋째, 1930년 총회를 조직한 후에 발간한 기독교조선감리회『교리와 장정』을 통해 새로운 예배예식을 제정하고 각 교회에 소개하면서 이전에 사용하던 설명식이었던 미감리회 예배서의 주일예배 순서를 오늘날 주보를 통해 흔히 볼 수 있는 간소한 형식의 예배순서로 단순화하고 있다. 이점 역시 예전성향의 웨슬리적이며 성경적인 예배전통에서 벗어날 가능성이 내포되어 있다고 보여 진다.

넷째, 생략 가능한 순서를 표기하지 않고 있어 예배순서나 요소의 다양성 측면이 활성화되지 못한 것으로 보인다.

다섯째, 그동안 예배에서는 없던 순서들이 포함되어 한국형 예배순서로 자리하고 있다. 예를 들면, 묵도, 특별음악, 헌금과 그 후 기도, 폐회찬송, 축복 후 묵도 등이다. 이러한 순서는 점차 비예전적 방향으로 가는 모습을 나타내주고 있다. 그리고 신약성경 낭독 후 곧 바로 설교가 나오고 있다. 이것은 성경낭독과 설교의 연속성을 주고 있다는 점에서는 긍정적으로 평가할 수 있을 것이다.[141] 하지만, 앞서 특별음악이 오늘날의 찬양대의 찬양이라는 전제를 한다면, 신약성경 낭독 후 설교 전에 특별음악이 자리 잡아도 좋을 것이라 본다.

---

[141] 조기연은 성경낭독과 설교는 논리성의 측면에서 사실상 한 덩어리 인정하면서 성경낭독과 설교 사이에는 원칙적으로 아무것도 삽입되어서는 안 된다고 보았다. 따라서 그에 따르면, 찬양대의 찬양은 설교 후에 오는 것이 맞다고 주장한다. 조기연, 『한국교회와 예배갱신』(서울: 대한기독교서회, 2004), 150. 물론 성경낭독이 두 개 이상(구약과 복음서, 서신서) 낭독되고, 그 사이에 시편송이나 알렐루야송 같은 응답송이 따를 때라면, 찬양대의 찬양이 설교 후에 위치하는 것을 고려할 수 있을 것이다. 하지만 성경낭독이 그렇지 않을 때는 성경낭독 후 설교 전에 하는 것도 좋으리라 본다. 설교 후에 회중 찬양이 따라오기 때문이다.

여섯째, 순서에 따른 용어가 아주 단순하고 간결하게 채택되었다. 예를 들어 전도(1910)와 강도(1923)를 설교로, 삼위찬송(1910)과 귀영가(1923)을 찬송으로 표현하였다. 용어부분으로 볼 때 전반적으로 미 감리교회의 예배전통이 사라지는 듯 보이며, 예전적 요소들이 부각되지 않고 비예전적 예배로 흐르고 있다고 볼 수 있다.

일곱째, 목사와 회중이 함께 예배드리는 측면이 부각되지 않고 있다. 이것은 설교중심형 예배로 전환되어가고 있음을 반증하는 것으로 보여 진다.

마지막으로, 주일예배의 구조가 설교중심의 예배 형태를 띄고 있다고 하겠다. 물론 당시『교리와 장정』(1931년) 안에 성만찬 순서가 분명히 들어있다. 과연 주일예배시 성만찬이 얼마나 자주 실행되었는지 알 수는 없지만, 주일예배 순서에는 말씀과 성만찬을 함께 드리고 있는 모습을 엿볼 수 없다.

김외식은 그의 책에서 이 같은 특징들에 대해 다음과 같이 지적하고 있다. "1930년대 한국감리교회는 예배의 쇠퇴를 보이고 있다. 1930년 이전의 초기감리교회예배에서 보았듯이 예배의 순서와 요소는 1930년대에 급격히 변화하게 되었다. 이 변화는 예배학적 측면에서 보면 발전이 아니라 퇴보이다. 혹이 지적하기를 1930년대 기독교조선감리회가 출범할 때 한국적인 예배를 시도하느라고 그렇다고 하는데, 초기의 특징들을 제거하면서 새롭게 시도한 흔적이 없어 보이기에 이 말은 성립되지 않는다. 1930년대 예배 후퇴의 원인으로는 한두 가지를 지적할 수 있다. 우선, 당시 일제의 교회와 예배에 대한 탄압을 들 수 있다. 다음으로는, 한국인에 의한 조선감리회가 출범하느라고 모든 지도자들이 거기에 힘을 쏟다보니 미처 예배에 대해 세심하게 배려할 여력이 없었다고 볼 수 있다. 그러나 근본적인 것은 성경적, 전통적 예배에 대한 연구의 부족이라 해야겠다."[142]

---

[142] 김외식, 『목회전문화와 한국교회예배』, 109.

지금까지 살펴본 대로 1930년대 한국감리교회 주일예배는 여러 가지의 변화가 많이 있었고 예배학적 측면에서 후퇴한 면이 있었다. 그러나 1931년 『교리와 장정』에 수록한 주일 예배 순서는 새로운 한국형예배 모델을 제시하는 최초의 예배순서로서 이후 한국감리교회의 주일예배의 형식에 영향을 주고 있다는 점에서 이 예배모범을 주목해야 할 필요가 있다고 하겠다.

제10장
『교리와 장정』(1962)에 나타난 새로운 표준예배

예배사적으로 20세기는 크게 두 가지의 예배학적 이슈가 논의 되었다고 볼 수 있다. 그 중에 하나는 바로, 예배갱신 운동이다.[143] 다른 하나는 제2차 바티칸 공의회(1962-1963년)의 예전 개혁이라 할 수 있다.[144]

---

[143] 20세기 예배갱신운동의 진정한 선구자는 벨기에의 베네딕스 수도사였던 람베르트 보댕(Lambert Beauduin, 1873-1960)이다. 보댕은 1914년『예배, 교회의 생활』이라는 책을 출판한 것을 계기로 본격적으로 출발되었으며, 그 후 유럽과 북미에서 예배에 대한 새로운 인식의 재고를 가져왔다. 예배운동의 영향은 초교파적인 것이었으며, 20세기 후반에 각 교단이 예배 예식서를 개정하게 된 것도 이 운동의 결실이다. 예배운동이 가져온 신학적, 예배학적 의미는 첫째, 예배운동은 교회로 하여금 초대교회의 예배적 삶을 발견하고, 그 정신을 현대 교회의 예배에 회복하도록 촉구하였다. 그 실례로『사도전승』(Apostolic Tradition)이라는 예배문서는 처음 발굴된 것은 16세기였지만, 3세기 초 히뽈리뚜스(Hippolytus)의 저작임이 확인되었다. 이 문서에 나타난 "성만찬 기도"(eucharistic prayer)는 제2차 바티칸공의회 이후 개정된 현대로마 가톨릭교회의 성만찬 기도 II와 미국장로교회의 성만찬기도 D. 그리고 미국연합감리교회의 성만찬기도에서 부분적으로 부활되었다. 또한 4세기 성 바질의 성만찬 기도는 현대 로마가톨릭교회의 성례서에서 성만찬 기도 IV로, 그리고 1979년 개정된 성공회의 공동기도서에서 성만찬 기도로 부활하였다. 둘째, 현대예배는 성직자 중심주의를 탈피하고, 회중참여의 확대를 재고하게 되었다. 셋째, 공동체성의 회복역시 현대예배의 흐름에서 중요한 요소였다. 넷째, 금세기 예배학의 가장 큰 업적중의 하나는 성만찬의 중요성을 재발견하였다는 것이다. 마지막으로, 각 교단은 서로 다른 예배전통을 인식하게 되었다. 조기연,『예배갱신의 신학과 실제』(서울: 대한기독교서회, 2002), 134-139를 참조. 예배갱신에 관해 더 자세하게 알고자 한다면, 나아겔,『그리스도교 예배의 역사』, 227-250을 참조.

[144] 제2차 바티칸 공의회는 1963년 12월 4일에 파울루스 6세가 공의회의 첫 번째 문헌인『거룩한 예전헌장』(Constitutio de Sacra Liturgia)을 선포하였다. 이 예전헌장의 의의는 트리엔트 공의회로부터 꼭 400년 만에 공포된 것으로 예전의 경직화를 극복하고 그 공의회의 전체 목적에 걸맞게 예배의 중심적인 사건으로부터 교회의 정신생활을 갱신하려는 것이었다. 이 목적을 달성하기 위해 예전신학적인 네 개의 기본인식은 후에 엄청난 영향을 끼치게 될 것이다. 이 네 개의 기본인식은 첫째, 예전 안에서 교회의 대사제로서 현존하시는 그리스도는 우리의 구원을 위한 하나님의 섬김을 대행하셨고, 동시에 하나님을 향한 희생적인 헌신이라는 제의적인 섬김을 행하신다. 둘째, 그 때문

예배갱신 운동은 유럽과 북미에서 예배에 대한 인식의 재고를 가져왔다.[145] 그러나 한국감리교회가 이러한 예배갱신 운동과 제2차 바티칸 공의회의 논의들을 이 당시 직접적으로 영향을 받았는지에 대해서는 회의적이라 할 수 밖에 없을 것이다. 왜냐하면, 1962년 '표준예배서'가 이전의 주일예배와는 차별화를 주고 있지만, 20세기 예배갱신이나 제2차 바티칸 공의회의 논의와 사상을 반영하고 있는 예배학적 의미와 요소가 나타나고 있지 않기 때문이다. 오히려 한참 지난, 1992년『예배서』혹은 2002년『새예배서』를 발간하는 시점에서부터 이러한 예배신학적 측면이 반영되어 나오고 있다. 아마 이것은 한국감리교회 뿐 아니라 다른 교단도 여기에서 크게 벗어나지 않을 것으로 보인다.

앞에서 필자는 1931년 이후부터 1959년까지의 한국감리교회 주일예배의 발전과정을 살펴보았다. 1930년에 기독교조선감리회가 출범한 이듬해인 1931년『교리와 장정』에 나타난 주일예배는 이전의 예배와는 차별화된 양상을 띄었다. 가장 큰 차별화는 미국감리교회 예배의 틀을 기조로 하던 예배형식에서 벗어나 독자적인 한국형 주일예배로 정착되었다는 점이다. 예배순서에 따른 용어에 있어서도 거의 오늘날에 사용하는 용어들로 대체되었다. 그리고 예배 진행을 위한 지침서라는지 안내가 없었으며, 회중의 참여가 부족한 면을 보여주었다. 또 하나의 차별화는 예전적 요소가 상당히 후퇴하고 있다는 점이다. 이러한 분위기는

에 예전은 전체교회에서 거룩한 사건이며 동시에 그것은 예배 회중의 적극적인 참여를 요구한다. 셋째, 예전은 또한 표징을 가지고 있는 사건으로서 이 표징이 쉽게 이해되도록 함께 수행하지 않으면 안 된다. 넷째, 예전은 교회의 활동이 지향하는 정점이요 동시에 교회의 능력이 흘러나오는 원천이다(제10조). 1958년 9월3일의 교황청 예전성의 훈령에는 중세 스콜라 철학의 입장으로부터 예전이 하나님에게 빚진 '공적인 의식'(cultus publicus)이었던 반면에 지금에 와서 예전은 전면적으로 하나님과 교회 사이에 대화의 사건으로서 '그리스도의 사제직 수행'으로 포괄하고 있다. "예전은 감적인 표징을 통하여 인간의 성화를 나타내며 그것을 고유한 방식으로 실현할 뿐 아니라 또한 예수 그리스도의 신비로운 몸, 곧 그의 머리와 지체가 함께 전체적인 공동의 제의를 수행하는 것이다(제17조)." 나아겔,『그리스도교 예배의 역사』, 233-234, 이외에도 제2차 바티칸 공의회의 전례헌장에 관한 자료는, 이홍기,『미사전례』(왜관: 분도출판사, 2000), 53-57; 베네딕토 16세 요셉,『전례의 정신』, 정종휴 역(서울: 성바오로 출판사, 2006); 클레멘스 리히터,『전례와 삶』, 정의철 역(서울: 가톨릭대학교 출판부, 2006), 7-9 등을 참조.
145 조기연,『예배갱신의 신학과 실제』, 134.

예배에 있어서 목사중심 혹은 설교중심형 예배로의 진입을 보여주고 있다고 하겠다.

1962년 들어 한국감리교회는 새로운 표준예배를 내놓기에 이른다. 1962년 발행한 장정에 따른 주일예배는 한국교회 안에 주일예배의 순서를 두 가지 이상으로 제시한 첫 번째의 것이다. 이러한 시도는 예배갱신을 조심스럽게 진행해 보려는 것으로 다양한 예배형식을 제시함으로서 상황에 따라 적절한 예배유형을 제공하려는 의도라 볼 수 있을 것으로 판단된다.

예배사적으로 볼 때도, 20세기에 들어서면서부터 개신교 안에 예배갱신론이 거론되기 시작하였다고 학자들은 평가하고 있다.[146] 한국교회 안에 예배갱신운동은 예배와 그리스도 안에서의 공통된 삶으로 표현되는 하나의 신앙과 하나의 성만찬식 교제를 통해 가시적인 일치를 추구하는 에큐메니칼 영향을 받으면서 지금까지의 비예전적이며 사유화된 예배를 비판하기 시작하였다.

이러한 시대적 상황 속에서 한국감리교회가 주일예배에 있어 새로운 주일예배모범을 내놓았다는 것은 예배갱신의 희망을 보여주는 일이라 하겠다. 하지만 앞서 살폈지만, 예배갱신운동과 제2차 바티칸 공의회의 예전개혁운동에 직접적인 영향을 받거나 이러한 흐름에 비춰 예배의 변화는 크게 영향을 받지 못하고 있음을 인식할 수 있다. 다만 1962년 주일예배 순서의 특징은 이전의 것과 비교했을 때, 예배의 구조와 순서, 용어에 있어 많은 변화를 가져왔다고 할 수 있으며, 1931년 주일예배를 새롭게 발전시킨 새로운 주일 예배형태라고 말할 수 있을 것이다.

---

[146] 20세기 예배갱신에 관한 배경을 이해하기 위한 문헌으로는 김세광, 『예배와 현대문화』, 219-227; 김순환, 『21세기 예배론』, 23-29; 박근원, 『오늘의 예배론』, 37- 60; 웨익필드, 『예배의 역사와 전통』, 191-204; 나아젤, 『그리스도교 예배의 역사』, 227-238 등을 참조.

1) 『교리와 장정』(1962)에 나타난 주일예배 순서 비교 〈표-2〉

〔1〕안	〔2〕안
전주	전주
예배에의 부름	묵도
기원	찬송
찬송	성경교독(교리적선언)
성경교독(교리적 선언)	및 사도신경
및 사도신경	성삼위영가
성삼위 영가	기도
기도	주기도문
주기도문	응답의 노래
응답의 노래	찬송
찬송	성경 봉독
성경봉독	헌금
헌금	찬 송(성가대)
광고	설교
찬 송(성가대)	기도
설교	신신자견신
기도	찬송
신신자견신	축도
찬송	후주
축도	
후주	

2) 분석과 평가

표에서 본바와 같이 1962년에 한국감리교회는 한국형 표준예배를 내놓았다. 이는 1931년 예배에 비하면 상당한 예배갱신측면이 고려된 예배리고 할 수 있다. 그동안 1931년 이후 한국감리교회는 1962년 한국형 표준예배가 나오기까지 별다른 변화 없이 자리 잡아왔는데 1962년에 예배갱신 요소가 비교적 반영된 주일예배 순서가 등장하게 된 것이다. 1962년형 표준예배는 1931년 이후 순서와 비교해보면 다음과 같은 몇 가지 평가를 할 수 있을 것이다.

첫째, 우선 20개가 넘은 예배 순서로 구성되면서 예배순서의 제요소를 대체로 갖추고 있으며, 두 가지의 예배형식을 제시함으로써 예배의 다양한 형식에 대한 가능성을 열어주었다.

둘째, 묵도로 시작하고 묵도로 마치던 예배순서가 [1]안에서는 사라졌으나, [2안]은 예시되었다.

셋째, 그동안 구약낭독과 신약낭독의 순서를 두고, 그 사이에 성삼위영가(Gloria Patri)를 두었던 주일예배 순서에 '성경봉독'이라는 순서가 처음으로 들어감으로서 그 동안의 두 가지 종류(구약과 신약)의 성경낭독이 성경봉독으로 변형되게 되었다. 이후 오늘에 이르기까지 대부분 교회에서는 성경봉독을 그날의 설교본문을 읽는 의미로만 사용하고 있다. 그리고 성삼위영가가 사도신경 뒤에 위치하게 되었다.

넷째, [2안]에서 보듯이, '감리교교리적선언'이라는 교리부분을 예배순서 안에 정착함으로서 주일예배 시에 감리교 주일예배만의 독창성도 부각시켜주고 있다. 그러나 매월 1차 이상 암송할 것을 제시했던 1931년 이후부터 1959년 주일예배순서와는 달리 여기서는 매월 1차 이상 낭독하라는 제시가 빠져있다. 이는 감리교적인 주일예배 특성만을 고집하지 않고 있음을 보여주고 있다.

다섯째, 신신자견신이라는 순서가 처음으로 나오고 있다. 이 순서는 새신자를 소개하는 순서로 정착하게 된다. "신신자견신"이라는 용어는 신신자 견신(1962)에서 새신자견신(1967, 1973)으로 용어의 변화를 주다가, 1983년부터는 "새신자소개"로 바뀌고 있기 때문이다. "신신자견신"(an invitation 또는 a confirmation)은 부흥운동의 영향을 강하게 받은 19세기 미국감리교회예배의 특징이었던 용어였는데 한국감리교회가 이것을 회복 한 것이다. 이 순서는 회심자들을 얻기 위해 예배의 마지막 순서로 설교 다음에 진행되었다.[147] 결국 이 용어와 순서가 처음부

---

[147] James F. White, *Protestant Worship Traditions in Transition*(Louisville: John Knox Press, 1989), 177–178.

터 새신자소개로 자리 잡은 것은 아닌 것 같다. 원래 새신자를 얻기 위한 초청의 시간 즉, 결단의 시간이었는데, 나중에 새가족 소개로 변형된 것이라 볼 수 있다. 이 용어는 예배를 통한 회심과 예배 순서를 통해서도 복음전도의 효과를 기대할 수 있다.

여섯째, 예배 용어와 순서 배열에 있어서는 그동안의 형식보다 예전적 측면이 많이 고려되었음을 알 수 있었다. [1안]에서는 전주, 예배의 부름, 기원, 응답의 노래와 같은 예전적 순서들을 추가하였으며, 신신자견신 등과 같은 새로운 순서들을 추가하였다. 예배가 이렇게 전주, 예배의 부름, 기원으로 진행되는 것은 예전적 회복의 차원에서 바람직한 일이라고 할 수 있다.

일곱째, 1962년 주일예배도 1931년과 마찬가지로 예배 형식과 순서에 관한 내용만 제시했을 뿐 예배자들을 위한 지침서라든가, 예배규범 등은 소개되지 않고 있다. 이에 대해 필자가 판단하는 것은 한국교회가 양적인면에서 점차 부흥이 되면서 예배에 대한 목회자 인식과 예배인도자의 수급이 어느 정도 되어가고, 교인들의 예배에 관한 발전의 폭이 그만큼 넓혀졌다는 반증으로 보인다. 하지만, 예배갱신과 발전측면에서는 무엇인가 아쉬움을 남겨준다고 하겠다.

제11장
『감리교 예식규범』(1964)

앞에서 필자는 1962년 한국형 표준예배에 관해 살펴보았다. 이 표준예배에 나타난 주일예배는 순서를 다양하게 시도해 볼 수 있도록 2개의 주일예배 순서가 제시되었고, 예배순서에서도 예배갱신적 차원이 부각되는 예배양상을 띄고 있음을 알 수 있었다. 그리고 선교지향적 차원도 나타나 있었으며 감리교 교리적 선언을 교독문에 삽입시켜 낭독케 함으로서 감리교회만의 독특성을 지향하는 예배특성을 갖고 있었다. 그런데 아쉬움이 있었던 것은 1962년 표준예배를 실해함에 있어 예배자들에게 지침이 될 만한 자료나 안내가 없었던 것이었다.

다행히 이러한 아쉬움을 덜어주는 예식서가 1964년에 발간되었는데 이것이 바로『감리교 예식규범』(1964)이다. 이 예식서는『교리와 장정』과는 별도로 발간된 것으로서 감리교회의 예배뿐 아니라 각종 예식규범을 올바르게 실행하도록 하고 있다.

1. 발간 배경과 주요 내용

1962년 표준예배가 나온 이 후, 한국감리교회는 1964년에 166페이지 되는『감리교 예식규범』이라는 책을 발간하였다.[148] 1931년『교리와 장정』을 발행한 이후 별도로 이렇게 예배와 예식을 돕고 집례하는데 도움이 되는 실제적 규범을 내놓은 것은 최초가 아닐까 싶다.[149]

『감리교 예식규범』(1964)이 나옴으로서 한국감리교회는 나름대로 예배서와 예문 외에 별도의 지침서를 보유하게 된 것이다. 이 규범 안에는 주일예배순서나 다른 성례전에 관한 순서들은 빠져있다. 발간배경에서 밝히고 있듯이 이는 예배를 잘 드리고, 성례 등 예식을 잘 집행할 수 있는 규칙과 모범을 제시하는데 목적이 있기 때문이다.

본 예식문의 취지에 대해 세 가지로 설명하고 있다. 첫째, 목회자들에게 예식을 뜻있게 집행할 수 있을 재료를 제공하기 위해서이다. 둘째, 교인들에게 각종 교회의식과 가정행사에 대한 원칙과 방법을 제공하기 위해서이다. 셋째, 전체 국민들에게 기독교적인 감화를 끼쳐 덕이 되게 하고 복음을 증거함에 있다.[150]

감리교 예식 규범을 살피는 것은 당시의 주일예배 태도와 자세를 이해하고, 예배실행에 있어 어떤 특징들이 강조되고 있었는지를 판단하게 하는 중요한 사료(史料)라 생각된다. 아울러 다른 예식들에 관한 이해를 돕게 해주기 때문에 매우 유익한 자료라 판단된다. 그 내용은 다음과 같은 것으로 되어 있다.

---

148 기독교대한감리회,『감리교 예식규범』(서울: 기독교대한감리회 총리원 교육국, 1964).
149 감리교회는『교리와 장정』외에『예문』을 두고 있다.『예문』안에는 공예배를 제외한 각종 예식문들이 들어있다(예를 들면, 학습식, 세례식, 성만찬식등).『예문』은 1973년까지는『교리와 장정』의 부록에 위치하였다가 1977년(제1판 발행)부터 분리되어 출간되었다. 1973년 이후 1977년 사이에『예문』이 출간되었는지는 확인하기 어렵지만 1977년에 제1판『예문』이 출판되었다.『감리교예식규범』(1964)은 예문에 대한 보조자료라고 할 수 있을 것이다. 1964년『감리교예식규범』에 대해 이렇게 적고 있다. "기독교대한 감리회 총회에서 이미 제정된 예문에 대한 부연(敷衍)과 예문에 없는 것을 만들어 각종예식 집행에 도움을 드리려는 것이다.",『감리교 예식규범』(1964), 4.
150 기독교대한감리회,『감리교 예식규범』, 7.

예식규범

1장 예배에 대하여

2장 학습식에 대하여

3장 세례식에 대하여

4장 성만찬식에 대하여

5장 직원 취임식에 관하여

6장 설립 기념예배에 관하여

7장 성역 기념예배에 관하여

8장 약혼식에 관하여

9장 결혼식에 관하여

10장 상례에 관하여

11장 추도 기념예배에 관하여

12장 성탄절 축하에 관하여

13장 감사절 축하에 관하여

14장 부활절 축하에 관하여

15장 어린이 및 부모님주일 축하에 관하여

16장 돌 축하에 관하여

17장 회갑 축하에 관하여

18장 생일 축하에 관하여

위의 내용들을 보면 각 예식에 관한 순서에 대해 자세히 설명하고 있지는 않다. 주요 구성은 각 예식을 지키는 의의와 준비, 예식방법, 그리고 유의할 일들로 그 순서가 구성되어 있다. 특징적인 것은 예배와 성례를 위한 규범을 일반 경축예식과 함께 나열해 놓았다. 그리고 용어에 있어서도 예배와 예식의 구분이 명확하게 정립되지 않고 있음을 볼 수 있다. 즉, 성역기념예배, 추도 기념예배 등이 '예식'으로 표현되지 않고 '예배'로 되어 있다. 이는 아직 예배와 예식의 구분이 신학적으로 명확히 규정되지 못한 상황을 반영하고 있다고 볼 수 있다. 이제 '예배에 관하여'를 구체적으로 살펴보기로 하겠다.

2. 예배에 관하여

다음은 예식규범에 나와 있는 예배에 관한 내용이다.[151] 그 내용을 살펴보면, 예배의 의의, 예배의 준비에 대해 설명하고 있고, 예배 의식에 관해 나와 있다. 그리고 유의할 사항을 두어서 예배인도자들의 예배준비사항이나 예배를 드리는 회중들의 예배 참여에서 주의해야 할 사항들이 나와 있다. 이러한 예배의 유의사항 등은 오늘의 예배현장에서도 적용할 만한 많은 아이디어가 있음을 발견한다.

1) 예배의 의의[152]

예배는 하나님께 경배하는 것이다. 우리는 하나님이 무서워서가 아니라 그의 사랑과 은혜에 감격하여 그에게 감사와 찬송과 영광을 돌리며 그 앞에 경배하는 것이다.

구약시대에는 제사장을 통하여 제물을 드려 하나님께 경배하고 그와 교통을 하였으나, 신약시대에는 예수 그리스도를 통하여 신령과 진리로 하나님께 예배드림으로 그와 교통하게 되었다. 사랑이시면서도 엄위하신 하나님께 예배드림에 있어서 주님의 공노를 힘입어 그 앞에 나가는 우리는 상한 심령과 겸손한 마음으로 나갈 것이며, 정숙하고 경건한 예배를 드려야 한다.

---

[151] 『감리교 예식규범』(1964), 1-8을 참조.
[152] 『감리교 예식규범』(1964), 1.

2) 예배의 준비[153]

(1) 예배자는 예배당을 향하여 출발할 때부터 다른 곳에 가는 것과는 달리 기도하는 마음으로 준비하여 예배에 참석한다.

(2) 그리하여 예배자는 의복과 머리를 단정하게 하고 예배에 출석한다.

(3) 성경, 찬송, 헌금을 꼭 준비해 가지고 출석한다.

(4) 교역자는 주일예배 설교를 늦어도 금요일 저녁까지는 완성토록 한다.

(5) 성가대의 찬양은 설교에 맞도록 준비를 시킨다.

(6) 교역자는 주일예배 차례에 책임을 가진 이들과 성가대의 준비 여부를 일일이 확인하여 예배준비에 만전을 기한다.

(7) 주보는 토요일 저녁까지 등사 또는 인쇄가 완료되어야 하며, 담임자는 실수 없도록 세심한 주의를 하여야 한다. 만일 잘못이 있으면 광고시간에 꼭 시정을 하여야 된다.

(8) 예배 약 30분전에 담임자나 전도사는 강당과 예배환경이 잘 되어 있는 가 살펴본다.

(9) 예배를 주장하는 사람이나 예배차례에 든 사람들은 강단 예복으로 까운을 준비해서 착용토록 할 것이고, 만일 까운을 준비하지 못했으면 검은 색깔의 옷을 입도록 하면 좋을 것이다. 각 교회는 까운을 2-3벌씩 준비하여 교회 강단용으로 쓰도록 한다.

(10) 안내위원으로 하여금 늦어도 예배시간 약 15분전에 꼭 교회에 나와 교회에 나오는 교우들과 특히 처음 나오는 이들에게 따뜻한 손을 내밀어 환영토록 하게 한다.

3) 예배의식[154]

(1) 예배시간 약 5분전에 목사가 성가대를 위하여 기도하고, 목사가

---

[153] 기독교대한감리회, 『감리교 예식규범』, 1.
[154] 기독교대한감리회, 『감리교 예식규범』, 3-6.

맨 앞에 서서 입장하면 성가대원은 그 뒤를 따라 들러오고, 목사는 직접 강단으로 올라가고 성가대원은 자기 자기로 가서 앉는다.

(2) 목사가 강대상에 나오면 교우일동이 기립하여 목사의 지시를 따라 묵도로 귀영의 순서가 시작되도록 한다.

(3) 예배 차례에 대하여

① 귀영(Adoration)

이는 하나님께 영광을 돌려보내는 차례이다. 고로 이 부분의 차례가 진행될 때에는 귀영의 정신으로 기도하고 찬송도 불러야 된다. 아침 귀영의 찬송은 하나님께 영광을 돌리는 찬송: 제1장-50장 안에 있는 것을 택하여야 한다.

② 자복 (Confession)

이는 하나님 앞에 예배자들이 죄를 자복하는 차례이다. 이 순서에서는 예배자들이 통성기도로 죄를 자복하도록 하여도 좋을 것이다. 그리고 아침예배의 기도는 전 교우들의 죄를 걸머지고 또 저들의 소원을 가슴에 안고 하나님 앞에 나가 호소하는 기도이기 때문에 본 교회의 목사가 함이 옳을 것이다.

③ 교통(Communion)

이는 예배자와 하나님과의 교통을 의미하는 것이다. 이 부분에서는 예배자의 찬양이나 기도 헌금 등으로 "하나님께 올라가는 것"과 "하나님의 말씀을 통하여" 하나님께서 예배자에게 내려오시는 차례를 이루하도록 할 것이다. 여기에 설교자의 중요한 책임이 있는 것이다.

④ 헌신

이는 하나님께 마음과 몸을 드리는 차례이다. 하나님께 영광을 돌리고, 하나님께 자복하고, 또 하나님과 교통하는 중에 몸과 마음을 드리는 헌신으로 새로움의 생활에 나가게 되는 것이다. 그런고로 우리들이 하나님께 예배를 드림으로 하나님께는 영광, 예배자는 은혜 중에 더욱 깊이 드려가는 데 의의가 있는 것이다. 예배 마지막 부분의 찬송을 택할 때에는 하나님께 감사와 영광을 돌리는 송영의 찬송을 택하여 부르는 것이 좋다.

(4) 의자가 있는 예배당이라면 귀영의 부분의 차례를 진행할 때는 교우가 기립하는 것이 좋다.

(5) 예배는 극히 엄숙히 진행하여야 될 것이고, 정식으로 모이는 공중예배 시에 손바닥을 치며 혼자서 큰소리를 내어 예배에 방해가 되는 행동을 해서는 안 된다.

(6) 예배를 인도하는 사람을 비롯해서 예배차례에 든 사람은 그 예배당에 참석한 사람들이 들을 정도로 음성을 크게 똑똑히 해야 한다.

(7) 광고는 주보를 다시 읽는 식으로 하는 것은 그만두고 목사가 그 주간에 가장 중요한 것 한 두 가지만 간단히 하도록 할 것이다.

(8) 목사는 축도 후 강단에 머물러 있다가 묵도가 끝난 다음 교우들이 나갈 문을 향하여 서서히 걸을 것이며 교우들은 목사가 문에 이르기까지 기다렸다 순서대로 목사와 인사를 교환하고, 나간다. 성가대는 묵도가 끝난 다음에도 교우들이 나갈 때 까지 계속하여 합창을 하거나 반주를 할 것이다.

4) 유의할 일들[155]

(1) 예배를 주장하는 이나 예배차례에 든 이는 될 수 있는 대로 까운이나 흑색 옷을 착용하고 그렇지 못한 형편이면 보통으로라도 정장한다.

(2) 예배 출석하는 교우들로 단정하게 하고, 특히 여름철이라도 상의는 반소매이상 긴 것을 입도록 한다.

(3) 예배소에 들어오면 앞자리부터 채워서 앉도록 한다.

(4) 예배소에 들어올 때부터 끝나서 나갈 때 까지 정숙하여야 한다.

(5) 기도할 때에는 출입을 엄금하여야 한다.

---

[155] 기독교대한감리회, 『감리교 예식규범』, 6-8.

(6) 어린이들을 데리고 온 교우들은 뒤에 앉도록 하였다가 울면 곧 밖으로 나가도록 하고, 예배 보는 동안 저들을 특별히 단속할 것이며, 같이 희롱해서는 안 된다.

(7) 강단에 올라앉은 이들은 다리를 꼬지도 말고, 기도할 때 궁둥이를 대중을 향하여 돌리지 말 것이다.

(8) 성가대원들은 옷차림이나 몸가짐에 조심하고 가급적 까운을 입도록 할 것이다.

(9) 성가대의 찬송은 교우들을 위한 것이 아니고 하나님께 찬양을 드리는 것이므로 독창이나 혹 중창을 하는 경우에 교우들을 향하여 인사를 하는 것은 금할 것이다.

(10) 예배를 필하고 돌아갈 때 (특히 저녁예배 후) 너무 떠들지 말도록 할 것이다.

(11) 교우들은 새로 나온 이나 손님들에게 각별한 관심을 가지고 환영의 성의를 다할 것이다.

(12) 짙은 화장이나 사치한 옷차림은 예배인에게 합당치 않으나, 청결과 단정한 차림은 필요한 것이니 옷은 깨끗이, 머리는 빗고, 수염은 깎는 것이 예절이 된다.

3. 성만찬식에 관하여[156]

다음은 예식규범에 나와 있는 성만찬에 관한 내용이다. 먼저 성만찬 제정사와 기념사의 의미를 제공하고 있다. 그 후 성만찬의 준비에 대해서는 아주 실제적이고, 구체적인 방법, 유의사항 등을 제시해주고 있다. 이제 '성만찬식에 관하여'에 대해 살펴보기로 하겠다. 여기에서는 별다른 설명할 필요 없이 원문의 내용을 그대로 소개하기로 한다.

---

[156] 기독교대한감리회, 『감리교 예식규범』, 20-27.

1) 성만찬식의 의의[157]

성만찬은 예수께서 십자가에 달리시기 바로 전에 만찬을 잡수시면서 떡을 가지사 축사하시고 제자들에게 떼어주시며 말씀하시기를 "이것은 너희를 위하여 주는 내 몸이라" 하시고, "또 잔을 가지사 축사하시고 제자들에게 주시면서 이 잔을 받아 마시라 이것은 많은 사람을 위하여 흘리는 바 나의 피 곧 언약의 피니라 너희가 이를 행할 때 나를 기념하라"고 하신 분부에 따라 행하는 성례이다.

성만찬은 우리들의 죄의 구속을 위하여 희생이 된 어린양과 그 피를 마시고 그 살을 먹은 새로운 언약의 교제가 된다.

그러므로 우리들이 성만찬을 받을 때에는 예수 그리스도의 구속의 은혜에 대하여 고맙고 감사한 마음으로 나와야 될 것이고, 살을 표상하는 떡과 피를 표상하는 떡을 받음으로 그와 같이 십자가상에서 죄에 대하여 죽고, 하나님께 대하여 살게 된 경험을 새롭게 하는데 의의가 있는 것이다.

2) 성만찬식의 준비[158]

(1) 성만찬기를 준비해 둔다.
(2) 성만찬기를 늘 깨끗이 닦아 둔다.
(3) 성만찬에 쓸 떡과 포도즙을 적어도 하루 전에 준비해둔다. 떡은 식빵이나 가스테라가 좋고, 만일 그런 것을 구하지 못하면 보통 떡도 된다. 떡의 크기는 4cm 정도로 하면 된다.
(4) 성만찬예배 전에 강단에 제단이 있으면 제단위에 흰 보를 펴고 그 위에 성만찬기를 준비해 놓고 흰 보를 덮어 둔다.
(5) 상을 덮기에 넉넉한 흰 보 두 개를 준비한다.
(6) 성만찬기를 상에 준비해 놓을 때 혹시 포도즙 색이 흰 보에 묻지

---

[157] 기독교대한감리회, 『감리교 예식규범』, 20.
[158] 기독교대한감리회, 『감리교 예식규범』, 21.

않게 하기 위하여 흰 보 안으로 얇은 플레스틱 보를 덮어두는 것이 좋다.

(7) 성만찬을 거행하기 몇 주일 전부터 회중에게 널리 광고하여 성만찬에 대한 인식을 잘 시켜 회중으로 하여금 성만찬에 나올 때 통회와 자복, 감사와 감격의 마음으로 나오게 할 것이며, 성만찬을 통하여 새로운 생활에 들어가는 계기를 삼게 한다.

(8) 성만찬을 받은 방법을 실제로 가르쳐 성만찬을 받을 때, 실수 없고 엄숙하게 받게 한다.

(9) 연보를 하기에 편리하도록 미리 헌금위원으로 하여금 연보함을 준비하고, 대기하게 하였다가 순서를 따라 곧 시행케 한다.

(10) 연보에 대하여서는 미리 성만찬식에 가난한 사람들을 구제하기 위하여 연보가 있을 것을 광고하고 성만찬예배에 참석할 때 연보를 준비해 가지고 오도록 한다.

3) 성만찬식[159]

(1) 세례 받은 자들만 성만찬에 참례한다.

(2) 영아세례자나 타 교파에서 세례 받은 이도 참례할 수 있다.

(3) 성만찬은 회중을 하여금 강대상 앞에 나와 무릎을 꿇고 받도록 한다.

(4) 성만찬 받은 사람이 많을 때에는 정리위원을 내서 질서 있게 받도록 한다

(5) 성만찬예배에 성가대를 준비시키고 교체해서 성만찬을 받을 때마다 성가대는 찬양을 부르고 성가대가 없는 경우에는 일반 교우들로 찬송을 부르게 하나, 성만찬을 받을 때 부르기에 합당한 찬송은 180장, 250장, 192장 등이다.

(6) 성만찬은 1년에 2차 이상은 거행하여야 한다.

---

[159] 기독교대한감리회, 『감리교 예식규범』, 23.

(7) 담임자가 성만찬을 거행할 자격이 없으면 지방감리사나 혹은 이웃 목사를 청해서 거행케 한다. 특히 매년 10월 첫 주일은 「세계성만찬 주일」로 되어 있으므로 그날은 빠짐없이 성만찬을 거행하도록 한다.

(8) 성만찬식을 거행하기 시작할 때 주례자가 성경을 읽는 중에 이미 대기하고 있던 헌금 위원들로 하여금 연보를 거두게 한다.

(9) 성만찬이 끝나는 대로 성만찬에 쓰다 남은 떡이나 포도즙은 위원들로 하여금 정한 곳에 갖다가 묻도록 한다.

(10) 성만찬식을 거행하는 동안 온 교중은 기도하는 마음으로 머리를 숙이고 있는다.

4) 유의 할 일들[160]

(1) 성만찬식을 거행한 후 즉시 성만찬기와 보를 깨끗이 닦고 빨아두도록 한다.

세례 받지 않는 이들은 성만찬에 참석치 않도록 미리 알려둔다.

(2) 성만찬기를 넣어두는 장을 만들어 두고 성만찬기나 세례기를 이곳 저곳 되는대로 두지 않는다.

(3) 세례는 받았으나 낙심하여 교인생활에 꺼리 끼는 점이 있는 사람은 성만찬에 참석해서는 안 된다. 그러나 자복하고 회개한 후, 상한 심령으로 나와 받을 수는 있다.

(4) 성만찬식에서 연보한 헌금은 가난한 사람을 구제 하는 데 사용한다.

지금까지 1964년 나온 『감리교예식규범』에 대해 살펴보았다. 이 예식규범의 특징은 다음과 같이 정리 할 수 있을 것이다.

첫째, 예배의식 속에 예배신학적 요소가 들어 있다. 예를 들면, 예배는 철저히 회중을 즐겁게 함이 아니라 하나님께 경배와 영광을 돌리는 데 그 목적이 있다고 밝힌 점이라든가 찬양대의 찬양을 당일 설교 내용

---

160 기독교대한감리회, 『감리교 예식규범』, 24-25.

에 맞추어 준비시킨 점 등은 예배신학적으로 의미가 있는 규범이라고 할 수 있다.

그리고 이 당시 예배의 차례에 있어서도 오늘의 말씀중심의 예배 구조 형태의 골격을 유지하고 있다고 보여 진다. 귀영, 자복, 교통, 헌신은 오늘의 입당, 말씀의 선포, 감사와 헌신, 그리고 파송의 형태를 취한다고 할 수 있다.

둘째, 당시 예배를 집례하는 목사와 회중의 철저한 예배준비를 강조하고 있다. 이는 예배가 목사만의 행위가 아니라 회중의 참여 역시 중요함을 역설하는 내용이라고 할 수 있을 것이다.

셋째, 예배시작 전에 목사가 성가대를 위해 기도하고, 목사가 맨 앞에 입장하고, 그 뒤 성가대가 입당하는 순서를 취하고 있다. 이는 오늘의 대형교회 예배시작과 순서에서 종종 볼 수 있는 광경이다(예, 광림교회 주일예배 등).

넷째, 축도 후에 묵도가 계속되는 동안, 목사는 문 앞에서 교우들과 인사와 교제를 나누도록 했다. 이 의식은 오늘날 모든 교회와 목사들이 대부분 취하는 의식이며, 후주라고 불리는 예배순서가 아마 이 순서의 진행을 돕는다고 보면 될 것이다. 따라서 예배의 끝은 엄밀히 따지면, 성가대의 후주가 끝나는 것으로 마무리된다고 볼 수 있다.

다섯째, 성가대의 준비, 찬양하는 자세 등 찬양에 관한 규범을 강조하고 있다.

여섯째, 성만찬에 있어서는 성만찬신학이 반영되고 있다. 예수 그리스도의 죽으심의 회상과 기념, 그리고 감사와 헌신의 요소를 강조하고 있다고 본다. 먼저, 성만찬에 참여할 이를 세례교인으로 제한하고 있다. 성만찬을 받을 때 희생과 구속의 언약에 대하여 은혜 뿐 만아니라, 고맙고 감격한 마음으로 나오라고 강조하고 있음을 알 수 있다. 성만찬 때 연보를 준비하여 가난한 자를 위해 구제하도록 제시하고 있다. 이는 성만찬 집례에 감리교회만이 갖고 있는 귀하고 좋은 전통이라 생각된다. 성만찬의 횟수를 '년 2회 이상'으로 제시하고 있다. 이는 당시 예배가 설교중심의 형태였으며 성례전이 약화되고 있었음을 보여주는 반증으로 보여 진다. 이것은 감리교회의 전통을 깨고 당시 대부분의 한국교회가 취하던 성만찬식 모습을 따르고 있는 것으로 보여 진다. 이 부분은 참으로 아쉬운 지침이라 하겠다.

주목할 점은 위의 3) (7)항에서 10월 첫 주를 세계성만찬주일로 시행할 것을 권고하고 있다는 점이다. 이것은 20세기 초중반에 불어 닥쳤던 예배갱신의 영향으로서 초대교회의 전통이자, 예배갱신의 핫 이슈인 교회력과 성서정과를 반영한 표현인데, 이처럼 권고한 것에 대한 배경의 설명은 없지만 자못 궁금할 뿐이다. 아무튼 감리교회의 스피릿은 성만찬을 자주 시행할 것을 권하고 있다.

제12장
『기독교대한감리회 예배서』(1992)에 나타난 주일예배

지금까지 1910년부터 살펴본 『교리와 장정』에 나타난 한국감리교회 주일예배의 발전과정에 대해 살펴본 문헌을 정리하면 다음과 같다.[161] 당시에 한국감리교회는 미국감리교회의 『장정』(Discipline)을 거의 그대로 번역하여 미국감리교회에서 발행되거나 출판하였다. 1910년은 미감리회 『대강령과 규측』에서 제3장 '례비 홈' 부분에 '공동례비 절츠' 였고, 부록으로 '셩례'가 첨가되었다. 1919년은 남감리회 『도리와 장정』에서 제5장 '은혜밧는 방법' 부분에 '공중례비' 였고, 부록으로 '예문'이 첨가되었다. 1921년은 미감리회 『교의와 도례』에서 제3장 '례비' 부분에 '공동례비순서' 였고, 부록으로 예문이나 성례는 첨가되지 않았다. 1923년 남감리회 『도리와 장정』에서 제24장 '은혜밧는 방법' 부분에 '공중례비' 였고, 부록으로 '예문'이 있었다. 1926년 『미감리회 법전』에서 제3장 '공중례비' 부분에서 '공중례비 순서'가 있었고, 부록은 없었다. 1931년은 기독교조선감리회의 명으로 한국감리교회 자치에 의해 『교리와 장정』을 편찬하였으며, 여기에 제6장에 '교인의 은혜받는 방법' 부분에 '공중예배'를 소개했고, 부록으로 '예문'을 두었다.

---

[161] 여기에 관해서는 본 서 제4부 9장부터 11장까지 내용을 참조.

1931년부터 1973년까지 『교리와 장정』안에 주일예배를 소개하였고, 부록으로 '예문'을 첨가해 놓았다.[162] 이 후 '예문'이 정확히 언제부터 『교리와 장정』에서 분리되어 출판되었는지 확인하기는 어려우나 1977년에 『예문』(제1판)이 발행된 것으로 보아 그 때부터 분리된 것으로 보인다.[163] 즉, '예문'은 1970년 중반 이후부터 분리되어 출판되어 오다가 제19회 기독교대한감리회에 총회에서 '교리와 장정편찬위원회'가 결의되면서 1991년에 개정판 『예문』을 출판하였다.[164]

이상에서 보면, 한국감리교회 주일예배는 『교리와 장정』안에 공중예배 혹은 공동예배라는 명으로 제시하였으며, 성례(세례와 성만찬 등) 등은 『교리와 장정』안에서는 부록으로 첨가되었음을 알 수 있다. 이때까지 예배예식서라는 측면에서 별다른 변화나 발전이 없었던 것이다.

그러다가 한국감리교회는 1992년에 이르러 지금까지와는 전혀 다른 형태의 예배를 돕는 책을 발간하여 세상에 내놓게 되었다. 이 책이 바로 『기독교대한감리회 예배서』(1992)이다. 따라서 여기에서는 먼저, 이 예배서가 나오게 된 배경과 특징을 살펴보고, 주일예배의 형태와 그 순서를 살핌으로서 그 동안의 주일예배와 비교하여 어떤 특성을 갖고 있는지 분석해 보려고 한다. 그 후 간략한 요약을 하기로 한다.

1. 배경과 특징

지금까지는 주일예배와 성례에 관한 자료를 한국감리교회의 헌법이라 할 수 있는 『교리와 장정』안에 두었다.[165] 그러다가 한국감리교회는

---

[162] 『예문』안에는 감리교회의 성례(세례, 성만찬)가 들어 있으며, 각종 예식문들이 첨가되어 있다.
[163] 『교리와 장정』(2003)의 마지막에 삽입되어 있는 '교리와 장정 제정 및 개정연표'에 의하면 『교리와 장정』은 1975년 개정판 후 1980년에 다시 개정판이 발행되었다. 그리고 『예문』도 역시 1977년 초판발행 후, 1980년에 재판으로 발행되었다. 따라서 예문은 1977년부터 『교리와 장정』에서 분리되어 오다가 여러 번 개정 후, 1991년 『기독교대한감리회 예문』으로 발행 한 것을 알 수 있다.
[164] 기독교대한감리회, 『예문』(서울: 기독교대한감리회, 1991), 머리말과 발간사 참조.
[165] 예를 들어, 주일예배에 관한 부분은 『교리와 장정』(1990년)안에 있는 내용 중에 제3편 "입법과

제19회 총회를 개최하면서 '교리와 장정편찬위원회'를 조직하고 그동안의 '예문'을 편찬하여 발간하기로 결의하였다.[166] 이 때 발간된 것이 『예문』(1991)이고, 이후 이 예문을 포함하여 예배예식서를 발간하게 되었다. 이 때 14명의 편찬위원의 노력 끝에 발간된 것이 『기독교대한감리회예배서』(1992)이다. 따라서 제19회 총회는 예문만을 개정하여 내놓은 게 아니고, 결국은 한국감리교회 최초로 『예배서』(1992)까지 출판하게 만든 뜻 깊은 총회였다. 예배서를 발간하게 된 배경을 다음과 같이 설명하고 있다. "하나님께 드리는 예배의식을 가톨릭과 같이 지나치게 규제하는 것도 문제이나 개신교회와 같이 지나친 무규제의 예배행위도 좋은 것은 아니다. 따라서 균형 잡힌 예배규범이 요청되어서 이 예배서를 발간한다. 물론 이 예배서가 절대성을 띠는 것은 아니다 이 순서를 골격으로 하여 형평성 있게 가감할 수 있다."[167] 라고 되어 있다. 예배가 통일성과 다양성을 균형 있게 유지해야함을 역설하는 내용이다. 이것은 당시 감리교회 예배가 예배의 형식이나 구조, 그리고 예배신학적 특징 없이 목회자들의 임의대로 취사선택하는 예배형태로 신학적 통찰력의 결핍을 느끼게 해주는 대목이라 할 수 있다.

그러나 아쉬운 것은 『예배서』(1992)가 출판은 되었지만, 총회의 인준을 받은 것은 아니었다.[168] 교단의 공식적인 예배예식서로 절차를 받지

행정", 제5장 "교인", 제3절 "교인의 은혜받는 방법", 【67】제8조에 나와 있는데 그 소개는 이렇게 표현되어 있다. "공중예배는 교인들이 주일마다 조석으로 예배당에 모여서 하나님께 예배하며 성경을 연구하는 것으로 그 순서는 대개 아래와 같다." 그리고 예배순서가 나온다.
166 기독교대한감리회 제19회 총회는 1990년 10월 29일-30일까지 광림교회에서 있었다. 이때, '신앙과 직제' 사업안으로 감리교 예배서와 예식서를 상정할 것을 목표로 진행 중에 있다고 밝히면서 다음과 같은 내용을 결의하였다. (1) 예배서 제정의 신학적 원칙(기독교의 예배학적 전통, 웨슬리와 감리교회의 전통, 한국적 토착화 신학의 맥락) (2) 민중역사 및 문화전통을 강조하도록 하며(기도문 사용), (3) 교회력에 한국인의 절기, 기념일 등을 삽입토록하며, (4) 교단의 특별주일을 교회력에 삽입하며 (5) 교회 및 교단의 특별주일예배를 위한 기도문을 집필토록하며 (6) 예문의 문구와 문장을 현대어에 맞게 고치도록 작업을 하기로 하였다. 기독교대한감리회 감독회, 『기독교대한감리회 제19회 총회회의록』(서울: 기독교대한감리회 감독회, 1990), 295-296.
167 『예배서』(1992), 4.
168 박해정, "『새예배서』의 예배학적 가치와 그 발전 방향에 관한 모색", 감리교신학대학교, 『신학세계』(2007): 161.

는 못했지만, 기독교대한감리회에서 공식적으로 발행하였기에 『예배서』(1992)는 그후 10년이 지나 『새예배서』(2002)가 나오기까지 한국감리교회의 예배예식서의 새로운 갱신을 모색해 놓은 것으로서 예배학적으로 가치 있는 것이다. 필자는 『예배서』(1992)의 주일예배를 살필 때, 한국감리교회의 공인된 문헌으로 취급하며 다룰 것이다.

『예배서』(1992)의 특징적인 것은 예배서 안에 주일예배 외에도 기타 다른 다양한 예배예식문을 편집하여 구성하여 소개하고 있다는 점이다.[169] 그동안의 주일예배 순서는 1995년까지 『교리와 장정』에 제시하고 있었다.[170] 1996년 발행된 『교리와 장정』부터는 예배에 관한 부분이 빠지게 되었다.[171] 그러니까 1996년부터 주일예배는 이제 『예배서』를 의

---

[169] 본 예배서의 구성은 총 5부로 되어 있는데, 제1부 교회의 공동예배, 제2부 예배보조자료 제3부 찬양의 예문 제4부 기타의 경우에 사용하는 예문 제5부 각종 기도문으로 되어있고, 그중에 본 글에서 다루려고 하는 주일예배는 제1부 교회의 공동예배에 나와 있다. 『예배서』(1992), 7-12.

[170] 한국감리교회는 1910년부터 1970년대 중반까지 『교리와 장정』안의 부록 편에 '예문'을 함께 두고 있었다. 여기에는 주일예배에 관한 부분은 빠져 있고, 학습식, 세례식 등 예식서들이 들어 있었다. 그러다가 1991년에는 그동안 『교리와 장정』의 부록으로 나와 있던 '예문'편을 새롭게 개정하여 『기독교대한감리회예문』(1991)으로 발간하여 사용하도록 했다. 물론 여기에 주일예배에 관한 부분은 빠져 있다. 그리고 1995년 『교리와 장정』까지 주일예배문이 첨가되어 있다. 한국감리교회는 2002년 이전까지는 교단발행 예배예식서로, 『교리와 장정』, 『예문』, 『예배서』를 갖게 되었으며, 1996년 이후 주일예배와 성례에 관한 부분은 『예배서』(1992)에만 소개되었다. 그 후에 새롭게 출간된 예배예식서로는 『교회력과 절기에 따른 성만찬 예문집』(1998)과 『예문1, 2』(2006)를 들 수 있다. 『교회력과 절기에 따른 성만찬 예문집』(1998)은 말씀중심의 예배를 말씀과 성만찬이 함께 있는 주일예배로의 갱신을 시도한 것이라 할 수 있다. 이 책의 추천사에 보면, "리마문서의 정신은 기독교 예배에서 성만찬예전을 정규적으로 베풀어야 하며, 적어도 주일마다 그리고 축제일에는 꼭 베풀 것을 원칙으로 삼았습니다. 이 리마문서의 합의 정신에 따라 우리 감리교회도 세계교회의 일원으로서 성만찬 예배를 통한 일치운동에 앞장서야 할 것입니다."라고 되어 있다. 『교회력과 절기에 따른 성만찬 예문집』, 추천사 참조. 『예문1, 2』(2006)는 제25회 입법의회 '예문연구위원회'에서 기존의 『새예배서』(2002)에서 발견된 부족한 부분들을 보완하여 발간하게 되었다. 이 책의 머리말에 보면, "『새예배서』(2002)는 내용과 구성에 있어 신학적인 의미가 풍부히 담긴 장점이 있었음에도 불구하고, 일선 목회자들이 예식을 집례하기에는 다소간의 불편함이 있었기 때문입니다. 즉, 목회자들이 예식을 집례할 때, 편리하게 사용할 수 있도록 단권으로 만들어 주었으면 하는 요청에 끊임없이 있었습니다. 따라서 제25회 입법의회 예문연구위원회는 『새예배서』의 신학부분은 그대로 두고 예문만을 수정, 보안하여 단권의 책을 다시 발간하자는 결의에 따라, 서기 가종순 목사가 기존의 『새예배서』의 신학과 내용을 충분히 반영하여 수정, 보안하여 작업을 완료하였고, 3개 신학대학 예배학 교수들에게 감수를 받고, 장정개정위원회(위원장: 신동일 감독)의 심의를 통과하였고, 2005년 제26회 총회입법회의의 결의를 거쳐서 이 예문을 출간하게 되었습니다."라고 되어 있다. 기독교대한감리회, 『예문1, 2』(서울: 도서출판 kmc, 2006), 머리말 참조.

[171] 한국감리교회는 1996년 『교리와 장정』을 전면 개정하기에 이른다. 1994년 10월 제21회 기독

존할 수밖에 없게 되었다. 이렇게 주일예배예식서가 『교리와 장정』에서 분리되어 별도의 책으로 발간되어 나온 것은 한국감리교회의 주일예배의 갱신과 발전측면에서 볼 때, 대단히 긍정적인 결정이었다고 평가한다. 왜냐하면 독립된 예배예식서를 갖게 함으로서 예배의 통일성과 역사성을 갖출 수 있게 되었기 때문이다.

2. 『예배서』(1992)의 의의와 특징

『예배서』(1992)에서는 본 예배서의 필요성과 의의에 대해 다음과 같이 설명하고 있다.

"예배는 인간만이 하나님을 예배할 줄 아는 특권을 가진 존재요, 인간만이 축복을 향유하고 있다. 그러므로 우리는 신령과 진정으로 예배를 드려야 함으로 우리에게는 예배서가 필요하다. 또한 수많은 우리의 삶이 예배로 표현되며, 또한 세속적인 계절과 절기, 그리고 교회절기에 필요한 적절한 예배서가 필요하다. 한국감리교회 예배서의 의의는 각양한 예배의식을 포함하여 만들었고, 성직자들은 물론, 평신도지도자들과 모든 평신도들이 유익하게 활용할 수 있는 예배서라는 것이다. 이 예배서의 특징으로는 이 예배서는 역사와 전통이 있는 우리 모두의 신앙고백과 함께, 우리 감리교회의 신학적 정립위에, 한국적 문화와 관습을 잘 수용하여 그리스도인으로서 손색없는 예배서라는 것이다."[172]

교대한감리회 총회에서 총회를 행정업무와 입법업무로 분할할 것으로 개정하였고, 역사적으로 모인 1995년 10월 제21회(제1회 입법총회)에서 『교리와 장정』을 전면개정하기에 이른 것이다. 그리고 1996년 『교리와 장정』을 발행하는데, 여기에서 공중예배에 관한 부분은 이렇게 소개되고 있다. 제3편 교회치리법, 제2장 개체교회치리 제3절 개체교회 일반교인 제13조(공중예배) "공중예배는 교인들이 주일마다 예배당에 모여서 신령과 진정으로 하나님께 예배드리며 성경을 연구하는 의식으로써 그 순서는 예문에서 정한다." 『교리와 장정』(1996), 63을 참조. 이때부터 예배는 『교리와 장정』에서 완전히 빠지며 예배예식서에 의존할 것을 표방한 것으로 해석할 수 있다.
[172] 『예배서』(1992), 5.

『예배서』(1992) 발간의 의의와 특징을 다음과 같이 정리해 볼 수 있다.

첫째, 본 『예배서』(1992)는 한국감리교회가 예배발전을 위해 한국의 예배학자와 신학자들로 예배서를 독자적으로 발간하였다는 사실이다. 그동안 감리교 예배학자들이 존재하지 않은 것은 아니지만 한국감리교회 안에 변변한 예배서가 없었는데 이렇게 세상에 예배서를 내놓았다는 것 자체에 의의가 있다고 본다.

둘째, 이 예배서의 발간 "머리말"에서도 소개하고 있듯이 예배서는 미국감리교회의 『예배서』로부터 많은 영향을 받고 있음을 알 수 있다.[173] 『예배서』는 앞서 미국감리교회 예배발전 과정을 다룰 때 보았듯이 미국감리교회의 『예배서』(BOW, 1965) 중 특히 주일예배 관한 부분은 물론 거의 모든 구성과 내용이 유사하다는 사실을 발견할 수 있다. 초기 한국감리교회가 그랬듯이 오늘의 한국감리교회 주일예배는 미국감리교회 예배에서 많은 영향을 받았다는 것이 가장 큰 특징이다. 본 글에서 지금까지 밝혀진 사실은 결국 한국감리교회 예배는 초기에 미국감리교회 영향 하에 있다가, 1931년부터 1990년 초까지 한국형 주일예배를 드렸으며, 다시 1992년부터 미국감리교회 예배 형태를 취하는 예배 역사를 가지게 된 것이다.

셋째, 그동안 한국감리교회 주일예배를 소개하고 있던 『교리와 장정』에서는 성만찬을 『교리와 장정』 뒷부분에 '예문' 혹은 '성례'편에 두면서, 말씀중심 형태의 주일예배를 소개해 왔다고 볼 수 있다. 1992년 『예배서』에서는 '말씀중심의 주일예배'와 함께 '말씀과 성만찬을 함께 드리는 주일예배' 형식을 소개하고 있다.[174] 또한 '성만찬의 간략한 집례순서'도 제시하고 있다. 『예배서』(1992)에서 공식적이면서 처음으로 말씀과 성만찬을 균형 있게 드리는 주일예배가 제시되고 있는 것이다.

---

[173] 머리말의 내용 중에 이 부분은 이렇게 소개되고 있다. "... 본 예배서는 미국감리교회의 『예배서』를 토대로 엮어 졌으며, 염필형 교수, 김외식 교수, 전재동 목사 등 여러분이 번역 또는 집필하여 우리 실정에 맞도록 편집되었습니다.", 『예배서』(1992), 3.
[174] 『예배서』(1992), 25.

넷째, 『예배서』(1992)의 구성을 보면, 제1부에서는 '교회의 공동예배' 안에 예배순서, 세례예식 순서, 견신례와 입교식 순서, 성만찬 및 성례전의 집행순서 등이 나오고 있으며, 결혼예배순서, 장례예배순서, 준회원 목사안수예배순서, 정회원 목사 허입식 예배순서, 감독 취임 예배순서 등이 포함되어 있다. 그리고 제2부에서는 예배 보조자료로서 성서일과와 교회력이 나오고 있으며, 일반예배의 보조자료로 여러 가지의 기도문과 연도 등이 제시되고 있다. 제3부에는 교독문 순서로 사용 할 수 있는 찬양 시편과 송시, 그리고 제4부에서는 다양한 경축 예문과 제5부에서는 우리 절기 혹은 감리교가 정한 절기 때 사용할 수 있는 각종 기도문의 범례를 상당히 많게 제시하고 있는 점이 특징이라 할 수 있다.

이중에서 우리가 관심을 갖고 살피려고 하는 부분은 제 1부의 주일예배순서와 성만찬 집행순서에 관한 것이다.

3. 주일예배의 구조와 순서

『예배서』(1992) 에는 주일예배의 구조에 대해 두 가지 형태를 제시하고 있다. 첫 번째 것은 '말씀중심의 예배'이다. 이 '말씀중심의 예배'는 다시 두 가지 유형으로 나누어 제시하고 있다. 먼저는 '요약된 형식', 그리고 '완전한 형식'이다.[175] 두 번째는 '말씀과 성만찬이 함께 있는 예배'이다. 여기에도 두 가지 유형을 제시하고 있다. 먼저는 '말씀과 성만찬이 함께 있는 예배', 그리고 '성만찬만을 드리는 간략한 예배' 형식이 제시되고 있다.[176] 본 글에서는 말씀중심예배의 '완전한 형식' 과 '말씀과 성만찬이 함께 있는 예배'를 중심으로 살펴보기로 한다.

---

[175] 『예배서』(1992), 14-17.
[176] 『예배서』(1992), 25-36.

(1) 말씀중심의 주일예배순서 '완전한 형식'

- 성전에 들어오면 조용하게 묵상하거나 기도하도록 한다. 예배는 예정된 시간에 정확하게 시작한다.
- 성경구절, 신앙고백, 기도문, 축도 등은 예배서나 찬송가에서 찾아 활용할 수 있다.
- 모든 기도의 끝에는 아멘으로 응답한다.

전주
예배에의 부름 (성경을 읽거나 성가대가 찬송을 부를 수 있다.)
찬송 (입례행진을 할 수도 있다.)
기원 (목사가 인도하고 회중은 일어선다.)

　　전능하신 하나님, 저희들이 주님 앞에 나아와 귀하신 주의 이름을 찬양하오면 감사를 드리오니 받아 주옵소서. 저희들이 아버지께 가까이 나아왔사오니 우리를 구원하여 주옵소서. 저희 들이 완악한 마음과 방황하는 생각을 바로잡아 주셔서 신령과 진리로 주께 예배드리게 하옵소서. 우리 주 예수 그리스도의 이름으로 기도합니다. 아멘

고백기도 (회중은 일어서고, 목사가 인도한다.)

　　사랑하는 성도여러분, 성서는 우리의 마음을 움직여 전능하신 하나님께 우리의 죄를 깨닫고 고백하게 해줍니다. 겸손히 참회하며 순종하는 마음으로 하나님의선하심과 자비하심에 힘입어 용서를 얻도록 우리의 죄를 고백합시다.

　　* 또는 목사가 다음과 같이 말할 수 있다,

　　우리 모두 전능하신 하나님께 우리의 죄를 고백합시다.

　　(앉은 채로 고개를 숙이거나 무릎을 꿇고 다함께) 지극히 전능하시고 자비로우신 하나님, 우리들은 길 잃은 양처럼 헤매고 방황하였습니다, 우리들은 너무나도 우리 스스로의 생각과 욕심만 따라 다녔습니다. 우

리는 거룩한 법도를 어겼습니다. 우리들은 해야 할 일을 하지 못하고, 하지 말아야 할 일을 저질렀습니다. 주님, 우리들에게 자비를 베풀어 주옵소서. 하나님 자신의 잘못을 고백하는 저희들을 불쌍히 여기시옵소서. 참회하는 저희에게 주님의 약속대로 죄를 사하시고 하나님의 형상을 회복시켜 주옵소서. 지극히 자비하신 하나님, 저희로 하여금 이제 이후로는 거룩하고 진실하게 살게 하셔서 하나님의 거룩하신 이름에 합당한 영광을 돌려보내게 하옵소서. 아멘.

용서의 말씀이나 확신의 말씀 (성경구절을 선택하여 제시할 수도 있다.)

주님! 주님의 백성들의 허물을 용서해 주시기를 간구합니다. 또한 주님의 풍성하시고 선하심을 의지해 비옵나니 저희가 연약함으로 지은 죄의 속박으로부터 구원받게 하여 주옵소서. 복되신 주님이시며 구세주이신 예수 그리스도의 이름으로 하나님 아버지께 기도드립니다. 아멘

주기도문 (한 목소리로 기도한 후)

목사: 오! 주님, 저희의 입술을 열어주소서.

회중: 저희들의 입을 열어 주님을 찬양합니다.

목사: 주님을 찬양합시다.

회중: 주님, 저희들의 찬양을 받아 주소서.

송영

찬송

성서봉독 (두 곳의 본문을 읽는다. 한 곳은 구약에서, 다른 한 곳은 서신이나 복음서에서 택한다.)

응답송 (일어서서 영광송을 부른다.)

오늘의 기도 (목사가 인도하거나 목사와 회중이 함께 읽을 수 있다. 회중은 앉아서 머리를 숙이거나 무릎을 꿇고)

전능하시고 영생하시는 하나님, 우리를 오늘에 이르기까지 인도하시고 보호해주심을 감사드립니다. 주님의 전능하신 손으로 이제와 같이 앞으로도 인도하여 주소서. 다시는 죄를 짓지 않도록 지켜 주시고 유혹과

위험에 빠지지 않도록 하옵소서. 우리의 모든 행동이 주님의 뜻을 따르게 하시고 언제나 주 앞에서 옳고 선한 것만 행하게 하옵소서. 우리 주 예수그리스도의 이름으로 기도합니다. 아멘.

목회기도
헌금
봉헌기도
성도의 교제
특별찬양(성가대)
설교(말씀의 선포)
헌신의 찬송(일어서서, 퇴장행진의 찬송으로 활용할 수 있다.)
축도
후주

앞에서 살핀 『예배서』(1992)에 나타난 주일예배 중에서 첫 번째 것인 말씀중심의 주일예배 '완전한 형식'에 대하여 다음과 같이 몇 가지로 나누어서 평가해 보려한다.

첫째, 1992년 주일예배 순서는 '요약된 형식'의 주일예배(1안)[177]와 완전한 형식의 주일예배(2안)로 2가지를 제시하고 있다. 이렇게 2개의 주일예배 순서를 제시한 것은 1962년 주일예배순서 때부터이다.[178]

둘째, 1안과 2안은 예배순서와 형식에 있어서는 비슷하게 진행되고 있으나 몇 가지 차이점이 발견되고 있다. 차이점으로는 처음 개회 찬송 때 1안에서는 "일어서서"로 되어 있는데, 2안에서는 입례행진으로 할

---

[177] 말씀중심의 예배 중 '요약된 형식'을 1안, '완전한 형식'을 2안이라 표기한다. '요약된 형식'(1안) 예배순서는 다음과 같다. 전주, 예배에의 부름, 찬송, 기도(기원, 그날의 기도, 고백기도, 주의 기도 중 목사가 적절한 것 선택), 봉독과 송영(교독), 신앙고백(사도신경이나 감리교교리적선언), 목회기도, 헌금, 봉헌기도(설교 뒤로 미룰 수 있음), 성도의 교제, 특별찬양, 설교, 헌신의 찬송, 축도, 후주 등으로 되어 있다.
[178] 본서의 제4부의 〈표-2〉을 참조.

수 있다고 되어 있다. 입례행진은 동·서방교회의 예배순서 유산이다. 서방교회에서는 움직이는 예배를 배우고, 동방교회에서는 서서드리는 예배를 배울 수 있다.[179] 이러한 입례행진은 미국감리교회 주일예배순서에서도 기본적인 순서로 등장하고 있음을 볼 수 있다.[180] 오랜 전통을 가진 입례행진은 하나님의 백성의 순례행진을 상징하는 예배표현으로서 재평가 할 만한 예배동작이다. 이는 좀 더 역동적이고 회중의 참여를 유도할 수 있는 순서로 볼 수 있다. 1안에서는 용서의 확언이 빠져있고, 2안에서는 신앙고백(사도신경, 감리교교리적선언)부분이 빠져 있다.[181]

기도에 있어서는 1안에서는 목회기도로 기도하게 했는데 반해, 2안에서는 "오늘의 기도"라 하여 목사와 회중이 함께 드릴 수 있게 하였고, 그 후 목회기도를 하게 되어있다. 이는 예전적 예배의 모습을 보여주는 것이라 하겠다. 그리고 1, 2안 모두 설교 전에 광고를 두었는데, 이를 "성도의 교제"라는 용어로 사용하고 있다. 앞에서 우리가 살폈지만, 1983년『교리와 장정』이전까지는 주일예배에서 광고는 설교 전에 들어 있었다. 1983년의 주일예배의 2안부터 광고가 설교 후로 위치하였는데, 1992년 주일예배에서는 다시 설교 전으로 광고가 들어간 것이다.

1안과 2안의 순서에 있어서 주목할 것은 1안에 비해 2안이 더 예전적이고, 회중참여를 유도하는 교독의 순서가 많이 있으며 순서에 대한 상세한 설명을 하고 있어 예배 진행에 많은 도움을 주는 형식으로 되어있다.

셋째, 1992년 주일예배는 그 이전의 주일예배와 비교해볼 때 몇 가지 차이점을 보여주고 있다.

우선, 순서에 있어 위치가 달라졌음을 보여준다. 먼저 예배의 부름

---

[179] 박근원, 『오늘의 예배론』, 55.
[180] 본서의 제3부 7장의 미국감리교회『예배서』(1965, 1992)의 주일예배순서를 보라.
[181] 주의 기도와 사도신경은 본래 예배원형에서 그것들이 성만찬순서에 포함되어 있다. 그 위치는 설교 뒤가 바람직하다. 그러나 미국감리교회 BOW(1945, 1965)와『기독교대한감리회예배서』(1992)에서는 이들 순서가 설교 전에 들어가 있고, 미국감리교회 UMBW(1992)의 예배에서는 설교 후 성만찬시에 대감사기도 후에 위치하고 있다. 한국감리교회 예배순서에서도 주의 기도와 사도신경의 위치는 설교 후에 위치하는 것이 바람직하다고 본다.

(예배사) 후에 있는 찬송이 그 이전의 순서에서는 기원이나 묵도 후에 위치하고 있는데 반해 1992년 주일예배에서는 맨 앞에 위치하고 있으며 고백기도와 같은 참회의 기도가 들어있다. 이는 예전적 주일예배를 지향하는 미국감리교회의 예배 안에 나타나는 요소이다.[182] 신앙고백이 그 이전의 순서에서는 주로 개회시의 찬송 뒤에 곧바로 나왔는데, 1992년에는 성경봉독 뒤에 위치하고 있다. 사도신경은 본래 설교 후에 위치한 것이 바람직한데, 이렇게 설교 전에 주의 기도나 사도신경이 위치한 것은 기존의 설교중심 예배의 틀을 벗어나지 못한 모습이라 여겨진다. 기도순서 역시 그 이전의 기도는 회중이 인도하는 대표기도 형식이었으나 1992년에는 "오늘의 기도"(2안)라는 용어를 사용하면서 주로 목회자가 인도하게 했으며, 목회기도를 두어서 기도는 주로 목회자가 하는 것으로 되어있다. 헌금과 헌금기도는 설교 전에(1, 2안) 하도록 했으나, 목사에 따라 설교 후에 둘 수(1안)도 있다고 하였다. 그리고 그 이전에 "광고"로 사용하던 용어를 "성도의 교제"로 바꾸었다. 이것은 광고를 단순히 정보를 알리는 소식을 넘어서서 교제에 초점을 두는 예배 안에 중요한 요소로 부각시키고 있음을 보여준다.

그리고 그 이전에 있었던 "새신자 소개"가 1992년 순서에서는 빠져 있다. "새신자소개" 순서는 1995년까지도 사용되었는데, 어찌된 것인지 1992년 예배서 순서에는 이 순서가 빠져 있다. 이렇게 몇 가지 용어와 순서변화에 그 이전의 것과 차이를 보여주는데 이것은 1992년 『예배서』 안의 주일예배가 갱신 시도로서 외부의 영향을 받았음을 나타내주고 있다고 하겠다.

넷째, 1992년 주일예배의 가장 중요하고 뚜렷한 특징 중에 하나는 예전적 예배를 지향하는 미국감리교회의 주일예배의 형식이 그대로 반영되고 있다는 점이다. 특히 1992년 『예배서』에 나타나는 주일예배는 앞

---

[182] The Methodist Church, *The Book of Worship for Church and Home*(1945, 1965)의 *The Order of Worship*, *UMBW*(1992)의 *Gerneral Service*부분을 참조.

에서 살핀 1965년 미국감리교회 예배서(BOW, 1965) 주일예배의 2가지 형식[183]을 약간의 용어 차이가 있을 뿐, 거의 그대로 옮기고 있음을 보여주고 있다.[184]

이를 뒷받침해 주는 내용을 살펴보면 다음과 같다. 『예배서』(1992)의 주일예배와 1965년 미국감리교회 예배서(BOW, 1965)에 나타난 주일예배는 형식에 있어서 요약된 형식과 완전한 형식으로 동일하다. 다만 순서와 용어에 있어 약간의 차이점을 발견할 수 있다.

『예배서』(1992)에서는 신앙고백에 있어 사도신경과 함께 감리교교리적선언(요약형식)을 교독하게 하고 있다. 타 교단에 없는 이 요소는 한국감리교회 예배안의 독특한 순서이다. 신앙고백과 주의 기도 순서가 둘 다 설교 전에 위치하고 있으며, 헌금과 봉헌기도 후에 있는 순서를 BOW(1965)에서는 "광고"로, 『예배서』(1992)에서는 "성도의 교제"라는 용어로 사용하고 있으며, 기도라는 용어는 두 종류가 나오는데, 그것은 기도와 목회기도이다. 일반적인 "기도"순서는 둘 다 "오늘의 기도"로 사용하고 있다. 따라서 오늘날 예배 중에 흔히 사용하는 "대표기도"라는 말은 예배에서 사용할 수 없는 용어이다. 즉, 예배순서 중에 기도는 주로 목회자가 하며, 회중과 함께할 수 있기는 하나 그 용어를 "오늘의 기도"로 함이 옳다고 하겠다. "목회기도"는 둘 다 '완전한 형식'에서 "오늘의 기도"후 바로 위치하는 것으로 보아 주일예배의 기도는 주로 목회자가 담당하는 것이 전통적인 것이라 할 수 있다.[185]

---

183 The Methodist Church, *The book of Worship for Church and Home*(1965), 3-6 참조. 여기에 나타난 주일예배순서는 다음과 같다. 전주, 예배에로의 부름(성구), 찬송, 기원, 고백의 기도, 공동고백, 용서의 확언, 주의 기도, 시편 혹은 성서교독, 삼위영가, 찬송, 성경봉독, 오늘의 기도, 목회기도, 봉헌, 찬송, 설교, 예수제자로의 초청, 찬송, 축도, 후주 등.
184 반영이나 답습이라는 표현보다 몇 가지 요소를 제외하곤 거의 그냥 번역한 것이라 봄이 맞을 것이다. 이는 한국감리교회가 주일예배에 있어서 전적으로 미국감리교회의 영향 하에 있음을 반증하는 것이다.
185 정장복은 그의 책에서 "목회기도"는 세계교회에서 목사가 자신이 목양하는 교인들을 위해 드리는 기도로서 전담한다고 말하면서, 한국에서는 이 기도 순서를 "대표기도"라는 명칭으로 주로 평신도들이 드리는 기도로 오용되었다고 지적하고 있다. 정장복, 『그것은 이것입니다』, 131-132를 참조.

설교 후에 *BOW*(1965)에서는 "제자로의 초청"을 두었는데, 『예배서』(1992)에서는 이를 생략하고 있다. 그렇다고 이 부분을 한국감리교회 예배에서 제외되어 있다고 볼 수는 없다. 왜냐하면 그 이전의 예배를 볼 때, "새신자 소개"가 있었으며, 이는 결심자 초청의 의미를 담은 초기 감리교회 예배에서도 흔히 볼 수 있는 전통이었기 때문이다.[186]

(2) 말씀과 성만찬이 함께 있는 주일예배[187]

- 성만찬식은 주의 몸인 떡과 주의 피인 포도주를 마심으로 주님의 죽으심을 기념하고 성도의 교제를 두텁게 하는 것이므로 목사는 정한 때를 따라 경건하게 이를 집례하여야 한다.
- 환자와 같이 특별한 경우에는 교회이외의 장소에서도 베풀 수 있다.
- 성만찬예식 때에는 성만찬상을 청결한 흰 보로 깔고 떡과 포도주를 그 위에 놓은 후 청결한 흰 보로 덮는다. 떡과 포도주는 이물질이 섞이거나 발효되지 않은 것이어야 한다.
- 떡과 포도주는 앞에 나와 꿇어앉은 성도들의 손에 분급하는 것이 통례이다. 이때 교인들은 두 손을 모아 떡을 받아먹고 오른손을 포도주를 받아 마신다. 그러나 목사의 판단에 따라서는 회중석에 있는 이들에게 분급해도 무방하다.

묵도(전주)
성경[188]

이때 읽을 성경은 계 3:20, 요 6:51, 고전 10:16-17, 요일 4:7-9, 고전

---

[186] 본서의 제4부의 〈표-1〉 1910년부터 1930년대의 주일예배 순서 비교를 참조. 여기에 보면 설교 후에 찬송을 부르는 동안에 누구든지 믿기를 원하는 사람은 앞으로 나오게 하여 결신을 요청하고 있다.
[187] 『예배서』(1992)에서는 '성만찬'이란 용어를 사용하고 있다. 이 부분의 순서에 대한 자세한 내용은 『예배서』(1992), 26-32를 참조. 예배서에서는 '성만찬 및 성례전의 집행순서'라는 제목으로 소개되고 있다. 필자는 편의상 이 예배유형을 '말씀과 성만찬이 함께 있는 주일예배'라 칭하기로 한다.
[188] 이때 성경을 다 읽을 수는 없으니, 집례자의 판단에 따라 몇 구절 선택하여 읽어야 한다.

5:7, 벧전 2:24, 요1:29, 고전 2:9-10 등이다.

기도

　　목사: 주께서 여러분과 함께 하시기를 빕니다.

　　회중: 또한 목사님과 함께 하시기를 빕니다.

　　목사: 기도합시다.

　　* 회중은 무릎을 꿇거나 고개를 숙이고 목사와 함께 기도한다.

주기도문 (다함께)

공동기도[189]

죄의 고백

　　* 목사는 성만찬 상을 향해 무릎을 꿇고[190], 회중은 모두 무릎을 꿇거나 고개를 숙이고 다함께 기도한다.[191]

　　* 그리고 나서 목사는 다음과 같이 기도한다.[192]

사죄의 말씀(목사가 일어서서 다음과 같이 말한다.)

　　여러분, 주님께 진정으로 돌아오는 사람들에게 성서가 주는 위로의 말씀을 들으십시오.

　　* 다음 중 한두 구절을 택하여 읽는다. 마 11:28, 요 3:16, 딤전 1:15, 요일 1:9, 요일2:1-2)

응답기도(목사가 목회기도를 드리거나 다음과 같이 응답 기도를 드린다.)

성경(두 가지 본문을 읽을 경우 하나는 서신, 다른 하나는 복음서에서 읽는다. 첫 번째 본문을 읽고 찬송을 부를 수 있다.)

신앙고백(회중은 일어서게 하고 사도신경이나 기타 기독교신앙을 확인하는 순서를 가질 수 있다.)

---

[189] 회중이 드리는 기도를 말하는 것으로서, 대체로 하나님께 영광을 돌리며, 예수 그리스도의 희생을 믿으며 "우리에게 자비를 베풀어 주옵소서"와 같이 자비를 구하는 기도로 드린다.
[190] 이 행위는 초기 한국감리교회 예배에서 흔히 볼 수 있는 행위였다. 그러나 오늘의 예배당 구조와 문화적 수준을 볼 때, 이러한 형태는 현대예배에서 그대로 실현하기란 많은 어려움이 있다.
[191] 이때 목사는 회중들이 죄에 대해 뉘우치고 새로운 길을 걷자며 이 성만찬식에 참여함으로서 겸손히 자기의 죄를 고백하자고 회개를 촉구한다. 그리고 기도의 내용은 『예배서』(1992), 27을 보라.
[192] 여기서 목사는 죄에 대해 회개하는 자에게 용서해 주시겠다는 하나님의 약속을 의지하며 용서의 기도를 드린다.

설교

교회소식

찬송(찬송을 부르며 성만찬보를 걷는다.)

헌금(교회에서 습관이 되어 있는 경우에는 성만찬을 받으러 나오면서 헌금 봉헌대 위에 헌금을 드릴 수 있다.) [193]

* 헌금을 드렸으면 회중을 일어서게 하고, 봉헌기도를 노래로나 기도를 드린다.

성결의 기도

   목사: 마음을 모아 기도합시다.

   회중: 우리들의 마음을 모아 주님께 기도합니다.

   목사: 우리 주님께 감사합시다.

   회중: 그같이 하는 것이 마땅한 일입니다.

   * 목사는 성만찬상을 향하여 서서 다음과 같이 말한다.

   다같이: 거룩 거룩 거룩 만국의 주 하나님, 하늘과 땅 아버지의 영광이 가득합니다. 가장 높으신 주께 영광을 돌립니다. 아멘

성별의 기도[194](회중은 무릎을 꿇거나 머리를 숙이고, 목사는 성만찬과 마주선다.)

   * 목사는 성만찬상 앞에서 무릎을 꿇고 잠깐 침묵의 기도를 드리고 회중과 함께 다음과 같이 기도한다.

성만찬분급(목사, 보좌하는 이들, 회중의 순서로 성만찬을 분급한다. 이때 성만찬식에 어울리는 찬송이나 연주를 한다.)

   * 떡을 분급한 후, 목사가 다음의 말씀을 선포한다.

---

[193] 주로 감리교회에서 볼 수 있는 독특한 순서로서, 이때 드린 헌금은 주로 가난한 사람들과 병들고 소외된 사람들을 돕는 목적으로 성만찬이 있는 예배 때에 주일헌금 외에 별도로 드려진 것으로 알려져 있다. 이것은 참으로 예수그리스도의 희생과 사랑을 이웃에게 나누고 실천하는 뜻 깊은 행위로서 오늘의 주일예배에서도 실행할만한 귀한 유산이라고 본다. 여기에 대한 더 자세한 내용은 본서 제3부 7장의 BOW(1965)의 주일예배의 '성만찬이 함께 있는 주일예배순서'의 "헌금" 순서의 각주와 제4부 11장 『감리교 예식규범』(1964) "성만찬식에 대하여" 부분을 참조.

[194] 여기에는 전통적으로 드리는 성만찬기념사와 제정사를 포함한다. 『예배서』(1992), 30.

* 포도주를 분급 한, 포도주를 분급한 후 목사가 다음의 말씀을 선포한다.

기도[195]

* 성만찬의 분급이 끝나면 목사는 남은 떡과 포도주를 정돈하고 흰 보로 다시 덮는다.[196] 그리고 다음을 교독한다.

목사: 주님의 평화가 여러분과 함께 하시기를 바랍니다.

회중: 또한 목사님과 함께 하시기를 바랍니다.

목사: 우리 모두 주님께 감사드립시다.

찬송

축도

앞에서 살핀 『예배서』(1992)에 나타난 주일예배예식서에서 두 번째 것인 '말씀과 성만찬이 함께 있는 주일예배'(1안)와 '성만찬만으로 드리는 주일예배'(2안)[197]에 대하여 다음과 같이 몇 가지로 나누어서 평가해 보려한다.

첫째, 1안과 2안은 성만찬 순서가 동일하게 들어가 있지만, 몇 가지

---

[195] 이때 드리는 기도는 성만찬 후 기도로서 예수 그리스도의 희생과 사랑에 감사하는 기도이다. 『예배서』(1992), 32.
[196] 성만찬식을 마치고 난 다음 떡이나 포도주의 잔여분 처리 문제는 역사적으로 초대교회 때부터 논란이 되어온 문제이다. 기독교 예배의 초기에 속한 3세기의 저작물 중에 하나인 히뽈리뚜스의 『사도전승』은 남은 성물에 관해 다음과 같은 지침을 주고 있다. 먼저 주님의 몸을 지칭하는 떡에 대하여 "교회는 불신자나 쥐나 다른 짐승이 성체를 먹는 일이 없도록 유의 할 것이며, (성체의)어떤 것도 떨어뜨리거나 잃어버리는 일이 없도록 해야 한다. (성체는)모든 신자가 받아야 할 그리스도의 몸이다." 주님의 보혈을 의미하는 잔에 대하여 주는 가르침은 다음과 같다. "하나님의 이름으로 잔을 축성할 때 그리스도의 피를 받게 된다. 잔을 쏟아 이질적인 영이 되지 않도록 조심해야 한다. 그렇지 않으면 하나님께서는 이를 경멸한 여러분을 거슬러 분노하실 것이다." 히뽈리누스, 『사노선승』, 179. 정장복은 이에 대해 화체설까지 주장하여 신성시 할 것까지는 없다고 보았다. 하지만 함부로 버리거나 나누어 먹고 하는 것은 성만찬성례전의 신성함을 절하하는 행위라 보면서, 남은 빵과 포도주는 교회 직분자들과 함께 앉아 애찬을 갖는 심정으로 처리 할 것을 권고하고 있다. 정장복, 『그것은 이것입니다』, 105.
[197] 여기에서 편의상 '말씀과 성만찬이 함께 있는 주일예배'를 1안이라 하고, '성만찬만으로 드리는 주일예배'를 2안이라 칭하기로 한다. '성만찬만으로 드리는 예배순서'는 간략하게 나와 있으며 요소는 다음과 같다. 예식사, 공동고백, 성별의 기도, 성만찬분급, 기도, 찬송, 축도 등.

특징이 있다. 1안은 완전한 예배 형식을 띠고 있으며, 2안은 성만찬순서만 제시되어 있다. 2안은 실제 설교 다음에 성만찬 순서를 집례할 때 사용하는 것으로서, 그 순서는 예식사, 공동고백, 성별의 기도, 성만찬분급, 기도, 찬송, 축도 순서로 간략한 순서로 되어있다. 그러나 1안 역시 설교가 있은 후 성만찬식 순서로는 성결의 기도, 성별의 기도, 성만찬분급, 기도, 찬송, 축도로 되어 실제 집례할 때에는 예식사의 유무 외에는 별 차이가 없다.

둘째, 예배의 구성과 순서에 있어서 1안은 묵도, 성경, 기도, 주기도문, 공동기도, 죄의 고백, 사죄의 말씀, 응답기도, 성경, 신앙고백, 설교, 교회소식, 찬송, 헌금, 성결의 기도, 성별의 기도, 성만찬분급, 기도, 찬송, 축도로 되어 있다. 그리고 각 순서 중에 기도, 공동기도, 죄의 고백, 사죄의 말씀, 응답기도등은 고정된 예문을 제시해 줌으로서 회중의 일치된 예배를 지향하고 있음이 특징이다.

첫 순서에 '묵도'(전주)가 등장한다. '묵도'는 초기 한국감리교회 예배에서는 예배시작 전의 묵상기도를 의미하였으며, 예배의 첫 순서는 아니었다.[198] 다시 말해 "묵도로 예배를 시작하겠습니다."라는 말은 예배순서에 없는 것이다. 미국감리교회의 *BOW*(1945, 1965)의 예배순서에서도 '묵도'는 발견할 수 없다. 공식적으로 처음 등장하는 것은 1931년 한국형 주일예배 때부터 이 순서가 자리 잡게 되었다. 1962년 이전에는 거의 예배의 첫 순서로 등장하다가 1962년 주일예배의 제1안부터는 묵도가 사라진 형태가 나오는데, 제2안에는 계속하여 전주 다음에 묵도가 등장한다.[199] 이 형태는 1987년, 1990년, 1995년의 제2안에 계속 등장하였다. 즉, 두 가지 이상의 주일예배 순서를 제시한 것 중에서 제2안은 전주 다음에 묵도가 자리 잡았던 것이다. 결국 1992년 묵도(전주)순서는 이전의 첫 번째 예배순서로 사용되어 오다가 '묵도' 혹은 '전주'로 예

---

198 본서 제4부 제8장 3.미감리회와 남감리회의 『장정』에 의한 주일예배순서를 참조.
199 본서 제4부 제10장 『교리와 장정』(1962)에 나타난 새로운 표준예배순서를 참조.

배시작 순서로 혼용되어 표현하고 있다. 결론적으로 '묵도'라는 용어의 순서는 잘못된 순서로 자리 잡았으며, 이러한 형태는 오늘날 예배에서도 아직도 흔히 볼 수 있는데, 속히 시정되어야 할 순서이다.

셋째, 1안에서 교회소식 후 찬송을 부르면서 곧 바로 성만찬보를 걷으며, 봉헌순서가 나오면서 성만찬 집례가 시작되는데, 성결의 기도 후에 성별의 기도 순서가 나오고 있다. 성별의 기도 안에 성만찬기념사와 제정사, 하나님의 어린양(Agnus Dei)등이 포함되어 있으나 성만찬의 4중 행위로 명확히 구분되어 있지는 않다. 성만찬에는 반드시 들어가야 할 4가지 행위가 있음을 인식해야 할 것이다.[200] 4가지 성만찬의 행위는 떡을 취하시고, 축사한 뒤, 떼어, 나누어 주는 행위를 말한다. 이 네 가지 행위는 기독교 예배역사 안에서 봉헌예식(Offertory), 성만찬기도(Eucharist prayer), 분병(Fraction), 수찬(Communion)등의 성만찬의 구조로 발전하였다.[201] 이 중에 두 번째 행위는 성만찬 기도에 관한 것으로서 이 순서 안에 그리스도 구속에 대한 기념사, 제정사, 성령임재의 기원(Epiclesis), 영광송(Doxology)등이 포함된다. 이 두 번째 행위는 감사라는 유카리스티아에서 온 것임을 강조하면서 "대감사 기도"(the Great Thanksgiving)라는 명칭으로 많이 불려지고 있다.[202]

넷째, 예배의 구조와 요소 중에 빠지거나 생략된 부분이 있다. 예배의 부름, 경배(개회)의 찬송, 교독문, 성삼위영가, 성경봉독 전의 찬송, 설교 후 기도, 새 가족 소개 등이 빠져있다. 이는 예배의 4중 구조 측면

---

200 영국성공회의 예배신학자인 그레고리 딕스(Gregory Dix)는 신약성서에 기록된 최초의 성만찬에 나타난 예수의 성례전 절차를 7가지로 다음과 같이 분류하고 있다. 그것은 떡을 취하심, 축사하심, 떡을 떼심, 나누어주심, 잔을 취하심, 축사하심, 제자들에게 나누어 줌 등이나. Gregory Dix, *The Shape of Liturgy*(Glasgow: The University Press, 1964), 48을 참조. 그러나 이러한 7가지는 4가지로 형태로 요약하는 것이 최근의 경향이다. 그 4가지 행위는 첫째, 떡과 잔을 취하심 둘째, 그 위에 축사하심 셋째, 떡을 떼심 넷째, 나누어주심을 말한다. 성만찬의 4중 행위에 대해 자세한 것은 정장복, 『예배의 역사』, 208-209; 김순환, 『21세기 예배론』, 204-214; 스투키, 『성만찬, 어떻게 알고 실행할 것인가?』, 158-169를 참조.
201 김순환, 『21세기 예배론』, 204; 스투키, 『성만찬, 어떻게 알고 실행할 것인가?』, 158-161.
202 김순환, 『21세기 예배론』, 207.

에서는 말씀과 성만찬이라는 주요 두 가지 골격을 유지하고 있지만, 그 외는 다소 용어와 요소에 있어 명확하게 표현하지 못한 모습이 있다. 이것은 그동안 성만찬이 없는 말씀중심의 예배만 드리다가 갑자기 말씀과 성만찬이 있는 예배를 드리게 되면서, 『예배서』를 작성할 때 그 예배의 요소와 순서를 가능한 한 축소하거나 예배신학적 이해 부족에서 연유한다고 보여 진다. 이 점은 1992년 예배서의 가장 취약한 부분이라 본다. 말씀과 성만찬이 있는 주일예배를 소개한 것은 좋았으나, 이전의 예배와 다른 예배순서를 제시하면서 좀 더 신중한 예배신학적 요소와 입장을 반영하지 않은 체, 제시한 점은 아쉬움을 주고 있다. 따라서 예배서를 마련하고, 준비하는 일은 단시간에 이루어질 수 없으며, 예배예전의 훈련과 연구를 통한 사전의 충분한 검증과 예배학자들로 구성된 전문적인 예전위원회 등을 거쳐서 발간되어야 할 것이다.

다섯째, 『예배서』(1992)에 나타나는 주일예배는 앞에서 살핀 1965년 미국감리교회 BOW(1965)의 말씀중심의 주일예배의 형식처럼, 『예배서』(1992)의 '말씀과 성만찬이 함께 있는 주일예배'는 BOW(1965)의 '성만찬이 함께 있는 주일예배' 순서와 거의 같다. 다만, 성만찬 순서를 시작하면서 BOW(1965)에서는 성별의 기도 순서를 세분화하여 성만찬의 4가지 행위를 하나하나 구분하여 표현하였고『예배서』(1992)에서는 이것을 명확히 구분하지만 않았을 뿐 나머지 내용은 같다. 이는『예배서』(1992)의 모든 주일 예배 형식은 BOW(1965) 의 주일예배 형식을 거의 그대로 반영하고 있음을 확인해 준다.

4. 요약 및 평가

한국감리교회의 1992년『예배서』에 나타난 주일예배는 미국감리교회 BOW(1965)에 나타난 주일예배를 거의 그대로 반영하고 있음을 알 수 있다. 이는 BOW(1965)에 나타난 주일예배를 번역하고, 두 예배서를 대조해볼 때 예배순서와 순서 중에 제시된 예문의 사용등과 용어에서 분명히 알 수 있었다.

그렇다면 이러한 한국감리교회는 예배갱신의 시도에 대해 어떤 평가를 내릴 수 있을까? 필자는 이에 대해 몇 가지 평가를 해보고 싶다.

첫째, 한국감리교회가 한국예배학자들과 전문가들로 구성하여 예배서를 발간하기로 총회에서 결의하고 그 결과 예배갱신 시도로서『예배서』(1992)를 내놓았다는 것 자체에 큰 의미가 있다고 하겠다.

둘째,『예배서』(1992) 안에 나타난 주일예배를 말씀중심의 예배로 두 가지 유형(요약형식과 완전한 형식), 말씀과 성만찬이 함께 있는 예배로 두 가지 유형(말씀과 성만찬 함께 드리는 유형과, 성만찬만을 드리는 유형)를 제시하고 있는 것은 목회자가 상황에 따라 형식이나 예배순서(요소)를 취사선택할 수 있는 범위를 제공해주고 있다는 점에서 예배 집행의 다양성과 자율성을 제공하고 있다. 또한 교회력에 따른 예배 보조자료들과[203], 일반공예배 때에 사용할 수 있는 보조자료들[204]을 첨가한 것은 개 교회에서 실제로 주일예배 때 다양한 형식과 내용을 활용할 수 있도록 도움을 주고 있다. 이것은 한국감리교회가 예전 지향적이고 전통을 무시하지 않으면서도 예배의 다양한 형식을 인정하는 측면을 보여주는 것이라 하겠다.

셋째, 예배를 목사가 독점하지 않고, 회중의 참여를 기대하는 요소들이 많이 들어 있다. 예를 들어, 고백기도, 주기도문 후에 드리는 기도, 성만찬 시의 여러 형태의 교독의 기도순서, 응답송, 오늘의 기도, 목사

---

[203] 이에 해당하는 보조 자료들은 다음과 같다. 1. 공동예배를 위한 성서일과 2. 부활절을 위한 교회력안내 3. 대강절기 4. 성탄절기 5. 주현절기 6. 사순절기 7. 부활절기 8. 성령강림절기 9. 왕국절기 등에 관한절기를 지킬 때 필요한 자료들이 소개되어 있다. 주로, 이러한 교회력에 따라, 예배의 부름, 기원, 오늘의 기도, 간구와 중보의 기도문 등이 순서대로 나와 있다.『예배서』(1992), 7-10.
[204] 이에 해당하는 보조 자료들은 다음과 같다. 입당할 때 드리는 기도, 성가대와 함께하는 기도, 예배의 부름, 기원, 참회의 기도, 확신의 말씀, 용서와 사죄의 선언, 공동신앙고백, 감사의 기도, 간구와 중보의 기도, 봉헌성구 및 기도, 성만찬분급시 사용하는 성구, 귀영, 축도 등이 나와 있다.『예배서』(1992), 74ff., 239ff.; 250-293.

와 함께 축복을 비는 기도 등이 들어있음은 예배갱신의 정신을 잘 반영하는 것이며, 현대 기독교 예배의 중요한 예배 구성의 시금석을 토대로 하고 있다고 볼 수 있다.

넷째, 예배의 구조에 있어 비교적 잘짜여져 있으나, 오늘날 예배리셋의 키워드가 되고 있는 예배의 4중 구조(입례예전, 말씀예전, 성만찬예전, 파송예전)로 구분한 형식은 완전하게 나타나고 있지 않다. 예를 들어 설교 후 마지막 부분이 다소 미흡함을 보여주고 있다. 말씀중심형 예배의 '완전한 형식'에서도 마지막 부분이 소개되지 않고 있는데, 예를 들면 공동체가 함께 결단하고 세상으로 나아가는 "파송예전"이 있어야 할 것이다. 이로 보건데 1992년『예배서』는 오늘날의 예배갱신 측면에서 볼 때 예배의 완전한 4중 구조의 형식을 갖추었다고 하기엔 미흡한 면이 있다.

다섯째, 1992년『예배서』는 미국감리교회의 *BOW*(1965)를 참고로 하여 번역되어, 만들어지고 발간되었음을 확인할 수 있었다. 이는 한국감리교회 주일예배가 1962년 한국형 표준예배가 나온 이후, 별다른 예배갱신의 진전이 없다가 다시 예전지향적인 미국감리교회의 예배를 토대로 갱신 시도를 하고 있다는 점을 인식할 수 있다. 그러나『예배서』(1992)는 미국감리교회의 *BOW*(1965)를 토대로 엮어진 점을 감안할 때, 과연 30여 년 전의 미국교회 예배서가 1990년대 한국적 문화상황에 직면하여 과연 효과적인 예배수행에 얼마나 큰 영향을 끼쳤는지에 대해서는 다소 회의적이라 보여 진다.

일곱째, 전체적으로『예배서』(1992)의 아쉬운 점은 주일예배문을 제시함에 있어, 예배신학적으로 충분히 검토한 모습이 취약해 보인다고 지적하고 싶다. 그 예로, 성만찬을 함께 드리는 주일예배를 제시하는 곳에서는 그 순서가 많이 제외되어 있는 점 등을 들 수 있다. 이러한 요인은『예배서』를 발간함에 있어 미국감리교회 예배서의 단순한 번역에 의존한 결과에서 초래된 것이라 여겨진다. 그러나 이러한 미흡한 면은

『새예배서』(2002)를 발행하게 되는 근간과 기초를 형성해주는 중요한 역할을 제공하였다.

여덟째, 예배갱신 시도 측면에서 많은 공헌을 주었지만 아쉬움도 많이 남겨진 채『예배서』(1992)는 한국감리교회 주일예배의 공식적 문헌으로『새예배서』(2002)가 나오기까지 약 10년간을 주일예배예식서로 자리 잡고 있었다. 그러나 이 10년간의 한국감리교회 주일예배는 많은 변화를 겪었고, 목회자들은『예배서』(1992)의 존재유무 조차 인식했는지 모를 일이다. 참으로 안타까운 것은 이러한『예배서』를 발간하였음에도 교단이나 신학교는 교회 현장에 봉사하지 못했고, 목회자와 개 교회는 예배예전에 있어 신학적 인식부족과 연속성이 단절되어 왔다는 것을 부인하지 못할 것이다.

제5부
한국교회 주일예배 리셋을 위한 모범적 모델

제13장
『새예배서』(2002) 발간 배경과 예배신학적 의미

지금까지의 연구를 토대로 한국감리교회 초기 선교시기부터 『새예배서』(2002)가 발간되기까지 주일예배의 형성과정을 간략히 소개하면 다음과 같다. 초기 선교시기(1885-1930)는 미국감리교회의 『장정』(*Discipline*)에 나타난 주일예배서를 거의 혹은 일부 수정, 번역하여 사용하였다. 이 때 주일예배문은 주로 '교인의 은혜 받는 방법'안에 수록되어 있고, '성례'는 『장정』안의 '부록'으로 '예문' 혹은 '성례'라는 제목으로 두었다. 기독교조선감리회 태동시기(1931)부터 1973년까지는 『기독교대한감리회 교리와 장정』안에 '교인의 은혜 받는 방법'이라는 항목에 주일예배문을 두었고, 부록으로 '예문'을 두었다. 그러다가 1973년 이후부터 『교리와 장정』에서 '예문'이 사라졌다.[1] 그러나 주일예배문은 그 후에도 계속 첨가되어 1995년 『교리와 장정』까지 수록되어 있다. 이후에는 주일예배문과 예문은 『교리와 장정』에서 완전히 빠지면서 '교인의 은혜 받는 방법'으로 주일예배를 참여하라는 내용으로만 소개되고, 예배 순서는 없다.

1970년대 중반이후 '예문'은 『교리와 장정』에서 분리되어 출판되어 오다가 그동안의 '예문'을 수정, 보완하여 개정판 『예문』(1991)을 내놓았

---

[1] 필자가 확인한 바로는 1975년 『교리와 장정』에서도 '예문'은 포함되어 있지 않다. 그리고 1977년 10월 31일자로 '예문' 제1판이 발행된다.

다. 그 후 『예문』을 보완하고, 잘 편찬하기로 하여 발간해 낸 것이 『기독교대한감리회 예배서』(1992)이다. 즉, 『예문』과 『예배서』를 병행하여 사용하게 되었다. 『예배서』(1992)는 새로운 갱신 시도로 발간되었지만 호응이 적었다. 그 후 일선 목회자들의 예전적 예배 설정을 목적으로 『교회력과 절기에 따른 성만찬 예문집』(1998)을 출판하였다.

종합해 보면, 한국감리교회 주일예배식서는 1992년 이후에는 사실상 『예배서』(1992)를 토대로 발전되어야 옳았다. 그러나 이 대답은 회의적일 수밖에 없다. 예배서와 예문이 함께 존재했었고, 개 교회 목회자들은 예배서에 대한 인식의 부족과 사용하기에 불편함이 지속된 채 10년이 흘렀다. 이 시기의 주일예배는 말씀중심의 주일예배가 압도적이었음을 누구도 부인할 수 없을 것이다. 다행이 1998년에 발간한 『교회력과 절기에 따른 성만찬 예문집』은 세계교회 예배갱신을 반영하는 뜻 깊은 예배예식서였다. 그러나 이 역시 일선 교회현장에서는 적극 활용이 되지 못하면서 말씀중심에 익숙한 교회 현실 속에서 말씀과 성만찬의 조화로운 예배를 설정하지 못한 채 21세기를 맞았다.

한국감리교회는 20세기 후반에 일어난 예배개혁(Renewal of Worship)에 합류하면서 예전갱신운동(Liturgical Renewal Movement)에 호응하는 교단으로 새로운 변화를 맞이하였다.[2] 이러한 변화 속에서 만들어진 것이 기독교대한감리회 홍보출판국에서 발행한 『기독교대한감리회 새예배서』(2002)이다. 『새예배서』는 1991년 출판된 『예문』과 1992년 출판된 『기독교대한감리회 예배서』를 병행하여 사용하는 것에 따른 현장 목

---

[2] 필자는 김순환 교수가 인용하여 구별하고 있는 다음의 주장에 동의하면서, 예배 개혁(Renewal of Worship)이라는 말과 예전갱신(Liturgical Renewal Movement)말을 구분하여 사용하고자 한다. 김순환은 "예배개혁이라는 말은 예전갱신이라는 개념과 등위의 것으로 이해하기 보다는 구별되어 사용되어야 한다. 그 까닭은 예전이라는 말은 상징적 행위들의 군집으로 표현되는 성만찬(Eucharist)을 구체적으로 지칭하는 어의를 지니고 있기 때문이다." 라고 하였다. 여기에 비추어 보면, 한국감리교회는 예배의 갱신부분에서 예전성을 강화하는 교회로 변화를 가져왔다는 뜻이 된다. 김순환, 『21세기 예배론』, 17에서 재인용. 이에 관해 더 자세히 알고 싶으면, R. C. D. Jasper, "Liturgis," ed., J. G. Davies, *The New Westminister Dictionary of Library and Worship* (*Philadelphia*: *The Westeminster Press*, 1986), 314-316을 참조.

회자들의 불편함과 시간의 흐름에 따라 보충할 필요를 느껴서 새로운 예배서를 발간하기에 이른 것이다.³

필자는 지금까지 한국교회의 예배갱신은 주일예배의 새로운 개혁과 변화에 두어야 함을 강조하였다. 이에 한국감리교회의『새예배서』(2002)는 21세기 예배갱신에 걸맞는 다양한 시도를 보여주는 사례로서 한국교회 예배갱신에 부응할만한 예배서로 평가하고 싶다.

이제 본 장에서는『기독교대한감리회 새예배서』(2002)의 발간 배경과 예배신학을 살펴보고,『새예배서』에 나타난 주일예배의 구조와 내용을 고찰함으로서 그 중요성과 재발견을 시도해보고자 한다.

1.『새예배서』(2002)의 발간 배경

『새예배서』(2002)는 20세기의 마지막을 보내면서 한국교회의 각 교단들이 예배서를 만들기 시작할 때 발간되었다.『예배서』(1992)가 나온 지 무려 10년 만의 일로서 다른 교단에 비하여 가장 최근에 새로운 예배예식서를 내놓은 셈이다. 21세기에 들어서면서 한국감리교회는 새 시대에 맞는 새예배서를 만들어 달라는 교회들의 요청에 부응하여『새예배서』를 발간하기로 하였고 기독교대한감리회 선교국의 '신앙과 직제위원회'는『새예배서』편찬위원회를 조직하였고, 제23회 총회 입법의회의 위임을 받아 예배서를 만들기 시작하였다. 이에 위원회는 2년 6개월이라는 기간 동안 예배서를 만들고, 제24회 총회 입법의회에서 통과하여 드디어 2002년에『새예배서』를 내놓게 된 것이다.⁴ 이는 명실상부 기독교대한감리회 총회가 인준한 최초의 공식 예배서이다.

『새예배서』라는 명칭을 정하게 된 배경은『새예배서』는 일반예배와

---

3 박해정, "『새예배서』의 예배학적 가치와 그 발전 방향에 관한 모색", 164.
4 『새예배서』(2002), 4.

예식 뿐 아니라 성례와 예복을 포함하고 있기 때문에 '예문'[5]이라는 이름을 붙일 수 없었고, '예식(liturgy)'이라는 명칭도 마땅하지 않아, 오랜 토론 끝에 『기독교대한감리회 새예배서』(The Korean Methodist New Book of Worship)라고 책의 이름을 정하였다.[6] 이것은 1992년 『예배서』가 나온 이후 무려 10년만의 일이다. 이는 한국감리교회의 긍지요 자랑뿐 만이 아니라 한국교회안의 예배갱신 측면에서 매우 적절하고 새로운 지평을 열어줄 수 있는 쾌거라고 생각한다.

예배서와 예문을 갖추어 일선현장의 목회자들에게 예배와 예식을 돕는다는 것은 예배의 일치성과 성숙하고 질서 있는 예배예식을 행할 수 있게 한다는 점에서 그 가치가 크다고 평가할 수 있다. 그리고 서문에서도 밝히고 있듯이 『새예배서』의 발간 배경에는 일선 교회와 목회자들이 "새 시대에 맞는 『새예배서』를 만들어 달라"는 요청으로 만들어졌다고 했다.[7] 이는 21세기 들어서 예배갱신을 지향하는 세계교회의 예배학적 흐름과도 무관하지 않다고 본다.

---

[5] 한국감리교회는 지금까지 『예문』(1991)과 『예배서』(1992)를 병행하여 사용하여 왔다. 시간이 흘러 보충할 필요성도 제기되었고, 두 권으로 나뉘어진 것을 하나로 엮어서 만들어 낸 것이 『새예배서』(2002)이다. 이 『새예배서』가 예배신학적인 견고한 토대위에 완성되어 한국교회 예배학에 새로운 지평을 마련하였음에도 불구하고 이 『새예배서』가 일선교회에서 목회자들의 사용에 불편함이 있었다. 이에 한국감리교회는 제25회 총회입법의회(2004)에서 '예문연구위원회'에서는 『새예배서』에서 발견된 부족부분을 보완하여 보다 발전된 『예문』을 발행하기로 결의하였다. 이러한 작업은 일선교회의 요청에 의해서라고 머리말에서 밝히고 있다. 그리하여 제25회(2005) 입법의회 예문위원회에서는 『새예배서』의 신학부분은 그대로 두고 예문만을 수정 보완하여 단권의 책으로 발간하자는 결의를 하게 되어 새롭게 예문이 나오게 된 것이다. 이 예문은 2006년 발간하게 된 『예문 1』, 『예문2』이다. 2017년 현재 2판 5쇄를 출간하였다. 이 예문에는 주일예배에 관한 예식서는 수록하지 않고 있다. 예문에 들어간 주요 내용은 성례, 혼례, 장례 및 추도, 가정의례, 안수 및 허임, 취임·이임·은퇴·파송·임명, 기공 및 봉헌·교회설립 등으로 구성되어 있다. 기독교대한감리회 예문연구위원회, 『예문1, 2』(서울: kmc, 2006) 발간사와 머리말을 참조.
[6] 『새예배서』(2002), 6.
[7] 『새예배서』(2002), 6.

2. 시대적 의미와 영향

『새예배서』(2002)가 발간될 당시에 세계교회는 이미 예배갱신 운동이 활발하게 진행되던 시기였다. 한국감리교회는 앞에서 살핀 대로 타 교단에 비해 비교적 늦게 예배갱신에 부응하였다고 할 수 있다.

20세기 세계교회의 예배갱신의 출발은 가톨릭이 1963년 제2차 바티칸 공의회에서 예배의 내용, 구조 그리고 형식을 개혁한 새로운 성례전(The Constitution on the Sacred Liturgy)을 선언함으로서 시작되었다.[8] 가톨릭의 예배개혁에 영향을 받은 미국의 주요 개신교 교단들은 이후 30년 동안 각각 새로운 예식서와 찬송가를 출판하였다. 특히 주일예배에 관한 개신교회의 예배갱신 운동은 성경적 내용에 근거하여, 함께 모이고(Gathering), 말씀을 듣고(Hearing), 감사로 응답하며(Thanksgiving), 그리고 세상에 파송되는(Sending-forth) 형태의 예배의 4중 구조를 회복하는 방향으로 나아갔다.[9] 이러한 4중 구조의 예전적 예배형태는 가톨릭과 미국의 개신교 교단들 사이에 일어난 예전회복 운동은 세계교회의 동의를 얻고 있다.

오늘날 현대예배의 최대 이슈는 예전적 성향의 예배갱신에 있다고 해도 과언은 아니다. 예전적 예배라는 말은 말씀과 성만찬이 있는 예배, 덧붙여서 예식서의 충실한 사용과 성경의 복수낭독 및 교회력의 주제에 따른 설교와 예배의 운용을 말한다.[10] 이 세계교회의 예전회복 운동이 한국개신교 안에 자리를 잡으면서 각 교단에 영향을 끼쳤고, 그 영향은 실제 예배예식서를 발간하고 활용하는 예배로 확산되었다. 이러한 갱신영향 속에 한국감리교회는 장로교회와 함께 예전회복 운동의 예

---

8 나아젤, 『그리스도교 예배의 역사』, 231-237.
9 『예배가 보인다 감동을 누린다』, 205-213; 김소영·김세광·안창엽편역 『공동예배서』, 47-64; UMBW(1992), 15-32.
10 김순환, 『21세기 예배론』, 18.

배를 반영하는 대표적 한국의 개신교회로 발전하였다.[11]

20세기 말과 21세기 초입에 이르러 한국의 각 교단에서는 예배예식서의 발간이 본격적으로 이루어졌다. 가장 먼저 예배갱신을 반영하는 예배예식서는 한국기독교장로회(이하 기장)에서 출발 하였다고 볼 수 있다. 기장은 1978년 초판에 이어 1983년에 『예식서』를 발간하였고, 가장 최근에는 『희년예배서』(2003)에 발간하였다.[12] 성결교회(기성)은 1996년에 『새예식서』를 발간하였으며, 장로교(통합)는 1997년 『표준예식서』를 내놓았다.[13] 장로교(고신)측은 1999년에 『예전예식서』를 발간하였으며, 주일예배의 4중 구조를 소개하고 있으나, 성만찬 순서는 별도의 순서에 두고 있다.[14] 예배예식서 발간과 예배갱신 합류에 가장 후발주자는 장로교(합동) 계열측이라 할 수 있다. 장로교(합동) 2000년 『표준예식서』를 개정판으로 내놓았다. 이 예식서 안에 주일예배는 '묵도'로 시작하여 '성도의 교제'로 폐하는 간략한 말씀중심의 예배순서가 소개되어 있고, 성만찬은 성례식(성만찬식)의 순서에 학습, 세례, 말씀, 성만찬식이 모두 함께 드려지는 별도의 순서로 소개되어 있다.[15] 장로교(합동정통)도 장로교(합동)과 유사한 예배예식서를 갖고 있다. 2000년에 『표준예식서』를 발간하였는데, 주일예배의 내용과 순서는 장로교(합동)과 거의 비슷하다. 장로교(합동)과 장로교(백석)는 성례식 안에 학습, 세례, 설교, 성만찬식 등 모든 순서를 한꺼번에 집례 할 수 있도록 했다.[16] 이것은 주일예배의 예배예전 운동이 거의 반영이 되어 있지 않

---

11 김순환, 『21세기 예배론』, 23.
12 한국기독교장로회 총회, 『예식서』(서울: 한국기독교장로회 출판사, 1983). 이 예식서는1978년(발행), 1983년(재판), 1987년(3판), 1994년(4판), 1997년(5판), 1997년(5판), 2001년(6판)에 걸쳐 발간되었다. 초판은 확인할 수 없으나 1983년 판에서부터 주일예배의 4중 구조가 등장하고 있다.
13 대한예수교장로회총회, 『표준예식서』(서울: 한국장로교출판사, 1997). 머리말에 따르면, 세계의 개혁교회들의 예배예전과 호흡을 함께 하면서 발간하였다고 언급하였다.
14 대한예수교장로회총회 예전예규위원회, 『예전예식서』(서울: 대한예수교장로회 총회출판국, 1999).
15 대한예수교장로회총회, 『표준예식서』(개정판)(서울: 대한예수교장로회총회출판부, 2000), 21. 42-48을 참조.
16 대한예수교장로회 표준예식서 편찬위원회, 『표준예식서』(서울: 대한예수교장로회(합정), 2000). 현재 합동 정통측은 대한예수교장로회(백석)으로 교단을 이루고 있다.

음을 시사해 준다.

교단에서 예배예식서를 발행했다 해서 곧바로 개 교회들이 의무적으로 사용하도록 강요받는 것은 아니지만 상당수의 교회가 예배서에 관심을 갖고 있는 것이 현실이다.

감리교회의 경우 감리교 운동 초기부터 즉흥성, 자발성, 자유를 허용하면서도 예배서를 활용하는 방식을 권장하였다. 1784년 존 웨슬리가 미국감리교도들에게 보낸 『북 감리교회에 보낸 주일예배』(*The Sundays Services*)에 보면, "나는 목사들에게 매주일에 성만찬을 실시할 것을 충고한다."라고 썼는데 이는 당시 성공회가 성만찬을 연4회 실시하던 것에 비하면 파격적이었다. 또 동시에 같은 서신에서 그는 "이제 완전한 자유가운에 있으며, 오직 성경과 초대교회를 따라야 한다."고 말함으로서 예배의 비형식성에 대한 여지도 남겼다.[17]

미국감리교회는 1792년에 비형식적이며 간략한 예배를 채택하였다가 점차 교회건물 예배를 드리게 되면서 오르간, 성가대, 성가대 찬송, 신조의 낭송, 응답적 봉독 등의 형식적 요소를 갖추어갔다. 1920년대 이후 20세기 중반에 와서는 설교중심의 강단은 비교적 예전적 구조로 바뀌어 갔고, 예배도 성공회의 아침기도회를 채택하는 등의 형식성을 강화하였다.

1968년 미국감리교회가 미국 복음주의연합형제교회와 통합하여 미국 연합감리교회(*The United Methodist Church*)를 형성하였고, 몇 차례의 『예배서』를 발간하다가 1992년에 『미국연합감리교회 예배서』(*The United Methodist Book of Worship*, 1992)를 출판하였다.[18]

이러한 미국감리교회의 예전적 예배갱신 운동은 한국감리교회의 예전갱신과 예배개혁에 적지 않은 영향을 주었다. 『새예배서』(2002)는 그

---

17 대한예수교장로회 표준예식서 편찬위원회, 『표준예식서』, 24.
18 대한예수교장로회 표준예식서 편찬위원회, 『표준예식서』, 25.

서문에서 미국감리교회의 예배서를 참고하였다고 밝히고 있다.[19] 앞에서 한국감리교회『예배서』(1992) 안에 나타난 주일예배예식서는『미국감리교회 예배서』(BOW, 1965)를 토대로 엮어졌음을 확인하였다.

『새예배서』(2002)을 출판함에 있어서도『미국연합감리교회 예배서』(UMBW, 1992)의 것을 상당부분 참고하고 있다. 하지만 UMBW(1992)의 주일예배를 살펴보았듯이 예배구조와 순서 등에 있어서『예배서』(1992)때와는 달리『새예배서』(2002)는 한국감리교회 독자적인 예배서로서의 독창성과 차별이 있는 모습을 보여주고 있다. 새로운 지평으로서 한국감리교회적인 예배서를 발간한 것이다. 이는 한국감리교회 예배갱신의 중요한 역할을 가져오게 하며, 예배학적으로 귀중한 성과물이 아닐 수 없다.

3.『새예배서』의 예배신학적 의미

『새예배서』(2002)안에 나타난 주일예배에 관한 신학적 의미를 살펴보려고 한다.[20]『새예배서』는 그 서문에서 예배의 이해와『새예배서』의 특징을 언급하고 있다. 예배는 하나님께 영광과 존귀를 드리고 구원의 은혜를 고백하고 그에게 감사하는 기독교인의 의무요, 신앙과 삶이라고 말한다.[21]『새예배서』의 특징은 감리교회 신앙과 신학에 근거한 다양한 예배의식(예배의 다양성)과 융통성 있는 예배구조의 제시(예배의 통일성), 전통적인 순서와 자유로운 순서, 말씀중심과 성만찬의 예배, 가정의례와 예복에 대한 규정을 담은 것 등이 그 특징이라고 소개하고 있

---

[19]『새예배서』(2002), 6.
[20]『새예배서』는 다음과 같이 구성되어 있다. 일반예배 I. 예배에 대한 이해 II. 예배순서 성례 I. 세례 II. 성만찬 일반예배 부록 I. 예배찬송가 II. 교회력과 색깔 예식 I. 결혼 II. 장례 III. 안수식·허입식 IV. 취임·이임·은퇴·파송 V. 이취임식 부록 VI. 임명식 VII. 봉헌식 VIII. 교회설립 가정의례 I. 경축례 II. 주택과 생업 예복 등. 이 중에서 주일예배에 관한 부분은 일반예배와 성례, 그리고 일반예배부록 편에 수록되어 있다.
[21]『새예배서』(2002), 26.

다.²² 이것은 『새예배서』가 현대 예배갱신의 화두를 반영하고 있다는 설명이다. 즉, 예배의 4중 구조, 그리고 전통과 현대를 아우르는 조화로운 예배, 예전지향적인 예배, 성만찬의 회복, 교회력의 회복등 다양한 현대 예배의 이슈들을 적극 포함하고 있음을 시사하는 것이다.

『새예배서』는 예배에 대한 신학적 의미를 다음과 같이 밝히고 있다. 첫째, 예배는 그리스도 사건에 그 중심을 두고 있다고 설명하였다.²³

> "그리스도교 예배란 예수 그리스도 안에서 자신을 보여주신 하나님의 계시와 그에 대한 인간의 응답이다. 즉 예배의 중심 개념은 하나님의 자기계시와 인간의 응답이다. 이 양자의 중심은 예수 그리스도이다. 그는 우리에게 하나님을 계시하시며, 우리는 그를 통하여 하나님께 응답한다. 계시와 응답은 상호관계적인 것으로, 하나님께서 주도권을 잡고 예수님에 의하여 우리에게 찾아오시면, 인간은 예수님을 의존하여 다양한 감정, 말, 행위로서 하나님께 응답한다. 그러므로 예배란 인류의 역사 속에서 개입하신 성육신(Incanation)사건으로서 구석의 역사를 새롭게 확인하고 집약하는 것'이다."²⁴

이같이 예배의 의미를 그리스도 중심적 예배에 두고 있는 것은 오늘날의 모든 기독교 예배학자들의 가장 중요하고 첫 번째 되는 공통된 정의라고 할 수 있다. 그리고 한국감리교회는 이러한 예배신학적 바탕위에 서 있음을 보여준다. 감리교회의 대표적인 예배학자인 제임스 화이트를 비롯한 여러 기독교 예배학자들이 기독교 예배는 그리스도 사건에

---

22 『새예배서』(2002), 3.
23 기독교 예배의 독특성은 바로 복음에 대한 '재진술'로서 그리스도 사건중심 예배라 할 수 있다. 브라이언 채플은 "예배를 통해 우리는 복음이 자기 삶속에서 진척되는 이야기를 칭송하고 받아들이고 함께 나눈다."고 인용하며 그리스도 중심 예배를 이야기한다. 브라이언 채플, 『그리스도 중심적 예배』, 윤석인 역(서울: 부흥과 개혁사, 2011), 181에서 재인용.
24 『새예배서』(2002), 26.

중심을 두어야 한다고 정의한다.[25]

로버트 웨버는 그의 책에서, "기독교 예배의 핵심은 그리스도 사건"에 있다고 의미를 부여하면서 여기에는 세 가지의 의미가 포함되어 있다고 하였다. 첫째, 예배는 그리스도 사건을 되풀이 하는 것이요. 둘째, 예배는 교회를 현실화 하는 것이요. 셋째, 예배는 하나님의 나라를 기대하는 것이다.[26]

둘째, 예배는 구속사에 집약되어 있음을 강조하면서 이는 성령의 역사로 말미암아 완성된다고 말한다.

> "이처럼 예배 안에는 구속사가 집약되어 있다. 그리고 예수 그리스도께서 성령의 역사와 함께 하나님의 구속사역을 완성하심을 예배 때 마다 확인할 수 있다. 그러므로 예배의 본질은 회중이 중보자 예수 그리스도로 말미암아 하나님을 직접 만나며, 성령의 역사에 의하여 고백과 찬양, 감사와 헌신의 응답으로 거룩하신 하나님을 체험하는 것이다."[27]

셋째, 또한 한국감리교회의 예배는 말씀과 성례의 균형 잡힌 예배를 그 전통으로 삼고 있다. 그리고 이러한 균형 잡힌 예배가 결국 온전한 예배와 선교를 가능하게 한다고 인식한다.

> "예배의 역사에서도 '말씀과 성례가 조화를 이룬 예배'가 초대교회 때부터 지금까지 전래된 예배의 전통이다. 설교는 하나님께서 인간의 언어로 하나님 자신을 우리에게 나타내시는 자기수여(self giving)이며, 성례 또한 상징적인 행동을 통하여 나타내시는 하나님의 자기수여로, 이 예배 자체가

---

[25] 여기에 대한 자세한 내용은 Paul Hoon, *The Integrity of Worship*, 77; Jean Jacques von Allmen, *Worship: Its Theology and Practice*(New Youk: Oxford University Press, 1965), 33; 제임스 화이트, 『기독교예배학 입문』, 24-31을 참조
[26] 웨버, 『예배의 역사와 신학』, 110-111; 『살아 있는 예배』, 67-90 참조.
[27] 『새예배서』(2002), 27.

하나님이 주시는 기쁜 소식이다. 따라서 기독교 예배에서는 말씀과 성례를 통하여 하나님이 자신을 전체적으로 완전히 계시하시며, 회중은 하나님의 계시를 받아들여 그 응답과 감사로서 하나님께 헌신하며 봉사와 섬김의 자세를 취한다."[28]

넷째, 한국감리교회 예배는 섬김과 선교공동체적 예배를 지향하고 있음을 알 수 있다.

"예배는 말씀과 성례의 균형 잡힌 예배야 말로 전도와 봉사를 할 수 있는 동기를 부여한다고 볼 수 있다. 즉, 예배 안에 있는 찬양, 기도, 말씀선포, 봉헌, 성만찬, 나눔, 친교, 파송 등의 순서를 통하여 역동적인 '예배공동체'를 이루게 하며, 동시에 하나님의 교회를 '선교공동체'로 나아가게 한다는 것이다."[29]

위에서 살핀 대로 이같이 한국감리교회『새예배서』(2002)는 무엇보다 성경적인 예배를 지향하는 것이라고 볼 수 있다. 또한 이 입장이 바로 존 웨슬리의 예배정신에 기인한 것이라 할 수 있다. 즉, 기독교 예배는 철저히 성경에 의존하며, 그리스도 사건에 집약하고, 말씀과 성례의 조화로운 예배형식을 취하며, 성령의 역사로 말미암아 균형 잡힌 예배와 선교를 향한 개인적이며, 공동체적 행위임을 보여주는 것이라 할 수 있다.

---

[28]『새예배서』(2002), 27.
[29]『새예배서』(2002), 27.

제14장
『새예배서』에 나타난 주일예배의 기본구조

예배구성에는 집을 짓는 것과 같이 골격이 있고, 순서가 있다. 이를 예배구조라 한다. 예배구조는 예배신학에 입각한 것이어야 하며, 구조를 따라 예배의 요소를 이루는 것이 바로 순서이다.

예배의 기본구조와 요소를 위해서는 두 가지 전이해가 필요하다. 첫째, 기독교 예배는 예수 그리스도 안에서 자신을 나타내신 하나님의 계시에 대하여 회중이 그리스도를 통하여 찬양하고 헌신하는 응답행위로서 '계시와 응답'의 구조다. 하나님의 구원 행위는 하나님의 자기 계시였고, 하나님의 행위는 응답을 요청한다. 계시/응답의 연대성이 기독교 예배의 핵심이 되는 것임이 하나님과 성경의 많은 사건들 속에서 발견되며(사 6:1-8; 느 8:1-12; 행 2:14-42 등), 하나님과 예배공동체 간의 규범적인 대화양식이다. 궁극적으로 예배는 하나님과 하나님이 택한 백성간의 대화이다. 예배안에는 여러 번의 상호교제, 거룩한 대화, 상호간의 나눔 등이 있다.[30]

또 하나는, 예배의 역사적인 이해이다. 초대교회 예배는 유대교 예배와 예수 그리스도의 최후의 만찬에 근거하여 "말씀과 성만찬의 구조"로 되어 있다.[31]

이런 전 이해를 가지고 오늘날 우리가 예배를 준비하거나 진행해야

---

[30] 체리, 『예배건축가』, 40.
[31] 『새예배서』(2002), 28.

하는데, 이에 대해 유의해야 할 예배의 요소는 다음과 같다.[32]

첫째, 예수 그리스도 안에 나타난 하나님의 계시를 회중이 경청하고 받아 모시는 요소들이다. 여기에는 예배에로의 부름, 용서의 말씀, 성시교독, 구약봉독, 서신서 봉독, 복음서 봉독, 찬양대의 찬양, 말씀선포, 성례 등 예배의 주요 요소들이 등장한다. 이 요소들은 순서로 볼 때 하나님의 계시가 먼저이기에 이러한 요소들은 대개 예배순서의 전반부에 들어간다. 오늘날 감리교회를 포함하여 많은 개신교회들이 교회력에 따른 예배를 드리지 않기 때문에 예배 중에 구약, 서신서, 복음서의 말씀을 낭독하는 것이 익숙하지 않다. 설교의 권위는 인식하면서 성경낭독의 중요성은 인식하지 못한 탓이다.

둘째, 예수 그리스도를 통하여 회중이 하나님의 계시와 은혜에 대하여 찬양하고 응답하는 요소들이다. 하나님의 계시는 그리스도인들의 삶속에서 구원과 복, 그리고 은총으로 표현할 수 있는 구체적인 사건으로 나타난다. 회중은 바로 이러한 하나님의 계시에 대하여 찬양과 감사, 헌신 등으로 응답한다. 여기에는 찬송, 기원, 죄의 고백, 삼위영가(Gloria Patri), 신앙고백, 주님의 기도, 오늘의 기도, 결단의 기도, 찬양, 봉헌, 봉헌기도, 봉헌 찬송 등이 속한다. 이러한 순서들은 계시부분보다 뒤에 나오기에 전체적으로 예배순서의 후반부를 차지한다.

셋째, 성례에 해당하는 요소들이다. 예배에서 하나님의 말씀은 두 가지로 나타나는데, 선포되고 들을 수 있는 말씀(설교)과 볼 수 있고, 만질 수 있는 말씀(성례)이다. 초대교회는 말씀을 선포하는 설교와 성만찬을 주일마다 균형 있게 집례하였다. 종교개혁자 마르틴 루터와 존 칼빈은 물론 존 웨슬리도 이러한 초대교회 전통을 바르게 회복하려고 노력하였다. 성만찬은 예수님께서 제정하신 대로 집례자가 떡을 드사(떡과 잔을 취하여) 축사하시고(성만찬제정사, 기념사, 성령임재의 기도) 떡을 떼

---

[32] 『새예배서』(2002), 28-30.

어(분병례) 나누어주는(분급) 기본적 구조를 지니고 있다.

넷째, 예배와 선교를 이어주는 요소들이다. 진정한 예배는 하나님의 은총을 세상에 전하고 세상과 함께 나눌 때 그 생명력을 발휘할 수 있다. 따라서 예배의 마지막 부분은 단순히 예배의 끝을 알리는 순서가 아니다. 이 부분은 회중이 일어나서 하나님에게서 복음을 위임 받고, 세상을 향해 주신 선교의 사명을 수행하기 위하여 파송 받으며, 복을 받는 요소들로 이루어져 있다. 여기에는 설교 후에 목회기도 혹은 중보기도, 파송(혹은 위임)의 말씀, 축도, 축복송 등이 있다.

이상과 같은 예배의 구조는 조화와 균형 잡힌 예배순서라 할 것이다. 존 웨슬리가 물려준 감리교회의 예배전통은 설교와 성만찬의 균형이었고, 성례를 견실하게 유지하면서도 그 속의 성령의 역사를 제한하지 않는 자유로움과 역동성이 있다.[33] 이러한 감리교회 예배전통을 다시 회복하는 것이 바로 예배갱신이라 할 수 있다.

이제 예배갱신의 시도를 넘어 새로운 주일예배의 지평을 제시한『새예배서』(2002)안에 있는 주일예배의 다양한 순서를 살펴보고자 한다. 다양한 순서와 요소들에 대한 설명은 필요한대로 각주로 처리하거나 간략히 설명하고자 한다. 이제『새예배서』(2002)의 주일 낮예배의 '기본구조'와 형식들을 자세히 논하고자 한다.

『새예배서』의 주일 낮예배[34] 형식은 다음과 같이 5마당[35]으로 되어 있다.

Ⅰ. 하나님 앞으로 나아옴
Ⅱ. 말씀의 선포

---

[33]『새예배서』(2002), 31.
[34] '주일 낮예배'라는 용어가 처음 등장하고 있다. 이런 표현은 웨슬리 예배와 미국감리교회 예배의 '아침기도순서' 혹은 '저녁기도순서'를 반영하여 한국 문화실정에 맞게 표현한 것으로 보인다. 하지만, 이것은 예배학적으로 그리 타당한 용어는 아니라고 본다. 바람직한 용어로 '주일공중예배' 혹은 '주일공동예배'라 표기하고 낮예배는 주일공동예배(Ⅰ), 저녁예배는 주일공동예배(Ⅱ), 혹은 주일아침공동예배, 주일저녁공동예배 등으로 칭하는 것이 좋다고 본다.
[35]『새예배서』(2002), 32.

Ⅲ. 감사와 응답
Ⅳ. 성만찬
Ⅴ. 세상으로 나아감

『새예배서』는 주일 낮예배를 이렇게 5중 구조형식으로 소개하고 있다. 이 다섯 가지의 구조는 ① 하나님 앞으로 나아옴(입당) ② 말씀의 선포 ③ 감사와 응답 ④ 성만찬 ⑤ 세상으로 나아감(파송)으로 되어있다.[36] 한국감리교회 예배학자 박은규도 그의 책에서, 감리교회의 예배를 소개하는 내용에서 미국연합감리교회(UMC)의 주일예배 형식을 5중 구조로 소개하고 있는 것을 볼 수 있다.[37]

그러나 실제 형식을 자세히 살펴보면 5중 구조로 되어 있는 이 형식은 오늘날 회자되고 있는 예배의 4중 구조의 형식과 크게 다르지 않음을 알 수 있다. 그리고 이 5중 구조의 형식은 한국감리교회에 직접 영향을 끼친 미국연합감리교회(UMC)의 오늘의 예배서의 초석이 되고 있는 『예배서』(UMBW, 1992)와 미국연합감리교회『찬송가집』(UMH, 1989)과 비교해 보았을 때도 마찬가지 인데, 여기서도 둘 다 4중 구조로 나오고 있다.[38]

『새예배서』에서 5중 구조로 골격을 소개한 것은 말씀의 선포와 응답 부분을 좀 더 구별하여 강조하려는 의도로 보인다. 즉, ① 하나님 앞으로 나아옴(입당) ② 말씀의 선포 ③ 감사와 응답 ④ 성만찬 ⑤ 세상으로 나아감(파송)으로 되어 있지만, 말씀의 선포와 감사의 응답은 하나

---

[36] 『새예배서』(2002), 32.
[37] 박은규, 『예배의 재발견』, 151. 여기에서 박은규는 Robert N. Schaper의 저서, *In His Presence: Appreciating Your Worship Tradition* (Nashville: Thomas Nelson Publishers, 1984), 93을 인용하면서 미국연합감리교회의 예배의 골격을 –입장과 찬양, 선포와 찬양, 응답과 봉헌, 성만찬, 파송– 5가지로 소개하고 있다.
[38] *UMBW*, 15, *UMH*, 28–53 참조. 여기에 보면 예배의 기본 구조를 다음과 같이 4중 구조로 소개하고 있다. 입당(*Entrance*), 선포와 응답(*Proclamtion and Response*), 감사와 성만찬(*Thanksgiving and Communion*), 파송(*Sending Forth*) 등이다.

의 구조라고 보면 된다. 이 부분은 나중에 좀 더 다루게 될 것이다. 여기서는 『새예배서』의 형식을 그대로 설명 하도록 하겠다.

첫 번째는, 하나님 앞으로 나아옴이다. 예배는 거룩한 날, 거룩한 장소에서, 거룩한 의식을 통하여 하나님 앞으로 나오는 것에서 시작한다. 여기에는 전주(예배시작 연주, Prelude), 입당의식, 입례송, 예배에로의 부름, 경배찬송, 죄의 고백, 자비송, 용서의 말씀, 교독(성시교독), 삼위영가(영광송), 오늘의 기도, 기도응답송 등이 포함된다.

두 번째는, 말씀의 선포이다. 여기에는 성경봉독, 찬양(찬양대)[39], 설교, 설교 전 기도로 되어 있다.

세 번째는, 감사와 응답이 나온다. 여기에는 합심기도, 신앙고백, 찬송(감사와 응답의 찬송), 봉헌, 봉헌 및 목회기도, 봉헌응답송 등이 행해진다.

네 번째는, 성만찬 순서이다. 성만찬의 순서로는, 성만찬으로의 초대, 떡과 포도주를 성별하는 감사기도가 따르는데, 여기에 구체적인 순서는 ① 시작기도 ② 삼성창 ③ 감사의 기도 ④ 성만찬제정사 ⑤ 기념사 ⑥ 성령임재의 기도 ⑦ 영광찬양 등으로 되어 있다. 그 다음은 주님의 기도, 평화의 인사, 분병례(떡을 뗌), 분급(떡과 잔을 나눔), 성만찬 후 감사기도로 진행된다.

다섯 번째는, 세상으로 나아감이다. 이 부분은 파송부분인데, 교회소식, 찬송, 파송의 말씀, 축도, 축복송, 후주, 그리고 세상을 향해 나아감 순서로 되어 있다.

---

[39] 『새예배서』(2002), "사용안내와 준칙" 항목의 용어 부분에서 '성가대'는 '찬양대' 라는 용어를 사용하기로 하였다. 『새예배서』, 14를 참조. 성가대라는 용어를 찬양대라고 불러야 할 이유에 대해서는 정장복, 『그것은 이것입니다』, 62-63을 참조. 여기에서 그는 성가대란 말은 개역성경에도 없는 용어로서 한국의 대부분의 교회가 성가대라고 부른다고 지적하였다. 이렇게 부르게 된 그 시초에 대해 오소운의 주장을 빌어 두 가지 유래를 들고 있다. 하나는 한 출판사가 흑인영가와 복음송을 합하여 〈성가곡집〉이라 부르면서 부터였다고 하고, 또 하나는 일본의 '세이끼다이-성가대'가 직수입되면서부터 그동안 찬양대라 불렸던 것을 성가대로 부르게 되었다는 것이다. 개역성경에 '찬양'이라는 말이 213회, '찬송'이라는 단어가 98회, '찬미'라는 단어가 14회 등장하고, '성가'라는 말은 단 1회도 없다는 사실을 상기하면서 하루 속히 '찬양대'로 바꿔야한다고 말한다.

제15장
주일예배의 형식과 순서

『새예배서』(2002)안에는 주일예배 순서로 크게 5가지 형식을 소개하고 있다. 첫째는, 말씀중심의 주일 낮예배 순서이다. 둘째는, 말씀과 성만찬이 함께 있는 주일 낮예배 순서가 나오는데, 여기에는 말씀과 성만찬이 함께 있는 주일 낮예배의 실례를 그대로 소개하는 내용도 들어있다. 셋째는, 성만찬을 약식으로 행할 경우의 예배순서이다. 넷째는, 세례와 성만찬이 함께 있을 경우의 예배순서이다. 그리고 다섯째는, 자유형 주일 낮예배 순서(1)(2)를 소개하고 있다. [40]

필자가 살피려고 하는 중점 부분은 주일예배이므로, 말씀중심의 주일 낮예배 순서-기본형식Ⅰ는 순서만 간략히 살피고, 가장 중요한 둘째부분의 형식, 즉 '말씀과 성만찬이 함께 있는 주일 낮예배 순서-기본형식Ⅱ'를 집중적으로 살펴보기로 하면서, 2002년『새예배서』의 주일예배를 이해하고자 한다.

---

[40] 필자는 여기서 앞으로 소개할『새예배서』(2002)의 형식에 대해, 그 용어를 단순화하여 사용할 것을 제안하면서 다음과 같이 표기하기로 하고, 이후 그렇게 사용하기로 한다. 첫째, '말씀중심의 주일 낮예배' 순서는 기본형식Ⅰ, '말씀과 성만찬이 함께 있는 주일 낮예배'(실례)는 기본형식Ⅱ, '성만찬을 약식으로 행할 경우의 예배' 순서는 기본형식Ⅲ. '자유형 주일 낮예배' 순서(1) (2)는 자유형식Ⅰ, Ⅱ로 명명하여 사용한다.

1. 말씀중심의 주일 낮예배 순서 -기본형식 I [41]

말씀중심의 주일 낮예배 순서는 4개의 골격(구조)을 갖고 있다. 먼저, 하나님 앞으로 나아옴이다. 둘째, 말씀의 선포 부분이다. 셋째, 감사와 응답부분이다. 넷째, 세상으로 나아감으로 되어 있다. 그 형식은 다음과 같다.[42]

집례: 교회담임자

하나님 앞으로 나아옴

   ※ **전주** 반주자

   ※ **입례송** 다함께

   ※ **예배의 부름과 기원** 집례자

   ※ **경배찬송** 다함께

   ※ **죄의 고백** 다함께

   ※ **자비송** 다함께

   ※ **용서의 말씀** 집례자

   ※ **교독(교독문)** 다함께

   ※ **삼위영가(찬송가)** 다함께

말씀의 선포

   ※ **성경봉독 (구약성경; 서신서; 복음서)** 집례자

   찬양 찬양대

   설교전 기도[43] 담임자

---

[41] 편의상 이 형식을 기본형식 I로 표기하기로 한다.
[42] 『새예배서』(2002), 46-47.
[43] 여기에 대해 정장복, 『예배의 신학』, 151-152를 참조. 여기에 보면, 설교 전기도(the prayer of illumination)란 말씀을 선포하기 전 성령께서 임재하시어 우리의 마음을 열어주시고, 그 말씀에 귀를 기울이고 그 미음에 순종하도록 해달라는 기도이다. 오늘날 이 기도의 활용이 적고, 목회기도라는 순서로 대치되는 경향이 많음을 볼 수 있다. 설교 전 기도는 역사적으로도 활용적 가치가 있

　　　　　설교　담임자

　　감사와 응답
　　　　합심기도 다함께
　　　　신앙고백(사도신경)　다함께
　　　　찬송　다함께
　　　　평화의 인사　다함께
　　　※ 봉헌　다함께
　　　　봉헌 및 목회기도　집례자
　　　　봉헌응답송　찬양대

　　세상으로 나아감
　　　　교회소식　다함께
　　　※ 찬송　다함께
　　　※ 파송의 말씀　집례자
　　　※ 축도[44]　○○○ 목사
　　　※ 축복송　찬양대
　　　※ 후주　반주자

　　　　　　　　　　　　　　　　※ 표시 한곳은 일어선다.

는 예배순서이다. 즉, 1972년 미국의 연합장로교, 남장로교, 커브랜드 장로교가 공동으로 펴낸 『예배서』(The Worship Book)에서는 이 순서를 필수적으로 지킬 것을 밝히고 있다. 설교 전기도 순서는 한국감리교회 주일예배서는 그동안 나타나지 않은 순서였는데, 여기에서는 성경봉독 있은 후 찬양한 다음에 나타나고 있다. 미국 연합감리교회의 UMBW(1992) 주일예배에서는 성경봉독 전에 '감화를 위한 기도'라는 순서로 자리 잡고 있다. 두 예배서에서 공히 설교 전 기도를 하고 있는데, 차이점은 성경봉독 전(미국감리교회)부터 하느냐 아니면 성경봉독 후(한국감리교회)부터 하느냐의 차이이다. 필자는 성경봉독 그 자체도 하나님의 말씀의 선포이기에 성경봉독 전에 하는 것이 예배신학적 입장에서 더 타당하다고 본다.

44 축도는 담임자가 목사가 아닐 경우에는 '오늘의 기도' 다음에 있는 '주님의 기도'를 여기서 행한다.

2. 말씀과 성만찬이 함께 있는 주일 낮예배(실례)[45]
   −기본형식 Ⅱ

1) 구조와 특징

『새예배서』(2002)에서는 말씀과 성만찬이 함께 있는 주일 낮예배 순서와 이에 대한 실례를 두 가지로 소개해주고 있다.[46] 앞에 것은 말씀중심의 주일 낮예배 순서와 같은 형식으로 되어 있다. 해설 없이 순서만 소개한 것이기 때문에, 여기서는 '말씀과 성만찬이 함께 있는 주일 낮예배의 실례'를 중심으로 살펴보고자 한다.

기본형식 Ⅱ는 앞에서 『새예배서』의 예배의 구조에서 살폈듯이 다음과 같이 5가지 구조로 구성되어 있다.[47]

　Ⅰ. 하나님 앞으로 나아옴.
　Ⅱ. 말씀의 선포
　Ⅲ. 감사와 응답
　Ⅳ. 성만찬
　Ⅴ. 세상으로 나아감

기본형식 Ⅱ의 특이성은, 말씀과 성만찬이 함께 있는 주일 낮예배의 순서를 실제로 집례할 수 있도록 예배의 구조와 순서에 대한 내용을 하나하나 설명해주고 있다는 점이다. 기도문, 집례자와 회중의 교독, 합심기도, 성만찬식의 실제적 실행방법 소개 등이 이 예배 순서의 특징이라고 할 수 있다. 기본형식 Ⅱ는 말씀과 성만찬의 균형 잡힌 예배를 위해, 성만찬식 순서를 별도로 제작하여 미리 준비케 하도록 규정하면서

---
[45] 이 형식을 기본형식 Ⅱ로 칭하기로 한다.
[46] 『새예배서』(2002), 48-64.
[47] 『새예배서』(2002), 51-64.

시작하고 있다.

("이 예배의 순조로운 진행을 위해서는 성만찬부분의 순서를 인쇄하거나 간략한 성만찬예문집을 회중에게 미리 나누어 준다. 집례자만 예문집을 가지고 진행하고자 할 때는 이 책 164의 2 '여러 목사가 함께 할 수 있는 성만찬순서'를 활용할 수 있다.")

Ⅰ. 하나님 앞으로 나아옴[48]

『새예배서』(2002)의 기본형식 Ⅱ에 따른 첫 번째 구조는 하나님 앞으로 나아옴 부분이다. 이 부분은 회중들이 일상의 생활을 벗어나 거룩한 날, 거룩한 장소에서, 거룩한 의식을 통하여 하나님 앞으로 나아오도록 하는 과제를 갖는다. 이 부분은 다음과 같은 경향으로 나타난다. 우선, 회중은 전주를 들으면서 하나님의 임재 앞에 조용한 기도를 드려야 한다. 입례송, 예배로 부름과 기원은 그 주일에 따른 교회력 혹은 계절에 맞는 성경을 인용하여 하나님의 부르심과 초대로 이끌게 한다. 죄의 고백, 용서의 말씀, 교독은 하나님과의 온전한 교통과 은혜를 체험하도록 돕게 한다. 삼위영가, 오늘의 기도, 기도 응답송은 하나님 앞에 기쁨과 감사를 드리는 행위가 되게 하며, 전 공동체 안에 하나님의 뜻이 이루어지도록 돕게 한다.

기본형식 Ⅱ에 따른 하나님 앞으로 나아옴은 다음과 같다.[49]

---

[48] 『새예배서』(2002), 51-54. 『새예배서』(2002)에서는 처음단계를 [하나님 앞으로 나아옴]이라 하고 있다. 이 부분은 예배순서의 구조상, 다양한 용어로 표현할 수 있다. 예를 들면, 미국연합감리교회의 UMBW(1992)는 이 부분을 [입당](*Entrance*)이라고 하고 있으며, 독일 표준예식서 I (1954, 1959)에서는 [도입부분](*Eingangsteil*), 독일 개신교예배서(1999)에서는 [개회와 부름](*Eroeffnung und Anrufung*)이라고 하였다. 독일 예배예식서에 관해서는 김상구, 『한국교회와 예배서』 (서울: CLC, 2013) 참조; 또한 웨버, 『예배가 보인다 감동을 누린다』, 206에서 그는 [예배를 여는 시간](*Opening Acts of Worship*)으로 나타냈고, 리마예식서(*Lima liturgy*)(1982)에서는 [개회의 예전]으로 표현하고 있다. 정장복, 『예배의 신학』, 210을 참조. 이렇게 다양하게 표현하고 있지만, 공통점은 예배자들이 [하나님 앞으로 나아감]이라는데 있다고 볼 수 있다.

[49] 『새예배서』(2002), 51-54

※ **전주** 반주자

  (회중은 예배 시작 전 미리 자리를 정돈하고 앉아 전주를 들으면서 하나님의 임재하심과 부르심에 감사하며 조용히 기도드린다)

※ **입례송**[50](찬송가50장) 다함께 (다른 찬송을 부를 수 있다.)

  (모든 회중이 일어서서 입례송을 부르는 동안 집례자와 예배위원들, 성가대원들이 함께 입장한다. 이때에 촛불점화가 있을 경우에는[51] 촛불 점화자가 선두에 서서 입장하여 제단 위에 있는 두초에 불을 밝힌다. 입례행렬과 촛불점화가 없는 교회일지라도 회중은 모두 일어서서 입례송을 부른다. 입례행렬이 있는 교회에서는 긴 입례송을, 입례행렬이 없는 교회에서는 짧은 입례송을 부를 수 있다. 입례송은 일반 예배부록의 예배찬송가를 참조하거나 찬송가 "찬양과 경배"중에서 선택한다)

※ **예배로 부름과 기원** 집례자

  (여기서 집례자는 먼저 그 주일이나 계절에 맞는 성경의 말씀을 인용하여 하나님의 부르심을 대신한다. 곧 하나님의 자녀를 부르시는 초청의 말씀을 통하여 예배로 초대하는 것이다. 초청의 말씀도 그 주일이나 계절에 맞게 정한다. 예배로 부름에 이어 집례가자 예배를 위한 기원을 한다.)

  오호라 너희 목마른 자들아 물로 나아오라.

  돈 없는 자도 오라.

  너희는 와서 사먹되 돈 없이, 값없이 와서 포도주와 젖을 사라.

---

50 '입당송'이라고도 한다. 성직자들이 예배를 인도하기 위해 성단으로 나아갈 때 부르는 노래이다. 예배의 시작과 함께 집례자와 예배위원들, 찬양대원들이 성단을 향해 함께 나아올 때 모든 회중이 함께 부르는 찬송이다. 이 찬송을 통하여 회중의 일치를 강화하고 예배의 신비를 깨닫도록 그 마음을 준비시키며, 그 입례행렬에 가담하게 한다. 여기서 모든 회중은 입례행렬에 동참하는 의미에서 일제히 서서 찬송한다. 『새예배서』(2002), 33.

51 촛불점화는 하나님의 임재를 상징한다. 촛불점화를 하는 방식에는 4가지가 있다. 각 교회에서는 형편에 따라 선택하면 된다. 첫째, 촛불 점화자(Acolyte)와 함께 입례하는 방법-두 초는 그리스도의 인성과 신성을 상징하며, 주님을 중심으로 주의 이름으로 드리는 예배를 상징한다. 둘째, 촛불점화 없이 입례하는 방법-촛불점화 없이, 회중이 입례송을 부르는 동안 집례자와 예배위원들, 찬양대원들이 입당할 수도 있다. 셋째, 종소리가 울려 퍼지는 가운데 입례하는 방법- 입례송을 부르지 않고, 집례자, 예배위원들, 찬양대원들이 종소리(음향기기 혹은 오르간)를 들으며 입례하는 방법이다. 넷째, 집례자가 회중과 인사(Greetings)를 하면서 예배를 시작하는 방법-촛불점화나 입례행렬이 없이 집례자는 회중과 간단한 인사말을 나누며 시작하는 방법 등이다. 『새예배서』(2002), 34.

너희가 어찌하여 양식이 아닌 것을 위하여 은을 달아주며

배부르지 못할 것을 위하여 수고하느냐?

내게 듣고 들을지어다.

그리하면 너희가 좋은 것을 먹을 것이며

너희 자신들이 기름진 것으로 즐거움을 얻으리라(이사야 55:1-2).

찬송과 영광을 받으시기에 합당하신 하나님!

저희에게 거룩한 주님의 날을 허락하여 주시사

하나님 앞에 불러주심을 감사합니다.

이제 이 시간 예수그리스도를 통하여

계시하신 하나님의 구원의 역사를 경험하게 하시며

또한 이 자리에 성령께서 임재하셔서

저희로 하여금 신령과 진정으로 예배하게 하옵소서.

이 예배로 하나님께 모든 영광을 드리게 하시고

저희에게는 은혜와 기쁨의 시간이 되게 하옵소서.

예수 그리스도 이름으로 기원합니다. 아멘

※ **경배찬송**(찬송가13장) 다함께

(이 부분의 찬송은 찬송가 '찬양과 경배' 중에서 그 주일에 맞게 선택하여 부른다.[52] 앞서 입례송을 부른 경우에는 경배찬송을 생략할 수 있다)

※ **죄의 고백** 다함께

(이미 만들어진 공동기도문을 이용하거나 교회력과 절기에 맞추어 새롭게 만들어 예배순서지에 인쇄하여 함께 고백하도록 한다)

집례자: 이제 다함께 하나님 앞에 죄를 고백하겠습니다.

---

[52] 한국찬송가공회에서 발간한 『찬송가』(1999)에는 '찬양과 경배'부분의 찬송이 9장부터 55장까지 46편이 나와 있다. 그런데 최근 2006년 새롭게 발간한 『21세기찬송가』(2006)에는 경배부분 8장-17장, 찬양부분 18장-41장으로 구분하여 편성되어 있고, 전체 찬양과 경배부분 찬송가 수가 32편으로 줄었다. 물론 뒤편에 '경배와 찬양'이라 하여 10여 편의 찬송이 들어있으나 이는 흔히 복음성가로 불리우는 찬송들이다. 이렇게 '찬양과 경배'가 줄어든 것은 참으로 아쉬운 대목이다. 필자의 견해로는 한국교회가 '찬양과 경배'에 관한 찬송가를 더 많이 개발하여 사용해야 한다고 본다. 또한 찬송가집에 나와 있는 '찬양과 경배'에 해당하는 찬송을 아는 것만 몇 개 부르지 말고, '찬양과 경배'에 속한 모든 찬송들이 불려 지기를 기대한다.

다함께: 사랑의 하나님!

저희는 때대로 주님의 곁을 떠나 길 잃은 양처럼 방황하며 육신의 욕망에 집착하며 살아왔습니다. 또한 주님이 주신 생명의 말씀을 저버리고, 빛의 자녀된 삶을 살지도 못하였습니다. 용서의 하나님! 죄를 고백하고 회개하는 저희의 기도를 들으시고 자비와 긍휼을 베풀어 주옵소서. 이후부터는 하나님의 자녀답게 주님의 이름을 영화롭게 하는 삶을 살게 하옵소서. 우리 주 예수 그리스도의 이름으로 기도합니다. 아멘.

※ **자비송** 다함께

('죄의 고백' 후에 하나님의 자비를 간구하는 찬송을 다함께 부르는 순서로, 일반예배 부록 중에 예배찬송가에 나오는 자비송 중에서 선택한다)

※ **용서의 말씀** 집례자

(죄의 고백에 대한 하나님의 용서하심을 확증하는 순서로, 집례자는 그 주일에 맞게 하나님의 말씀인 성경을 인용하여 하나님의 용서를 선언한다.)

죄사함 받기를 원하는 교우여러분! 용서하시는 하나님의 말씀을 들으십시오. 만일 우리가 우리 죄를 자백하면 그는 미쁘시고 의로우사 우리 죄를 사하시며 우리를 모든 불의에서 깨끗케 하실 것이요(요일1:9).

※ **교독(교독문)** 다함께

※ **삼위영가(찬송가 장)** 다함께

(모든 회중이 일어서서 십자가를 바라보며 감사와 기쁨으로 성부 성자 성령 삼위일체 하나님을 찬양한다)

오늘의 기도[53] 맡은이

기도 응답송 찬양대

---

[53] "오늘의 기도"(Collect)는 지금까지의 "대표기도"라는 순서인데, "대표기도"라는 용어는 예배학적으로 타당한 용어가 아니다. 왜냐하면, 기도자는 예배의 전체회중과 분리될 수 없고 하나님 앞에서 대표성이 인정될 수 없기 때문이다. "오늘의 기도"는 단순한 기도가 아니라, 교회력에 따라 예수 그리스도의 생애를 경축하기 위해 모인 바로 오늘 주일의 회중의 상황을 잘 반영하는 기도라는 뜻을 함축한다. 그리고 "오늘의 기도"는 교독이나 삼위영가 후, 성경봉독 전에 하며 맡은이가 한다. 『새예배서』(2002), 37을 참조. "오늘의 기도"(Collect)는 리마예식서의 예배순서에서는 성경봉독 전에 나타나고 있는데, 이에 한국감리교회는 이 순서를 잘 반영한 것으로 보인다.

박은규의 견해를 따르면, 예배자들은 [하나님 앞으로 나아옴]을 통해 "승인의 국면"으로 확정할 수 있다. 승인의 국면에는 2가지 단계가 있다.[54]

첫째, 하나님이 우리를 승인하는 단계로서 하나님이 우리를 먼저 찾아오시고, 부르시는 단계이다. 그러므로 전주는 성령의 강림을 증거해 주며, "예배로 부름"은 하나님이 목사를 통해 자기백성들을 부르시는 것이다.

둘째, 우리가 하나님을 승인하는 단계로서 여기서 우리는 하나님의 부르심과 선행하시는 은총에 감격하여, 찬송, 기원, 참회의 기도를 드리고, 용서의 확언, 성서교독, 삼위영가 등의 순서를 갖는다.

김상구는 예배자들은 이 [하나님 앞으로 나아옴]을 통해 다음과 같은 관점들을 확정할 수 있다고 언급한다.[55]

첫째, 예배참석자들은 예배의 도입부분에서 찬양과 기도, 침묵, 말함을 통하여 강하게 확산된 분위기를 말씀선포의 가는 길로 경험하게 해야 한다. 이러한 분위기는 마음을 움직이고, 영을 새롭게 하며, 또한 육적인 활동으로 전환시킬 수 있어야 한다.

둘째, 공동체에서 희망과 그리움 또는 두려움이 존재하는 것은 간구와 찬양, 부름의 말씀 안에서 연결되어야 한다. 그래서 도입부분의 요소들은 대부분 성경에서 인용하며, 동시에 부르는 말씀과 말하는 말씀을 통하여 선포적인 기능을 실현한다.

로버트 웨버도 이 부분에 대해 다음과 같은 관점을 인식할 수 있다고 말하고 있다.[56]

> "이 시간은 기쁨의 시간인데, 회중을 하나님의 임재로 이끌며, 하나님 말씀을 들을 준비를 하게 한다. 하나님 말씀에 이르는 도중이므로, 아직 교육적 요소들은 어울리지 않는다."

---

[54] 박은규, 『예배의 재발견』, 304.
[55] 김상구, 『일상생활과 축제로서의 예배』, 171.
[56] 로버트 웨버, 『예배가 보인다 감동을 누린다』, 206.

예배의 도입부분이 갖는 이 같은 긍정적인 측면이 있음에도 불구하고, "예배의 도입부분은 의심할 여지없이 많은 예배참석자들에게 예배의 실제 기능을 감당하기에는 어려운 부분이 있다. 즉, 다양하고 많은 요소가 들어있기 때문에 도입부분의 예전은 규칙적으로 최소한의 구성으로 되어야 하며 짧은 형식의 찬송으로 줄여야 한다."[57]는 김상구의 견해에 필자는 동의한다.

II. 말씀의 선포[58]

『새예배서』(2002)의 기본형식 II 에 따른 두 번째 구조는 [말씀의 선포]부분이다. 이 부분은 회중들이 하나님의 말씀을 직접 듣는 성경낭독이 있다. 이 낭독은 설교를 위한 부수적인 순서가 아니라, 하나님이 회중에게 직접 주시는 말씀이라는 점에서 예배 안에서 독자적인 중요성을 지니고 있다. 그 후 찬양대의 찬양이 이어지는데, 이때의 찬양은 감사와 응답과 드림이 되어야 한다. 회중 역시 찬양을 구경하는 것이 아니라, 동참에 동참하는 자세를 가져야 한다. 설교는 이미 낭독한 하나님의 말씀을 현대의 언어로 회중에게 다시 해석해주고, 현장화 해 주어야 한다. 설교는 선포이며, 해석이고 적용이다.

『새예배서』(2002)의 기본형식 II 에 따른 두 번째 구조인 [말씀의 선포]부분은 구체적으로 살펴보면 다음과 같다.[59]

---

[57] 김상구, 『일상생활과 축제로서의 예배』, 171.
[58] 『새예배서』에서는 이 두 번째 부분을 [말씀의 선포]라고 하고 있다. 이러한 구조는 다른 예식서들과 약간의 차이를 준다. 즉, 『새예배서』는 말씀의 선포와 응답부분을 따로 구성하였지만(5중 구조형식), 기타 다른 예식서들은 대부분 말씀의 선포와 응답을 하나의 구조(4중 구조중 두 번째)로 구성하였다. 미국연합감리교회의 UMBW(1992)는 이 부분을 [선포와 응답](Proclamation and Response)이라 하였고, 독일 표준예식서 I (1954, 1959)에서는 [말씀부분](Wortteil), 독일개신교예배서(1999)에서는 [선포와 고백](Verkuendigung und Bekenntnis)이라고 하였다. 독일 예배예식서에 관해서는 김상구, 『한국교회와 예배서』, 93-100; 김상구, 『일상생활과 축제로서의 예배』, 171을 참조; 또한 웨버, 『예배가 보인다 감동을 누린다』, 206에서 그는 [말씀의 예전](Service of the Word)으로 나타냈고, 리마예식서(Lima liturgy)(1982)에서는 [말씀의 예전]으로 표현하고 있다; 정장복, 『예배의 신학』, 210을 참조. 『새예배서』(2002)가 두 번째 구조로 말씀의 선포를 구별하여 구성하였다. 이는 말씀을 듣고 응답하는 회중의 공동체적 참여를 강조하려는 것을 포함하기 위해 감사와 응답부분을 따로 구별한 것이라 본다.
[59] 『새예배서』(2002), 54-55.

※ **성경봉독**[60](구약성경; 서신서; 복음서) 집례자

(집례자 혹은 성경봉독자로 선택된 이는 본문의 성경을 읽는다. 전통적으로 기독교 예배는 구약성경, 신약의 서신서, 복음서를 정해진 규칙에 따라 읽지만, 편의에 따라 구약과 신약으로 대신하기도 한다. 성경을 봉독할 때에는 모든 회중이 일어날 수 있다. 설교본문과 연관된 구약봉독을 먼저하고, 구약봉독이 끝남과 동시에 찬양대의 응답 찬양이 이어지며, 그 후에 신약을 봉독한다.[61] 때로는 구약, 신약 중에 어느 한 곳의 말씀만을 읽을 수도 있다. 말씀을 봉독한 후에는 집례자와 회중이 다음과 같이 말하고 응답할 수 있다.)

집례자: 이는 살아계신 하나님의 말씀입니다.

회중: 주님을 찬양합니다.

찬양[62] 찬양대

설교[63] ○○○ 목사

---

[60] 성경낭독의 예전적 의미와 그 가능성에 대해서는 김상구, 『일상생활과 축제로서의 예배』, 283-284.
[61] 이러한 형식은 미국감리교회 예배의 직접적인 영향을 받았던 초기 한국감리교회 주일예배순서에 공히 나타나는 형식이다. 『새예배서』(2002)는 초기 한국감리교회 예전적 전통을 살려내고 있는 것이다. 이에 대해 『대강령과 규측』(1910)을 살펴보면, 주의 기도 후에 구약낭독-삼위찬송-신약낭독-광고와 수전-찬송-전도(설교) 순서로 되어 있다. 『교리와 장정』(1919, 1921, 1923, 1926)에도, 구약봉독-귀영가-신약봉독-수금-광고-찬송-강도(설교)로 되어 있다. 1931년 이후에도 이 형식은 거의 1960년까지 이어지다가 한국형 표준 예배의 등장이라 할 수 있는 1962년 주일예배부터, 주기도문-응답의노래-찬송-성경봉독-헌금-광고-찬송(성가대)로 바뀌게 되었다. 이에 대한 자세한 것은 본서 제4부 제8장 〈표-1〉, 제10장 〈표-2〉을 참조.
[62] 찬양대의 찬양(Anthem)은 들려주신 말씀에 대하여 감사와 찬양의 뜻으로 부르는 응답과 드림의 노래이다. 이 찬양을 통하여 회중의 마음을 말씀 앞에 서게 한다. 따라서 찬양대의 찬양은 그 주일의 성경본문이나 설교내용과 같은 주제로 일치시키도록 한다. 『새예배서』(2002), 37. 찬양대의 찬양이 설교 전에 위치한 것에 대하여 조기연은 구약봉독 후 시편송, 서신서 봉독 후, 알렐루야송은 이질적이지 않고 단순한 가사의 짧은 찬송이지만, 성경봉독 후에 있는 본격적인 찬양대의 찬양은 논리성의 결핍으로 보았다. 성가대 찬양, 신앙고백, 중보의 기도, 헌금은 등은 모두 그 의미상 설교 후에 나오는 것이 논리적이라고 주장한다. 설교 후에 나와야하는 이유를 든다면, 하나님의 말씀에 대한 감사의 응답이라는 것이다. 조기연, 『한국교회와 예배갱신』, 148. 그러나 필자는 설교 후에 회중 전체의 찬양이 뒤따라오고, 현실적으로 3개의 성경낭독을 하며 그 사이에 응답송을 하는 것이 무리가 따르기 때문에 『새예배서』(2002)에 나타난 주일 낮예배처럼 설교 전에 찬양대 찬양이 위치하는 것이 무난하다고 본다. 하지만 성경낭독이 원래대로 이루어지고, 응답송이 사이에 위치한다면 설교 뒤에 곧바로 찬양대 찬양이 위치하는 것도 좋다고 생각한다.
[63] 설교(Sermon)는 성령께서 설교자의 음성을 통하여 직접 말씀하시는 선언의 행위이다. 설교자는 설교 전에 기도를 할 수 있다. 이 기도의 목적은 말씀을 선포하기 전에 성령께서 임재하시어 성경을

예배자들은 (말씀의 선포)을 통해 다음과 같은 관점들을 인식할 수 있다.

첫째, 성경봉독은 성서일과에 따라 수행할 것을 제시하고 있다. 그리고 찬양은 설교를 듣는 사람이나 하는 사람 모두에게 마음의 준비를 한다는 점에서 중요하다는 점이다.[64] 그러나 성경봉독 후 찬양대의 찬양이 위치한 것에 대해서는 예배신학적 측면에서 논쟁적인 요소가 있음을 볼 수 있다.[65] 필자는 성경봉독 후에 찬양대의 찬양이 오는 것에 대해 3가지(구약, 신약의 서신서, 복음서)를 다 봉독할 때에, 즉 구약봉독 후에 짧은 응답찬양(시편송)이 들어가고, 서신서 봉독에는 알렐루야송이 들어가는 형식이라면, 설교 후에 찬양대의 찬양이 말씀에 대한 감사의 응답형식으로 따르는 게 좋다고 본다. 그러나 여기에도 문제점은 있다. 과연 현실적으로 3가지 성경봉독이 이루어지고 있느냐 하는 점이다.

만약 한 두 개의 성경봉독만 있을 때에는 현재 대부분의 교회에서 드리는 것처럼 설교 전에 위치하는 것도 논리상 큰 무리는 없다고 본다. 왜냐하면, 찬양이 성경봉독과 설교 사이에 위치함으로 오히려 말씀 속으로 안내하도록 회중의 마음을 열어주는 역할을 할 수 있으며, 찬양이 그날 설교 주제와 일치를 시켜주기만 한다면 성경봉독과 찬양대 찬양과 설교는 각각 분리된 요소가 아니라 일치성을 줄 수 있다고 보기 때문이다.

둘째, 말씀의 예전은 예배의 중심이다. 입례의 예전은 회중을 앞으로 살아야 할 하나님의 말씀 앞으로 이끌어 왔다. 이제 이 말씀의 선포시간은 교육적이며, 기본구조는 선포와 응답이다. 하나님께서 말씀하시고

봉독하는 이와 설교자에게 능력주심을 간구하는데 있다. 회중의 마음을 열어주셔서 하나님 말씀을 듣고 순종할 수 있도록 간구하는 기도이다. 『새예배서』(2002), 37-38. 조기연은 만약 설교 전에 기도를 해야 한다면, 설교 전에 할 것이 아니라, 오히려 성경봉독 전에 하는 것이 예배의 전통이라고 말한다. 역사적으로 예배에서 '감화를 위한 기도'(Prayer for illumination)라는 것이 있어 왔다. 이는 그날 선포될 말씀을 깨닫도록 성령께서 도와달라는 내용이다. 따라서 이 기도는 설교 전에 올 것이 아니라 성경봉독 전에 와야 논리적으로 맞다는 것이다. 조기연, 『한국교회와 예배갱신』, 150을 참조. 이 근거와 주장은 타당한 것으로 여겨진다.

[64] 박은규, 『예배의 재발견』, 304.
[65] 여기에 대해서는 조기연, 『한국교회와 예배갱신』, 148, 150.

회중은 응답한다. 말씀의 예전 분위기는 명상적인 분위기이다.[66]

셋째, 예배참석자들에게 있어서 삼중의 성경봉독 형식은 말씀의 선포부분에 있어 문제점으로 작용할 수 있다. 이것은 예상외로 성경말씀을 거부하는 하거나 성경말씀에 대한 면역화로 이끈다. 다른 한편으로 예배참석자들은 설교보다 성경봉독에 별로 관심이 없다는 것이다.[67] 따라서 『새예배서』(2002)에서는 성경봉독에 대해 집례자의 형편에 따라 한 두 개의 성경봉독만을 사용하는 것도 가능하다는 입장을 보여주고 있는 점은 현실적인 주일예배 실정을 반영하고 있다는 점에서 긍정적으로 평가하고 싶다. 그리고 주일예배 현장에서 과연 세 가지의 성경이 봉독되고, 그 사이에 찬양대의 응답찬양이 이어지는 순서가 가능하려면 이에 따른 교육적 훈련이 필요할 것이다.

III. 감사와 응답

『새예배서』(2002)의 기본형식 II에 따른 세 번째 구조는 〔감사와 응답〕부분이다. 이 부분은 앞에서도 살폈지만 대부분의 다른 예식서의 두 번째 구조인 〔말씀선포와 응답〕부분에 해당되는 것이라 할 수 있다. 이렇게 『새예배서』에서 감사와 응답부분을 분리한 것은 말씀을 듣고 응답하는 회중의 공동체적 참여를 강조하려는 것을 포함하기 위해 감사와 응답 부분을 따로 구별한 것이라 본다. 미국연합감리교회의 *UMBW*(1992)에 보면, 설교 후에 나오는 순서로, 말씀에 대한 응답, 관심사들과 기도, 초청, 고백과 용서, 평화의 교제, 봉헌, 봉헌 찬송 등으로 되어 있다.[68] 한국감리교회 『새예배서』의 3번째 구조는 예배서(1992)의 선포와 응답부분인 것이다.

『새예배서』(2002)의 기본형식 II에 따른 세 번째 구조는 〔감사와 응

---

66 웨버, 『예배가 보인다 감동을 누린다』, 208.
67 김상구, 『일상생활과 축제로서의 예배』, 187.
68 *UMBW*(1992), 24-27.

답)부분은 구체적으로 다음과 같다. [69]

합심기도 다함께

(설교자와 회중이 합심하여 선포된 말씀에 응답하는 기도를 통성으로 한다. 이 기도는 하나님께서 주신 말씀대로 순종하며 살겠다는 결단의 표현으로 한다.)

신앙고백(사도신경)[70] 다함께

(합심기도 후에, 집례자와 회중은 모두 '사도신경'이나 '기독교대한감리회 신앙고백'으로 신앙을 확증한다.)[71]

찬송(찬송가 장) 다함께

(하나님의 말씀에 대한 감사와 응답의 표현으로 찬송하면서 헌신의 삶을 결단한다)

※봉헌(봉헌찬송을 부르면서) 다함께

(봉헌은 두 가지 방법 중에 하나를 선택하여 시행할 수 있다. 그 첫째 방법은 회중이 예배 전에 미리 헌금하여 수합된 헌금을 봉헌위원들이 제단 앞에 나아와 봉헌하며, 이때에 성만찬위원들이 성만찬을 위한 떡과 포도주도 함께 봉헌하는 것이다. 이 순서에서 모든 회중은 자신을 하나님께 봉헌하는 의미에서 다함께 일어나서 십자가를 바라보며, 봉헌찬송, 혹은 봉헌송영(Offertory Doxoloxy)을 부른다. 또 다른 방법은

---

[69] 『새예배서』, 55-56.
[70] 김순환, "예배학"『21세기 실천신학개론』, 66-67. 여기에 따르면 사도신경은 이미 5세기 경 비잔틴 예전에 소개되고 있다. 후에 사룸예전(Sarum)에 나타나고 있고, 트렌트 예전(니케아신경)에서 나타나고 있다. 루터나 츠빙글리의 경우 이것을 사도신경(Apostle's Creed)으로 바꾸었다. 다만 칼빈과 존 낙스는 말씀부분에서가 아닌 성만찬예식 중에 사도신경을 사용하고 있다. 보충적으로 사도신경(신앙고백)의 기원에 대한 부분은 김상구, "예배예식서의 갱신에 관한 연구", 72를 참조.
[71] 허도화는 한국감리교회가 〈감리교교리적선언〉을 신앙고백으로 외우는 것에 대해 다소 부정적인 견해를 밝힌다. "교단의 에큐메니칼 신앙표현이라도 기독교신앙을 세계적으로 표현한 고전적 신경을 대신 할 수는 없다." 허도화, 『한국교회예배사』(서울: 한국강해설교학교출판부, 2003), 225. 그러나 필자는 이러한 교리적 선언이 한국감리교회의 독창적 자기정체성을 가진 교리적 이해로서 그 가치가 높다고 본다. 이 순서가 포함되어 있다 해서 사도신경을 배제하는 것이 아니기 때문에 오히려 한국감리교회만의 독특한 예배요소라 평가한다.

모든 회중이 이 봉헌 순서에서 헌금을 하는데, 이때에 찬양대, 반주자 혹은 특별히 준비된 찬양자가 봉헌찬양(Offertory Song)을 연주하거나 부른다. 헌금을 다 드린 후 수합된 헌금을 봉헌위원들이 제단 앞에 나아와 봉헌하며, 이때에 성만찬위원들이 성만찬을 위한 떡과 포도주도 함께 봉헌한다. 회중은 모두 일어나서 십자가를 바라보며 봉헌찬송 혹은 봉헌 송영을 부른다.)

봉헌 및 목회기도 집례자

(집례자는 헌금에 대하여 감사하고 축복하면서, 동시에 목회적인 중보와 간구의 기도를 한다. 이때에 집례자는 십자가를 바라보고 기도할 수도 있다.)

봉헌응답송 찬양대

예배 참석자들은 이 세 번째 (감사와 응답)부분에서 다음과 같은 것을 인식할 수 있다.

첫째, 신앙고백은 하나님께서 내려주신 말씀에 대하여 신앙을 고백하는 행위이다. 로마 가톨릭교회, 루터교회, 영국성공회, 감리교회, 개혁교회 모두 설교 후에 신앙고백을 하고 있다. '신앙고백'은 하나님의 말씀에 근거하여 사도가 고백한 것이기에 성경봉독 후나 설교 후에 그 뜻을 생각하면서 암송하는 것이 타당하다.[72] 동방교회는 사도신경을 사용치 않으며 최근 서구 개신교들의 예배개혁 운동 움직임 후 그 내용이 신앙을 고백하는 특성을 가지고 있기 때문에 계시적 특성을 갖는 성경

---

[72] 『새예배서』(2002), 38. 정장복에 따르면, 신앙고백의 의미는 원래 성만찬 성례전에 참여하게 되는 그리스도인들이 한 목소리로 동일한 신앙을 고백하고, 그리스도의 지체로서의 신앙공동체임을 확인하는 의미라고 주장한다. 그는 한국교회가 서방교회의 선교사들의 영향 하에 주로 사도신경을 외우고 있으며, 동방교회에서는 거의 사용하지 않으며 니케아회의(325년)때 나온 고백문을 사용하고 있다고 보았다. 아울러 신앙고백은 말씀응답과 성만찬순서의 연결요소로서 설교 후에 오는 것이 당연하다는 입장이다. 정장복, 『예배의 역사』, 153. 필자 역시 사도신경의 위치는 속히 예배의 앞부분이 아니라 말씀선포 후, 감사와 응답의 구조 안에 위치해야 한다고 본다.

봉독과 설교가 끝난 뒤에 두는 경향이 있다. 한국교회의 경우에는 대부분의 교회가 예배 순서의 앞부분에 위치시키고 있는데, 제 위치에 놓아야 할 것이다.

둘째, 봉헌순서에 대한 새로운 갱신이 시도되어야 할 것이다. 이 봉헌 순서는 성례(성만찬)로 이어질 수 있다. 초대교회의 예배전승에 따르면 말씀이 끝나고 성만찬이 시작되기 전, 성만찬을 위한 떡과 포도주를 바치는 순서가 있었다. 그와 아울러 빈궁한 성도를 위한 물질을 드렸다. (구제헌금) 이러한 예배전승에 따라 미국연합감리교회에서도 봉헌시간에 헌금과 함께 떡과 포도주을 제단에 바치게 하고 있다.[73]

IV. 성만찬[74]

『새예배서』(2002)의 기본형식 Ⅱ에 따른 네 번째 구조는 〔성만찬〕부분이다. 『새예배서』에서는 '말씀과 성만찬'이라는 예전적 구조를 지향하며, 예배갱신의 새로운 지평을 열고 있다. 사실 이러한 구조는 새롭다기보다는 성경적이고, 역사적인 예배의 형식을 다시 회복하는 측면이 강하다고 볼 수 있다. 그러면서도 무조건 예전을 복구하려 하지 않고, 현대예배 갱신운동에 동참하면서 균형 잡힌 예배 설정에 앞장 서는 면을 보여준다. 한국감리교회는 오늘날의 주일예배에 있어 전통과 현대를 아우르는 예전을 강화하는 예배로 그 방향을 설정하고 있는 것이다.

성만찬은 개신교회가 제정한 세례와 더불어 대표적인 성례이다.[75] 개신교회에서 성례의 기능은 무엇일까? 첫째, 은총의 운반기능을 가지고 있다. 둘째, 신앙의 강화를 가져온다. 셋째, 교회의 일치와 헌신을 가져온다. 넷째, 하나님의 약속에 대한 확증을 가져온다는 것이다.[76]

---

[73] 『새예배서』(2002), 39.
[74] 『새예배서』(2002)에서는 성만찬의 용어를 '성만찬'으로 사용하고 있다. 한편, 여기에 소개하는 성만찬예문은 교회력과 절기에 관계없이 사용할 수 있는 평주일 예문이다.
[75] 김상구, 『일상생활과 축제로서의 예배』, 49, 205.
[76] 김순환, "예배학", 『21세기 실천신학개론』, 73-74.

미국연합감리교회의 *UMBW*(1992)에서는 성만찬 부분을 '감사와 교제'(Thanksgiving and Communion)으로 표현하고 있다.[77] 예배서에서는 주일예배의 기본 구조에 있어 거룩한 교제(Holy Communion)가 축제적인 것이냐 아니냐와 같은 문제가 있기는 하지만, 분명한 것은 기독교예배에 있어서 성만찬에 대한 분명한 두 가지 요소는 감사와 거룩한 교제라고 할 수 있다고 보고 있다.[78]

『새예배서』(2002)에서 성만찬은 예수께서 제정하신 대로 집례자가 ① 떡을 드사(떡과 잔을 취하여) ② 축사하시고(성만찬제정사, 기념사, 성령임재의 기원) ③ 떡을 떼어(분병례) ④ 나누어주는 (분급) 기본적 구조를 지니고 있다고 설명한다. 성만찬은 하나님의 구원역사에 대한 기억과 감사와 찬양의 표현이요, 그리스도의 은혜로우신 구속의 재연이며, 나아가 믿는 이들의 친교이고 앞으로 참여할 하나님나라의 잔치의 예증이라고 표현하였다.[79]

『새예배서』(2002)의 기본형식 Ⅱ에 따른 네 번째 구조는 〔성만찬〕부분은 구체적으로 다음과 같다.[80]

(찬송 284장 '주 예수 해변서' 1-2절 또는 다른 찬송[81]을 택할 수 있다. 회중

---

[77] *UMBW*(1992), 15.
[78] E. Byron Anderson, *Worship Matters* : *A United Methodist Guide to Ways to Worship* (Vollume 1) (*Nashville*: *Discipleship Resources*, 1999), 34.
[79] 『새예배서』(2002), 40.
[80] 『새예배서』(2002), 56-63.
[81] 현재 한국교회가 사용하고 있는 『찬송가』에는 성만찬 찬송으로 5곡이 나와 있는데, 이들 찬송들은 대부분 그리스도의 고난과 죽음에 초점이 맞추어져 있는 찬송들이고, "주 예수 해변서"(284장)와 "오 나의 주님 친히 뵈오니"(285장)에 성만찬 받은 은혜와 가쁨을 노래하고 있는 정도이다. 285장에 4절 가사에 "주님의 성만찬을 받을 때마다 하늘의 기쁨 미리 맛보고 어린양 잔치 참여함같이 영원한 축복 내가 누리리"라고 되어 있는데, 문제는 이 찬양을 실제 성만찬 때 별로 사용하지 않고 있다는 점이다. 한국찬송가공회가 심혈을 기울려 수정 보완하여 새롭게 발행한 가장 최근의 『21세기 찬송가』(2006)에도 성만찬에 관한 찬송은 7곡으로 수록되었고, 그 내용도 성만찬신학적 의미의 반영은 극히 미미한 형편임을 알 수 있다. 한편, 한국감리교회가 새롭게 발간한 『예문 1, 2』(2006)에도 성만찬 찬송으로 284장만을 부르도록 하고 있다. 안타까운 점은 한국감리교회가 『교회력과 절기에 따른 성만찬 예문집』(1998) 초판을 발간하면서, 성만찬찬송을 27곡이나 수록하고 있으면서도 거의 불려지지 않고 있다는 것이다. 일선 목회자들은 이런 예식문의 존재자체도 대부분 모르고 있다

이 성만찬찬송 1-2절을 부르는 동안, 성만찬 보좌위원들이 등단한다. 성만찬 보좌위원들은 성만찬대의 보를 걷은 후, 차려놓은 떡과 포도주 그릇의 덮개를 연다)

성만찬으로 초대[82]　집례자(성만찬대 앞으로 나아가)

　　집례자: 예수님을 구주로 믿고
　　　　　　그의 뜻에 따라 살기를 결심하며
　　　　　　생명의 양식을 받아먹기를 원하는 성도를
　　　　　　이 거룩한 은혜의 자리에 초대합니다.
　　회　중: 성부 성자 성령 삼위일체이신 하나님,
　　　　　　영원히 찬양과 영광을 받으옵소서.
　　집례자: 주님께서 여러분과 함께 하시기를 빕니다.
　　회　중: 목사님과도 함께 하시기를 바랍니다.
　　집례자: 여러분의 마음을 드높이십시오.
　　회　중: 주님을 향해 우리의 마음을 높이 듭니다.
　　집례자: 주님께 감사합시다.
　　회　중: 이는 주님의 백성이 마땅히 해야 할 바입니다.

시작기도　집례자와 회중

　　집례자: 전능하신 창조주 하나님,
　　　　　　언제 어디서나 주님께 감사함이 지극히 당연하고도 기쁜 일입
　　　　　　니다.
　　회　중: 저희를 하나님의 형상대로 창조하시어 생명의 숨을 불어 넣으
　　　　　　사 주님의 영광을 드러내게 하셨습니다.
　　집례자: 때로는 저희가 주님에게서 멀리 떠나고 말씀의 법도를 벗어나
　　　　　　살 때에도

고 본다. 이런 점은 아쉬움이 많은 부분이다. 앞으로 성만찬찬송이 성만찬신학과 의미에 맞는 형태로 더욱 많이 만들어지고 잘 보급하여 주일 예배시에 사용되어져야 할 것이다.
[82] 『새예배서』(2002), 40. 이 초대의 말씀은 초대교회 때부터 있어온 순서로서 이 초대의 말씀은 교회력과 절기에 맞추어 행하도록 해야 한다.

회 중: 주님은 한결같이 저희를 사랑해 주시고 구원의 바른 길로 이끌어 주셨습니다.

집례자: 저희가 주님의 자녀 된 본분을 다하지 못하고, 죄로 인하여 탄식하며 살아왔으나

회 중: 하나님께서는 예수 그리스도를 보내주셔서 저희를 죄에서 구원하시고 길과 진리와 생명을 찾게 하셨습니다.

집례자: 또한 저희를 그리스도 안에서 선택하시고 그리스도의 몸된 교회로 세워주셔서 하나님의 구원역사를 선포하게 하심을 감사합니다.

회 중: 더욱이 그리스도께서 성만찬을 제정하사 저희가 떡과 포도주를 먹고 마실 때마다 주님의 임재를 맛보게 하셨습니다.

집례자: 그러하기에 이 땅위의 온 백성과 하늘의 거룩한 성도, 또한 천군 천사들과 함께 주님의 이름을 소리 높여 찬양합니다.

삼성창[83] (거룩 거룩 거룩)　다함께

거룩 거룩 거룩 전능하신 하나님

하늘과 땅과 가득한 그 영광

지극히 높은 곳에서 호산나!

주님의 이름으로 오시는 분을 찬양합시다.

지극히 높으신 곳에서 호산나!

집례자: 거룩하신 하나님, 복되신 성자 예수님, 그리스도의 은총과 사랑을 힘입어 저희가 구원의 확증을 받고

성령과 함께 약속의 소망 속에서 살아갑니다.

성만찬 제정사[84]　집례자

---

[83] 삼성창(Sanctus)은 성부 하나님께 대한 경외와 거룩하심을 다함께 소리 높여 찬미하는 것으로, 성부께 대한 감사의 절정이다. 이 찬송은 전통적으로 가락을 붙여 노래한다.
[84] '축사하시고' 부분의 핵심을 이루는 순서로서, 예수 그리스도께서 떡과 포도주로 최후만찬을 베푸시던 모습을 재현한다. 성만찬 제정사를 꼭 해야 하는 이유는 현재 행하고 있는 성만찬이 주의 명령으로 제정된 것임을 알려주기 위함이다. 『새예배서』(2002), 41. 성만찬 제정사 부분에 대한 의미를 더 알고자 한다면, 김상구, 『일상생활과 축제로서의 예배』, 191-192 참조.

주님께서 자신의 몸을 내어 주시던 밤,

떡을 손에 드시고(떡을 두 손으로 든다)

감사기도를 하신 다음, 떼어 (이때 떡을 두 손으로 뗀다)

제자들에게 주시며 말씀하셨습니다.

"받아먹어라, 이는 너희를 위해 내어 주는 나의 몸이니, 먹을 때마다 나를 기억하여라."(떡을 내려놓는다)

식후에 주님께서는 잔을 드시고 (잔을 두 손으로 든다)

감사기도를 하신 후에,

제자들에게 돌리시며 말씀하셨습니다.

"이 잔을 마시라, 이는 죄사함을 얻게 하려고, 많은 사람을 위해 흘린 새 언약의 피니 이를 행할 때 마다 나를 기념하여라." (잔을 내려놓는다)

기념사[85] 집례자와 회중

집례자: 오! 거룩하신 주님, 사랑이 많으신 하나님.

저희를 죄와 부끄러움에서 구원하시려고

아들을 세상에 보내사 십자가에 못박으시고

죽임을 당하게 하셨으나 죽은 이 가운데서 살리시어

부활의 영광을 얻게 하시고,

저희의 주님이시오, 그리스도가 되게 하셨습니다.

그리스도의 영광 가운데 하늘에 오르셨으며

거기서 대제사장으로서 이 땅을 위해 간구하시며

마지막 날 심판주로 다시 오실 것을 저희가 믿고 기다립니다.

회 중: 구원의 주 하나님, 저희를 항상 인도하시는

대제사장이신 예수 그리스도 이름으로 기도하오니

온 땅에 주님의 구원을 베풀어 주옵소서.

---

[85] 기념사에 해당하는 용어를 '아남네시스'(Anamnesis)라 한다. 이는 성만찬이 그리스도의 구속과 사랑의 역사라는 것을 기억하고, 또 그 구원의 역사가 지금 여기서도 현존하는 것을 증언하면서, 나아가 그 신비의 의미를 되새기는 감사와 영광의 말씀을 드린다는 순서이다.『새예배서』(2002), 41. '아남네시스'에 관한 어원적 의미를 알고자 한다면, 본서 제2부 제3장 3)초기 기독교 예배 형태를 참조.

성령임재의 기원[86]　집례자와 회중

　집례자: (떡과 잔 위에 손을 얹고)

　　　　거룩하신 하나님,

　　　　일찍이 주님께서 세상에 보내셨던 성령을 지금 다시 보내주시사

　　　　차려 놓은 떡과 포도주 위에 임하셔서 이 식탁을 성별하여 주옵소서.

　　　　또한 성령께서 여기모인 저희 위에 함께 하사

　　　　이 떡과 포도주를 영원한 양식이 되게 하시며

　　　　이를 먹고 마심으로 그리스도의 새로운 몸을 입어

　　　　세상을 변화시키는 능력을 받게 하옵소서.

　회 중: 오! 주님 어서 오셔서 이를 이루어 주옵소서.

영광찬양[87]　집례자와 회중

　집례자: 그리스도께서 최후의 승리 속에 다시 오실 때까지

　　　　우리 모두 천국잔치에 참여할 때까지

　회 중: 그리스도와 하나가 되게 하옵소서.

　　　　서로서로 하나가 되게 하옵소서.

　　　　온 교회가 하나가 되게 하옵소서.

　집례자: 하나님의 아들이신 예수 그리스도를 통하여

　　　　위로의 거룩하신 성령과 더불어,

　　　　모든 영광과 존귀가 영원토록 전능하신 하나님 아버지께 있사옵나이다.

　회 중: 아멘

주님의 기도[88]　다함께

---

[86] '성령임재의 기원'(Epiclesis)은 그리스도를 기념하는 것은 성령임재에 의해서만 가능하기에 대단히 중요한 순서이다. 이때 기원의 내용은 성령께서 성만찬에 임재하셔서 떡과 포도주, 그리고 회중을 성별시켜 달라는 내용의 기도를 해야 한다. 『새예배서』(2002), 41. 22

[87] Doxology로서 구원의 성취에 대하여 삼위일체 하나님께 영광을 돌리는 감사기도를 의미한다.

[88] 말씀중심의 예배일 경우에는 "오늘의 기도" 후에 "주님의 기도"를 하도록 한다. "주님의 기도"를 찬송으로 부를 수도 있다. 『새예배서』(2002), 42. '주님의 기도'의 예전사적 의미에 대해서는

집례자: 이제 하나님의 백성으로서 주님께서 가르쳐주신 기도를 함께 합시다.

다함께: 하늘에 계신 우리 아버지여...

평화의 인사 집례자와 회중

　집례자: 주님의 평화가 여러분과 함께

　회　중: 또한 목사님과 함께하시기를 바랍니다.

　　　　　이제 화해와 평화의 징표로 서로 인사를 나눕시다.

　　　　　(모두 전 후 좌우의 성도와 함께 인사를 나눈다)

　회　중: 주님의 평화가 함께 하시기를 바랍니다.

분병례 집례자

　집례자: (떡을 두 손으로 들고 떼면서)

　　　　　이 떡이 하나이듯 여기 모인 우리도 하나입니다. 하나의 떡을 나누기 때문입니다. 이로써 우리는 모두 그리스도의 한 몸에 참여합니다. (떡을 내려놓는다)

　회　중: 아멘

　집례자: (잔을 두 손으로 든 후)

　　　　　이 잔을 함께 나눌 때에도 우리는 그리스도의 피에 동참됩니다.

　　　　　(잔을 내려놓는다)

　회　중: 아멘

분급 집례자와 보좌

(먼저 집례자가 떡과 함께 포도주를 먹고 마시거나, 혹은 떡을 떼어 포도주에 담갔다가 먹는다. 그리고 먼저 성만찬보좌 위원들에게 떡과 포도주를 분급한 후, 이어서 회중에게 분급한다. 분급은 회중을 성만찬대로 나오게 하되 경우와 형편에 따라서는 자리에 앉힌채 할 수도 있다. 분급하는 동안 반주자는 성만찬 찬송을 연주하고 회중은 조용히 찬송하거나 기도한다.)

김상구, 『일상생활과 축제로서의 예배』, 192-193을 참조.

집례자: (떡을 주면서) 이는 그리스도의 몸입니다.

(혹은 "하늘의 떡, 예수 그리스도입니다"라고 말한다.)

(잔을 주면서) 이는 그리스도의 피입니다.

(혹은 "구원의 잔, 예수 그리스도입니다" 라고 말한다)

회 중: (받는 이는 목례를 하면서) 아멘.

(왼손은 위로, 오른손은 아래로 십자형을 만들어 떡을 받은 후, 오른손으로 떡을 집어 포도주에 담갔다가 먹거나, 또는 떡과 함께 포도주잔을 받아먹고 마신다)

성만찬 후 감사기도 다함께

사랑과 은총이 풍성하신 하나님,

그리스도를 통하여 저희를 구원하시고

생명의 양식 주심을 감사합니다.

성령의 도우심으로 저희가 하나 되어

주님의 공의와 진리를 위해 힘쓰고

하나님 나라의 유업을 함께 누리게 하옵소서.

예수 그리스도의 이름으로 기도합니다. 아멘.

예배참석자들은 이 네 번째 [성만찬]부분에서 다음과 같은 것을 인식할 수 있도록 해야 한다.[89]

첫째, 성만찬은 종말론적 식사 의미를 부여한다는 것이다. 성만찬은 창조와 구속사에서 보여주신 하나님의 모든 역사를 요약하며, 마지막 완성으로 나아간다. 최근 예전갱신 주류 교회들은 이런 주제를 많이 선

---

[89] 김순환, "예배와 성례전",『복음주의 예배학』(서울: 요단, 2005), 181-186. 성만찬에 대한 이미지를 함축적으로 더 자세히 살피고자 한다면, 감리교 예배학자 제임스 화이트,『하나님의 자기 주심의 선물: 성례전』, 김운용 역(서울: 예배와 설교아카데미, 2006), 118-134를 참조. 여기에서 화이트는 성만찬에 대한 이미지를 7가지로 설명하고 있다. 첫째, 감사예전으로서의 성만찬 둘째, 회상의 사건으로서의 성만찬 셋째, 하나됨을 위한 성도의 교제로서의 성만찬 넷째, 그리스도의 희생으로서의 성만찬 다섯째, 그리스도의 임재로서의 성만찬 여섯째, 성령의 역사하심으로서의 성만찬 일곱째, 최종적 성취로서의 성만찬 등이다.

택하고 있다. BEM문서(Baptism, Eucharst and Ministry-세례, 성만찬, 사역-1982년 리마문서)[90]는 이 주제를 "천국에서의 식사로서 성만찬"이라 부른다.[91]

둘째, 성만찬은 감사로서의 성만찬의 의미를 부여한다는 것이다. 성만찬을 지칭하는 유카리스트(Eucarist)는 '감사하다'에서 나온 말이다.[92] 중세미사에서는 이 주제가 약화되어 참회의 분위기를 연출했고, 종교개혁자들도 대부분 엄숙한 분위기에 초점을 맞추었다. 그러나 존 웨슬리의 경우는 그의 성만찬 찬송[93]에서 보면 감사와 기쁨의 주제에 초점을 맞춘 것이 많이 나온다.

셋째, 성만찬은 기념(Commemoration, Anamnesis)으로서의 성만찬

---

[90] 한국감리교회가 리마예식서를 통해 가장 큰 영향을 받은 것은 세계예배갱신의 일환으로 작성된 리마예식서예배의 구조에서 나타나고 있듯이 시편의 재사용, 성경의 낭독, 성만찬의 회복 등이었으며, 예배의 형식과 내용에 있어서 예배의 4중 구조라고 할 수 있을 것이다. 아울러 1998년에 발간한 『교회력과 절기에 따른 성만찬 예문집』에서도 밝히고 있듯이, 이 리마문서의 합의정신에 따라 우리감리교회는 세계교회의 일원으로서 성만찬 예배를 통한 일치운동에 앞장서야 함을 밝히고 있다. 기독교대한감리회홍보출판국, 『교회력과 절기에 따른 성만찬 예문집』(서울: 기독교대한감리회 홍보출판국, 2000)을 참조. 세계교회협의회는 산하기관인 "신앙과 직제 위원회"(Faith and Order Commission)는 1982년 페루의 수도 리마(Lima)에서 개최된 총회에서 "세례, 성만찬, 사역"(Baptism, Eucharist, and Ministry, BEM 문서라 약칭)이라는 제목으로 소위 '리마문서'를 채택하였다. 여기에 대해서는 WCC, *Baptism, Eucharist, and Ministry*(Geneva: WCC, 1982)를 참조. 이 리마문서는 16세기 종교개혁 이후 분열되었던 교회들로 다시 일치를 이루게 하는 중대한 계기를 제공하여 주었다. 따라서 이 문서야 말로 "현대 에큐메니칼 운동사에 있어서 가장 빛나는 신학적 업적"이라는 평가를 받는다. 리마예식(*Lima Liturgy*)는 이 리마문서(*BEM*)의 정신을 살려 1982년 리마 총회를 위해 마련된 예배·예전으로서 본래는 리마문서를 통해 성취된 성만찬에 관한 신학적 공감대를 설명하려는데 그 목적이 있었다. 그러나 리마예전은 세계의 많은 교회들에게 공감대를 불러일으키면서 차츰 광범위하게 확산, 수용되기 시작하였다. 리마예식서의 구성과 절차는 다음과 같다. 1. 개회의 예전-개회찬송, 인사, 죄의 고백, 용서의 선언, 자비의 연도, 영광송. 2. 말씀의 예전-오늘의 기도, 구약성서 봉독, 명상의 시편, 서신서 봉독, 할렐루야 영창, 복음서 낭독, 설교, 침묵, 신앙고백, 중보의 기도. 3. 성만찬성례전- 준비기원, 인사의 교환, 처음기원, 삼성창, 성령임재의 기원1, 성만찬제정사, 기념사, 성령임재의 기원2, 추모의 기원, 마지막기원, 주의 기도, 평화의 인사, 분병례, 분부의 말씀, 성만찬에의 참여, 감사의 기도. 4. 파송의 예전, 폐회찬송, 분부의 말씀, 축복의 기도. 정장복, 『예배의 신학』(서울: 장로회신학대학교 출판부, 2000), 205-211. 이외에도 리마예식에 관해서는 다음과 같은 문헌을 참조. 박근원, "리마예식의 의의와 가치", 『신학사상』 56집 (1987); 정양모, "리마문서-성만찬", 『신학사상』 68집(1990).

[91] 박근원, 『리마예식서』(서울: 한국기독교교회협의회, 1987), 32-53.

[92] 웨버, 『예배가 보인다 감동을 누린다』, 210-211에서 성만찬 부분을 "감사의 예전"으로 지칭하면서 "초대교회는 성만찬을 자주 거행하였으며, 감사의 분위기를 엄숙하기보다 경축적이다."라고 하였다.

[93] 존 웨슬리·찰스 웨슬리, 『웨슬리의 형제의 성만찬찬송』, "성만찬 찬송" 참조.

을 인식하게 한다. 아남네시스(Anamnesis)는 그리스도의 사건을 실제로 새롭게 경험하는 것이요, 과거의 사건을 오늘에 실제적으로 되살리는 기념의 의미를 지닌다는 것이다.

넷째, 성만찬은 교제(Communion)의 의미를 지녀야 한다. 이것은 식사를 하면서 교제를 하였던 유대인들의 의식과 관련되어 있다. 루터나 쯔빙글리와 같은 종교개혁자들은 개인미사보다 공동체적인 참여의 중요성을 강조하면서 성만찬을 통한 전체회중의 교제에 초점을 맞추었다.

다섯째, 성만찬은 성령의 역사가 일어나는 의식이라는 것이다. 우리가 그리스도의 몸과 피에 참여하는 것은 바로 성령의 이해할 수 없는 권능을 통해서라는 것이다.

여섯째, 성만찬에는 두 가지의 중요한 정서가 있음이 최근의 성만찬 신학에서 부가되고 있음을 반영해야 한다. 김순환에 따르면, 성만찬은 그동안의 죽음의 기념으로서의 성만찬과 함께 경축으로서의 성만찬 의미를 갖추는 성만찬이해를 강조 하였다.[94]

요약하자면, 성만찬을 통해 집례자는 성만찬을 받는 회중에게 "우리를 위하여 살을 찢으시고 피를 흘리신 주 예수 그리스도의 은혜를 기억(Anamnesis)하고 감사(Eucharist)하는 마음과 태도"를 함께 갖도록 일깨워야 한다는 점이라 할 수 있을 것이다.[95]

V. 세상으로 나아감[96]

『새예배서』(2002)의 기본형식 II 에 따른 다섯 번째 구조는 〔세상으로 나아감〕부분이다. 이 부분은 주일예배의 마지막 부분으로서 세상으로 나아가게 하는 파송부분(Sending forth)이다. 예배하는 공동체는 예전적 표

---

94 김순환, 『21세기 예배론』, 89-95.
95 박은규, 『예배의 재발견』, 319.
96 이 다섯 번째, 마지막 부분에 대한 용어는 독일 『개신교예배서』(1999)에서는 파송과 축도(Sendung und Segen), *UMBW*(1992)에서는 파송의 말씀(*Sending forth*), 웨버는 파송의 예전(*The Acts fo Dismissal*)으로 사용하고 있다.

현 자체만으로 끝나지 않고, 증인공동체로 발전되어 나갈 때, 진정한 예배생활을 성취할 수 있을 것이다. 그리고 회중이 책임성 있는 그리스도의 제자로 나갈 수 있도록 결단과 기쁨의 순서로 마무리해야 할 것이다.

이 다섯 번째 구조 안에서 7가지의 순서로 진행되는데 그것은 다음과 같다. 교회소식(News of Church), 찬송(Hymn), 파송의 말씀(The Words of Commission), 축도(축복, Benediction, Blessing), 축복송(Hymn of Benediction), 후주(Postlude), 세상을 향해 나아감(Going Forth)으로 되어 있다.[97]

『새예배서』(2002)의 기본형식 II에 따른 다섯 번째 구조는 [세상으로 나아감]부분은 구체적으로 다음과 같다.

교회소식[98] 다함께

(교회의 소식을 알리며, 새신자를 환영하는 시간을 갖는다.)

※ **찬송**(찬송가 장) 다함께

(이 마지막 찬송은 설교주제와 맞는 것으로 '세상으로 나아가기'전 새로운 결심을 다짐하고 헌신할 것을 새기면서 힘 있게 한다.)

---

[97] 『새예배서』(2002), 43-44.
[98] '교회소식'은 교회 안팎의 행사에 대한 안내와 모임, 교우동정을 알리며 새신자를 환영하는 순서이다. 이 순서는 원래 예배의 정식순서는 아니었으나 그 내용이 그리스도의 몸된 교회에 관한 소식이며, 회중이 교회와 세상에서 행해야 할 구체적인 행동지침이 포함되었기 때문에 후에 예배 순서 안에 들어가게 되었다고 설명한다. 『새예배서』(2002), 43. 그러나 초기 한국감리교회 장정에 보면 '광고'라고 하여 헌금과 함께 드리는 순서로서 설교 전에 들어 있었다. 이에 대한 자세한 내용은 『대강령과 규측』(1910), 『감리회 도리와 장정』(1919), 『미감리교회 법전』(1926), 『교리와 장정』(1931, 1959, 1962, 1973)을 참조. 광고가 설교 후의 순서로 등장하게 된 것은 1983년 『교리와 장정』에서부터이다. 이때 주일예배 순서 제2안에서부터 설교-기도-광고-새신자소개 등의 순서로 소개되고 있다. 다시 말해 한국감리교회는 초기부터 교회소식을 주일예배의 중요한 순서로 위치하고 있었으며, 본래는 설교 전에 위치하다가, 최근 들어 설교 후로 이동하여 위치하게 된 것이다. 광고를 설교전에 위치하는 것과 후에 위치하는 것의 장단점이 있을 것이다. 광고에 관한 예전사적 의미를 더 자세히 알고자하면, 김상구, 『일상생활과 축제로서의 예배』 183-184를 참조. 여기에서 김상구는 "그러나 광고에는 문제가 많다. 왜냐하면 광고는 설교이후 설교에 대해 더 많은 것을 생각하고자 하는 청중을 방해하기 때문이다. 광고는 영적인 손실 없이 매일의 삶의 구체적인 생활과 함께 연결되어야 한다. 그리고 예배 중의 중요한 의사전달과 공동체적인 요소라는 것을 고려되어야 한다."라고 말한다.

※ **파송의 말씀**[99] 집례자

집례자: 그리스도의 일꾼인 여러분! 성령과 함께 선교와 봉사를 위해 세상으로 나아가십시오.

회 중: 아멘, 주님! 우리와 동행하여 주옵소서.

※ **축도**[100] ○ ○ ○ 목사

※ **축복송** 찬양대

※ **후주** 반주자

(입례와 퇴장 행렬이 없는 교회에서는 후주로 예배를 끝마친다. 찬송하며 퇴장하는 교회에서는 후주를 생략 할 수도 있다. 입례와 퇴장 행렬이 있는 교회에서는 찬양대가 축복송을 한 후 촛불 점화자가 점화봉에 다시 불을 붙이고 나서 제단 위의 두 촛불을 끄고, 회중이 지켜보는 가운데 점화자, 집례자, 예배위원들, 그리고 찬양대원들이 찬송가 268장을 부르면서 퇴장할 때 회중이 그 뒤를 따라 세상으로 나아간다)

※ 한 곳은 일어선다.

예배참석자들은 이 다섯 번째〔세상으로 나아감〕부분에서 다음과 같은 것을 인식할 수 있도록 해야 한다.[101]

첫째, 예배의 마지막 부분을 통하여 예배 공동체의 선교적인 기능을 강조해야 하는 것이다. 예배자들에게 세상은 선교의 대상이 되어야 한다.

둘째, 세상으로 나아감을 선포하는 교회는 예배전체의 목적과 방향을 결론짓는 분명한 목표를 전달할 수 있다.

셋째, 세상으로 나아감의 순서의 성격은 로마서 12:1에서 그 성격을 찾아볼 수 있다. "그러므로 형제들아 내가 하나님의 자비하심으로 권하

---

[99] 이 파송의 말씀은 '축복송' 뒤에 할 수도 있다. 그 이유는 집례자의 축도로 모든 예배 행위가 끝나는 것이 아니라 회중의 삶은 끊임없이 세상으로 나아가야 함을 강조하기 위함이다. 『새예배서』 (2002), 44.
[100] 축도의 예전사적 의미에 대해서는 김상구, 『일상생활과 축제로서의 예배』, 198-199를 참조.
[101] 허도화, "예배의 요소와 순서", 『복음주의 예배학』, 151-153.

노니, 너희 몸을 하나님이 기뻐하시는 거룩한 산제사로 드리라 이는 너희의 드릴 영적 예배니라" 예배는 교회 안에서 마치는 것이 아니라 일상생활에서 계속되기 때문이다.

(2) 간략한 순서 요약

지금까지 앞에서 말씀과 성만찬식을 함께 드리는 주일 낮예배 순서를 실례를 중심으로 살펴보았다. 이제 이 순서를 간략히 정리해보면 다음과 같다.

하나님 앞으로 나아옴

※ **전 주** 반주자

※ **입례송** 다함께

※ **예배로 부름과 기원** 집례자

※ **경배찬송** 다함께

※ **죄의고백** 다함께

※ **자비송** 다함께

※ **용서의 말씀**

※ **교독** 다함께

※ **삼위영가** 다함께

오늘의 기도 맡은이

기도응답송 찬양대

말씀의 선포

※ **성경봉독**(구약성경; 서신서; 복음서) 집례자

찬양 찬양대

설교 ○○○ 목사

감사와 응답

합심기도 다함께

신앙고백(사도신경) 다함께

　　찬송 다함께

　　※ 봉헌(봉헌찬송을 부르면서) 다함께

　　봉헌 및 목회기도 집례자

　　봉헌응답송 찬양대

성 찬

　　성만찬으로의 초대 집례자

　　시작기도 집례자와 회중

　　삼성창(거룩 거룩 거룩) 다함께

　　성만찬제정사 집례자

　　기념사 집례자와 회중

　　성령임재의 기원 집례자와 회중

　　영광 찬양 집례자와 회중

　　주님의 기도 다함께

　　평화의 인사

　　분병례 집례자

　　분급 집례자와 보좌

　　성만찬후 감사기도 다함께

세상으로 나아감

　　교회소식 다함께

　　※ 찬송 다함께

　　※ 파송의 말씀 집례자

　　※ 축도 ○○○ 목사

　　※ 축복송 찬양대

　　※ 후주 반주자

제16장
예배신학적 재발견

한국감리교회 예배예식서의 새로운 지평으로서 『새예배서』(2002)에 나타난 주일예배에 관하여 살펴보았다. 한국감리교회는 20세기에 들어서서 시작하고, 20세기 말에 꽃을 피웠던 예배갱신의 영향을 크게 받았다. 예배갱신의 영향과 그 결과물로서 다른 교단과 마찬가지로 새로운 예배서의 출현을 기대하였고 그에 부응하여 제24회 총회 입법회의[102]를 통과하여 세상에 내놓은 것이 『새예배서』(2002)이다.

『새예배서』(2002)에 나타난 예배이해는 크게 4가지의 신학적 의미를 담고 있다. 첫째, 예배는 그리스도의 사건에 근거한다. 둘째, 예배는 성령의 역사로 완성된다. 셋째, 예배는 말씀과 성례의 균형 잡힌 예배전통을 회복함으로서 예배와 선교를 가능하게 한다. 넷째, 예배는 섬김과 선교공동체를 지향하고 있다. 이러한 한국감리교회의 전통적 예배이해는 존 웨슬리의 복음적 성만찬을 강화 전통을 회복한 것이며, 20세기 예배갱신 운동과 영향을 예배서에 적극 반영하는 것이라 할 수 있다.[103] 『새예배서』(2002)에서 필자가 집중하여 살핀 것은 본 글의 연구 방향인 주일예배예식서 부분이다.

---

[102] 2000년 10월 25일(수)-27일(금)까지 "21세기를 열어가는 화해공동체"라는 주제로 서울 금란교회에서 열렸던 기독교대한감리회 총회를 말한다.
[103] 나형석, "감리교회 새예배서 무엇이 달라졌나?", 기독교대한감리회홍보출판국, 「강단과 목회」 제3-4호(2002): 86.

먼저, 주일예배예식서의 기본 구조의 전 이해는 두 가지인데, 하나는 그리스도 안에 나타난 하나님의 계시와 하나님의 계시와 은혜에 대한 응답의 구조이다. 계시의 요소로는 하나님의 계시를 회중이 받아들이는 요소로서, 예배에로의 부름, 용서의 말씀, 성시교독, 구약봉독, 서신서 봉독, 복음서 봉독, 찬양대의 찬양, 말씀선포, 성례 등이 포함되며, 응답의 요소로는 찬송, 기원, 죄의 고백, 삼위영가, 신앙고백, 주님의 기도, 오늘의 기도, 결단의 기도, 찬양, 봉헌(찬송), 봉헌기도 등이 여기에 속한다.

　이러한 예배의 전구조의 이해의 바탕위에 주일예배 순서상의 구조는 4가지의 형태를 취하고 있다. 즉, 하나님 앞으로 나아옴(입례), 말씀의 선포와 응답(말씀), 성만찬과 응답(성만찬), 세상으로 나아감(파송)이다. 예배의 형식에 있어서 이러한 4중 구조는 20세기의 예배갱신 운동에 대한 적극적 반영이며, 예배 역사 전통(말씀과 성만찬의 구조)에 대한 이해를 새롭게 회복시킨 것으로 평가할 수 있다.『새예배서』((2002)는 앞에서 열거한 예배의 근거와 구조를 바탕으로 하여 다양한 주일예배의 요소들을 묶어 6가지의 예배 모델을 제시해 주고 있었다. 여기에서는 두 가지 예배 모델을 다루었다.

　필자는『새예배서』(2002)의 주일예배를 살펴보면서, 21세기 한국감리교회의 주일예배의 새로운 지평을 연 예배서로서 손색이 없는 몇 가지 중요한 점을 재발견하였다.

　첫째,『새예배서』(2002)의 주일예배는 현대예배갱신 운동의 결과물로서 꽃을 피웠다고 할 수 있는 예배의 4중 구조 형태를 거의 완벽하게 제사하고 있었다는 점을 들 수 있다. 이는 전통과 현대의 조화로운 예배 모델이기도 할 뿐 아니라, 예배신학에 대한 새로운 반성과 예배전통에 대한 바람직한 숙고의 결과라고 평가할 수 있다.

　둘째,『새예배서』(2002)의 주일예배는 예배의 성경적 시금석에 따라 예배요소가 설정되었다는 점이다. 예배의 시금적으로 삼았던 그리스도와의 관련성, 공동의 섬김과 이해성, 그리고 삶과의 관련성을 예배의 구조와 요소 속에 적절히 담고 있음을 발견하였다. 중요한 것은 재발견 함으로 그치는 것이 아니라 각 예배요소에 대한 적극적인 활용이 있어야 한다. 한국감리교회가 예배순서 위치와 사용에 있어서 시정해야 할 것은 '묵도'라는 용어의 사용을 억제해야 하며, 전주 후에 '예배의 부름' 을 적극 활용해야 한다. '죄의 고백'과 '용서의 선언'을 첨가해야 하고, '대표기도'라는 용어는 '오늘의 기도'로 바꾸어 사용해야 한다. 교회력에 따른 예배설정이 이루어져야 하고, 성경봉독은 구약과 서신서, 복음서를 함께 낭독해야 하며, 힘들다면 적어도 성서정과에 따라 두 가지 정도라도 설정해야 할 것이다. 성가대라는 용어는 찬양대로 수정해야하고, 주의 기도나 신앙고백은 설교 후에 위치하는 것이 바람직하다.

셋째, 예배의 형식과 유형에 있어 통일성과 다양성을 제시하고 있음을 재발견하였다. 교회력을 따르게 하는 성서정과의 활용과 구조에 있어서 분명한 위치 배열 등은 예배의 통일성을 반영하는 것이라 할 수 있다. 좀 더 설명하자면, 주일예배를 여섯 가지 정도의 형식을 제시함으로서 다양한 예배의 가능성과 예배 구조의 기본을 지키면서도 시대와 문화 현상에 따라, 예배요소를 추가, 혹은 축소 할 수 있는 다양한 모델들을 제시해 주고 있다는 것이다. 목회자는 교회력과 성서정과를 통한 주일예배 설정이 필요하다.

넷째, 교회연합적인 측면에서도 기여할 수 있는 예배모델들임을 발견하였다. 주일예배의 모델들은 모두 한국감리교회 전통뿐 아니라 초대교회 예배전통과 웨슬리 및 미국감리교회 예배 외에도 다양한 예배서와 예문들을 참고하여 작성한 것이다. 아울러 현대예배갱신 운동에 동참한 각 교단과 합의 하여 만든 리마예전 등을 반영함으로서 성만찬이 함께 있는 주일예배를 지향하고 있다는 것이다.

다섯째, 『새예배서』(2002)의 새로운 발견 중에 하나는 회중의 적극적인 참여를 유도하는 예배모델들을 소개하고 있다는 점을 들 수 있다. 그

동안 한국교회의 강단은 목사우의의 예배, 설교중심의 예배에 치중해 왔음을 누구도 부인할 수 없었으며 회중들의 적극적 예배참여에 대한 인식도 나날이 높아가는 시점이었다. 이러한 예배인식을 새롭게 하여 적극적으로 반영한 회중참여의 가능성을 열어준 예배문들이라 볼 수 있다.

여섯째, 다양한 문화, 예배예술, 음악, 드라마, 미디어, 건축 등을 반영하는 다양한 현대적 예배의 가능성을 모색해 나가야 하는데, 이에 대한 대응도 부분적으로나마 적용할 수 있는 모델들을 제시하였다.

일곱째, 『새예배서』(2002)에 나타난 주일예배의 특성 중의 결정적인 것은 한국감리교회 예배의 특성을 말씀 뿐 아니라, 성례의 강화를 특징으로 삼는 예전지향적인 예배로 설정하고 있다. 한국감리교회 목회자는 주일예배는 예전지향적인 측면을 제시한 교단의 입장을 따르는 것이 바람직하다고 본다. 물론 예전지향적인 예배가 완벽한 예배일 수는 없을 것이다. 그러나 교단의 예배신학적 입장을 충분히 이해하고 인식하면서 예배설정을 함으로 주일예배의 갱신을 시도하는 것은 모두의 의무요, 특권이라 말하고 싶다. 이에 따른 교단의 노력과 신학교의 구체적인 역할이 필요하다.

여덟째, 2002년 이전의 주일예배는 상당부분 미국연합감리교회의 예배서의 지대한 영향을 받았음을 확인하였다. 그러나 『새예배서』(2002)에 나타나는 주일예배를 분석한 결과 미국감리교회 예배서는 물론, 예배신학의 보편적 입장을 수용하면서 세계교회 예배흐름에 맞추어 다양한 예식서를 참고하여 한국적이고 독자적인 예배서를 소유하게 되었다고 평가하고 싶다.

앞에서는 『새예배서』(2002)에 나타난 재발견을 주로, 긍정적 측면에서 정리하였다. 그러나 『새예배서』의 주일예배는 몇 가지 아쉽고 미흡만 측면도 발견됨을 지적하고 싶다.

먼저, 과연 『새예배서』(2002)에 나타난 주일예배가 일선교회현장에서 좀 더 실제적으로 활용되어질 수 있도록 예배 가이드라인이 자세히 설명되었으면 하는 아쉬움을 갖는다. 예배순서의 해설과 다양한 예배 모델을 제시하면서 각 요소에서 필요한 부분을 입체적으로 활용할 만한 지원(source)을 제시했더라면 더 좋았을 것이다.

따라서 이 예배서를 보다 적극적으로 활용 할 수 있는 '목회자를 위한『새예배서』지침서' 같은 것(예를 들면, 1964년『감리교 예식규범』과 같은 형식)이 수록되었다면 더 효과적이었을 것이다. 물론 이를 보완하기 위해『예문1, 2』(2006)가 발행되어 있지만 이것은 주로 성례를 중심으로 한 예문집이다.

둘째,『새예배서』(2002)에 나타난 주일예배의 모델들은 예배 순서가 길다는 느낌을 받게 된다. 말씀과 성만찬의 두 기둥을 포함한 4중 구조의 주일예배를 효과적으로 설정할 수 있도록 시간과 공간의 형편, 교인 수나 교회가 위치한 특성에 따라 어떻게 효과적으로 접목할 수 있도록 다양한 주일예배 예식문들과 그 실례들이 더 첨가되었으면 한다.

셋째,『새예배서』(2002)의 발간 이후 후속적인 연구개발이나 연속성을 띤 자료들을 첨가하여 적어도 2–3년마다 새롭게 개정되어 발간해 주어야 한다고 본다. 이를 위해 매년 거의 모든 연회마다 열리는 〈신년도 목회계획세미나〉 같은 시간을 활용하여 예배서에 관한 내용을 소개하고, 새로운 정보나 연구들을 통해 예배의 방향을 수시로 설정해 재개정해 준다면 효과적일 것이다. 이 목적을 달성하기 위해서는 교단과 신학교의 노력과 함께 일선 목회자들의 예배갱신 의지와 관심은 절대적으로 필요하다.

제6부
한국교회 주일예배, 이렇게 드리자

지금까지 필자는 존 웨슬리로 보는 한국교회의 주일예배에 관한 부분을 살펴보았다. 한국감리교회의 주일예배 이해를 위해 감리교회의 기원과 존 웨슬리의 예배를 살펴보았다. 그리고 미국으로 건너갔던 존 웨슬리의 예배는 미국감리교회의 예배 형성과정에서 다양하게 수용되었거나 혹은 변형된 형태로 영향을 끼쳤던 점을 정리하였다. 한국감리교회의 주일예배는 초기선교사들의 내한으로 인해 그 정체성을 갖게 되었는데, 초기 한국감리교회와 예배 역사는 미국감리교회의 예배에 결정적 영향을 받았음을 발견하였다.

필자는 초기 한국감리교회의 주일예배의 발전과 형태를 형성과정 측면에서 할애하여 살펴보았다. 먼저 그 시기는 최초의 선교사 아펜젤라의 선교 초기인 1885년부터 1930년으로 하였다. 이는 1885년 이후 미감리교회(북)와 남감리회로 양분되어 발전되어 오던 한국감리교회가 기독교조선감리회로 통합을 형성한 때가 1930년이었기에 그 시점을 초기 한국감리교회 예배 형성시기로 보았던 것이다. 이는 대부분의 예배학자들의 공통된 견해이기도 하다.[1]

한국감리교회는 통합을 이룬 이듬해 즉, 1931년에 『교리와 장정』을

---

[1] 이 시기에 관한 부분은 주학선, 『한국감리교회 예배』, 7.

내놓으면서 한국형 예배모범을 내놓았다. 필자는 이 시기 이후의 주일예배예식서를 역시 예배의 발전과 특성을 형성과정 측면에서 살펴보았는데, 그 발전과정은 다음과 같았다. 즉, 1931년에 『교리와 장정』에 한국형 '예배모범'이 출현한 후, 1961년까지 1931년의 '예배모범'이 지속되었다. 그 후 20세기 초반부터 세계적으로 일어났던 예배갱신 운동의 영향을 한국감리교회도 받았다. 그즈음 새롭게 1962년에 '표준예배'를 내놓았음을 살폈다. 이후 근 30년 가까이 한국감리교회는 '표준예배' 형태를 지속하다가, 1992년에 새로운 예배갱신 시도로서의 『예배서』를 발간하기에 이른다. 이것이 한국감리교회가 세상에 내 놓은 최초의 공식『예배서』라고 할 수 있다. 그런데 이 예배서는 초기 한국감리교회가 절대적으로 영향을 받은 미국감리교회의 『예배서』(*UMBW*, 1965)를 번역하거나 수정, 보안하여 내놓은 것이었음을 발견하였다.

이후 10년이 지난 2002년에 이르러 한국감리교회는 예배서를 전반적으로 보완하여 『새예배서』를 출간하여 오늘에 이르고 있음을 정리하였다. 2002년 『새예배서』는 발간 머리말에서 밝히고 있듯이[2] 세계 예배갱신 시도로서 나온 각종 예배서를 망라하였다고 밝혔는데, 특히 리마예식서(1982)와 미국감리교회 『예배서』(*UMBW*, 1992)등의 예배예식서에 많은 영향을 받았음을 알 수 있었다. 『새예배서』(2002)를 통해 한국감리교회 주일예배는 새로운 지평을 열었다.

지금까지 살펴본 주요 내용은 다음과 같다.

첫째, 주일예배의 발전과 형성과정 측면을 정리해보는 것에 큰 의미를 두며, 주일예배가 어떤 형식을 갖춘 예배였는지, 어떤 예배형태에서 영향을 받았는지 면밀히 살폈다. 최근 화두가 되고 있는 예배갱신 주제라 할 수 있는 예전적 예배로의 회복 측면에서 살펴보았다. 이를 통해 한국감리교회는 예전적 성향의 예배로 접근하고 있음을 밝혔다.

---

[2] 『새예배서』(2002), 6.

둘째, 한국감리교회 예배 분석과 평가에서는 기독교 예배의 근간이 되는 성경적 시금석에 성실한 예배임을 알 수 있었다. 전통과 현대예배의 조화로운 예배를 지향하고 있으며, 오늘의 보편화된 예배형태인 말씀중심의 예배에서 말씀과 성례(성만찬)의 균형 잡힌 예배, 예배 구조에 있어 4중 구조형 예배, 회중의 적극적인 참여로서의 예배, 공동체성이 살아나는 예배, 교회연합적 측면에서의 예배 등으로 패러다임이 전환되는 예배를 추구하려는 경향이 있음을 보여주고 있음을 발견하였다.[3]

셋째, 아쉬움과 미흡한 측면도 살펴보았다.

예배는 다양한 사회적 상황과 문화라는 측면에서 변화되고 발전되기 때문에 이에 대해 능동적으로 대처하기 위해서는 예배의 끊임없는 자기 성찰과 갱신이 시도되어야 할 것이다. 이제부터는 지금까지 살피며 발견한 점들을 반영하면서 한국교회의 주일예배가 나가야 할 새로운 방향을 모색해 보고자 한다. 아울러 21세기 시대에 맞게 개 교회에서 활용하고 실행하기에 충분한 주일예배예식서의 모델을 제시해 보고자 한다.

---

[3] 한국감리교회 예배의 이러한 발견과 분석과 평가는 최근의 예배의 갱신 방향과도 일치되는 측면이 있다. 국내 연구기관인 교회성장연구소는 최근 2006년 호주 시드니에서 서든 크로스칼리지와 공동으로 '국제교회성장 컨퍼런스'를 개최하였는데, 이때 주제는 '21세기교회 성장과 예배갱신'이었다. 이 콘퍼런스에서 발표된 오늘의 예배갱신 안을 7가지로 정리하여 발표하였는데 다음과 같다. "첫째, 현대예배는 하나님께 초점을 맞춰야 한다. 둘째, 예배의 공동체성을 살려야 한다. 셋째, 말씀과 성례전이 중심이 되는 예배로 전환해야 한다. 넷째, 예배형식과 자유로움의 균형이 있어야 한다. 다섯째, 지성적 예배와 감성적 예배에서 전인격적 예배로 전환해야 한다. 여섯째, 예배마다 차별화된 예배신학과 목적이 주어져야 한다. 일곱째, 기도를 통해 예배사역을 극대화해야 한다." 이에 대해 국민일보, 2006년 6월 30일자, 32면을 참조. 이러한 발표는 한국감리교회의 예배의 특성 안에 상당부분 공통적으로 나타나고 있는 점임을 알 수 있다.

제17장
주일예배 갱신을 위한 새로운 방향모색

한국교회의 주일예배의 새로운 방향 모색은 자기성찰과 현실인식 및 새로운 변화라는 차원에서 다루어져야 한다. 이것을 위해 세 가지 측면을 제시하고자 한다. 첫째는, 자기성찰을 통한 예배전통의 통합을 이끄는 예배가 되어야 한다. 둘째는, 예배에 대한 문제인식 차원을 넘어 해결 중심의 예배가 되어야 한다는 점이다. 셋째는, 감리교회의 공식 예배예식서를 재발견하면서 적극 활용하는 예배가 되어야 한다는 것이다.

이러한 방향은 한국교회의 예배갱신이라는 큰 틀 안에서 파생되었다. 그리고 지금까지 살핀 한국감리교회의 주일예배 역사와 발전 과정을 고찰한 근거에 기인하여 도출해 내었으며, 특히『새예배서』(2002)에서 재발견한 주일예배의 분석과 평가에서 추출한 것으로 인식하였다.

이제부터 여기에 대해 구체적으로 살펴보면서 한국교회의 주일예배의 새로운 방향을 모색해 보고자 한다.

1. 예배전통의 통합을 이끄는 예배가 되게 하라

한국감리교회 주일예배에 대한 실상은 한국교회의 다른 여러 교단의 예배상황과 입장에서 크게 벗어나지 않다. 모든 한국교회가 주일예배

현장과 상황에서 자기성찰을 진지하게 다시 해본다면 여기서 느끼는 공통분모라 여겨지는 것은 무엇일까? 이러한 공통분모는 그대로 감리교회 주일예배 안에서도 적용될 가치가 있는 것이다.

오늘의 세상은 급변하고 있다. 사람들은 어느 때보다 더 강한 세속주의와 황금만능주의, 그리고 성공지향주의 뿐 아니라 급속화된 정보화의 물결 속에 살고 있다. 나아가 새로운 문화의 영향을 받으면서 인간의 생각을 자유롭게 표현하는 미술, 드라마, 스포츠, 건축술, 영상매체의 세계 안에서 자신의 욕구를 충족시키는 길을 찾고 있다. 이런 사회 속에서 살던 성도들은 주일예배에 참석했을 때, 삶의 리듬이 굴절되거나 깨지는 것을 경험한다. 왜냐하면, 변화와 빠른 속도감과 함께 소리에 파묻혀 있다가 주일예배를 찾아왔을 때, 답답함과 지루함을 느끼기 때문이다.[4] 또한 예배 참여를 하는 예배자들은 저마다의 예배 표현양식을 원한다는 사실이다. 다시 말해, 어떤 이는 전통적 예배를 고집하며 다른 이는 현대적 감각을 갖춘 예배를 원한다. 형식 있는 예배를 원하기도 하고, 자유로움을 추구하기도 한다. 그들은 표현방법은 다르지만 한마디로 예배의 새로운 갱신을 원하고 있다는 사실은 분명한 것이다.

박은규는 예배갱신이 요청되는 이유를 몇 가지로 설명하고 있다. 먼저, 예배자들은 하나님의 임재를 경험하고 싶다는 것이다. 주일예배의 현장에서 참된 예배본질과 시금석이 흔들리고 있으며, 보다 활기 있는 예배 감각이 요청된다는 것이다. 그리고 성도들마다 전통적인 예배와 현대적 예배에 대한 갈망을 다양하게 갖고 있다는 것이다.[5] 이러한 자기성찰 안에는 오늘날에 시급히 갱신되어야 할 예배통합의 요소가 들어 있다. 여기서 꼭 지적하고 싶은 것은 예배통합이라는 말의 의미가 예배의 무분별한 혼합주의를 뜻하는 것이 아니라는 점이며, 예배의 역사적 전통과 예배의 현대적 다양성을 수용하자는 측면에서 표현한 것이다.

---

[4] 박은규, "예배갱신의 방향모색", 한국실천신학회, 「신학과 실천」제4호 (2001): 9-10.
[5] 박은규, "예배갱신의 방향모색", 10-13.

이 부분을 네 가지 측면으로 살펴보고자 한다.

1) 성경적 시금석에 기초한 예배가 되어야 한다

우리는 앞에서 기독교 예배의 시금석을 살펴보았다. 무엇보다 예배는 성경 중심적이어야 한다는 전제가 있어야 한다. 이는 우리 몸을 거룩한 산제사로 드리는 것을 포함한다(롬 12:1). 일상생활에서 삶으로 드리는 예배야말로 하나님이 기뻐하시는 성경적인 예배라 할 수 있다. 아무리 화려하고 청중의 요청을 부응하는 예배라 해도 성경에 기초하지 않는 예배는 기독교 예배라 할 수 없다. 이러한 성경적 예배는 그 시금석도 성경에 기초하여 수립하여야 한다. 성경적 시금석에는 세 가지가 있다고 살폈다. 그것은 그리스도와 관련성을 지녀야 한다는 것, 공동의 섬김성과 이해성을 지녀야 한다는 것, 그리스도인의 삶과 관련성이다.[6]

로버트 웨버는 최근의 예배의 변화는 성경적이고, 역사적인 전통, 특히 초대교회의 그리스도 사건에 중점을 둔 관점에 기초하고 있다고 보면서, 말씀과 성만찬은 사단의 멸망을 선포하고 경축한다는 이해와 교회에 들어가고(입당), 듣고(말씀), 감사(성만찬)하고, 보냄의 과정(파송)을 따르고 있다고 정리했다.[7]

한국감리교회의 『새예배서』(2002)에는 이러한 성경적 시금석에 기초한 주일예배를 제공하고 있다. 특히 『새예배서』(2002)의 "예배의 신학적 의미"에서 이 부분을 밝히고 있다.[8] 그리고 『새예배서』의 예배순서에 나와 있는 예배의 핵심요소인 말씀, 성례전, 기도, 찬양, 교제 등도 모두 성경에 기초하고 있다.[9] 예배구성의 형태인 4중 구조에서도 하나님 앞으로 나아옴, 말씀의 선포와 응답, 성만찬, 세상으로 나아감 등, 모두 성경적 시금석에 기초한 것임을 알 수 있다. 성경적 시금석에 기초한 예배 설정

---

6 시금석에 관한 자세한 내용은 본서 제2부 제5장 기독교 예배구성의 시금석을 참조.
7 웨버, 『예배가 보인다 감동을 누린다』, 49–50.
8 『새예배서』(2002), 26.
9 박은규, 『21세기의 예배』, 64.

을 위해 무엇보다 목회자의 예배신학적 이해와 인식전환이 전제되어야 한다. 제임스 화이트가 지적하기를 실제로 말씀과 성만찬의 균형 잡힌 예배에 있어서 성만찬을 자주 실행하지 못한 이유로 가장 문제거리는 평신도가 아니라 목회자 자신이라고 강조한다.[10] 그리고 매주일 드리고 있는 오늘의 주일예배가 과연 이러한 성경적 시금석에 따라 실행되고 있는지 자기성찰의 과정을 매주일 가져야 한다고 본다. 이를 위해 개 교회에서는 성경공부 등을 활용하여 "예배학교" 등을 열어 평신도 뿐 아니라 목회자 자신이 변화하는 사회 속에서 능동적으로 대처할 예배가 드려지도록 준비해야 할 것이다. 아울러 매주일 공 예배를 위해 평신도 사역자를 포함한 "예배부"[11] 혹은 "예배위원회"를 구성하여 운영함이 좋을 것이다.

2) 역사적 예배전통을 재 발굴하여 계승해 가는 예배가 되어야 한다

예배운동을 이해함에 있어서 중요한 특징 중의 하나는 기독교 예배의 유형이나 형태는 너무나 다양하다는 것이다.[12] 예배는 "사람들의 필요가 달라짐에 따라" 늘 변해왔고, 이에 따라 오늘날 많은 예배전통이 존재한다. 고전적으로 알렉산드리아 전통, 시리아 전통, 동방시리아 전통, 바실리아 전통, 비잔틴 전통, 로마전통, 그리고 갈리아 전통 등 기원지나 창시자에 따라 분류된 일곱 가지의 예전 전통 등이 있었다. 뿐만 아니라 개신교 전통으로는 재세례파, 개혁교회, 성공회, 루터교, 퀘이커, 청교도, 감리교회, 프론티어, 오순절 등 최소한 9가지 이상의 전통이 존재한다.[13]

제임스 화이트의 관찰대로 "개신교 예배가 풍성한 이유는 예배가 다양하고, 그 다양성으로 인해 수많은 종류의 사람들을 포용할 수 있기 때문"[14]이라고 볼 수 있다. 예배 유형에 관해서 예배학자들마다 그 견해가

---

10 제임스 F. 화이트, 『하나님의 자기주심의 선물 성례전』, 김운용 역(서울: WPA, 2006), 138.
11 한국감리교회는 최근 제31회 총회 입법의회(2015. 10.28-30)와 임시입법의회(2016. 1. 24)에서 의회법을 개정하면서, 개 교회 안에 "예배부"를 신설하기로 결의한 바 있다.
12 랑포드, 『예배를 확 바꿔라』, 30.
13 랑포드, 『예배를 확 바꿔라』, 31.
14 화이트, 『개신교예배』, 209.

다양하기도 하다.[15] 따라서 오늘날의 다양한 예배의 유형들을 제대로 이해하기란 쉽지 않다. 앤디 랑포드는 예배가 이렇게 다양한 형태로 등장하게 된 기원을 의외로 쉽게 찾아주었다. 그것은 단순하게도 동시대의 문화라는 것이다. 문화적인 현실, 새로운 음악적 표현, 변화하는 미적 가치, 개인적 표현의 새로운 형식이 기존의 예배전통들에 대한 재평가를 요청해 왔다는 것이다. 이에 대한 응답으로 교단적인 예배갱신과 그리고 기존예배들과 근본적으로 차이를 보이는 새로운 형식의 예배등장이 이러한 현실과의 만남을 추구해 왔다는 것이다.[16] 이 말은 기존의 예배전통이 존재하였고, 오늘의 문화적 변화로 인한 예배갱신은 예배전통의 토대 위에서 새로운 변화를 요청받고 있다는 것이다. 그리고 앞에서 살핀 대로 예배전통은 고전적이고, 현대에 이르기까지 유기적으로 연속성을 띠고 발전되어 왔음을 알아야 한다. 21세기의 예배에 관한 총체적인 연구 결과로 거두어진 값진 수확 가운데 한 가지는 전통예배 유산에 관한 가치의 재발견이다.[17]

따라서 내가 속한 교회와 교단의 예배전통은 내가 속한 교회와 교단의 독자적인 것만이 아니다. 모든 기독교의 예배전통 안에서 세워진 것임을 인정해야 한다. 다양한 예배전통을 수용하면서, 각자의 예배전통

---

[15] 랑포드는 현대교회의 예배를 예전적인 예배, 찬양예배, 구도자예배(열린예배) 등으로 구분하고 있다. 『예배를 확 바꿔라』, 33-52를 참조; 김순환은 현대교회 예배를 전통적인 예배의 회복 속에서 이해하려고 시도하였다. 즉, 전통적인 예전적 교회로서-로마 가톨릭 교회와 동방 정교회를 들었고, 개신교회의 예전적 교회들로는-성공회와 루터교회를, 예전성을 강화해 나가는 교회로-감리교회와 장로교회를, 그리고 비예전적 교회-오순절교회, 미국의 성결과 교회들, 침례 교회 등으로 구분하고 있다. 김순환, 『21세기 예배론』, 18-27을 참조; 조기연은 한국교회가 종교개혁적 전통 하에 있다고 하지만 실상은 그렇지 않다고 비판하면서, 한국교회의 예배 유형은 북미선교사들이 가져온 전통에 의해 형성되었다고 주장한다. 이들에 의해 형성된 예배는 19세기 미국서부개척시대에 형성된 예배형태로서 전도 집회식 예배, 부흥회식 예배, 회개의 영성을 강조하는 예배, 실용주의적 예배, 인간중심적 예배, 서양식예배 등이 있으며 근자에 시도되었던 열린예배, 멀티미디어 예배, 사이버예배, 지성전예배 등으로 구분하였다. 여기에 관해서는 조기연, 『한국교회와 예배갱신』, 3-12; 『예배갱신의 신학과 실제』, 133ff, 178ff를 참조.
[16] 랑포드, 『예배를 확 바꿔라』, 65-66.
[17] 박근원, "21세기 그리스도교 예배와 음악의 전망-예배와 예전", 한국기독교장로회신학연구소, 『말씀과 교회』 2월호(2002): 65.

과 문화를 세워나가야 할 것이다. 내 것이 아니면 무조건 무시하는 이런 자세는 예배의 다양성의 측면에서 고려해야 할 중요한 사항이다.

한국감리교회 주일 예배는 전통적으로 성경적 예배, 웨슬리의 예배 전통 중에 귀중한 유산이라 할 수 있는 찬송가의 사용, 성만찬의 회복, 기도서의 활용, 평신도 회중의 적극적 참여와 같은 귀한 전통 유산을 갖고 있다. 아울러 미국감리교회의 예전적 예배전통을 초기한국교회가 수용했다. 따라서 이런 귀한 예배전통 유산을 재발굴하여 오늘의 시대에 맞게 반영해야 할 것이다. 타 교단의 예배갱신 움직임과 여러 현대 교회들의 다양한 예배 형태를 수용하면서 예배 통합을 이루어 나가야 할 것이다.

3) 문화와 사회적 변화에 부응하는 예배가 되어야 한다

한국교회 예배는 역사적 예배전통의 유산들에서 그 토대를 형성해야 된다. 동시대마다 예배는 문화와 사회적 변화에 따라 시대적으로 현실에 맞는 예배를 요청받고 있다. 때문에 예배갱신의 방향은 언제나 역사적 전통을 이해하면서 오늘의 문화적, 사회적, 심지어 정치적 상황에 부응하는 예배전통을 또 세워나가는 것이다. 따라서 어느 교단의 고착화된 예배 유형만이 옳다고 주장하거나 자기가 포함되어 있는 예배만이 정당하고 진정성이 확보되는 것이라고 주장할 수 없을 것이다. 왜냐하면 전통적인 예배, 혹은 현대적 예배나 열린예배를 드리든지 예배행위가 일고 있는 그 순간 그 시점에서도 다양한 예배 형태는 요청되고 있기 때문이다. 예수 그리스도의 성육신 사건은 하나님과 인간의 소통을 위해 친히 인간의 언어, 정신, 삶, 문화를 입으신 일이라 할 수 있다. 예배는 구속사의 기념으로서의 예배이면서, 삶속에 구현되는 예배여야 한다. 예배는 이 구속사를 동시대로 이끌어 내는 사건이다. 예배에서 구속사의 불변적 재현을 하고, 동시대에 맞게 적응하여 기념과 소통을 할 수 있는 가장 좋은 방법은 무엇일까? 그것은 바로 성례전적인 예배와 교회력과 성서정과를 따른 예배라 할 수 있다.[18] 이 때 기념과 소통으로서 동시대의 문화나 사회적 변화에 부응해 나갈 때 주의할 것이 있다. 전통과 회복을 과거의 것으로 문자적으로 되살려 내야 하자는 말이 아니다.

예배에서 기념과 소통은 전통을 복원하거나, 사용하는 것이 시대를 초월하여 성도간의 교통을 가능하게 한다는 점에서 의의는 있으나, 동시대의 예배자들로부터 거리감을 느끼게 하는 결과를 가져오지 않도록 세심한 의역화(意譯化)를 해야 한다는 것이다. 이런 점을 예배학에서는 동시대 소통의 메카시즘이라 한다. 예배자들 가운데도 구도자와 초신자간, 세대간, 계층간, 문화적 환경간 각각 소통의 문제를 안고 있기 때문에, 그들을 위해 원활한 예배 환경 조성은 매우 고민이 되는 부분인 것이다. 한국교회의 경우 교회의 크기에 따른 다양한 예배형식과 도시와 농어촌의 교회의 예배소통도 무시할 수 없다. 그래서 전통을 중시하면서도 동시대의 사회문화적 상황과 변화에 적합한 예배를 추구하는 예배통합의 차원이 반영되어야 한다는 뜻이다.

4) 현대적 예배감각을 갖춘 예배여야 한다

로버트 웨버는 현대교회는 두 가지에 관심을 가지고 있는데, 서로 상반된 성격을 띄고 있다고 보았다. 하나는 역사적 예배에 대한 관심이고, 또 하나는 현대적 예배에 대한 관심이다. 역사적 예배는 역사 속에 담긴 풍부한 전통, 유산, 아름다움, 질서, 내용, 기도서의 중심주제 들에 관심을 보이며, 현대적 예배에 관심을 갖는 사람들은 흔히 찬양중심의 예배만이 아니라, 현대예배에서 경험하는 자유로움, 즉흥성, 기쁨, 따뜻함, 공동체감에 더 관심을 갖는다는 것이다.[19]

조기연은 그의 책 『예배갱신의 신학과 실제』에서 현대 예배운동의 특징을 다음과 같이 설명한다. "오늘날 예배 운동은 교회로 하여금 초대교

---

[18] 김순환, 『예배학총론』(서울: 대한기독교서회, 2012), 485.
[19] 웨버, 『예배가 보인다 감동을 누린다』, 5-6.

회의 예배적 삶을 발견하고, 그 정신을 현대교회의 예배에 회복하도록 촉구하고 있고, 성직자 중심의 예배를 탈피하고 회중참여의 확대를 재고하고 있다. 또한 공동체성의 회복과 성만찬의 중요성을 재발견하고 있으며, 각 교단끼리 서로 다른 예배전통을 인식하고 있다."는 것이다. [20]

박근원은 그의 글에서, 현대예배의 특징과 방향에 대해 다음과 같이 설명한다. "현대예배는 예배의 축제성, 성만찬예전의 재발견, 전통유산을 예배에 적극 활용하였으며, 앞의 세 가지 재발견은 예배음악에 그대로 영향을 주어 각 교단별 찬송가의 출간[21]이 이루어졌다."[22]고 보았다.

허정갑은 예배와 신앙의 사이에 존재하는 입체적인(action) 관계를 다이나믹하게 설명하면서 오늘의 현대예배는 입체예배(Action Liturgy)가 그 특성이라고 정의하고 있다. 그에 따르면, 입체예배란 행동성 있는 참여적 예전으로서 현대교회가 당면한 글로벌시대 세계화 흐름 속에 부응하는 전통과 변화가 조화된 오감 즉 청각, 시각, 감각, 미각, 후각으로 구성되는 예배를 말한다. 입체예배를 구성하는 7가지 요소는, 경건, 시간, 공간, 기도, 말씀, 음악, 그리고 예배자로서 초대교회로부터 현대교회에 이르는 예전적 변화의 모든 과정을 포함한다고 말한다.[23]

이러한 현대예배의 특성을 인식하는 분위기속에서 한국감리교회 주일예배가 지향해야 할 현대적 예배는 어떤 것이어야 할까? 첫째, 웨슬리신학의 4대 원리(Wesleyan Quadrilateral)에 입각한 예배를 설정하는 것이다.[24] 여기에 대해 박해정은 미연합감리교회 예배국의 다니

---

20 조기연, 『예배갱신의 신학과 실제』, 134-138.
21 주요 교단에서 현대예배 갱신에 영향하에 발간한 찬송가는 다음과 같다. 미국장로교회 *The Presbyterian Hymnal*(Louisville: Westerminster, John Knox Press, 1990); 미국연합감리교회, *The United Methodist Hymnal*(Nashville: UM. Pub. House, 1989); 미국 그리스도연합교회, *The New Century Hymnal*(Cleveland: Pilgrim Press, 1996); 독일교회, *EKD, Antwort Finden: Evangelisches Gesangbuch*(Berlin: Wichem-Verlag, 1995)등.
22 박근원, "21세기 그리스도교 예배와 음악의 전망-예배와 예전", 59-66.
23 허정갑, 『입체예배』(서울: 프리칭 아카데미, 2006), 4-5.
24 박해정, "21세기 감리교 예배와 설교를 위한 방향성 재고", 감리교신학대학출판부, 『신학과 세계』통권 제61호(2008): 151.

엘 베네딕트(Daniel Benedict)와 크레이그 밀러(Craig Miller)가 제시한 것을 인용하면서 한국감리교회에 적용할 것을 제안하였는데, 필자는 이 제시가 타당한 지향점이라고 판단한다. 즉, 그 4가지는 웨슬리가 깊은 애정을 가졌던 영국국교회의 예배방식의 전통(Tradition), 현대적인 예배감각을 가지고 현재 일어나고 있는 찬양과 경배스타일의 경험(Experience), 구도자에 민감한 예배 혹은 기독교에 관심을 가지고 있는 초신자들에게 다가서는 이성(Reason), 이러한 예배의 가장 기본이 되는 성경(Scripture)이다. 둘째, 현대인들에게 적합하고 개 교회 상황을 고려한 예배를 드려야 한다.[25] 즉, 예배의 축제성을 회복하는 예배, 예전적 내용(형식)과 자유로운 요소가 포함된 혼합된 예배를 설정할 수 있어야 하고, 각 교회 현실세계를 직시한 예배구성을 설정해야 한다. 그리고 아무리 예전지향적 예배를 드리고 싶어도, 혹은 축제성이 있는 찬양예배를 드리고 싶어도 여기에 필요한 자원이나 목회자의 준비가 부족할 때는 어렵다. 따라서 목회자는 예배를 설정함에 있어서 무엇보다 자기가 섬기는 교회의 역사, 전통, 상황, 지역의 문화사회적 특성, 교인의 상황 등을 고려해서 개 교회 실정에 맞는 예배를 구성해야 한다. 이점에 대해 감리교 예배학자 박은규는 좋은 지적을 하고 있다. "개 교회 혁신을 위해, (예를 들면, 작은 농어촌교회 등) 다음과 같은 것을 고려해야 한다. 먼저, 회중의 수준에 맞는 언어사용을 하라는 것이다. 그리고 그 교회의 성도들의 영적 욕구를 파악하라는 것이며, 교회 밖의 사람들을 끌 수 있는 예배형태를 만들어야 한다. 또한 교회의 규모가 작더라도 '예배위원회'를 구성해서 준비하고 무엇보다 하나님의 임재를 참여자가

---

25 현대적 예배를 설정하기 위한 좋은 정의를 베네딕트(Daniel T. Benedict)와 밀러(Craig K. Miller)가 공저한 『21세기를 위한 현대적 예배』에서 이렇게 설명하고 있다. "현대적 예배는 문화적으로 접근할 수 있고, 적합한 것이며, 새롭고 개혁된 것이다. 그리고 구도자를 만나기 위하여 현대적 통신기술을 사용하는 것이며, 전통적인 예배양식을 선호하지 않는 사람들에게 초점을 두는 예배의 움직임과 유형을 일컫는다." Daniel T. Benedict and Craig Kennet Miller, *Comemporary Worship For the 21st Century : Worship or Evangelism*(Nashville: Discipleship Resources, 1994), 20.

다 느끼도록 해주라"는 것이다.[26]

1990년대 이후 예배개혁에 대한 두 가지 움직임이 하나로 수렴되는 현상이 일어났다. 로버트 웨버는 전통적 예배(예전적 예배)와 현대적 예배의 통합을 현대교회의 경이로운 현상이라고 말한다. 통합적 예배(Blended Worship)는 20세기 예배회복운동의 연장선장에서 일어난 전통과 현대예배의 통합으로서, 예전적 예배의 장점과 현대예배의 장점, 예를 들어 찬양과 말씀 선포를 통합시킨 예배를 의미한다.[27] 예배통합은 과거에로의 회귀만이 아니며, 현대의 수용과 함께 미래를 연결하는 고대-미래(Ancient-Future), 기억(Anamnesis)과 예상(Prolepsis)을 그려내는 하나님의 구원사에 대한 이야기 작업이다.

2. 문제인식에서 해결중심의 예배로의 전환하라

필자는 앞에서 예배의 통합을 통한 예배설정으로 한국교회의 주일 예배의 새로운 방향을 설정해야 한다고 피력했다. 이제 여기서는 한국교회 예배의 문제인식에서 해결중심의 예배로의 전환에 관해 설명하려고 한다. 먼저 한국교회의 예배 문제점을 다시 한 번 정리해 보고자 한다.

1) 한국교회 예배의 문제점

한국교회 예배학자들이 본 예배의 문제점은 무엇인가? 여기서는 한국의 각 교단의 대표적 예배학자들의 견해를 정리해보고자 한다.

조기연은 한국교회 예배의 문제점을 예배신학의 결핍성으로 지적하면서 다음과 같이 인식한다. 첫째, 논리성의 결핍-무질서한 예배이다. 둘째, 통일성의 결핍-중구난방식의 예배이다. 셋째, 경외감의 결핍-인간이 더 부각되는 예배이다. 넷째, 진행감이 결핍되는 예배-회의하

---

[26] 박은규, 『21세기의 예배』, 33.
[27] 유재원, 『이머징 예배 뛰어넘기』(서울: 하늘향, 2016), 130에서 재인용.

듯 하는 예배이다. 다섯째, 상징성의 결핍-'말'(言)로 다하는 예배이다. 여섯째, 참여도의 결핍-회중은 구경만 하는 예배이다. 일곱째, 성례전의 결핍-구도자가 중심이 되는 예배라는 것이다.[28]

나형석은 "예배갱신을 위한 제언"이란 글에서 한국교회의 예배의 문제제기를 다음과 같이 인식한다. 첫째, 예배와 사크라멘트(Sacrament, 세례와 성만찬)의 분리이다. 둘째, 예배에서 계시와 신학(응답)의 분리이다. 셋째, 종말론적 차원의 상실이다. 넷째, 예배와 삶 그리고 목회에 있어서 각자 분리된 모습이다. 다섯째, 예배와 윤리의 분리이다. 여섯째, 예배의 회중성(레이투르기아)의 상실이다. 일곱째, 예배와 선교의 분리 등으로 파악하고 있다.[29]

김순환은 한국교회의 예배갱신 방향은 두 가지의 영향과 관련지어서 지적해야 한다고 보면서 다음과 같이 설명하고 있다.

첫째, 초기 선교사들과의 관련이다. 아펜젤러는 주로 부흥회적인 경건주의와 설교사역의 영향 하에 있었고, 언더우드는 부흥회적 모임과 기도회, 대각성운동의 영향 및 비예전적 특성을 지닌 구세군의 활동 하에 있었다는 것이다. 이들의 배경은 한마디로 상징성과 성례전적 배경을 최소화 하는 분위기하에 있었다는 것이다.

둘째, 한국교회 예배의 형성은 이들의 선교에 이은 한국의 부흥운동과 연관되어 있음을 지적하고 있다. 개인주의적이며, 타계적인 이원주의 등이 특징이었던 이 같은 부흥운동은 한국교회에 긍정적인 파급력을 주었다. 하지만 예배의 상징성 영역이 지니는 역동성과 한국의 문화 안에 깃든 상징성들을 기독교 예배 안에서 변용적으로 수용하는 등, 이후 한국교회의 예배 신학적 성격 규정에 많은 영향을 끼쳤다고 보았다.[30] 그는 근자에 와서 한국교회의 예배경향은 세계교회의 에큐메니칼 양식

---

[28] 조기연, "한국교회 예배의 문제점과 해결방안", 『현대사회와 예배설교사역』, 413-434를 참조.
[29] 나형석, "예배갱신을 위한 제언", 『현대사회와 예배설교사역』, 493-515를 참조.
[30] 김순환, 『21세기 예배론』, 182-183.

에 이해를 전제하고 있다고 보았다. 각 교단에서 발행하는 예배서를 채택하는 등 예전회복운동(Liturgical Renewal Movement)의 영향을 크게 받고 있는 것은 사실이나 한국교회의 토착적 상황에 대한 모색은 매우 빈약한 실정으로 지적한다.[31] 정리하자면 그는 한국교회의 문제점은 예배의 상징성과 문화적 토착화의 반영 문제라는 것이다. 한편 이러한 문제점은 예배와 삶이 분리된 결과를 낳고 있다는 지적을 하고 있는 셈이다.

김상구는 한국교회 예배의 문제점을 다음과 같이 피력한다. 먼저, 예배시 설교의 역할이 지나치게 선교중심형 설교라는 것이다. 이는 공동체적 설교를 지향해야 하는 오늘의 상황과 일치하지 않으며 예배의 불균형을 낳는다고 보았다. 둘째, 예배에서의 성례전이 소홀하다는 것이다. 셋째, 예배에서의 목사의 우위성이 가중되어 있다는 것이다. 넷째, 예배력과 교회력에 대한 이해부족하다. 다섯째, 예배장소로서 건물과 공간의 이해부족 등을 들었다.[32]

한편, 이러한 예배 문제 인식은 최근의 예배갱신운동의 최선봉에 서 있는 예배학자 로버트 웨버의 지적과도 공통점을 갖고 있음을 알 수 있다. 로버트 웨버는 예배의 문제인식에 대해 4가지로 설명하고 있다. 첫째, 대부분의 예배가 목사 한 사람에 의해 좌우되고 있다는 것을 인식하게 되었다. 둘째, 예배를 드리는 회중이 시청자와 별반 다를 것이 없다는 사실을 깨닫게 되었다. 셋째, '자유로운 예배'라도 거저 이루어지는 것이 아니라는 것을 인식하였다. 넷째, 내게 있어서 신비는 더 이상 없다는 것이다.[33]

필자는 위에서 살핀 한국교회 예배의 문제점과 로버트 웨버의 지적을 나열하면서 나름대로 한국교회 예배의 문제점을 다음과 같이 정리하였다. 이러한 문제점 정리는 한국감리교회의 예배의 문제점과 인식을

---

31 김순환, 『21세기 예배론』, 184.
32 김상구, 『일상생활과 축제로서의 예배』, 274-279.
33 웨버, 『살아있는 예배』, 21-25.

같이 할 수밖에 없을 것이다. 첫째, 성례전이 약화되는 예배를 드리고 있다는 것이다. 둘째, 예배 구조의 원형인 예배의 4중 구조가 없는 예배구성을 하고 있다는 것이다. 셋째, 회중의 적극적인 참여가 없이 목사중심의 예배가 드려지고 있다는 것이다. 넷째, 역동성이 없는 예배를 드리고 있는 것이다. 다섯째, 예배구성에 있어서 통일성과 다양성이 결핍되어 있다는 것이다. 여섯째, 상징성과 신비감이 떨어지는 예배를 드리고 있다는 것이다. 일곱째, 현재 한국문화와 예술적 측면을 고려하지 않는 예배를 드리고 있다는 것이다.

따라서 이제 필자는 이러한 한국교회 예배의 현주소를 직시하면서 그동안 살핀 내용을 기조로 하여 문제인식하에서 해결중심의 예배 방향을 논해보고자 한다.

2) 해결중심의 예배 방향

(1) 성례전이 강화되는 예배가 되어야 할 것이다.

성례전이란 주님이 제정하신 것으로 삼위일체 하나님의 이름으로 행하는 거룩한 교회의 예식이다.[34] 개신교에서는 성례를 세례와 성만찬으로 나누고 있는 반면, 가톨릭에서는 일곱 가지 성례를 주장한다.[35] 성례라는 용어는 대체로 "그리스도를 통해서 행하시는 하나님의 측량할 수 없는 구원의 사건"을 가리키는데 사용되었으며 그리스도 자신을 가리

---

[34] 성례란 말은 라틴어 'Sacramentum'에서 나온 용어로서 그 본래의 뜻은 '공탁금' '보증금'이란 말로 법률적 용어인데, 여기에는 속전이라는 의미와 서약이라는 의미도 들어있다. 사크라멘트에 해당하는 헬라어로 뮤스테오이온(마 13:11; 롬 11:25; 골 1:26)은 계시되지 않으면 알려지지 아니한 채로 남게 되는 비밀이란 뜻이다. 동방교회는 비밀로 감춰졌던 것이 들어난다는 의미로 '신비'라고 일컬었고, 서방교회는 엄숙한 서약을 의미하는 '성례'라고 불렀다. 이정현, 『개혁주의 예배학』(서울: 서울성경신학대학원대학교 출판부, 2001), 147.

[35] 이정현, 『개혁주의 예배학』, 150을 참조. 그리고 7가지 성례란, 파리의 감독이었던 롬바르드(1095-1169)에 의해 성례전의 수가 7가지로 확고해졌다고 볼 수 있는데, 1150년에 그가 쓴 The Sentence에서 성례는 세례(Baptism), 견진(Confirmation), 성만찬(Eucharist), 고해(Penance), 종부(Extreme Unction), 안수(Orders), 혼인(Marrage) 등이라고 하였다. 이들은 1274년 제2차 리용(Lyons) 공의회에서 공포되고 후에 트렌트 회의에서 재확인됨으로서 오늘까지 내려오고 있다. 여기에 대한 자세한 내용은 김순환, 『21세기 예배론』, 39.

키는 말이었다.[36] 제임스 화이트는 성례전을 "하나님의 자기주심"이라고 말하면서 "하나님의 자기주심은 사람들이 볼 수 있는 인간의 모습으로 나타나신 사건이며 그분이 바로 나사렛 예수 그리스도이시다."라고 정의하였다.[37]

개신교의 성례전 이해를 살펴보면 종교개혁자들인 루터와 칼빈, 영국교회 등에 의해 하나님이 제정하신 말씀이 있어야만 성례로 인정하였으며 오직 세례와 성만찬만을 하나님이 주신 은혜의 수단으로 인정하였다. 종교개혁자들의 이러한 성례에 대한 이해에도 불구하고 종교개혁 후에 예배에 있어서 성례가 약화되고 말씀만 강조된 예배로 개신교 예배가 흘러간 점은 그 후 개신교 예배에 적지 않은 영향을 주었던 것이다.

예수 그리스도 이후 1세기부터 기독교 예배는 변함없이 말씀예전과 성만찬예전이라는 중요한 골격을 근간으로 행해져 왔다. 성전전통과 회당예배전통에서부터 내려오던 말씀예전과 함께 예수 그리스도에 의해 제정된 성례전은 초기 기독교 예배의 근간을 이루었던 것이다. 종교개혁 이후 개신교회는 예배의 많은 변화를 경험하였다. 그 중에서도 가장 큰 변화 가운데 하나는 성만찬 예전은 외면한 채 주로 말씀예전을 중심으로만 예배를 드리게 되었다는 점이다. 대부분의 종교개혁자들도 쯔빙글리를 제외한 대부분의 종교개혁자들이 성만찬을 매주 시행하기를 권하거나 자주 시행할 것을 원했다.[38] 하지만 서구의 계몽주의와 낭만주의 시대를 거치면서 기독교 예배는 설교중심이 되어갔다. 18-19세기의 부흥기와 변방예배(Frontier worship)의 영향을 받으면서 성만찬은 일 년에 두 세 번 시행하는 예전으로 흘러간 것이다.

이러한 분위기 속에서 개신교회가 20세기에 이르러 예배의 성례전적

---

36 김순환, 『21세기 예배론』, 37.
37 화이트, 『하나님의 자기주심의 선물-성례전』, 22.
38 쯔빙글리는 매주일 시행되던 성만찬을 폐지하고 일 년에 네 번만 집례토록 하였으며 그 의미도 기념비적 성만찬으로 제한시켜 버림으로 그의 영향력에 의하여 점진적으로 개신교 예배에서 성만찬의 약화를 초래한 것이다. 이에 대해 좀 더 살피기를 원하면, 가홍순, 『성만찬과 예배갱신』(서울: 나단, 1994), 208을 참조.

측면을 강화하는 노력을 기울인 점은 참으로 다행스런 일이다. 말씀과 성례(성만찬)의 균형 잡히고 상호 보완적인 예배가 성경적 예배요, 전통적인 기독교 예배요, 예수 그리스도가 제정한 예배의 원형이기 때문이다. 알맨(J. J. von Allmen)은 "말씀이 성만찬의 이해를 위해서 동등하게 중요하다면, 성만찬은 말씀의 이해를 위해 동등하게 중요하며, 성만찬은 말씀의 사역을 풍부하게 대주고 보호해 준다."라고 표현한 바 있다.[39]

말씀과 성만찬 예배의 균형을 위해서는 철저한 성례전에 관한 교육적인 부분이 충족되어야 한다. 히뽈리뚜스의 『사도전승』(3년간 세례교육을 실시함)에서 찾아 볼 수 있는 것처럼 초대교회 때부터 세례에 대한 철저한 교육이 실시되었음을 인식해야 한다.[40] 성례전에 대한 교육의 부재는 결국 세례실제의 신학적 부재를 낳았고, 결국은 성만찬 실제의 부재로 이어진 것이다. 따라서 성례전의 강화를 위해서는 세례와 성만찬에 관한 성례전 교육이 필연적으로 따라야 할 것이다.[41]

이런 측면에서 한국감리교회가 1992년 『예배서』와 2002년 『새예배서』를 발간하면서 말씀과 성만찬의 균형을 갖춘 예배로 방향을 설정한 점은 높이 평가할 만 하다고 본다.

이제 한국교회는 성례전을 보다 실제적으로 강화해 나가는 본래의 기독교 예배로 돌아가야 한다. 그러나 우리가 주목해야 할 점은 설교와 성만찬의 균형을 이룬 예배가 되기 위해서는 몇 가지 중요한 실제적 당면과제가 있음을 지적하고 싶다. 필자는 이제 실제로 성례전을 효과적으로 실행하기 위해 문제 해결중심의 측면에서 다음과 같이 성례전 강화를 위한 실적 제안을 하기로 한다.

① 성만찬의 시행은 매주 시행을 전제로 하되, 적어도 한 달에 1회 이상을 시행하는 것이 성례전 강화에 해결책이라고 본다. 한 달에 1회 시

---

39 Jean Jacques von Allmen, *The Lord's Supper of "Ecumenical Studies in Worship,"* ed. J. G. Davies, No.9(London : Lutherworth Press, 1966), 26-27.
40 히뽈리뚜스, 『사도전승』, 50, 122-123을 참조.
41 김상구, 『일상생활과 축제로서의 예배』, 285-290을 참조.

행은 미국감리교회의 권고이고, 한국감리교회 예배학자 박은규의 제안이기도 한데, 필자도 개 교회에서 이 정도 시행하는 것이 무난하다고 본다. 한국교회 현실상 매주 1회 실시는 현재로서는 무리하며 시도한다는 것이 쉽지는 않을 것이다. 그 이유는 아직도 성만찬신학에 대한 이론과 실제가 부족하고 매주 실시하고 있는 그 사례도 적으며 한국적 교회 상황이 예전예배에 아직도 익숙하지 않다고 보기 때문이다.

② 성만찬을 시행할 때, 별지를 통해 성만찬 예식문을 준비하되, 당일 주보보다 더 눈에 띄게 정성스럽게 준비하도록 한다. 준비 방법으로는 예문을 주보 용지 안에 들어가게 만들고 시행일 전주일 예배 때에 배포하도록 한다. 감리교회 『새예배서』(2002)에는 성만찬 예문을 상세하게 나열하여 제시하고 있음으로 이를 활용할 것을 제안한다.

③ 예배 시간을 1시간으로 실행할 때, 설교 시간을 20분 이내로 할 것을 제안한다. 이때 목사는 설교에 대한 욕심을 줄여야 한다. 성만찬의 시행시 기억할 것은 "성만찬은 예배의 부록이 아니다"라는 사실이다. 성만찬은 설교 후에 시행한다. 일부 한국교회 목회자들은 성경봉독 후에 성만찬 예식을 하고, 성만찬 예식 후에 설교를 하는 경향도 없지 않다. 그러나 성만찬은 4중 구조에 따라 설교 후에 곧바로 거행해야 한다.

④ 집례자와 보좌위원들을 정하고 사전에 리허설을 통해 시간과 공간의 적절한 활용을 기하도록 한다. 필자의 교회에서는 성례위원이라 칭하여 미리 준비시키고 성만찬 당일에도 일찍 나와서 기도로 준비하며 성례에 필요한 예물(떡과 잔, 보) 등을 운반하게 하며, 성만찬 집례를 보좌하며 예배후에는 성물을 담았던 그릇 등을 정결하게 씻어 보관하게 하고 있는데, 성례위원으로 임명받음에 큰 자부심과 긍지를 느껴 귀한 은혜로 생각하는 것을 보았다.

⑤ 『새예배서』(2002)안에는 주일예배를 위한 다양한 예문이 소개되어 있다. 말씀과 성만찬을 함께 드리는 예배, 성만찬으로만 드리는 예배 등이 나와 있다. 따라서 목회자들은 예문을 중시하면서 사전에 예문

에 따라 성만찬의 실제를 연습하는 시간을 내야 한다.[42]

⑥ 성만찬 예식만을 실행함에 있어서는 교회력에 따라 실행하기를 권장한다. 한국감리교회는 이것을 돕기 위해 좋은 자료를 발간하고 있다. 성만찬예문집이 교회력과 절기에 따라 구성되어 있어서 활용할 수 있을 뿐 아니라, 교회력과 성서일과에 따라 격월로 발행되는『강단과 목회』[43]도 많은 도움을 줄 것이다.

⑦ 개 교회 안에 성만찬기(떡 그릇과 잔, 포도주 병 등)등을 보관할 수 있는 성스러운 보관실을, 예를 들면 "성례전실" 혹은 "○○ 교회 예전실" 등과 같이 설치하여 교인들이 한눈에 볼 수 있도록 공개적인 처소를 둘 것을 제안한다. 아울러 빵과 잔과 물도 성만찬이 나 세례가 있는 당일에 회중들이 한 눈에 보이도록 배치하는 것이 좋다. 대부분의 교회는 성만찬기 등을 성만찬대 안에 보관하거나 목양실 등에 보관하고 있다. 개신교 교회 안에 상징물이 없는 상황을 고려할 때 이러한 성물을 보관하는 의미 있는 장소를 보여줌으로서 상징화할 수 있음이 좋다고 판단된다. 제인 밴의 책,『예배를 디자인하라』에서는 이에 대해 다음과 같은 글을 소개하는데 참 은혜가 되었다.

> "교회에서 성찬 빵과 잔과 세례물은 그것들이 예배안에서 실제로 사용되기 전이라 해도 우리에게 이미 의미 있는 상징이 된다. 그것들이 한 장소에 나란히 있는 것 자체가 많은 의미를 던져주기 때문이다. 빵과 잔과 물은 우리가 그것이 상징하는 의미에 참여하는데 실제적이고 구체적인 수단이 된다. 이러한 성례적 물건들 안에는 그것들이 상징하고 있는 초월적인 요소와 존재가 있다. 이 초월적인 요소들로 인하여 빵과 잔과 물은 이미 신성하

---

[42] 목회자들이 집례의 기술이나, 예문에 따른 예식을 시행할 때, 도움을 주는 지침서로 찰스패킷·던샐리어스,『예배와 예식모범』, 김순환 역(서울: 대한기독교서회, 2008)을 참조할 수 있다.
[43] 기독교대한감리회 본부에서 격월제로 발행하는 것으로 성서일과와 교회력에 따른 성서강해와 목회지침 등을 수록하여 전국의 감리교 목회자들에게 유상으로 공급하는 잡지를 일컫는다.

다고 해석된다." -고든 라스롭[44]

⑧ 성만찬 때 사용하는 찬송을 좀 더 다양하게 활용할 필요성이 있다. 대속의 은혜를 찬양하는 찬송과 감사의 찬양을 드릴 수 있는 찬송을 함께 드리도록 하는 것이 좋을 것이다. 이것을 위해 한국감리교회는 『성만찬 예문집』(1998)에 나와 있는 성만찬 찬송을 배워서 자주 부를 것을 제안한다.[45] 웨슬리 형제가 지은 『성만찬 찬송』[46]을 선별하여 곡을 붙이고 보급하는 일을 시도하는 것이 의미 있는 일이라 본다.

⑨ 강단의 구조를 잘 배치하여 준비하도록 한다. 설교대, 성만찬대, 세례대 등을 효과적으로 배치해야 한다. 필자는 가흥순 목사가 제시한 예배당 내부구조에서 제안한 배치가 무난하다고 판단한다.[47]

⑩ 성례전을 강화하는 예배갱신을 위해 평신도 교육을 실시해야 한다.

⑪ 목회자들은 개 교회의 실정에 따라 개 교회에서 사용할 성만찬예배 모델을 개발하여 자기만의 예식서를 갖고 있어야 한다. 예배 인원이나 규모, 장소(공간) 등을 고려하여 가장 적절한 예식서를 개 교회 목회자는 준비해야 한다. 물론 이 때 주의할 것은 각 교단의 예배신학을 반영하면서, 예전모델에 대한 통일성(구조)과 다양성(요소들)의 추구라는 관점을 견지해야 한다.

⑫ 말씀과 성례전이 강화되는 예배를 설정하려면, 세례 집행이 선행되어야 한다. 세례는 기독교 입교의식과도 같다. 한국교회 안에서 세례도 성만찬과 마찬가지로 부활절, 성탄절과 같은 절기 때에 보통 1년에

---

[44] 제인 밴, 『예배를 디자인하라』, 신형섭 옮김(서울: 한국장로교출판사, 2015), 50.
[45] 기독교대한감리회 홍보출판국, 『교회력과 절기에 따른 성만찬 예문집』(2000)을 참조. 여기에 보면, 성만찬 찬송 목차에 27개의 찬송이 들어 있으며, 자비송(4), 삼성창(4), 주기도문송 등이 삽입되어 있다. 181-216.
[46] 존 웨슬리 · 찰스 웨슬리, 『웨슬리 형제의 성만찬 찬송』을 뜻한다. 이 책은 당시 웨슬리 형제가 지은 것으로서 시로 낭독하였는지, 아니면 곡을 붙여 노래형식을 취했는지 현재로서는 알 수 없지만, 166개의 성만찬 찬송을 제공하고 있다.
[47] 가흥순, 『성만찬과 예배갱신』, 131-136을 참조.

2-3번 실시되고 있는 실정이다. 말씀과 성만찬의 균형 잡힌 예배를 위해서는 세례예식의 집행이 더 자주 있어야 한다. 이를 위해서는 세례자 선정과 체계적인 세례자 교육이 실시되어야 할 것이다. 그리고 전 세례자들이 함께 참여하는 공동체적 성만찬이 집행되게 해야 한다.

(2) 4중 구조에 따라 드리는 예배가 되어야 한다.

한국교회 예배의 문제점에서도 살펴보았지만, 예배에 있어서 중요한 것은 논리성과 통일성이라 할 수 있다. 논리성과 통일성이 없다보니 예배구성에 있어서 목사 혼자 다하는 예배가 형성되며, 성례전을 소홀하게 하는 예배가 되었다. 그리고 회중은 예배의 적극적인 참여자가 아니라 구경하고 방관하는 예배가 되었음을 부인할 수 없을 것이다. 이러한 예배의 문제점은 기독교 예배의 정의에서 살폈듯이 계시와 응답이라는 구조를 잃어버린 채, 인간의 욕구만을 충족시키려는 예배로 전락하고 만다는 것이다. 예배는 인간의 소원성취 수단이 아니며, 인간끼리의 모임만도 아니다. 예배는 하나님과 인간의 만남이며, 예수 그리스도를 통한 계시에 대한 우리의 응답이다. 따라서 기독교 예배는 성경적, 역사적, 문화적 요소를 반영하며 일정한 논리성과 통일성을 갖춰야 한다.

초대교회 예배로부터 회복할 수 있는 예배구조는 바로, 예배구성의 4중 구조이다. 이것을 보여주는 본문은 사도행전 2:42-47을 통해 볼 수 있다. 여기에 나오는 예배의 모습은 4중 구조의 내용을 포함하고 있다. 즉 날마다 모여, 사도의 가르침을 받고, 떡을 떼고, 그리스도의 증인으로 세상에 나가는 것이다.[48]

체리는 예배의 4중 구조를 하나님과의 만남을 위한 4개의 방이라 소개하며 눅 24장으로 네가지 움직임, 네 개의 방을 소개한다. 첫째, 그리스도께서 그의 제자들에게 다가가신다(눅 24:13-24)(입례예전), 둘째,

---

[48] 허도화, "예배의 요소와 순서", 『복음주의 예배학』, 117.

그리스도께서 성경말씀을 가르치신다(눅 24;25-27)(말씀예전), 셋째, 식탁교제를 통해 그리스도의 정체가 드러난다(눅 24:28-32)(성만찬예전), 넷째, 그리스도께서 그들을 감동시켜 가서 이야기를 전하도록 하신다(눅 24:33-35)(파송예전) 등이다.[49] 이러한 4중 구조의 회복은 20세기 예배갱신운동을 통하여 그 절정을 이루었다. 이러한 4중 구조 안에는 말씀과 성만찬이라는 핵심구조가 그 틀을 갖는다. 이러한 예배갱신운동의 일환으로 각 교단에서는 예배서를 발간하여 세상에 내놓았다. 이때 주일예배의 예배구조는 대부분 4중 구조를 이루고 있다. 이것은 사실 예배갱신이라고는 하지만, 초대교회와 성경으로 돌아가는 기본적인 재발견이라는 측면으로 이해할 수 있다.

(3) 회중의 적극적 참여가 있는 예배가 되도록 해야 한다.

한국교회 예배는 설교중심의 예배를 드려왔다고 볼 수 있다. 이와 같은 경향은 역사적으로 초창기 선교예배의 형태에서 쉽게 찾아볼 수 있다. 이러한 예배형태는 한국교회 성장과 부흥에 큰 몫을 감당했음을 부인할 수 없다. 그러나 오늘날 설교중심의 예배는 변화를 요청받고 있다. 왜냐하면, 회중들은 듣고 보는 예배에서 다양하게 참여하는 예배를 원하고 있기 때문이다.[50] 예배는 하나님과 인간의 만남이며 예배의 가장 중요한 핵심임을 알 수 있다. 따라서 회중은 예배의 구경꾼이거나 방관자가 아니라 예배의 실제적인 참여자인 것이다.

한국교회 예배실정은 어떠한가? 많은 교회의 예배가 1시간 동안 진행되는 것이 보통인데, 이중에서 설교가 30분 이상을 차지한다. 이 시간 회중은 "앉아서 듣기만"한다. 기도시간 역시 회중기도로 나온 대표자의 기도가 5분 정도로 대체로 길기 때문에 다른 회중은 "앉아서 듣기만"하게 된다. 찬양대의 찬양 역시 회중들의 능동적 참여가 어려운 것

---

49 체리, 『예배건축가』, 109.
50 박은규, "21세기 예배의 새로운 패러다임", 대한기독교서회, 『기독교사상』 2월호(2003): 261.

이 현실이라 할 수 있다. 따라서 회중은 독일 계몽주의 예배학자들이 표현했던 "관중"으로 전락한 것이다. 예배는 단지 목회자의 책임 하에 드려지고, 회중은 목회자가 구성하고 인도하는 예배에 수동적으로 참여하는 것으로 이해되었다.[51] 회중이 예배에서 능동적으로 참여하는 순서는 회중찬송, 교독문낭독, 주기도문, 사도신경 등에 국한되며 이는 전체예배에서 극히 작은 시간이라 할 수 있다.

하지만 만인제사장설과 하나님께서 임재하시는 예전의 대화적 기본 구조를 생각할 때, 회중의 예배에 수동적으로 참여하는 것이 아니라, 적극적으로 동참해야 한다. 회중은 예배의 객체가 아니라, 주체이다.[52] 아울러 모든 공동체 구성원들은 세례를 통해 편입된 그리스도의 몸의 지체로서 다양한 은사(Charisma)를 통해 예배에 적극적으로 참여해야 한다는 인식을 가져야 한다.

회중이 능동적으로 예배에 참여해야 하지만 중세기에 들어와서는 회중이 배제되는 예배로 전락되면서 "참여하는 예배"가 아니라 "보는 예배"가 되면서 회중이 소외된 예배가 되었다. 이러한 미사에 반대하여 종교개혁자 루터는 예배개혁을 부르짖으면서 만인제사장직에 대한 성경적 이해를 통해 모든 신자가 이해하며 참여하는 예배가 되어야 한다고 강조했다.[53] 이러한 관점은 현대 예배갱신의 동향에서도 찾아볼 수 있다. 즉, 1960년대 초에 있었던 제2차 바티칸 공의회[54]와 1982년 리마

---

51 김상구, "회중의 적극적인 참여와 책임 있는 예배를 위한 모색", 『복음과 실천』 (2005): 220.
52 장자끄 폰 알멘, 『구원의 축제』, 박근원 역(서울: 진흥, 1993), 269.
53 루터의 만인제사장직에 대해서는 베른하르트 로제, 『마틴 루터의 신학』, 정병식역(서울: 한국신학연구소, 2003), 405-408를 참조.
54 최초의 예전개혁운동이라 부를 수 있는 제2차 바티칸 공의회는 예전갱신에 있어 가톨릭은 물론이고, 개신교에도 크게 영향을 끼친 공의회였다. 예전의 주제가 되는 틀(Liturgieschema)을 주제로 삼아 두 번째 회기 마지막에 압도적인 다수의 찬성으로(찬성 2147명, 반대 4명) 1963년 12월 4일에 교황 파울루스 6세가 "거룩한 전례헌장"(Constitutio de Sacra Liturgia)을 선포한 것을 의미한다. 전례헌장은 4가지의 예전신학적인 기본인식을 제공하였으며 이후 예전개혁에 크게 영향을 끼쳤다. 4가지 기본 인식은 첫째, 예전 안에서 교회 안에서 대사제로서 현존하시는 그리스도는 우리의 구원을 위한 하나님의 섬김을 대행하셨고, 당시에 하나님을 향한 희생적인 헌신이라는 제의적인 섬김을 행하신다. 둘째, 그 때문에 예전은 전체교회에서 거룩한 사건이며, 동시에 그것은 예배회중의 적극적인 참여를 요구한다. 셋째, 예전은 풍요한 표징을 가지고 있는 사건으로서, 이 표징이 쉽게 이해되

문서를 들 수 있으며, 미국 연합장로교회(PCUSA)의 예배서인 『공동예배서』와 미국연합감리교회의 『예배서』(UMBW, 1992) 및 독일 『개신교예배서』(1999)에서 제시되었던 점을 들 수 있다.[55] 한국감리교회의 경우 『새예배서』(2002)에 나타난 주일예배를 통해 더욱 극명하게 보여주고 있음을 알 수 있다. 이제 예배는 공동체성을 회복하면서 목사와 회중이 적극적이고 능동적인 참여가 있는 예배로 원상회복되어야 한다.

그렇다면 회중의 적극적인 예배 참여를 위해서는 어떻게 해야 할까? 여기에 대해 필자는 먼저 한국예배학자들의 견해를 정리해본 후, 로버트 웨버가 제시한 회중의 적극적인 예배 참여의 제안을 살펴보고자 한다.

김순환은 회중은 예배의 능동적인 참여자이며 자신의 역할을 적극적으로 담당하는 자라고 하였다. 그는 에릭스의 견해에 따라 지나치게 설교자가 부각되면 회중의 주변화와 무관심을 야기 시키게 된다고 보면서, 구체적으로 예전적인 예배에 등장하는 요소들을 언급하였다. 환호사, 응답, 시편가의 교송, 상징들의 사용, 교창, 교회력의 사용, 제스쳐, 행동, 침묵 등을 적극적으로 사용하는 것이 좋다고 제안하였다.[56]

나형석은 오늘날 예배갱신은 예배의 라이투르기아적 차원의 회복을 과제로 삼아야 한다고 강조 하였다. 그는 이 라이투르기아 용어를 설명하면서 예배신학적 측면에서 회중의 적극적 참여를 설명했다. 그에 따르면, 희랍어 leitourgia는 일(ergon)과 사람(laos)의 합성어로 이 용어는 고대 희랍세계에서 세금을 내는 일 혹은 시나 국가를 위해 용역을 제공하는 일 등 타 존재의 이익을 위한 공동체적 봉사행위를 뜻한다. 초대교회에서는 전 피조세계를 당신의 몸에 품어 아버지께 봉헌하신 예수 그리스도의 사제적 예배행위를 일컫는데 사용되었다. 후에 이 용어는 예

도록 함께 수용하지 않으면 안 된다. 넷째, 예전은 "교회의 활동이 지향하는 정점이요 동시에 교회의 능력이 흘러나오는 원천"이다.(제10조). 나아겔, 『그리스도교 예배의 역사』; 233-234. 이에 도움이 될 만한 자료로는 에버하르드 빙클러, 『실천신학개론』, 김상구외 역(서울: CLC, 2004), 67을 보라.
[55] 회중의 적극적이고 능동적인 예배 참여를 해야함에 대한 이같은 역사적 근거와 자료는 김상구, "회중의 적극적인 참여와 책임 있는 예배를 위한 모색", 221-232를 참조.
[56] 김순환, 『21세기 예배론』, 203.

수 그리스도 안에서 속죄와 화목의 제물이신 그분의 존재와 삶에 연합되어 그분의 왕적 제사정적 봉헌행위에 참여하는 그리스도의 몸으로서의 교회공동체의 신비한 예배행위를 지칭하는데 사용되었다.[57] 한마디로 예배는 라이투르기아적 차원이 포함되어야 하는데 이것은 회개와 은총을 통해 참여하게 될 예수그리스도의 몸으로서의 공동체로서 행해지는 예배라는 것이다. 예배는 회중이 예수그리스도의 사건(세례와 성만찬등)에 자신을 연합시키는 은혜의 구조를 갖는다는 것이다.

김상구는 회중의 적극적인 참여를 위한 실제적인 제안을 이렇게 전개하고 있다.『개신교 예배서』에 따른 예배구성의 시금석에 따라, "예배는 전공동체의 참여와 책임 하에서 경축되어야 한다."는 것을 전제하면서 다음과 같이 제안하고 있다. 서로 인사하는 것, 교회소식(광고)를 통한 참여, 기도할 때에 예식서에 따라 교회력 혹은 예배력에 따라 기도문을 사용하는 것, 성경낭독을 하는 것이다. 목사가 아닌 회중들 중에 은사 있는 이들을 선별하여 낭독케 하는 것을 시도해야 한다. 회중이 설교에 참여하는 것이 있는데, 가능한 시도로는 설교대화 혹은 예배대화가 있다. 찬양대 역시 설교이후, 혹은 설교도중에 찬양을 부름으로서 설교의 의미를 잘 전달할 수 있다. 마지막으로 성만찬에 참여하는 것이다. 회중에서 성만찬의 성물을 준비하거나 분병 분잔에 참여할 수 잇는데 목회자의 책임 하에 교육을 전제로 해야 한다고 말하였다.[58]

로버트 웨버는 그의 책『살아있는 예배』에서 회중의 참여에 대한 구체적이고 실제적인 제안을 다음과 같이 설명하였다.[59] 그는 예배의 4중 구조에 따라 회중의 참여를 제안한다. 즉, 예배의 준비, 성경말씀 봉독과 설교, 성만찬, 폐회의 순서 중에 각각 회중의 참여를 독려하는 것이다. 웨버는 여기서 가장 핵심적인 회중의 참여방법으로 대화로서의 예배를

---

[57] 나형석, "예배갱신을 위한 제언", 509.
[58] 김상구, "회중의 적극적인 참여와 책임 있는 예배를 위한 모색", 240-241.
[59] 이 부분에 대해서는 웨버,『살아있는 예배』, 161-189까지 보라.

강조한다. 예배란 하나님과의 그의 백성과의 만남이기 때문이며, 회중은 만인제사장으로서 모든 사람이 예배에 참여함으로서 전공동체가 한 지체로서 함께 예배드리는 것을 의미하기 때문이라고 말한다. 웨버는 구체적인 참여 방법으로 집례자와 회중의 예전적인 인사로서, "아멘", "하나님께 감사드립니다", "할렐루야" 등을 사용하는 것을 제안하였다.[60]

필자는 지금까지 회중의 적극적인 참여가 있는 예배가 되어야 함을 설명하였다. 그렇다면 한국감리교회의『새예배서』(2002)에는 과연 회중의 적극적인 참여가 있는 예배를 위해 적절히 구성된 예배순서를 갖고 있는가? 어떤 점이 미흡한 측면이 있는가를 평가해보아야 한다. 이에 대해 몇 가지로 나누어 설명하고자 한다.

첫째, 한국감리교회『새예배서』(2002)에 나타난 주일예배에 대한 전체적인 내용과 구성을 보면 회중의 적극적인 참여가 있는 예배를 지향하고 있음을 보여주고 있다. 앞에서 문제로 인식되었던 설교중심의 예배가 아니라 설교와 성만찬을 함께 드리는 예배가 기본 방향임을 알 수 있었다. 이는 목사중심의 청각위주의 예배가 아니라 오감을 동원하며 회중의 참여하는 예배임을 공언해 준다. 그리고 예배갱신 운동의 흐름을 반영하듯이 4중 구조에 따라 그리스도의 몸된 교회의 전공동체가 거의 함께 드리는 순서들로 되어 있었다.

둘째, 구체적으로 예배순서를 살펴보면, 공동기도, 화답송, 성경봉독, 성만찬 때 드리는 시작기도와 삼성창, 성만찬기념사, 영광의 찬양, 평화의 인사 성만찬 후 기도, 그리고 파송의 예전에서 모두 회중이 목사와 함

---

[60] 웨버,『살아있는 예배』, 171. 그러나 이러한 '대화 예배'를 시도하더라도 주의 할 것이 있다. 예를 들면, 아멘의 사용 같은 경우, 지나치게 인위적인 방법으로 아멘을 강요하는 경향은 시정되어야 할 것이다. 김석한 교수는 아멘의 오용사례로, 확인 주입형 아멘, 유도형 아멘, 복창형 아멘, 연동형 아멘, 남발형 아멘 등을 들고 있다. 진정한 아멘의 사용은 성령의 역사에 대한 내적 감화와 영적 깨달음에서 진실한 고백과 시인과 하나님의 뜻의 성취를 수용하고, 자기다짐의 반응으로서 아멘을 사용해야 한다고 주장하였다. 김석한,『예배구성요소와 순서의 신학적 해설』(서울: 대서, 2007), 111-112. 예전인사(Salutatio)에 대해 좀더 자세한 것은 김상구,『일상생활과 축제로서의 예배』, 168-169를 참조.

께 공동체적으로 참여하고 있다. 그리고 실제 예시문구가 나와 있어서 목회자들은 예배 순서 안에 얼마든지 삽입하여 활용할 수 있게 해주었다.

셋째, 『새예배서』안의 주일예배는 다양한 예배 순서문을 제시하고 있었는데,[61] 이것을 활용하기 위해 목회자는 개 교회의 규모나 형편에 따라 알맞게 축소하거나 보안할 필요성이 제기된다. 왜냐하면 아무리 예전지향적 예배를 지향하고 회중의 적극적인 참여를 유도하는 예배형식이라지만, 순서가 다소 길다는 느낌을 지울 수가 없으며 과연 1시간 정도로 드리는 한국교회 실정에 비춰볼 때 회중들이 『새예배서』안의 주일 낮예배 순서대로 그대로 시행하기엔 무리가 따를 것으로 사료되기 때문이다.

이제 실제로 필자는 회중의 적극적인 참여가 있는 효과적인 예배를 실행하기 위해 문제 해결중심의 측면에서 다음과 같이 실제적 제안을 간략한 내용으로 제안한다.

첫째, 목사는 주보나 회보, 혹은 영상매체를 통해 제시하는 주일예배 순서부터 새롭게 바꾸어서 4중 구조의 틀을 따라 오늘의 예배갱신 측면을 반영하여 작성하여야 한다.

둘째, 예배순서에 있어서 실제적인 변화를 시도해야 한다. 예배의 부름과 기원 시에 초청의 말씀을 한 후 집례자와 회중은 가볍게 인사를 한다.[62] 죄의 고백은 만들어진 공동기도문을 준비해서 활용하고, 기도는 회중대표가 하되 가급적 2-3분 이내로 길지 않게 하도록 준비시키며, 응답송은 다함께 부르게 한다. 성경봉독은 은사 있는 평신도들로 낭독케 하고,[63] 찬양대의 찬양은 길지 않은 것으로 당일 말씀선포와 관련된

---

[61] '말씀중심의 주일 낮예배', '말씀과 성만찬이 함께 드리는 주일 낮예배', '성만찬을 약식으로 드리는 예배', '세례와 성만찬이 함께 있을 경우의 예배', '자유형 주일 낮예배', (1. 2) 등이 소개 되어 있다. 『새예배서』(2002), 15.
[62] 예를 들면, 로버트 웨버가 제안한 고대교회가 사용했던 것이 좋다고 본다. 목사: "주님이 여러분과 함께 하시길 빕니다." 회중: "목사님과도 함께 하시길 빕니다."와 같은 형식이다.
[63] 낭독 후에는, 낭독자: 이것은 주님의 말씀입니다. 회중: 하나님께 감사를 돌리세!

것으로 준비시킨다. 그리고 성만찬 시에는 앞에서도 강조했듯이 따로 별지를 제작하여 성만찬식 순서를 준비해서 시행해야 한다. 사전에 성물 준비를 평신도들이 하게하고, 운반과 분병 분잔 시에도 돕도록 한다. 성만찬시작 기도는 목사와 회중이 해야 하지만, 『새예배서』(2002)에는 약간 많은 기도문이 제시되어 있는데 필요나 시간에 따라 줄이면 좋을 것이다. 성만찬 후 감사기도는 목사와 회중이 함께 드리게 한다. 파송의 시간에는 인사를 하게하며, 각자의 교회만의 파송 때 사용하는 슬로건이나 파송언어를 사용토록 한다.[64]

셋째, 무엇보다 회중의 참여를 위한 "예배교육 혹은 예배학교"을 실시하기를 제안한다. 평신도의 의식은 교육을 통해서[65] 예배신학적 변화에 대한 충격을 완화하면서도 실제적으로 목회자가 의도한대로 반영할 수 있다고 믿는다.

넷째, 목사는 교회 규모에 따라 예배부, 혹은 예배위원회를 구성하여 예배의 독점을 방지하고, 예배의 순서를 맡을 이들과 사전에 충분히 준비해야 한다.

다섯째, 예배 때의 인간의 표현 형태인 오감을 적극 활용해야 하며, 보는 예배, 듣기만 하는 지루한 예배에서 움직이는 역동성 있는 예배를 드려야 한다. 이 부분은 다음에 좀 더 살피고자 한다.

요약하면, 회중의 적극적인 참여를 위한 예배갱신 방향을 설정함에 있어 필자 는 무엇보다 목회자의 예배신학이 바뀌지 않으면 효과를 거둘 수 없다고 본다. 그리고 예배순서의 변화나 갱신 시도는 사전에 철저한 준비와 교육, 그리고 훈련을 통해서 그 실효를 거둘 수 있다고 판단한다. 따라서 목회자의 역할이 그 무엇보다 중요하다고 본다.

---

[64] 예를 들면, 『새예배서』(2002)에서는 목사: "그리스도의 일꾼인 여러분! 성령과 함께 선교와 봉사를 위해 세상으로 나아가십시오", 회중: "아멘! 주님, 우리와 동행하여 주옵소서!"라고 외친다.
[65] 예전교육에 관해서는 김상구, 『일상생활과 축제로서의 예배』, 403-440을 참조.

(4) 역동성이 있는 예배를 드려야 한다.

한국교회 예배에 있어서 가장 시급하게 회복되어야 할 것이 있다면 그것은 바로 예배의 역동성(Dynamics)을 회복하는 동시에 이를 증진시키는 것이다.[66] 역동적인 예배 혹은 예배의 역동성에서 역동적이라는 말은 "하나님이 주시는 힘"을 의미한다. 다시 말해 역동적인 예배란 하나님이 주시는 힘에 근거한 예배와 하나님이 함께 하는 예배를 의미한다. "하나님과 인간의 만남" 혹은 "하나님의 임재를 생생하게 느끼는 것", 또는 "하나님을 만나는 경험"을 예배의 역동성이라 할 수 있다. 우리는 기독교 예배가 하나님의 계시에 대한 인간의 응답이라고 강조해 왔다. 따라서 참된 응답을 하려면 먼저 선행되어야 할 것이 바로 예배 중에 하나님의 임재를 경험해야 한다는 것이다.

예배에서 역동성이 상실되어 가는 가장 큰 이유는 신자들이 예배 안에서 하나님의 임재를 경험하지 못하기 때문이다. 신자들은 예배에서 하나님의 임재를 실제로 경험하기를 원한다. 그러나 실상은 그렇지 못하다. 이는 한국교회만의 문제가 아니라 북미교회의 경우도 비슷한 문제를 안고 있다. 바르나 연구소 소장 바르나(George Barna)는 북미예배의 가장 큰 문제는 "하나님의 임재를 경험케 하는 일에 실패한 것"이러고 지적하면서 "예배를 정규적으로 드리는 성인들 중 반수의 신자들은 지난해 동안 하나님의 임재를 경험하지 못했다."고 말하였다."[67]

교회의 예배를 참으로 예배되게 하는 것은 "하나님의 임재"이다. 하나님께서 "예배의 참여자(Participant of Worship)"로서 예배를 받으시기 위해 예배자들(Worshipers) 가운데 오시는 것이다. 하나님이 오셔서 예배를 예배되게 하실 때 비로소 교회의 예배는 헛되지 않고 신령과 진리(요 4:24)로 드리는 예배가 된다. 그러므로 예배를 헛되지 않게 만드는 것

---

[66] 박은규, "역동성을 지닌 예배를 향하여", 한국신학연구소, 「신학사상」 제114집(2001): 27.
[67] George Barna, *Experience God in Worship*(Loveland, Colorado: Group, 2000), 14.

은 "하나님의 역사"이다.[68] 김영욱은 예배의 가장 중요한 신학적 배경을 4가지로 설명하면서 하나님의 임재와 하나님 중심의 예배를 강조하였다. 첫째, 예배신학의 근거는 하나님과 죄로 인하여 멸망할 수밖에 없는 인간과의 관계에서 찾아야 한다. 둘째, 예배신학의 근거는 하나님 중심적(God-centered)이어야 한다. 셋째, 예배신학의 근거는 기독론적이어야 한다. 넷째, 예배신학의 근거는 성령의 사역을 바탕으로 해야 한다.[69]

한국교회 신자들은 예배의 참석 이유에 대해 상당수가 아직도 예배의 우선순위에 대해 "말씀듣기 위해" "복 받기 위해" "은혜받기 위해" 참여하고 있다. 이것을 한마디로 정의하자면 많은 수의 신자들이 예배 때 하나님께 경배하기 위함보다 자기유익 추구와 자기중심적 예배를 드리고 있다는 것을 의미해준다. 이러한 예배 태도가 바로 하나님의 임재를 경험하지 못하게 하는 것이다. 그러다보니 "예배가 재미없다." "예배가 죽은 듯이 보인다."라고 고백하는 것이다. 일찍이 폴 훈은 개신교 교회들의 과오를 여전히 범하고 있다고 하면서 다음과 같은 면을 지적하였다. 즉, "구어적 독백, 성직자가 혼자예배를 지배하는 것, 회중의 피동성을 지속시키는 것, 적합하지 않는 예배언어를 사용하는 것, 그리고 진부한 예배형식"[70]이다. 사실 모두 하나님의 임재를 경험하지 못하게 하면서 역동성 있는 예배에 방해를 주고 있음을 인식해야 한다.

그렇다면, 역동성 있는 예배구성은 어떻게 가능한 것일까? 필자는 박은규의 입장을 수용하면서 『새예배서』(2002)에 나타난 주일예배순서와 관련하여 역동성 있는 방안을 간략히 제안해 보고자 한다.

박은규는 역동적인 예배를 드리게 될 때 임하는 선물을 몇 가지로 표현하였다. 역동적인 예배는 우리의 삶에 힘(power)을 주며, 공동체(community) 특히 신앙공동체를 형성하게 하고, 삶에 의미(meaning)와

---

[68] 정용섭, 『예배를 예배되게 하라』(서울: 쿰란출판사, 2001), 195.
[69] 김영욱, "예배의 신학적 배경", 『복음의주의 예배학』, 81-84.
[70] Hoon, *The Integrity of Worship*, 38.

희망을 제공해 준다고 말했다.[71]

그러면 실제로 역동성 있는 예배를 설정하는 길은 어떻게 모색할 수 있을까? 개인적인 측면과 공동체적 측면이 있을 수 있다.

먼저, 개인적 측면에 역동성 있는 예배를 위해 어떻게 해야 하는가? 첫째, 각 신자는 솔직한 마음으로 하나님께 나아오는 것이다. 예배가 지루하고 권태롭게 느끼는 것은 하나님의 힘을 뒤로 하고 자기중심적 태도일 때이다. 따라서 신자는 우선적으로 겸손한 마음을 갖고 솔직한 예배(honest worship)[72]를 드리는 것이다. 솔직한 예배는 하나님의 사랑을 솔직하게 받아들이면서 정직하게 응답하는 예배이다.[73]

둘째, 각 신자는 이 세상에서 가장 높고 위대하신 하나님께 경외감(the sense of awe)을 가지고 나아가야 한다. 예배에서 하나님의 임재를 경험하지 못한 이유 중의 하나는 하나님 앞에서 "감격하고 놀라며 존경을 표하는 감각"이 부족하기 때문이다. 그 이유에 대해서 던(M. J. Dawn) 박사는 "현대인이 하나님의 위대하심을 축소시키고 하찮게 만들었기 때문이다."라고 말했다.[74]

셋째, 각 신자는 감사하는 마음으로 하나님께 나아오는 것이다. 신자는 구원의 기쁜 소식을 들을 때 하나님께 감사한다. 따라서 신실한 그리스도인은 성만찬을 받을 때마다 인간의 구원을 위해 피 흘리신 그리스도의 대속의 은총과 영생의 약속에 대하여 깊이 감사하게 된다.

넷째, 예배자는 환희의 감각(the sense of deliight)을 가지고 찬양하며 하나님께 예배한다. 미국연합감리교회 찬송가 편집장 영(Calton R.

---

[71] 박은규. "역동성을 지닌 예배를 향하여", 33-34.
[72] 성경적 예를 들면, 다윗을 들 수 있다. 다윗은 하나님 앞에서 솔직한 마음으로 기도하면 예배를 드렸다. 시편 51편 17절에 "하나님이 구하시는 제사는 상한 심령이라, 하나님이여 상하고 통회하는 마음을 주께서 멸시치 아니하시리다"
[73] Vemon M. Whaley, *The Dynamics of Corporate Worship*(Grand Rapid, Michigan: Baker Books, 2001), 19.
[74] Marva J. Dawn, *Reaching Out Without Dumbing Down*(Grand Rapids, Michigan: William B. Eerdmens Publishing Co., 1995), 97.

Young)박사는 "마음은 인간이 느끼고 표현하는 가장 깊은 감정이 자리하는 곳이요, 사람은 마음으로 기쁨을 표현한다."라고 전제하면서 신앙인은 마음으로부터 우러나오는 찬송가를 부를 때 하나님 마음을 기쁘게 해드릴 수 있다고 주장한다.

다섯째, 예배자는 희망의 감각(the sense of hope)을 가지고 하나님께 나아간다. 절망과 공포에 휩쓸려 자기통제의 능력을 상실한 신자들이 하나님을 사랑하고 하나님의 이름을 부를 때, 하나님은 구원과 사랑으로 응답하시면 우리에게 희망을 주시는 것이다.

여섯째, 예배는 성령의 역사에 힘입어 변화된 마음으로 하나님께 나아간다. 신자가 말씀을 듣는 일, 세례와 성만찬을 거행 시, 기도, 찬송, 친교, 봉헌의 순서에서 하나님의 임재를 경험한다. 그러나 신자가 하나님의 임재를 강하게 느끼는 사람은 성령의 역사에 의하여 변화된 마음을 지닌 사람이다.

다음으로 공동체적 측면에서 역동성 있는 예배를 위해 어떻게 해야 할까? 무엇보다 신자를 주일아침의 예배에서 우리들이 그리스도의 몸이요 하나님의 권속임을 발견해야 한다. 회중들은 예배공동체, 언약공동체, 선교공동체를 형성하고 있음을 인식해야 하는 것이다. 박은규는 공동체의 역동적인 예배를 드린 실례를 4가지 모델로 제시하고 있다. 초대교회의 공동체적 예배, 아프리카계 미국인의 공동체적 예배, 사랑과 친절이 넘치는 예배, 현대적인 예배 등이다.[75] 이러한 예배의 특징은 공동체적인 예배를 폭넓게 발전시키기 위해, 복음화, 축제화, 상황화, 세계화의 과제를 인식하면서 하나님의 임재를 경험하는 예배를 드렸다는 것이다. 이렇게 역동성 있는 예배는 다양한 예배 공동체 안에서 실제로 요청되는 예배 갱신의 중요한 부분을 차지한다.

앞에서 예배갱신을 제안한 것처럼 한국감리교회『새예배서』에 나타

---

[75] 여기에 대해 박은규, "역동성 지닌 예배를 위하여", 42-45를 참조.

난 주일예배 순서를 실행할 때 역동성 있는 예배를 드리기 위해 행할 수 있는 실제적인 방법을 다음과 같이 제안하고자 한다.

첫째, 예배자들은 하나님의 임재를 경험하는데 예배의 우선 목적으로 삼아야 한다. 『새예배서』(2002)에서는 "회중은 예배시작 전 미리 자리를 정돈하고 앉아 전주를 들으면서 하나님의 임재하심과 부르심에 감사하며 조용히 기도한다."[76] 라고 되어 있다. 이를 적극 활용해야 한다고 본다. 그리고 이와 더불어 교회는 예배자의 예배드리는 태도를 문구로 써서 주보나 교회 홍보물에 게시하여 평소에 눈과 귀로 숙지할 수 있도록 구체적으로 도움을 주면 효과적일 것이라 본다.

예를 들어, "하나님 아버지! 우리는 하나님의 임재를 기다립니다. 여기 오소서!" 혹은 "우리는 하나님을 만나기 위해 예배하러 왔습니다. 모두 성령을 의지함으로 참된 예배를 드립시다.!" 등을 생각해 볼 수 있을 것이다.

둘째, 개인적인 하나님의 임재 경험을 공동체 전체의 임재 경험이 되도록 회중들이 서로 하나님 임재의 감각을 나누어야 한다. 이를 위해 『새예배서』(2002)의 주일예배 순서에는 적합한 순서들로 잘 구성되어 있다고 평가하고 싶다. 여기에는 예배에로의 부름 시간, 합심기도, 성만찬 시에 행사는 평화의 인사시간, 그리고 예배의 광고시간이나 성도의 교제시간, 혹은 파송의 시간을 활용함이 좋을 것이다.

셋째, 역동성 있는 예배는 목사 혼자의 노력이나 인위적으로 되지 않다고 보며, 회중 전체의 참여가 무엇보다 중요하다고 본다. 이를 위해 목사는 예배형식의 틀을 유지하면서도 자유로운 성령의 강력한 역사를 따라 행하고, 고정된 형식과 순서를 벗어날 수 있음을 두려워하지 말아야 한다고 본다. 한국감리교회『새예배서』(2002)의 주일예배 순서는 분명 고정된 예배순서를 제공해주고 있다. 그러나 역동적인 예배가 되기 위해서

---

[76] 『새예배서』(2002), 51.

집례자는 예배시간에 일어나는 감각을 조절할 능력을 갖고 있어야 한다.

(5) 통일성과 다양성을 인정하는 예배를 드려야 한다.

한국교회 예배는 통일성과 다양성이 있는 예배를 드려야 한다.[77] 한국교회 예배는 지나치게 개 교회 중심 예배를 드리는 교회가 되어버렸다. 따라서 예배에 있어서도 개 교회 형편에 맞게 혹은 목회자 개인이 정한 대로 예배를 드리곤 한다. 그러다보니 논리성이 결여되고 무질서한 예배를 드리고 있는 문제점을 안고 있다.[78]

예배는 형식과 구조를 이해하고 바르게 예배를 드려야 한다. 왜냐하면 형식과 구조 안에는 예배의 형성배경과 예배순서, 요소에 따른 예배 신학적 의미가 부여되어 있기 때문이다. 한국교회는 교회마다 다양한 예배순서와 특징들이 산재해 있다. 물론 교회와 문화 및 환경의 상황이 있기 때문에 이를 무조건 무시할 사항은 아닐 것이다. 그렇지만 예배갱신을 위해서는 예배의 형식과 구조에 있어 개신교회가 갖고 있는 통일성의 기초 하에 다양한 예배를 인정하는 것이 바람직하다.

그렇다면 예배의 통일성은 무엇을 말하는 것인가? 그것은 바로 예배는 반드시 일정한 구조와 형식에 대해 일치성(통일성)이 유지해야 함을 의미한다. 세계교회는 다양성을 인정하면서도 일치(통일성)를 추구하고 있다. 이것이 바로 19세기 말엽에서부터 시작된 예배회복운동(Liturgical Movement)이다. 예배회복운동이란 말 그대로 초대교회 때부터 가지고 있었으나 중세 천년을 지나면서 잃어버린 예배의 중요한 요소를 회복하자는 것이다. 예를 들면 교회력의 회복, 시편송의 재사용, 그리고 가장 중요한 성만찬의 적극적인 회복 등이다.[79]

예전회복 운동은 19세기 말에 시작하여 신·구교를 막론하고 영향을

---

[77] 김상구, 『한국교회와 예배서』, 186-189.
[78] 조기연, 『한국교회와 예배갱신』, 147-153.
[79] 주승중, "21세기 교회의 예배갱신을 위한 방향과 과제", 『현대사회와 예배·설교사역』, 477.

끼쳤다. 주목할 할만 점은 가톨릭교회는 들리는 말씀인 "선포되는 말씀"을 회복하였고, 개신교회는 보이는 말씀인 "성만찬의 회복"을 통해 원래 초대교회가 가지고 있는 예배전통인 모습을 향하여 일치하는 방향으로 나아가고 있다는 것이다. 이것은 말씀의 예전과 성만찬의 예전이 예배의 통일성의 근간이 됨을 확증해 준다.

이러한 발전을 거듭한 끝에 현대의 예배구조는 "모임의 예전", "말씀의 예전", "성만찬의 예전", "파송의 예전"이라는 4중 구조를 가지게 되었다. 예배회복운동은 한국교회에서는 한국기독교장로회(기장)에서 가장 먼저 출발되었으며 이어서 성결교회(기성)과 장로교회(통합측)와 감리교회를 통해 시작되었다. 즉, 예배의 기본 구조로 도입, 말씀예전, 성만찬예전, 그리고 파송의 예전의 4중 구조 형식을 보여주고 있다.[80] 하지만 아쉬운 것은 한국의 대표적 교단이라 할 수 있는 장로교(통합)측의 경우, 예배의 기본적인 구조와 신학에 있어서는 4중 구조를 제시하고 있으나 실제 주일예배 순서 내용을 살펴보면 그것이 통일성 있게 명확하게 구분되어 있지 않다.[81] 이같은 현상은 성결교(기성)과 기독교장로회(기장), 감리교를 제외한 다른 교단들을 볼 때, 더욱 회의적인 것을 발견할 수 있다. 속히 각 교단은 예배갱신의 흐름에 따라 주일예배 구조의 통일성을 추구해 나가야 할 것이다.

---

[80] 대한예수교장로회(통합)측의 『표준예식서』(1997)는 예배의 기본적인 신학과 구조를 설명하면서 예배는 다음과 같이 구성됨을 말한다. 첫째, 그리스도인들이 예배를 위하여 모여서 참회와 경배와 찬양을 드리는 부분 둘째, 하나님의 말씀을 경청하는 부분 셋째, 세례성례전 넷째, 전통적으로 기독교예배의 중심을 이루어 온 성만찬성례전 부분 끝으로, 예배의 마지막 부분인 파송의 순서로 되어 있다. 대한예수교장로회 총회, 『표준예식서』(서울: 한국장로교출판사, 1997), 23-25.
[81] 예를 들면, 총 8개의 주일예배 순서 중에서, 순서(2)는 개회, 말씀의 선포, 감사의 응답이라는 3중 구조로 되어 있다. 순서(4)는 성만찬이 빠진 순서로 예배를 위하여 나아감, 찬양과 고백, 중보의 시간, 말씀의 선포, 감사와 응답, 위착과 축복이라는 6중 구조로 되어 있다. 순서(6)과 순서(7)은 성만찬이 있는 순서지만 구조의 구분이 없이 소개 되어 있고, 순서(8)은 세례와 성만찬성례전이 있는 순서로 완벽한 주일예배 순서를 보여주고 있는데 그 구조는 예배를 위하여 나아감, 찬양과 고백, 중보의 시간, 말씀의 선포, 세례성례전, 성만찬성례전, 위탁과 축도라는 7중 구조로 되어 있다. 대한예수교장로회 총회, 『표준예식서』, 42-63을 참조. 이는 예배의 신학과 구조에서는 4중 구조를 제시하면서도 실제편에서는 그것을 더 세분화하여 복잡하게 소개하고 있는 것으로 개 교회 현장에서 사용하기에는 더 혼란스럽게 할 수 있는 소지가 있어 보여 아쉬운 부분이다.

예배의 통일성 못지않게 중요한 것은 예배의 다양성의 측면이다. 4중 구조라는 통일성의 틀을 유지하면서도 예배의 요소에 있어서는 다양한 변화의 가능성을 열어 놓아야 한다. 소수의 사람들만이 참석할 수 있는 약식 성만찬이라든가, 가족예배, 청소년예배, 노인들이 함께 드리는 예배 등과 같은 다양성 있는 예배구성이 필요 할 것이다. 특히 한국적 상황에서 교회력 외에 한국 고유 명절이니 절기에 맞춰서 예배요소를 추가하거나 생략할 수 있는 점도 고려해야 할 것이다.

한국감리교회는 기독교장로회(기장)이나 장로교(통합)보다는 다소 늦었지만 2002년 새로운 지평으로서 『새예배서』를 발간하여 세상에 내놓았다. 여기에 나타난 주일예배서는 4중 구조의 형식에 충실하고 있으며 통일성과 다양한 형식의 예배를 제공하고 있다.[82]

중요한 것은 한국의 모든 교회 안에 이러한 4중 구조의 틀을 갖춘 예배로 신속히 갱신해야 한다는 것이다. 왜냐하면 이것이 세계교회의 추세이고, 예배갱신의 중요한 축이기 때문이다. 이러한 측면에서 한국감리교회가 제시하고 있는 주일공예배서는 일부 보안되어야 할 측면도 없지 않지만, 예전개혁의 차원에서 뿐 아니라 한국교회의 예배를 통한 일치성에도 그 가능성을 열어놓은 귀감이 될 것이라 믿는다.

이제 필자는 한국감리교회 『새예배서』(2002)에 나타난 주일예배 순서에 나타난 통일성과 다양성의 측면을 평가해 보면서 통일성과 다양성을 반영하는 예배를 드리기 위해 행할 수 있는 실제적인 방법을 다음과 같이 제안하고자 한다.

첫째, 한국감리교회는 감리교가 제정하여 발간한 『새예배서』(2002)에 따른 주일예배 순서에 따라 기본적으로 주일예배 순서를 설정할 것을 충고한다. 『새예배서』에 소개된 주일예배의 각 예식서는 현대예배갱

---

[82] 『새예배서』(2002), 46-74. 본서 제5부 한국교회 예배갱신의 결실- 『새예배서』(2002)의 15장 주일예배 형식과 순서를 참조.

신에 부응한 모범적 예배순서이기 때문이다. 대부분의 교회들이 시행하는 예배요소 중에 시급히 고쳐야 할 것이 있다. 묵도로 시작하는 예배순서를 바꾸어야 한다. 동·서방교회 예전전통인 입례행진을 시도하는 것도 좋을 것이다. 참회의 고백과 용서의 선언이 첨가되고, 성서정과에 따른 성경낭독과 교회력의 활용이 이루어져야 한다. 주의 기도나 사도신경은 말씀선포 후에 감사의 응답으로서 주어지는 것이 예배전통이기 때문에 성만찬예전 속에 첨가되는 것이 바람직할 것이다.

둘째, 『새예배서』에 나타난 주일예배의 기본 형식은 통일성의 차원에서 수용해야 하지만, 교회의 인원이나 규모, 지역적 사회적 문화적 특성에 모두 적합한 것은 아니라고 판단된다. 따라서 주일예배 순서를 제시한 모델을 좀 더 세분화 하여 추가로 구성하여 포함시킬 것을 제안한다.

셋째, 『새예배서』안에는 성인중심의 주일예배만을 제공하고 있다. 따라서 전 회중(아동·중·고·청년을 포함)을 포함하여 공동체성을 살리며 드릴 수 있는 세대통합 주일예배 순서를 개발할 필요성이 있다고 본다. 또는 한국교회 안에 주일공예배가 약화되어가는 요인 중에 모든 예배가 성인 중심으로 구성되어 있다는 것을 들고 싶다. 아동이나 청년들은 주일공예배보다 각 부별 세대별 모임이나 프로그램을 더 중요시 여기는 경향이 없지 않다. 주일성수의 개념이 세례받고 구원의 확증을 갖은 전 회중에게 해당된다면 아동을 포함한 모든 예배구성원도 당연히 포함시켜서 예배구성이 이루어져야 한다.

(6) 상징성과 신비감의 회복이 반영되는 예배가 되어야 한다.

예배는 두 가지 방식, 즉 언어적 방법과 상징적 방법으로 의사소통이 이루어지는 행위이다.[83] 한국교회 예배는 지나치게 설교중심형 예배를

---

[83] 웨버, 『살아있는 예배』, 115.

지향함으로써 복음의 의사전달을 효과적으로 감당하지 못하고 있는 실정이다. 인간의 감각적 요소 중에 청각만을 강조하여 감각적 인식 가능성과 표현가능성을 제한하였다. 예배 안에서의 복음의 의사소통은 단지 언어적으로만 나타나는 것이 아니다. 전 인격적인 수단을 통해 나타난다. 예배는 하나님과 인간 사이에서 일어나는 의사전달의 사건이다. 예수 그리스도는 말씀과 표징과 언어와 행위로 구원을 선포하였다. 하나님께서 주신 인간의 모든 감각(청각, 시각, 후각, 미각, 촉각)들은 하나님과 인간 사이에 온전한 의사전달을 위해 주어졌다.[84] 따라서 의사전달로서 예배는 모든 감각적 통합을 통한 예전적 행위가 되어야 할 것이다. 이를 위해 한국교회 예배는 언어적 전달만이 아니라 상징성과 신비감이 회복되는 예배구성이 통전적으로 반영되어야 할 것이다.

이런 예배 접근 방법은 성경에 나오는 것으로 2천년 동안 교회가 체험해 왔던 것이다. 최근 신경심리학 분야의 의사소통 연구 분야에서도 입증된 것이다. 1960년대에 두뇌의 반구에 관한 연구를 했던, 캘리포니아 과학기술연구소(California Institute of Technology)는 인간의 두뇌의 왼쪽 반구가 언어적 기술을 전담하고 있고, 오른쪽 두뇌는 사람의 공간적이고, 창조적인 추진력과 같은 비언어적, 귀납적 기술에 집중한다는 것을 밝혀냈다.[85] 이러한 신경심리학의 연구결과는 우리의 관심의 대상인 예배의 갱신에 있어서 많은 것을 시사한다. 우리는 예배의 새로운 형식과 방법을 생각하고 계획할 때, 언어적 방법과 비언어적 방법인 상징적 방법사이에 조화를 이루어 나감으로서 모든 인간이 예배에 생기를 얻어야 한다. 쉽게 말해 인간은 어떤 사람은 언어적 의사소통을 좋아하고, 어떤 사람은 상징적 의사소통을 더 편하게 받아들인다는 것이다. 그러므로 언어적이며 상징적인 의사소통이 양방향이라는 것을 기억해야 한다. 하나님께서도 이 양방향을 통해 우리에게 메시지를 전달하며 우리는 또한

---

[84] 김상구, 『일상생활과 축제로서의 예배』, 48-49.
[85] 웨버, 『살아 있는 예배』, 115.

하나님께 언어와 상징으로 응답하는 것이다. 의사소통의 예배 구성요소로는 말, 상징, 대화, 상호작용, 관계 등을 들 수 있다고 볼 수 있다.[86]

상징은 인간의 의사소통의 요소들이며 이와 함께 또한 예전의 요소들이다. 상징과 의식은 해석이 필요하며 해석의 능력이 있다. 폴 틸리히가 강조했던 것처럼, 상징은 상징화된 실재의 몫을 갖는다. 그래서 빵과 포도주는 성만찬에서 표징일 뿐 아니라, 표징이 표시된 사물에 참여하는 것이며, 동시에 표징은 그들의 관심을 나타낸다.[87]

우리는 예배에서 사용되는 상징적 표지로서 성례전을 포함하여 몸짓언어와 음악, 예전복 등을 고려해 볼 수 있다. 종소리와 악기의 울림으로부터 교회공간, 예배의 도구와 의복의 다양한 인상에 대한 스펙트럼은 의식적인 행위와 행동양식까지 영향을 미친다. 몸짓언어는 예배에서 중요한 의식으로 성경낭독 때 일어서고, 성만찬 시에 참여하기 위해 제단 앞으로 나아가며 움직인다. 또한 걷기는 예배에서 보다 통과의례의 경우에 더 많이 사용되고 있다. 예를 들면, 장례의식이나, 결혼예식에서의 움직임으로서 계속된 삶을 위해 중요한 사건을 거행한다. 몸짓언어는 성만찬시에 사용하는 성배는 공동체의 영적인 일치를 상징화한다. 그러나 사람들은 위생상의 이유로 포도주를 성배로부터 여러 개의 작은 잔으로 붓는 스칸디나비아(대부분의 한국교회가 시행)형식으로 상징화하고 있다. 한국교회에서는 성만찬을 행할 때, 시간적으로나 공간적인 많은 한계를 갖는다. 이로 인해 대부분 분병 분잔 시 개인적으로 빵과 잔을 취하게 하는 형식을 취하는 것이 대부분인데, 빵과 잔을 공동체성을 살릴 수 있는 상징적 표현을 취하는 것이 의미가 있다고 본다.

---

[86] 웨버, 『살아 있는 예배』, 117. 웨버는 예배의 4중 구조 안에서 이러한 언어적, 상징적 요소를 통합적으로 충분히 사용될 수 있다고 단언하였다. 일차적 의사소통 개선방법으로 하나님의 말씀선포, 성만찬을 시행할 때도 이 두 가지 의사소통을 적극 활용해야 한다고 강조하였다. 이차적 상징 개선 방법으로, 예배에로의 '들어감'과 세상으로 '흩어짐'을 통해 상징적 의사소통을 가능하게 해야 한다고 주장했다. 여기에 대해 자세한 것은 120-133을 참조. 기타 이와 관련된 문헌으로, 그레트라인, 『예배학개론』, 205-231; 김세광, 『예배와 현대문화』, 64-88을 참조.
[87] 빈클러, 『실천신학개론』, 77.

예전복과 성구들도 중요한 상징적 의미를 부여한다. 예전복을 입는 자를 일정한 임무가 위탁된 직무자로서 인식할 수 있게 하기 때문이다. 상징적 사물들로는 성경, 세례수, 세례반, 빵과 포도주, 성찬대, 초, 기름, 예복, 스톨, 의자, 설교단, 제단, 십자가, 배너 등을 포함한다. 미국의 루터교 신학자인 고든 레이스로프(Gordon Lathrop)는 그의 저서 『거룩한 사물들: 예전신학』에서 이러한 사물들이 일상적인 공간에서 예배의 공간으로 옮겨오면 그 사물들은 거룩한 의미를 만들어 내는 거룩한 하나님의 구원사 속으로 들어가도록 안내할 수 있다고 강조한다.[88] 일반적으로 종교개혁 이래 개신교의 예복은 설교와 성만찬을 중요시한 교회들은 예복 착용의 중요성을 인정하였다. 예를 들어, 장로교회와 감리교회는 학위가운 모양의 검정색예복을 사용하였고, 장로교회 목사들은 일찍이 칼빈이 소개한 제네바 가운(Genevan gown)을 입었다. 이 가운은 검정색 바탕에 흰색 띠를 둘렀다.[89] 그러나 예복착용은 문제점을 야기하기도 한다. 예복의 착용목적은 성직자의 우월주의를 정당화 하려는 것이 아니라, "하나님께 영광"과 "예를 갖추며", 하나님의 "신성함"을 반영하기 위함임을 잊지 말아야 한다. 한국교회는 강단에 배치된 성구들에 대해 신성함을 갖고 있다고 본다. 설교대와 세례대, 성만찬대가 잘 배치된 성단의 모습을 보면 누구나 신비로운 감동을 받는다. 따라서 성구를 개 교회에 맞게 잘 준비하고, 배치하는 것이 중요하다고 본다. 그러나 지나치게 큰 강대상이나, 예배당에 설치하기에 어울리지 않는 강의용 탁상과 같이 너무 가벼운 이미지를 주는 성구는 배제하는 것이 좋다고 본다. 성구배치에 있어 가장 중요한 것은 목사가 부각되는 것이 아니라, 하나님의 은혜나 하나님 경배행위를 자아낼 수 있도록 배치해야 한다는 점이다.

그렇다면 앞에서 살핀 바를 비추어볼 때, 한국교회의 예배 안에서의

---

[88] 박종환 외 6명, 『거룩한 상징: 예전가구의 신학적인 이해』(서울: 대한기독교서회, 2009), 13-14.
[89] 박은규, 『예배의 재구성』(서울: 대한기독교출판사, 1996), 292

상징성은 과연 반영되고 있는가? 김순환은 최근 개신교회 예배의 예전성 혹은 상징성의 회복에 대한 관심이 증대되고 있음을 지적하였다. 하지만 그동안에 한국교회는 전통적 개신교회의 특성상 말씀과 성만찬이 분리된 양태의 예배가 지배적이었고, 이로 인해 필연적으로 한국교회 예배의 예전성의 여지는 줄 수밖에 없었으며 그 결과 상징성의 황폐화로 연결되었다고 보았다. 중세의 성례전 주의가 말씀의 부재로 인한 심한 신앙의 왜곡을 초래한 반면, 개신교회는 이러한 상징의 힘이 약화되어 예배의 지성화라는 또 다른 역기능을 낳은 것이라고 진단하였다.

한국교회는 예배에 있어서 상징성을 회복해야 한다. 아울러 교회와 예배의 시공간의 문화 환경에서 신비감을 드러내야 할 필요성이 있다. 최근 한 언론매체에서 통계 조사한 바에 따르면, 많은 개신교도들이 가톨릭교회로 이동하였다는 보도가 있었다. 그 이유로, 개신교회가 너무 시끄럽고, 신비감이나 경외감이 없었다는 것이다. 반면 가톨릭은 이러한 분위기가 반영되어 있어서 많은 젊은 층이 개신교회를 떠났다는 조사는 우리가 주목해야 할 점이라 판단한다.

한국감리교회 역시 『새예배서』(2002)에 나타난 주일 예배순서에 따르면, 상징성과 신비감을 줄 수 있는 요소가 많음에도 불구하고, 예배 실행 시 그 활용은 극히 일부라고 생각한다. 이런 경향은 목회자의 편의주의 때문이라 본다. 즉, 주일 예배순서를 살펴보면 알겠지만 순서 하나하나가 사전에 치밀한 준비를 요하고 있다. 그중에는 예배 위원들과 긴밀한 협조를 구할 것도 많다. 입례 때와 파송의 때, 그리고 성경낭독이라든가, 찬양대의 찬양, 성만찬시 행할 준비 등이 그렇다.

또한 상징성을 배제하면서 예배가 진행되는 모습은 하나님의 경외감이 결핍된 것이라고 보여 진다.[90] 예배 때 은혜만 받으면 되고, 설교자가 부각되고, 회중들의 요구에만 충족된 예배를 드리려는 것이 문제라 본

---

[90] 조기연, "한국교회 예배의 문제점과 해결방안", 421.

다. 이러한 예배 태도 속에 하나님을 경외하고 하나님께 감사하는 마음이 없고, 인간만 부각되는 오류를 범하게 되는 것이다. 그리고 예배의 시간도 상징성을 드러내는 예배에 제약을 주는 것으로 판단된다. 거의 대부분 1시간 이내로 예배를 마쳐야 하는 한국교회 예배실정을 따라 예배순서에 가급적 소수의 예배위원만 봉사하게 되는 점도 문제이다.

이제 필자는 한국감리교회『새예배서』에 나타난 주일예배 순서에 나타난 상징성에 대한 측면을 평가하면서 상징성과 신비감을 반영하는 예배를 드리기 위해 행할 수 있는 실제적인 방법을 다음과 같이 제안하고자 한다.

첫째, 우선,『새예배서』(2002)안의 주일예배 순서는 상징성을 충분히 반영할 수 있는 예전에 충실한 예배순서를 제공하고 있음을 높이 평가하고 싶다. 한국감리교회는『새예배서』외에 한국 최초의『성만찬 예문집』(1998)이 따로 발간되어 있다.[91] 여기에 보면 주일예배 시에 성만찬 예전을 행할 때 사용할 수 있는 언어적이며 상징적인 표지들이 사진과 함께 설명되어 있음은 이를 입증해준다.

둘째, 주일예배서 안에는 4중 구조에 따라 각 요소들을 실행할 때, 행할 수 있는 설명들이 나와 있다. 예배 시에 이를 적극 활용할 것을 권장한다. 예를 들어 입례송시에 일어서고 앉음, 촛불점화, 성경봉독 시 낭독자가 낭독할 때 회중은 일어섬, 봉헌위원들의 제단 앞 봉헌, 성만찬물 운반과 봉헌, 회중의 일어서서 십자가를 바라봄(집례자도 회중을 향하던 시선에서 돌아서서 십자가를 바라봄), 퇴장할 때, 집례자와 위

---

[91] 기독교대한감리회 홍보출판국,『교회력과 절기에 따른 성만찬 예문집』을 참조. 주요 내용은 교회력에 따른 예문, 일반절기에 따른 예문, 예식을 위한 찬송자로, 교회력표 등으로 구성되어 있다. 서론(추천사)에서 언급하기를, 이 예문집은 한국 최초로 발간된 교회력과 절기에 따른 성만찬 예문집으로서 개신교회 전체가 사용할 수 있게 하였고, 집례자와 회중이 함께 교독하는 형식으로 구성하여 회중의 참여도를 높였으며, 교회력의 절기정신을 충분히 반영하였고, 집례자의 예식행위까지 자세히 설명하여 성만찬 예전에 실제적인 도움을 주리라고 확신한다고 밝히고 있다. 하지만 이에 대한 활용은 참으로 미흡한 수준이라 판단된다.

원들, 회중 순으로 퇴장하는 움직임 등이다.

셋째, 예배의 상징성과 신비감을 위해 목회자와 예배위원들은 예전복을 착용할 것을 권장한다. 최근 많은 목회자들이 예전복을 입지 않은 채 예배를 집례하는 모습을 보여주고 있다. 하지만 나머지 예배위원들 즉, 찬양대원이나 헌금과 기도위원들은 가운을 입고 성단에 서는 것을 볼 수 있는데 이는 상징화에 있어 불균형이라 판단된다. 그리고 예전복을 착용할시 착용의 예배학적 의미를 교육할 필요가 있다.[92]

넷째, 교회력에 따른 강단보와 색깔의 의미를 살려 강단에 배치해서 예전적 분위기를 살릴 수 있다고 본다.

다섯째, 강단의 배치 구조를 새롭게 갱신하는 것이 바람직하다고 본다. 즉, 설교대와 성만찬대 및 세례대를 배치해야 한다. 이때 강단위에 같은 높이로 가까운 곳에 근접 배치함으로서 말씀과 성만찬은 동일한 위치에서 조화를 이루게 한다. 설교대는 낭독대를 겸하게 하며, 권위적이거나 목회자 우월의식을 유발하는 모양이나 크기를 배제해야 할 것이다. 그리고 규모가 작은 교회는 설교대와 성만찬대를 배치하고 성만찬대위에 세례기를 함께 위치함이 좋을 것 같다.

여섯째, 세례와 성만찬에 사용되는 성물이나 기구들을 보관할 성스러운 보관실을 예배당 안에 설치 할 것을 권장한다. 이를 위해 예배당을 리모델링하거나 건축할시 비중 있게 반영되기를 기대한다. "성례전준비실" 혹은 "예전실"이란 명칭으로 공간을 준비하고 설치하기를 제안한다. 제임스 화이트와 수잔 화이트는 『교회건축과 예배공간』이라는 저서에서, 예배당은 신앙공동체를 위한 장소, 말씀과 세례, 주님의 만찬을 위한 장소, 결혼예식, 장례식, 교회음악을 위한 장소로 올바르게 활

---

[92] 예전복의 착용여부에 대해 한국교회는 교단적, 신학적 견해 차이를 보인다. 따라서, 자기교단과 신학적 입장만을 고집하며 절대화하는 일은 옳지 않다. 의미 있게 예전복을 착용하고, 활용하는 길에 대해 다음의 문헌을 참조하면 유익할 것이다. 박은규, 『예배의 재구성』(서울: 대한기독교출판사, 1996), 275-320.

용되도록 신학적 의미와 예배공간 신학을 반영해야 한다고 강조하며[93] 다양한 실례와 그림을 포함한 친절하게 안내해준다. 이를 참조하면 유익하다.

일곱째, 시간과 공간의 요소를 적극 활용하면서 예배의 요소들에 충실해야겠지만 집례자가 욕심을 내지 말고 성령의 인도하심에 의존하는 예배자세가 중요하다고 판단된다. 필자도 예배가 형편없었다고 느껴질 때는 시간을 제대로 활용 못한 채 지나치게 욕심을 내어 준비된 순서를 다하려다가 낭패를 본경험이 허다하다.

여덟째, 목회자와 회중들이 공감하면서 활용할 수 있는 몸짓언어를 개발하여 사용할 것을 권장한다. 입례송 후에 인사를 통해서도, "주님의 은혜가 여러분(성도)에게 함께 하시기를 기원합니다."라든가 "주안에서 평안하시기를 빕니다."를 사용할 수 있을 것이다. 파송의 시간에도 영광의 박수로 하나님을 높인다든지, 성도들끼리 악수를 한다든지, 동성끼리는 가벼운 허그를 시도하게 함도 좋다고 본다.

(7) 현대문화와 예술적 측면을 반영하는 예배를 드려야 한다.

문화와 예술적 측면은 사실 예배에 있어서 상징성의 측면과 그 맥을 같이 할 수 있다고 볼 수 있다. 이미 앞에서 다룬 상징성과 신비감의 회복이 이루어지는 예배에서는 주로 "예배와 의사소통의 측면"을 다루었다. 여기에서는 예배에 있어서 좀 더 다양한 현대문화적, 예술적 매개체의 효과적 활용에 대한 것을 다루려고 한다.

예배는 예수 그리스도의 삶, 죽음, 부활, 재림 안에 깃들인 삼위일체 하나님의 구원의 신비와 은총의 실체를 의미세계로 번역하는 해석적 과제라 할 때, 해석의 매체는 문화 형식들이라 할 수 있다. 삶의 변화를 이끌어 내야 할 예배의 갱신과제는 필연적으로 문화의 문제에 관심 할 수밖에

---

[93] 제임스 화이트·수잔화이트, 『교회건축과 예배공간』, 정시춘·안덕원 옮김(서울: 새물결플러스, 2014).

없다. 레너드 스윗(Leonard Sweet)은 그의 책『영성과 감성을 하나로 묶는 미래교회』에서 미래교회는 EPIC 교회를 추구해야 할 것이라고 말하면서, 포스트모던 문화는 이 네 가지의 문화에 상응하는 목회모델을 요청한다고 소개하였다. 그리고 이 EPIC모델은 포스트모던 문화는 예배에 있어서 가장 민감하게 나타나야 한다고 보았다. 그 네 가지는 첫째, 경험하고 느끼는 교회(Experiential) 둘째, 참여하고 상호작용하는 교회(Partcipatory) 셋째, 이미지와 은유로 사고하는 교회(Image-driven), 넷째, 관계가 살아있는 공동체(Connected)를 세우는 교회이다.[94]

예배는 그 안에서 만물이 하나님과 화해되고, 그 분 안에서 치유를 경험하게 되는 바 만물이 하나님의 상징 혹은 성매개체(sacramentalization)로 거듭나게 되는 변화산 사건이다. 이런 측면에서 성경에서의 예배는 하나님의 무와 침묵이 계시되고 해석되어지는 초월과 언어의 경계선상에 위치해 왔다. 또한 문화의 갱신이란 문화(세계)의 성매개체화를 뜻한다. 문화가 자신의 존재근거와 화해하며 존재이유를 해석해가는 바 화해의 치유사건이라 정의해 볼 수 있을 것이다. 결국 예배란 문화라는 매개체를 필요로 하며, 문화는 성매개체화를 통하여 끊임없이 재해석된다는 것이다.

신앙세계의 은밀한 지성소와 제단위에는 삼위일체 하나님의 구원의 신비가 현현하고, 해석되는 근원 상징들이 놓여 있다. 세례단(물)과 성만찬상(떡, 포도주) 및 말씀상(언어)과 이 근원 상징들이 매개하는 구원의 실체는 이천년 시공을 돌며 수많은 역사적 신앙은 물론 공동체의 문화매개체를 통해 해석되어 왔다. 다양한 종교력, 건축물의 소재와 스타일, 멜로디, 색깔, 언어, 리츄얼, 향, 제스쳐, 춤, 담화, 때로는 성자들의 삶의 코드 등이 후발 상징군을 이루어 근원 상징과의 관계 속에서 하나님의 신비를 재해석하며 매개해왔다. 이러한 문화 매체 안에는 경험창

---

[94] 레너드 스위트, 『영성과 감성을 하나로 묶는 교회』, 김영래 역(서울: 좋은씨앗, 2004), 61-63. 이하 EPIC에 관한 구체적인 것은 본서 59-196을 참조.

조의 능력이 있다. 음악, 미술, 건축, 향, 제스쳐, 종교력 등은 오직 그 매체가 아니고서는 열어줄 수 없는 나름의 경험 창출의 기능을 가지고 있다.

예배에서의 기술적인 측면도 빠질 수가 없다. 오늘날 교회의 냉난방 시설이나 전기조명, 파이프오르간, 스피커 등은 물론이며 책이나 비품을 비롯한 대접, 잔, 촛대 같은 예전에 쓰이는 도구들 역시 예배에 있어 기술적인 측면들이다.[95] 한때는 스테인글라스와 예복, 깃발, 세례장의 장식들이 예배분위기를 창출한 반면, 이제는 동영상 프로젝터가 빠르게 진행되는 중략된 이미지들을 스크린 위에 비쳐주고 있다.[96] 이러한 기술적인 측면의 매개체도 현대 예배에 지대한 영향을 끼치고 있는 것이다.

그런 의미에서 서구의 문화매체는 한국교회라는 공동체 안에서 새롭게 갱신되어야 할 것이다. 한국교회 예배공동체는 한국의 문화에 대한 경계를 재해석하고, 그것을 신적 매개체(sacrament)로 변화시켜 나가야 한다. 이것은 현대문화와 예술적 측면에서 있어서 그대로 적용되며, 오늘의 한국교회 예배의 갱신되어야 할 요소이기도 하다.

한국교회 예배는 초기에는 문화를 선도하는 입장에 서있었다고 본다. 그러나 오늘의 현대문화속에서 한국교회 예배는 시대에 부응하지 못한 체, 뒤떨어진 문화 양식 안에 갇혀 있음을 부인하지 못할 것이다. 그 결과 젊은층의 교회이탈, 사회변혁의 주체로서 매개자의 역할을 다하지 못하고 있다. 특히 예배에 있어서 이 부분은 시급히 갱신되어야 할 과제를 안고 있다. 다양하고 정의하기 힘든 현대문화와 예술적 측면을 어떻게 한국교회 안에서 특히 예배에 반영할 수 있을까?

먼저, 현대 문화를 예배에 수용하는 문제를 고려 할 수 있다. 이는 1970년에 주로 대학채플이나 젊은이 대상교회나 선교단체에서 실험예배 성격으로 다루어왔다. 그러다가 1980년대에 들어오면서 빈야드 교

---

[95] 퀀틴 슐츠, 『하이테크 예배』, 박성창 역(서울: IVP, 2006), 55.
[96] Robert Pillips, "Changes in Technology", *Southwestern Journal of Theology* 3(Summer, 2000), 57.

회와 경배와 찬양식의 CCM사역과 윌로우크릭 커뮤니티 교회나 새들백 교회 등 현대문화에 민감하게 반응하여 급격한 성장을 이룬 현대교회들의 등장으로 본격적으로 이슈화 되었다. 한국교회에서는 온누리교회나 사랑의 교회 등에서 수용하다가, 20세기 후반 점차 한국교회 전체로 확산되고 있다.[97]

그렇다면, 현대문화 매체의 필요성과 정당성은 어디에 있는가? 예술문화의 분야로는 음악, 미술, 연극, 문학, 조각, 무용 등이 있겠는데 이러한 예술적 표현들 중에 음악적인 부분은 특히 최근의 예술문화의 수용에 있어 선봉에 위치해 있다. 대부분의 한국교회가 주일예배에서 서구교회가 소개한 찬송가와 서양 고전음악에 바탕을 둔 성가곡을 예배찬송으로 사용하고 있다. 이에 반해, 최근 현대교회와 특히 젊은이들을 이끄는 교회들은 대중음악을 바탕으로 한 복음송이나 CCM과 같은 빠른 템포의 음악을 선호하고 있다는 것이다.[98]

따라서 이미 많은 교회들이 주일예배 시에 활용하고 있는 이러한 예배음악성향을 결코 무시할 수는 없을 것이다. 왜냐하면 교회 안에는 다양한 성향과 욕구를 가진 예배자들이 있고, 과연 그러한 음악들이 예배신학적으로 타당한지 그 경계선을 규정짓기가 어렵기 때문이다. CCM이나 복음송을 주일예배 찬송에 적용할 때는 주의를 요해야 한다고 본다. 복음송은 회중찬양의 차원에서 주일예배시 선별하여 사용할 수 있

---

[97] 통합측 장로교회의 21세기 교단 발전을 위한 정책 제안서에 현대문화의 적극적인 수용을 강조하고 있다. 그 주요 내용은 다음과 같다. "예배에서는 찬송이 차지하는 비중이 크므로 찬송의 발전 개발과 보급이 필요하며 드라마나 멀티비전의 사용 등 새로운 예배의식의 개발이 필요하다. …중략. 흥겨운 우리 민족의 전통가락의 과감한 도입이나 신세대 젊은이들이 흥미를 가질 빠른 템포의 현대적 음악기법도 찬송가 작곡에 신중하게 선별되어 사용되어야 할 것이다. 아울러 드라마예배라는지, 다중영상매체라든지 멀티비전의 과감한 수용이라든지 현대인에게 적합한 예배의식의 개혁 가능성은 일일이 다 열거할 수 없이 많다. 문제는 이들을 얼마나 효율적으로 성경적으로 활용하여 교회의 성장과 성숙에 연결시키느냐이다. 참된 예배생활의 회복을 위하여 신세대를 위한 새로운 예배의 틀도 모색되어야 한다. 정보시대를 맞아 교회에 모이지 않고 자기 집에 앉아서 예배하는 첨단 영상매체들을 통한 교회(cyber church)의 예배가 머지않아 등장하리라는 예상이 나오고 있기 때문이다." 대한예수교 장로회 정책개발위원회, 『21세기 교단 발전을 위한 정책제안서(안)』(1997), 17.
[98] 김세광, 『예배와 현대문화』, 143.

지만, CCM은 일반적인 대중성을 가진 상업적 목적으로도 얼마든지 오용될 수 있다. 따라서 CCM은 그 제한성과 한계성을 복음송과 구별할 필요가 있다. 다만 주일예배에서 일부 순서 안에 예를 들면, 중보기도(합심기도), 혹은 성도의 교제(광고) 시간을 이용한 찬송이나, 파송의 예전 때에 부르는 찬양은 CCM이나 빠른 템포의 복음송을 활용할 수도 있다고 본다. 왜냐하면 이러한 음악의 적절한 활용은 예배의 지루함을 덜어 주고, 음악성을 갖춘 은사자들을 발굴하여 예배의 생동감을 제공하는데 도움을 줄 수 있기 때문이다.

예배에서 현대문화적 표현의 정당성은 무엇보다 예배가 그 당시의 문화와 어느 정도 궤를 같이 해나갈 때, 예배의 본질을 더 잘 유지 할 수 있었다는 역사적 관찰을 들 수 있다. 성서가 예배에 지역문화나 예술을 거부하고 있다는 주장은 구약성서에 나타난 수많은 문화와 예술적 표현들을 무시하는 반정서적 주장에 불과하다.[99] 세속화의 과제가 있기는 하지만, 예배가 문화와 함께 가야 하는 것은 분명한 것이다.

왜? 예술을 중요한 예배의 요소로 여기는 것일까에 대해 김세광은 3가지로 설명한다. 첫째, 예술의 창조적 성격과 아름다움에 대한 추구 때문이다. 둘째, 신앙자체의 성격이 초자연적인 개념을 가시적 영상과 상징으로 전환시킬 것을 요구한다. 셋째, 예술로 표현된 것은 그 가치관을 더 강화하기 때문이다.[100] 그리고 예배에서 현대문화적인 표현이 주는 역할은 커뮤니케이션으로서의 공헌을 하기 때문이다. 이러한 커뮤니케이션은 예배에서 공동체성을 강화 시켜 주며, 회중들의 적극적인 참여를 도와준다. 즉, 예배 행위의 의사소통의 수단으로서 문화와 예술은 그 역할이 크다는 것이다. 그러나 이러한 현대문화를 수용함에 있어 정당성외에도 경계해야 할 요소가 있음을 인식해야 한다. 예배를 현대문화에 활용함에 있어 경계해야 할 것으로 문화적 저급성과 개인주

---

99 프란시스 쉐퍼, 『예술과 성경』, 김진홍 역(서울: 생명의 말씀사, 1995), 28.
100 쉐퍼, 『예술과 성경』, 147.

의와 함께 소비주의 및 세속적인 악의 개념이다.[101] 현대문화를 예배에 수용할 때, 고려되어야 할 부분은 과거 성도와의 연합, 즉 예전과 교회력을 충실히 따르는 것이 필요하며, 연령과 이해에 따른 소그룹화 현상을 극복할 수 있는 공동체성을 유지하는 것이다. 무엇보다 전통적 말씀 형식-설교와 성만찬-을 유지하는 것이 중요다고 볼 수 있다.

한국감리교회의 주일예배 형성에 많은 영향을 끼친 미국연합감리교회 역시 이미 미국연합감리교회 예배를 위한 가이드북에서 사라 웹 필립스(Sara Webb Phillips)는 예배에 있어서 예술분야와 미디어사용의 역할을 제시하였다. 즉, 예전적 예술의 역할은 예배에서 예술적 표현을 통하여 교회공동체를 묘사하기 위한 것이며, 여기에는 3가지 주요 결정적인 관심이 있다. 첫째, 예배를 설정함에 있어 예술부분을 통합하는 것이 중요하다. 둘째, 예술의 질적인 측면을 동반하는 기준으로서 회중의 적극적인 참여예술이 중요하다. 셋째, 회중 안에서 음미되는 교육이 중요하다고 보았다.[102]

이제 한국교회의 예배는 문화수용과 예술적 가치에 대한 활용에 대해 좀 더 열린 마음으로 접근할 때가 되었다고 본다. 이때 물론 "우리는 예배가 의미를 잃어버릴 정도로 현재의 문화적 기준을 따르게 해서는 안 된다."[103]라고 말한 로버트 웨버의 지적을 기억해야만 할 것이다. 저급하며 개인적이고, 소비 형태를 취하며 복음을 헤치는 악의 유형으로서의 문화접근을 경계해야 한다. 하지만 하나님의 선한 의도로 창조한 피조물들이나 기술들을 예배에 적극 활용함은 중요한 일이라 여겨진다. 한국감리교회의 『새예배서』(2002)의 주일예배에는 문화와 예술의 측면이 과연 얼마나 반영되고 있을까?

---

[101] 퀸틴 슐츠, 『미디어 시대, 당신의 자녀는 안전한가?』, 김성녀 역(서울: IVP, 1997), 129.
[102] Sara Webb Phillips, "The Role of Artists in Worship", 『Worships Matters —A United Methodist Guide to Ways to Worship』(Nashville: Discipleship Resource, 1999), 162.
[103] Robert E. Webber, *Worship Old and New : A Biblical, Historical, and Practical Introduction* (Grand Rapids: Zondervan, 1990), 106.

이제 필자는 한국감리교회『새예배서』(2002)에 나타난 주일예배 순서에 나타난 현대문화와 예술적 측면을 평가하면서 문화와 예술을 반영하는 예배를 드리기 위해 행할 수 있는 실제적인 방법을 다음과 같이 제안하고자 한다.

첫째, 주일예배 안에 여러 예식을 제시하면서, 자유로운 형태의 주일예배를 드릴 수 있도록 2개의 모델을 제시한 점은 긍정적으로 평가할만하다고 본다.[104] 여기에 보면, 회중의 적극 참여를 위한 열린 찬양과 경배찬송 및 옆 사람과 손을 잡고 평화송을 부르는 것은 현대 음악적 요소를 포함해주고 있다. 그러나 다른 예술적 표현방식이나 지침은 없는 것이 아쉽다. 다양한 예배서의 예배순서 해설이나 신학적 입장에서 문화와 예술측면을 고려할만한 소개가 없는 상태이다.

둘째, 한국감리교회 주일예배를 실행함에 있어 현대 문화와 예술과의 만남을 가져서 예배에 적극 활용할 수 있는 노력이 필요하다고 본다. 이런 측면에서 감리교회는 대한예수교 장로회(통합)의 제안서 같은 형식을 좀 더 구체화해서 예배에 있어서 문화예술적 접근을 제시해 주어야 한다고 본다. 적어도 예배서안에 이러한 내용이 포함되어야 한다고 본다.

셋째, 목회자들은 개 교회에서 주일예배를 시행함에 있어서 전통적인 방식만 고집하지 말아야 한다. 열린 마음을 갖고 음악, 미술, 드라마, 춤, 멀티미디어 활용 등 다양한 은사자들을 발굴하여 예배위원회 안에 포함시켜 예배를 구성함이 효과적이라 판단된다.

넷째, 청소년이나 어린이 주일예배에 좀 더 과감한 관심과 문화 예술적 측면을 투자해 주어야 한다고 본다. 최근 교회들은 앞 다투어 예배당을 리모델링하거나 건축을 할 때 예배당 구조와 함께 지역문화사회 발전을 위해 문화예술 시설물들을 교회 부설로 세우고 있음을 본다. 예를 들면, 문화카페, 체육시설, 노인을 위한 실버 복지시설 등을 세운다. 그

---

[104]『새예배서』(2002), 71-75를 참조. 여기에는 자유형 주일 낮예배 순서 (1) 말씀중심의 예배 순서와 자유형 주일 낮예배 순서 (2) 찬양팀과 함께 하는 예배순서가 소개되어 있다.

러나 청소년들과 어린이를 위한 문화공간은 과연 얼마나 배려하고 있는지 반성해 볼 일이다.

다섯째, 문화와 예술을 반영하는 주일예배를 실행하되 잊지 말 것은 개 교회의 특성과 교인들의 상황을 고려한 예술예배를 창출해야 한다는 것이다. 문화예술적 접근이 어느 교회나 어느 지역에서나 타당하게 적용되지는 않을 것이다. 따라서 목회자와 예배위원회는 지역과 개교회의 상황에 알맞은 선택을 하면서 시도해야 할 것이다.

(8) 나르시시즘(Narcissism)을 뛰어넘는 하나님을 영화롭게 하는 예배를 지향해야 한다

오늘의 예배의 총체적 문제점 중의 하나는 하나님을 영화롭게 하려는 "드리는 예배" 보다 "받으려는" 마음이 강한 극히 이기적이고, 자아중심적인 예배에 몰입되어가고 있다는 것이다. 현대세계가 자기중심적으로 기울어가는 경향을 띄고 있다. 기술과학 문명사회는 공동체의 선보다 개개인이 자기 자신과 필요에 초점을 맞추게 되면서 점점 서로 고립되게 만든다. 스피드, 유동성, 현대의 삶의 파편화 등으로 인해 사람들은 친밀감의 필요성은 알지만 그것을 어떻게 채우는지에 대해 잘 알지 못한다.[105] 이런 현상은 예배에서 특히 두드러진다. 공예배에 참석한 회중들이 각자 시간에 쫓긴 나머지 정해진 예배를 드리고 다시 일상으로 되돌아가기 바쁘다. 또한 자신에게 필요한 맞춤형 예배를 찾아 이리저리 배회하기도 한다.

크리스토퍼 레쉬는 그의 책, 『나르시시즘의 문화』(*The Culture of Narcissim*)에서 현대세계에서 사람들이 자아에 대한 강조를 하는 것은 관료화, 이미지의 증식, 치유중심의 이념, 내적 삶의 합리화, 소비주의 예찬, 그리고 가정생활의 변화와 변화되고 있는 사회화 패턴 등으로부

---

[105] 마르바 던, 『예배, 소중한 하늘 보석』, 김운용 역(서울: WPA, 2017), 215.

터 파생되고 있는 새로운 자기혐오(self-hatred)라고 말한다.[106] 이러한 분석은 현대의 자기애가 중심을 이루는 문화로서 현대예배에 침투해 들어오는 객관적이고 원인론적 분석이다.

신학적으로 자아에 대한 지대한 관심은 하나님에 대한 우리의 죄 곧 반역으로부터 생겨난 것이다. 거대한 자아의 파도가 오늘의 예배안에 스멀스멀 들어오고 있다. 이런 현상은 우리 자신의 체험이나 경험에 너무 집중하게 될 때에 나타난다. 우리는 자아도취감, 감정 등을 강조함으로서 예배를 지나치게 주관화 하는 습성을 버려야 할 것이다. 오직 예수 그리스도로 말미암아 우리는 하나님 앞에 나아가 예배할 수 있다. 그렇다면 예배는 더 이상 나자신이나 나의 경험에 대한 것이 아니어야 한다. 예배의 주어는 언제나 '나'가 아니라 하나님의 구원 내러티브이어야 할 것이다.

예배는 근본적으로 하나님의 이야기를 재현하는 행위로서 하나님의 말씀의 식탁과 성만찬의 식탁에서 그 이야기를 노래하고, 설교하고 떡을 떼는 행위이다. 예배에서 우리에게 필요한 것은 내 갈 한 일을 덜 강조하고, 하나님께서 하신 일을 드러내고 나타내는 것이다.[107] 그렇다면 오늘의 예배에서 우리의 눈을 자아에서 떼어 내어 하나님과 그분의 위대한 구원의 행위에 초점을 맞추어 하나님을 영화롭게 하는 예배를 지향하려면 어떻게 해야 할까?

첫째, 예배에서 하나님과 하나님의 크신 행위에 집중시켜 준비를 해야 한다. "나-나의-나를"이라는 단어의 사용을 제한해야 한다. 예를 들면, 우리의 찬양에서 찬양받으실 대상이신 하나님이 주어가 되도록 하고, 가급적 "나"를 빼 내어야 한다. 설교에서 설교자는 사람행위에 대한 간증이나 민담 사용을 자제해야 한다. 하나님의 구원 역사에 대한 이

---

[106] Christopher Lesch, The Culture of Narcissim(New York: W.W. Norton, 1979), 32;31-51 참조. 던, 『예배, 소중한 하늘 보석』, 215에서 재인용.
[107] 로버트 웨버, 『예배란 무엇인가?』, 가진수 역(서울: 워십리더, 2014), 99.

야기를 선포하는데 초점을 맞추어야 할 것이다. 회중들 역시 하나님의 계시의 말씀에 집중하는 예배자로 서야 한다. 흥미있고, 오락적이며, 순간적으로 청각을 자극하는 메시지에 귀 기울이는 자아중심의 예뱉태도를 수정해야 할 것이다.

둘째, 나르시시즘 적 예배를 극복하기 위해서 대화예배를 강화할 필요성이 있다. 기독교 예배는 언약적인 유형을 띈다. 하나님과 그 백성 사이에서 이루어지는 대화 형태를 취하는 것이다. 미국 장로교 예배모범에는 예배에서의 대화원리를 다음과 같이 규정하고 있다.[108]

"예배는 두 부분으로 구성되어 있다. 한 부분은 하나님을 위하여 실행되며 또 다른 부분은 회중을 위하여 실행된다. 전자에서는 예배자가 수동적입장이며, 후자에서는 예배자가 능동적인 입장이다. 이 두 요소는 가능한 한 상호 교류적이어야 한다." 최근의 연구에서 예배는 수평적이며 수직적인 관점이라는 대화원리를 강조하고 있다. 수직적 관점으로 우리는 하나님게 영광과 경외를 돌려 드리고, 수평적 차원에서 우리는 하나님의 백성들을 교화하는 것이다. 예배는 하나님을 영화롭게 하되, 백성들이 상호교류적 차원의 바른 예전을 실행하며 진행할 때, 자아도취에 빠지지 않으며, "나"를 위한 영적 관점은 위와 옆을 향하는 올바른 예배를 드릴 수 있다.

셋째, 기독교 예배는 독일어의 예배어원인 "Gottesdinst", 즉 "하나님의 봉사와 인간의 봉사"라는 개념을 예배 안에 적극 반영해야 한다. 나르시시즘 예배형태 극복을 위해서는 예배자들이 기본적으로 섬김과 봉사라는 스프릿을 가져야 한다. 오늘의 한국교회 예배는 파편화, 다양성, 상대주의 발현, 자아 중심적 생활 패턴 등으로 인해 기본적으로 이웃을 향한 섬김과 봉사가 취약해 지고 있다. 예배는 그 본질이 하나님을 향한 섬김임을 잊지 말아야 한다.

---

[108] D. G. 하트 & John R. 뮤터, 『개혁주의예배학』, 김상구 · 김영태 · 김태규 역(서울: 개혁주의신학사, 2009), 109에서 재인용.

마르바 던은 말한다. "예배실행이 진정으로 하나님을 찬양하는 것 대신에 자아숭배(self-idolatry)를 고양시키는 행위라는 이 얼마나 모순된 일이며 비극적인가?"[109] 예배가 우리의 자아를 부인하도록 부르시는 예수 그리스도의 임재가운데로 이끌어 갈 때 우리의 품성은 그분의 제자들로 진실되게 양육될 것이다. 나르시시즘은 현대 예배 안에 극복되어야 할 시급한 과제이다.

3. 예배예식서를 재발견 하면서 적극 활용하는 예배가 되게하라

한국교회 주일예배의 새로운 방향 모색에 있어 예배예식서를 재발견하면서 적극 활용하는 예배가 되어야 한다. 예배갱신의 가장 큰 이슈와 수단은 바로 예배예식서의 올바른 인식과 활용에서 그 가능성을 찾아야 한다. 예배예식서는 하루아침에 형성된 것이 아니다. 초대교회 예배전통, 동서방교회의 예전, 중세시대, 종교개혁파 시대의 예배, 계몽주의, 낭만주의, 근현대 교회사를 통해 발전되고 형성되어온 예배의 뿌리와 나무와 줄기는 물론 그 열매라는 꽃과 같다. 만약 한국교회가 성경적이고 신학적 근거와 역사적 예배전통을 반영한 예배예식서를 가지고 주일예배를 드릴 수 있다면 이는 개신교회의 통일성과 정체성을 드러내는 데 큰 역할을 할 수 있을 것이다. 목회자 한명 당 하나의 예식서를 갖고 있는 것이 오늘의 한국교회의 실태이다.

물론 예배요소(순서)에 있어서 다양성을 살려 예배구성을 하는 일은 인정해 줄 수 있다. 하지만 기독교 예배는 그리스도 중심의 예배를 지향한다. 그리스도 중심의 예배는 설교중심의 예배만도 아니고, 성례만을 강화한 예배만도 아니다. 예배안의 설교와 성례전이 함께 균형을 갖추

---

[109] 던, 『예배, 소중한 하늘 보석』, 222.

어 드리는 하나님의 구원사적 사건을 재현하는 그리스도의 사건중심의 예배이어야 함을 잊어서는 안될 것이다. 이러는 과제에 대한 해결의 길은 바로, 예배예식서를 통해 오르디나리움(통상문)과 프로프리움(고유문)[110]의 적절한 배열과 반영하는 것이다. 목회자의 입맛대로, 혹은 출처와 근거도 알 수 없는 수많은 예배형식들은 기독교예배의 본질과 정체성을 흔들게 한다. 이는 결국 그리스도인의 예배생활에 막대한 부정적 영향을 끼치게 되는 것이다. 목회자는 예배를 설정할 때, 교회와 프로그램과 비전과 사회적 상황화 등에만 매이는 것은 올바른 기독교 예배에서 크게 벗어날 수 있음을 인식해야 한다.

예배예식서를 적극 활용하는 것이 예배갱신의 좌표를 유지하는 것이다. 이 과제를 효과적으로 수행하기 위한 실제 제안들을 나열해 보고자 한다.

첫째, 한국교회 목회자들은 예배신학에 대한 인식의 전환과 성찰이 절대 필요하다. 목회자는 스스로 예배전문가라는 판단을 함으로서 예배형식과 내용에 있어 세밀하게 준비하지 않은 채 강단에 서게 될 유혹이 있다. 목회자의 손에 고정된 예배서가 쥐어져 있어도 예배 때 마다 예배신학적 통찰력과 신성한 기술적 노력이 반드시 포함되어야 신령과 진리의 예배를 드릴 수 있을 것이다.

예배갱신의 가장 큰 걸림돌은 평신도가 아니라 목회자 자신이라고 지적했던 로버트 웨버의 말을 유념할 필요가 있다. 아무리 탁월한 예배서를 갖고 있어도 개 교회와 목회자들에 의해 활용되지 않는다면 예배발전은 기대하기 어려울 것이다. 따라서 목회자들은 예배갱신을 반영하는 주일예배 설정을 위해 끝임 없는 활용과 노력이 수반되어야 할 것이다.

---

[110] 오르디나리움(Ordinarium)은 변동적으로 사용되는 것들과는 달리, 예배구조와 순서안에 변함없이 포함되어야 하는 것들을 말한다. 여기에 속하는 것으로는 자비송, 영광송, 신앙고백, 거룩송, 성경본문, 주의기도, 성만찬 등이다. 프로프리움(Proprium)은 교회력에 따라 바뀌는 예배 요소들을 말한다. 예를 들면, 해당주일마다 바뀌는 입례송, 설교전후 기도, 성경낭독, 기도, 찬송(성만찬 찬송포함), 파송예전과 같은 임의적 요소들이다. 이에 대해, 김상구, 『일상생활과 축제로서의 예배』, 158-159를 참조.

둘째, 한국교회는 주일예배시에 원칙적으로 각 교단 총회가 결의하고, 연구하여 펴낸 주일예배서를 따라 주일예배를 설정 할 것을 제안한다. 한국교회는 일주일에 여러 번의 공적예배(적어도 3번 이상)를 드리고 있다. 이때 주일예배만이라도 통일성을 갖춘 예배를 드릴 것을 제안한다. 현대인들은 오늘의 한국교회 예배를 보며 중구난방식 예배순서, 출처불명의 불일치한 주일예배 순서 설정으로 인해 무질서하고 합리적이지 않고, 목회자가 크게 부각되는 예배로 인해 식상해 하고 있다. 예배안에서 거룩성, 신비감과 경외감을 찾지 못해 개신교를 떠난 사람들이 많음을 부정하지 못할 것이다. 그들이 어디로 흘러가고 있는가? 반성해야 할 것이다. 예배예식서는 이러한 문제를 해결해 나갈 수 있는 예배학적 장치이다.

셋째, 교회력과 성서정과를 반영하며, 시편의 재사용, 성만찬의 회복 등, 예배의 4중 구조에 따라 예배갱신운동에 동참할 것을 권장한다. 교회력이란 기독교회가 그리스도 안에서 행하신 구속사건을 기념하기 위해 매년 단위(연주기)로 그리스도의 대망, 탄생, 주현, 사역, 고난, 죽으심, 부활, 승천, 성령강림 등의 예수 그리스도의 사건과 생애를 순서적으로 주일 또한 평일에 재현하는 행위로서 초대교회부터 시행되어 3-4세기경에 정착되고 형성된 기독교 시간의 달력이다.[111]

기독교 예배에 있어서 시간의 중심성은 기독교 자체와 기독교 예배의 정의를 규정해 준다. "기독교인이 주장하는 바가 무엇이냐?"는 질문에 "그들이 시간을 어떻게 지키는지 보라"고 대답할 수 있다.[112] 성서정과(Lectionary)란 교회력의 주제에 따라 재현하기 위해 사용되어질 "성경본문 모음집"(Lectionary)으로 하나님의 구원사건의 케리그마 장치라

---

[111] 김순환, "교회력과 성서정과의 효과적인 활용을 위한 방안 연구",「복음과 실천」가을호(2004): 176; Horace Allen, Jr., *A Handbook for the Lectionary*(Philadelphia: The Geneva Press: 1980, 25). 이외 최근 교회력에 따른 예배 연구로는 박해정,「빛을 따라 생명으로」(서울: 동연, 2016)을 참조.
[112] 화이트,「기독교예배학 개론」, 70.

할 수 있다.[113] 역사적으로 성구집들은 4세기에 이르러 초대교회가 "교회력에 따른 계획에 의하여 성경을 말씀을 읽도록 정리해 놓은 것"으로 알려져 있다.[114]

교회 절기와 성서정과에 따라 하나님의 구원 내러티브가 선포될 때 하나님의 시간간이 우리의 시간을 깨뜨리시고, 하나님의 이야기가 우리의 이야기가 되게 하신다. 교회력의 시간들은 우리로 하여금 교회로서의 정체성을 형성해 주며, 우리가 깊이 있는 영성을 형성하도록 인도한다. 그럴 때, 우리의 삶은 고대-미래가 되어, 그리스도 안에서 언약된 온전함을 경험하게 된다. 오늘의 한국교회 목회자들은 교회력과 성서정과가 마치 로마 가톨릭교회의 전유물인 것인냥 오해와 편견을 갖고 있음을 안타까운 일이다. 교회력과 성서정과의 적극적인 활용은 기독교예배의 정체성과 본질을 세우는 틀이며, 주일예배에서 예수 그리스도를 통한 하나님의 구원사를 가장 잘 그려내는 내러티브적 장치이다.

넷째, 개 교회에서는 예배팀이나 예배위원회를 구성하여 운영할 것을 제안한다. 예배팀은 교역자와 평신도 은사자를 발굴하여 예배의 계획, 인도, 평가를 실행하는 것이 바람직 할 것이다. 예배위원회는 교회의 규모에 따라 이미 시행하는 교회들도 있을 것이다. 그러나 규모가 작은 교회라도 목회자는 예배위원을 구성하여 주일예배를 위한 프리젠테이션을 가짐으로서 평신도 예배참여의 극대화와 역동적인 예배를 기대할 수 있을 것이다.

다섯째, 적극적이고 효율적인 예배예전 훈련기회를 목회자들에게 제공해 주어야 할 것이다. 예를 들어, 기독교대한감리회 본부는 해당기

---

[113] 김순환, "교회력과 성서정과의 효과적인 활용을 위한 방안 연구", 183. 성서정과란 영어로 렉쇼너리(lectionary)란 말을 번역한 것인데, 원래 이 말의 뜻은 매주단위로 읽혀지는 성서주과(聖書週課)와 매일 단위로 읽혀지는 성서일과(聖書日課)를 포함한다. 따라서 성서일과라는 말보다 성서정과(聖書程課)라 표기함이 이 단어를 제대로 표현하는 것으로 볼 수 있다. 최근 예배학계에서도 성서일과보다는 성서정과로 통일하기로 제안한 바 있다.
[114] The Consultatiom on Common Texts, *The Revised Common Lectionary*(Nashville: Abingdon Press, 1993), 9.

관(각 연회, 선교국, 홍보출판국)을 통해 보다 실제적인 목회자 진급과정에서 재교육연수 기회가 주어져 있다.[115] 물론 지금까지 예배학 과목이나 예배이론에 관해서는 재교육의 기회가 있어왔다. 하지만 구체적으로 커리큘럼 안에 "교단 예배예식서 활용과 실제"와 과목 같을 것을 연수교육시에 개설하여, 운영함으로서 예배인도자로서 철저히 훈련을 받을 기회를 제공해주면 크게 도움이 되리라 생각한다.

여섯째, 신학대의 교육에서 예배학의 강화와 필요성을 제안하고 싶다. 예를들면 한국감리교회는 3개 신학대학에서 수많은 신학도들이 해마다 쏟아져 나오고 있다.[116] 이때 과연 예배현장에 곧 바로 사역하면서 과연 예배예식을 제대로 알고, 예배신학에 기초한 예배사역을 감당할 만한 훈련을 받고 나오는지 자문해보고 싶다. 다른 것을 차치하더라도 예배학만큼은 강조해서 교육을 하게 해야 하며 학과 커리큘럼에서 충분히 연구하고, 교회현장에 파송해줄 것을 신학대학교에 요청하고 싶다. 이는 타교단과 신학대학도 마찬가지이다.

일곱째, 교단의 총회나 연회 등의 공적인 예배 시에는 반드시 예배서를 적극 활용한 예배를 드려야 한다. 한국감리교회에서는 『새예배서』 (2002)에 따른 실험예배를 자주 실시하여야 한다. 감리교회는 지방회, 연회, 총회 등 여러 의회제도를 갖고 있다. 이때 모든 공적 예배에서 『새예배서』를 활용한 예배를 집행해야 한다고 본다. 그리고 각 연회에서는 수시로 예배서에 근거한 실험예배를 개설하여 드릴 것을 제안한다. 이때 예배전문가를 준비하여 현대예배의 동향이나 세계예배의 흐름을 나눌 수 있는 기회를 제공함도 좋을 것이라 본다.

---

[115] 여기에 관해서는 『교리와 장정』(2016)의 제10편 과정법 제4장 교역자 진급과정을 참조.
[116] 감리교 계통대학인 감리교신학대학교, 목원대학교, 협성대학교의 신학대학원에서 2017년 한해 만해도 400명이 넘는 신학대학원 졸업생들이 배출되었다. 여기에 관해서는 기독교대한감리회본부, 『2017년도 감리회본부 연회보고서』(서울: 기독교대한감리회, 2017), 315-334를 참조.

제18장
21세기형 한국교회 주일예배 모델(안)

 필자는 21세기 한국감리교회의 주일예배 모델(안)을 제시해 보고자 한다. 이는 타 교단 예배에서도 활용할 수 있으며, 한국교회가 함께 공동으로 드릴만한 예배형식을 염두한 모델이라 여긴다. 예배의 구조와 예배요소(순서)에 관한 해설 등은 지금까지 연구한 앞의 부분에서 다루었다. 여기에서는 도표를 활용하여 한눈에 볼 수 있도록 간략하게 제시하고자 한다. 그리고 예배유형을 제시할 때, 예배구성의 기본구조를 4중구조의 틀 안에서 다루려고 한다. 아울러 4중 구조의 용어가 각 예배서 마다 다양하고, 심지어 예배학자마다 다양한 용어를 사용하고 있음을 살펴보았다.[117] 필자는 여기에 대해 모든 다양한 용어의 채택을 인정하면서도 본 글에서 모델을 제시할 때에는 4중 구조의 용어를 입례예전, 말씀예전, 성만찬예전, 파송예전으로 사용하려고 한다. 이유는 용어의 단순함과 예전적 예배를 지향하려는 특징을 한눈에 보여줄 수 있

---

117 4중 구조의 다양한 용어 사용에 대해 본 글 제5장 제4절 2) 말씀과 성만찬이 함께 있는 주일예배 부분을 참조. 여기서는 다시 한번 4중 구조의 다양한 용어의 형태를 간략히 정리해 보고자 한다. 한국감리교회(kmc)-하나님 앞으로 나아옴, 말씀과 선포, 감사와 응답, 성만찬, 세상으로 나아감; 미국연합감리교회(UMC)-입당(Entrance), 선포와 응답(Proclamation and Response), 감사와 교제(Holy Communion), 파송의 말씀(Sending Forth); 독일개신교예배서(1999)-개회와 부름(Eroeffnung und Anrufung), 선포와 고백(Verkudibung und Bekenntnis), 파송과 축도(Sendung und Segen); 리마예식서(Lima Liturgy, 1982)-개회의 예전, 말씀의 예전, 성만찬성례전, 파송의 예전; 로버트 웨버-나아감의 시간, 말씀의 예전, 감사의 예전, 파송의 예전; 김상구-개회와 부름, 선포와 고백, 성만찬, 파송과 축도로 각각 그 용어를 채택하고 있다.

다고 판단되기 때문이다.

주일예배의 모델(안)은 4 가지를 제시하고자 한다. 이 네 가지는 첫째는, 말씀과 성만찬이 균형 잡힌 주일예배, 둘째는 말씀중심의 주일예배, 셋째는 가족이 함께 드리는 주일공동예배, 넷째는, 현대적 자유 형식(통합)의 주일예배이다. 아쉬운 것은 청소년을 위한 주일예배라든지, 어린이 주일예배까지는 다루지 못했음을 밝힌다. 이어 예배 유형에 따른 가이드라인을 해설 형식으로 포함시켰다. 예배유형에 따른 요소들을 예배시간, 예배공간, 상징, 예배음악, 예술, 오감, 인도자와 회중의 역할과 기능을 중심으로 가이드 해 보았다. 이는 어디까지나 필자의 제안으로, 그 외 최근 예배학계 연구에 따른 다양한 예배유형과 요소들을 활용하여 반영할 수 있을 것이다.

1. 4가지 주일예배 모델(안) 〈표-3〉

예배유형 구분	말씀과 성만찬의 균형이 있는예배	말씀중심의예배	가족이 함께 드리는 예배	현대적 자유형식 (통합)의예배 [117]
예 배 순 서	입례예전 전주 입례송 예배로부름(기원) 경배의 찬송 죄의 고백 자비송 용서의 말씀 교독문 삼위영가 오늘의 기도 기도응답송	입례예전 전주 예배로부름(기원) 경배의 찬송 죄의 고백 자비송 용서의 말씀 교독문 삼위영가 오늘의 기도 주의 기도 기도응답송	입례예전 전주 입례송 예배로부름(기원) 경배의 찬송 가족영상 상영 신앙고백적 찬송 가족공동기도(문) 기도응답송	함께모임 전주 함께 모임과 열린찬양 스킷드라마(혹은 영상드라마 상영) 예배로 부름(기원) 환영의 인사 경배와 찬양 죄의 고백 회개의 기도송 용서의 말씀 짧은 회중기도 고백적 찬양

118 본 유형의 예배는 예배의 구조면에서 비형식, 자유로운 형태이다. 그러나 현대적 통합예배라 해도, 주일예배의 필수요소는 생략할 수 없다는 측면에서 이해하기 쉽게 하기 위해 본 글에서는 4중 구조형 틀을 표기한 것이다. 실제 교회에서 현대적 통합예배를 드리고자 할 때, 이 유형과 요소는 더욱 다양하게 연출하거나 추가 혹은 순서에서 제외할 수 있다.

| 예배순서 | 말씀예전
성경낭독
1. 구약낭독
응답시편송
2. 신약서신서
【응답찬양】
3. 복음서의 말씀
찬양(찬양대)
말씀선포
설교후 기도
응답찬송
신앙고백
중보의 기도

성만찬예전(매월1회)
봉헌(봉헌찬송)
봉헌기도
성물운반 및 봉헌
성만찬으로의 초대
시작기도

삼성창
성만찬제정사
【기념사】
성령임재의기원
주의 기도
평화의 인사
분병분잔례
분급
성만찬후 기도

파송의 예전
교회소식
파송의 찬송
파송의 말씀
축도
축복송-찬양대
후주 | 말씀예전
성경낭독
1. 구약낭독
응답시편송
2. 신약서신서
【응답찬양】
3. 복음서의 말씀
찬양(찬양대)
설교전 기도
말씀선포
설교후 기도

감사와 응답 예전
응답찬송
신앙고백
찬송
중보의 기도
평화의 인사

봉헌(봉헌찬송)
봉헌기도

【성만찬】[118]

파송의 예전
교회소식
파송의 찬송
파송의 말씀
축도
축복송-찬양대
후주 | 말씀예전
성경낭독
1. 구약낭독
(청소년 중에서)
2. 신약낭독
(어린이 중에서)
찬양-찬양대
말씀선포
설교후 기도
응답찬송
신앙고백
가족을 위한 기도

성만찬예전
봉헌(봉헌찬송)
봉헌기도
성물운반 및 봉헌
성만찬으로의 초대
시작기도

삼성창
성만찬제정사
【기념사】
성령임재의기원
주의 기도
평화의 인사
분병분잔례
분급
성만찬후 기도

파송의 예전
교회소식
파송의 찬송
파송의 말씀
축도
가족 축복송
후주 | 말씀과 선포
성경낭독
1. 구약낭독:
2. 신약낭독:
예전무
【찬송(찬양대)】
말씀선포
설교후 기도
초청의 시간

감사와 봉헌
응답찬송
신앙고백
봉헌(봉헌찬송)
봉헌기도
【성만찬】(매월1회)

교제와 파송
교회소식(영상)
파송의 찬송
파송의 말씀
축도
축복송-찬양대
후주 |
| | 【】는 생략가능함 | 【】는 생략가능함 | 【】는 생략가능함 | 【】는 생략가능함 |

119 본 예배유형은 말씀중심의 예배로서 성만찬 부분이 생략된 유형이다. 역시 예배의 4중구조의 기본구조를 유지하고 있다는 측면에서【 】(생략표시)를 표기한 것이다.

2. 예배유형에 따른 활용 가이드 라인 〈표-4〉

예배유형 구분		말씀과 성만찬의 균형이 있는예배	말씀중심의예배	가족이 함께 드리는 예배	현대적 자유형식 (통합)의예배
요소들	시간	· 교회력과 성서정과에 따라 예배를 드린다. · 우리 명절과 통전적으로 반영하는예배설정	· 교회력과 성서정과를 사용할 수 있다. · 주제별 설교 설교자 임의의 상황 설교를 할수 있다.	· 어린이 주일, 어버이주일, 부부주일을 정해서 드린다. · 교회가 Home Coming Day를 정해서 드릴 수 있다.	· 젊은이 중심교회에서 활용한다. · 주일예배를 여러시간에 드린 경우, 젊은이가 많이 모이는 시간대에 드린다.
	공간	· 설교대, 세례반, 성만찬대등 입체적 배치 · 성례전실에서 성물 운반 진행함 · 예배당 건축양식-한국문화 반영 과제 · 소리, 빛, 그림등으로 예배실꾸밈	· 설교대, 성경낭독대 구분배치	· 가족별로 예배 좌석이나 테이블을 준비-가족이 함께 오지 못한 이를 위해서도 배려한다. · 예배전에 문화카페 활용하여 친교하게 한다. · 파송의 예전후에 어린이도서관 혹은 어린이, 청소년 예배실을 방문하여 축복한다.	· 성단중심보다는 설교대, 찬양팀, 오케스트라가 주요 공간을 활용하게 한다.
	상징	· 성만찬시 성물을 봉헌위원들이 운반, 봉헌한다. · 성작, 떡상, 포도주 잔등 한국적 도기 활용가능 · 예전복 활용-목사가운 한국적 복식으로 재개발 필요	· 성경낭독시 회중은 일어섬 · 봉헌위원들이 나와 제단앞 봉헌 · 회중과 집례자 모두 십자가를 바라봄 · 적극적 몸짓언어사용	· 예배순서에 어린이나 청소년들이 주요 순서를 맡게 한다.(사회, 오늘의기도, 찬양, 헌금기도 등) · 어버이들에게 상장드리기 · 최장노년부부수상	· 예배순서에 어린이나 청소년들이 주요 순서를 맡게 한다.(사회, 오늘의기도, 찬양, 헌금기도 등) · 어버이들에게 상장드리기 · 최장노년부부수상

요소들	음악	· 찬송가 사용 · 찬양대와 회중의 적극참여 · 공동찬양 · 오르간, 피아노 사용 · 우리곡조에 맞는 찬송활용, 우리악기 사용 장려	· 찬양대는 설교 주제를 반영하는 찬송을 준비한다.	"우리는 사랑의 띠로" "하나님께서는 우리의 만남을" "축복의 통로"와 같은 찬양을 부름으로 가족의 하나됨을 확인한다. · 찬양팀과 키보드로 분위기 고조시킨다.	· 개인찬양, 합창, 회중 찬양을 중심으로 드린다. · 찬양대의 찬양을 생략할 수 있다. · 음악의 통전성 활용

	예술	· 현대음악(CCM), 미술, 드라마, 춤, 멀티미디어 적극 활용(운영자개발)
		· 다양한 예배요소 나타낼 수 있도록 예배당 시설 리모델링 실시
		· 성화(이콘), 성례전실, 스테인글라스, 빛, 패넌트나 깃발 등)
		· 예술적 기술장비를 활용한다. 각 예배 유형별로 상황에 맞게 선택하여 활용할 수 있다.
		  1단계 장비 – 찬송부르기, 피아노 사용, 주보나 예배순서지 활용
		  2단계 장비 – 슬라이드, 프로젝터 빔, 스피커 달린 신디사이저 사용
		  3단계 장비 – 고급 영상, 데이터 영사기, 찬양반주기, 그래픽 첨가된 CD 사용			

	오감	· 성만찬시 교인이 직접 만든 한국 문화에 맞는 떡과 담근 포도주 사용(떡 대신 빵을 사용할 수 있다) · 떡을 쪼갬(시각), 성작에 포도주를 부음(청각), 떡과 포도주맛과 향을 느낌(후각, 촉각)	· 성경낭독시간에 스크린 사용(시각), 낭독자(청각) 낭독 · 중보의 기도시간에 다양한 주제들을 가지고 기도한다. (예, 세계교회, 각 도시와 지도자, 가난한자, 억압된자, 질병과 고통받는자, 특별한 도움이 필요한 자 등)	· 가족사진 작품 나누기(시각) 준비가 안된 가족은 당일 가족기념사진 · 가족끼리 악수나 허그하며 인사(촉각)	· 스킷드라마(시각) 동영상으로 예배자들의 감흥을 고취(청각, 시간)

요소들	회중·인도자	·성경낭독시 장로, 권사, 집사로 낭독자 구성 ·일어섬, 앉음, 걸어나감, 제스쳐, 교창, 시편의 교송, 환호사 등을 적극사용 ·목사, 찬양대지휘자, 오르간연주자, 낭독자 및 예배위원들	·설교(예배)대화 시도 ·서로 인사 ·교회소식 참여 "아멘" "할렐루야" 등 적시성 갖고 사용 ·목사, 찬양대, 지휘자, 낭독자	·성경낭독시 가족별로 교독으로 낭독 하거나 어린이, 청소년위원 헌장낭독 ·자녀들이 부모에게 편지나 영상 ·목사, 찬양팀 리더, 어린이, 청소년, 장년부, 노년부로 구성된 예배위원 ·목사는 가족소개, 가족찬송부르기, 어린이찬양하기 등을 기획한다.	·평신도 간증이나 예전무를 드릴 수 있다. ·열린 찬양시에 옆사람과 손을 잡거나, 손뼉을 치며, 환희의 감각을 나누게 한다. ·강사, 찬양인도자, 피아니스트, 오케스트라, 악단, 드라마팀, 전문가들 ·목사는 파송의 예전시에 지난 일주일동안 일어난 축하와 위로의 소식을 나누며 짧은 기도를 추가할 수 있다.
	자료	·『새예배서』, 성만찬 예문집, 찬송가 등 ·주보을 사용한다.	·설교요약문과 기도문을 나눠줄 수 있다.	·어린이(청소년) 헌장, 카메라, 영상자료, 악보들, 지나온 교회역사 사진등 준비한다.	·예배순서를 위해 주보를 사용할 수 있으며, 영상미디어 활용할 수 있다.

3. 모델(안)과 활용 가이드라인의 장점과 단점

위에서 제시한 4가지 주일예배 모델(안)과 예배유형에 따른 활용 가이드라인은 장단점을 갖고 있다.

장점으로는 첫째, 다양한 주일예배 순서를 한눈에 볼 수 있도록 제시하였다는 점이다. 주일예배를 설정할 때, 어느 한 형태만 고집하게 되면, 동시대에 부응하지 못한 예배순서를 지속할 수 있다. 따라서 위에서 제시한 방법을 활용하면 얼마든지 통일성과 다양성을 견지한 주일 공예배 설정을 할 수 있다.

둘째, 활용 가이드라인을 제시함으로서 각 예배유형과 각 요소에 따라 철저하게 예배를 준비하거나 리허설을 실시할 수 있게 했다.

셋째, 이 자료을 가지고 개 교회 현장의 목회자들은 교회력과 성서일과에 맞는 성서적, 전통적, 현대적 통합을 이루는 주일예배 설정을 시도 할 수 있다.

아쉬운점으로는 이러한 예배 유형은 많은 준비를 필요로 하며, 예배 환경과 공간적 요소가 갖춰진 점을 고려했기에 그렇지 못한 교회에서는 활용에 어려움이 있을 수 있다. 또 하나는 예배순서에 대한 자세한 움직임과 언어적, 비언어적 동작 등을 표현하지 못한 점이다.

제7부
나가는 말

제19장
한국교회, 주일예배에서 다시 희망을 선포하자

1. 한국교회 예배예식서 활용을 위한 제안

지금까지 필자는 한국교회의 예배갱신의 해답을 위한 방안중 하나로 존 웨슬리에 뿌리를 둔 한국감리교회의 예배예식서안에 나타난 주일예배의 형성과 발달 과정을 살펴봄으로서 예배갱신의 새로운 방향을 모색하였다. 연구를 시작할 때부터 결론에 이를 때 까지 주일예배예식서의 역사적 재발견과 통찰이 예배갱신의 획기적인 초석이 될 것을 믿어 의심하지 않는다. 하지만 예배갱신은 주일예배예식서의 실제성과 활용여부만으로 그 방향과 목적의 완성을 다 이루어가는 것은 아니다. 기독교 예배 역사와 흐름은 과거부터 현재까지, 현대의 복음주의적 문화에 적용하려는 시점부터 토착화(상황화)의 문제까지 실로 다양하기 때문이다. 예배 공간, 시간, 음악, 예술, 예배순서 등을 재조정하고 새로운 고안물을 내놓는다고 예배갱신이 달성되는 것은 아니다. 여기에는 하나님께 감사와 찬송을 드릴 수 있도록 능력을 주시는 성령의 능력이 지속적으로 회복되어야 한다.

신자는 예배를 통해 피조물로서 조물주 되시는 하나님께 드리는 기쁨과 감사의 찬송을 분명한 목소리로 표현해야 한다. 요한계시록 4-5

장에는 천상의 무리가 하나님과 어린양을 예배하는 환상이 나온다. 동물의 왕국이 창조주를 찬양하고, 교회도 찬송에 합류하면서 찬송하는 뚜렷한 이유를 덧붙이고 있다. 그것은 창조주 하나님은 찬송을 받기에 합당하신 분이라는 사실이다. 요한계시록 21-22장에는 새 하늘과 새 땅이 임할 때, 하나님이 그 모든 것을 바로잡고 하나님의 영광스러운 아름다움이 밝히 드러날 것이라고 증언한다. 여기에 현시점에서 신자는 궁극적인 운명에 대한 비전이 있다. 그 비전이란 지금의 시점에서 하나님을 영화롭게 하는 왕같은 제사장이 되는 것이다. 하나님의 새 세계에서 사용할 그 언어를 미리 배우고, 하나님을 예배해야 한다는 것이다.[1] 이런 점에서 로버트 웨버가 지적한 대로 예배는 언제나 하나님의 이야기를 말해야 하고(과거), 현재까지의 하나님의 구원 내러티브를 기억해 내어야 하며(현재), 세상과 나를 위해 최선의 미래를 준비해 두고 계신 하나님을 예상하며(미래) 경배해야 한다.

우리가 드리는 매주일의 주일예배는 과거, 현재, 미래를 연결하는 하나님의 충만한 구원사의 내러티브이어야 한다. 이에 대해 우리는 예배의 역사와 예배신학을 끊임없이 연구할 뿐 아니라, 성령의 통찰력을 얻어야만 한다. 아울러 이러한 인식하에 새롭고 다양한 예배형식과 예배방법에 직면할 수 있는 주일예배와 그 예식서를 개발해 나가야 할 것이다.

끝으로, 한국교회 주일예배예식서를 연구하면서 다음과 같은 연구과제와 제안을 제시함으로서 한국교회-주일예배에서 다시 한번 희망을 선포하자고 제안한다.

첫째, 최근에 예배학 연구를 통해 발굴되거나 재해석되고 있는 한국교회 초기 예배문헌들의 전통과 귀중한 유산들을 오늘의 예배갱신 운동에 적극 활용할 수 있도록 각 교단의 예배학자들의 노력이 절실하게 요청된다. 필자가 한국감리교회 주일예배예식서를 연구하면서 관련 초기

---

[1] 톰 라이트, 『그리스도인의 미덕』, 홍병룡 역 (서울: 포이에마, 2010), 146-147.

문헌이나 각종 연구 자료들을 얻고자 할 때 도움을 받거나 찾아갈만한 예배학자를 흔쾌히 만나지 못하였으며, 실제 관련 자료를 일일이 찾아내어 작업하기가 여간 힘들었다. 참으로 아쉽고 안타까운 현실을 직시하였다. 이점은 타교단 역시 별 차이가 없으리라 본다.

둘째, 『새예배서』(2002)의 발간이후 개 교회에서의 활용여부와 목회자들의 평가에 대한 실험 연구물이 나와야 하겠다. 여기에 대한 자료가 거의 전무한 실정이다. 『새예배서』에 따른 "말씀중심의 예배", "말씀과 성만찬을 함께 드리는 예배", "자유로운 형식의 예배"등 다양한 예배형식에 대한 사용여부를 각 연회별, 지방별로 실태조사를 하여 나타난 효과와 문제점 등을 조사 연구하여 계속 활용가치가 있는 예배서가 되도록 후속연구가 뒤따라야 할 것이다. 이를 위해 감리교회 같은 경우 매년 각 연회가 열리는 시점에서 실태조사를 의뢰하여 자료를 수집할 수 있으며, 교단의 신앙과 직제 위원회나 관련기구와 부서에서는 이에 대한 후원을 해야 할 것이다.

셋째, 필자는 초기한국감리교회 주일예배의 발전과 형태를 공식적인 주요 문헌에 근거하여 연구하였다. 하지만 실제 각 교회의 주일예배를 시행했던 문헌(주보나, 회보, 교회역사 등)들을 세밀하게 관찰하여 당시의 주일예배가 어떤 형태로 드려졌는지 시대별로 연구할 필요가 있다.

넷째, 기독교대한감리회 교단에서 감리교예배학자나 예배전문 목회자들로 구성된 "예배예식서 학회"나 혹은 "예배예전위원회"를 구성하여 더 적극적인 활동을 통해 예배예식서에 따른 주일예배를 시행하도록 적극적인 권장이 필요하다. 또한 목회자들을 위한 예배예전 재교육이 반드시 필요하다고 사료된다. 신학교에서 예배학에 관한 기초학문만 접한 채 목회현장으로 파송되어 예배예식서에 대한 인식 결여가 문제점으로 지적된다고 필자는 거듭 피력했다. 이를 위해 기독교대한감리회 각 연회에서 현재 갖고 있는 신년도목회자세미나(교육)등을 통해 반드시 예배예식서에 대한 필수 과목을 지정해서 올바른 주일예배가 시행되도록 교단적

으로 시행하는 목회자 예배훈련이 과정이 상설화되어야 할 것이다.[2]

다섯째, 개 교회에서 목회자들은 예배학교나 예배훈련과정을 통해 교인들을 훈련시켜야 할 것이다. 예배신학과 형태 등에 대한 이해는 물론 실제예배의 요소에 대한 신학적 이해와 리허설 등을 가짐으로서 회중의 적극적인 예배참여도를 높여가야 할 것이다. 이를 위해 개체 교회에서는 목회자와 평신도가 공히 참여하는 예배위원회를 상설 설치하여 운영하는 것이 효과적일 것이다. 목회자만의 예배인도자 학교나 훈련과정도 필요하지만, 예배자들의 대부분을 차지하는 평신도(회중)들도 주도적으로 참여해야 한다.

여섯째, 한국교회 건축에 있어 예배신학과 맞는 예배당 건축을 시행해야 할 것이다. 현재 한국교회는 말씀중심의 예배에 집중된 예배당구조를 가지고 건축되는 실정이다. 사회대, 설교대, 세례반, 성만찬대, 찬양대등 시공간적으로 예배신학에 타당한 예배당 건축이 시행되어야 할 것이다. 아울러 각 교회에서는 "○○교회 성례전실"을 갖출 것을 제안한다. 신비감과 상징성을 고려한 예배당구조와 오감을 반영하여 드리는 예배, 예배예술이 통합적으로 진행되는 예배가 되어야 할 것이다.

일곱째, 예배예식서는 결코 절대화될 수 없다. 필자가 연구한 바에 따르면, 예배예식서는 교회역사의 발전과 시대적 요청에 부응하여 항상 새롭게 개정, 수정되는 과정을 거쳐 발전되어 왔다. 따라서 한국감리교회 예배예식서 역시 계속 연구함으로서 수정, 보완이 계속되어야 할 것이다. 이를 위해 관련 학자나 연구위원들과 같은 인재양성이 각별히 뒤따라야 할 것이다.

여덟째, 한국교회가 연합하여 사용할 수 있는 주일예배예식서의 연

---

[2] 기독교대한감리회는 매년 신년도를 준비하는 '목회계획세미나'를 10개 연회가 공동주최하여 실시하고 있다. 예를 들면, 2017년도를 위한 목회계획세미나는 *주제: "웨슬리 영성과 신학을 벤치마킹", *일시: 2016년 10월 3일(월)-10월 6일(목), 3박4일간(오후 3:00-4:00 등록) *장소: 설악 델피노호텔 & 리조트(구 설악대명콘도 C, D동)에서 열린바 있다. 기독교대한감리회 경기연회 홈피 (http://kgac.org) 참조.

구개발을 제안한다. 각 교단의 예배신학자와 지도자들이 공동 연구하여 주일예배서를 제정하여 한국교회 연합주일이나, 기타 교회일치 행사에 활용하게 함으로서 예배예식을 통한 한국교회의 통일성을 추구할 수 있다고 본다.[3] 최근 한국교회가 분열을 극복하고 교단의 일치를 추구하려는 움직임이 있는 나름대로 의의가 있다. 하지만, 다분히 정치적 성향을 배경으로하는 교단통합이 교회일치 자체를 의미하는 것은 아니라고 본다. 그리스도의 몸으로서 하나된 교회일치라야 의의가 있다. 이를 위한 가장 좋은 은혜의 수단은 예배예식서를 통한 예배통합이다.

2. 주일예배에서 희망을 찾고, 선포하자

모든 이를 위한 신학은 예배라는 꽃을 피워야 한다. 그렇지 않다면 그 신학은 사변화되고 화석화 된 신학과 이론에만 머물 것이다. 인간 영혼을 살리는 생명력 있는 신학이 되지 못한다면 그 신학이 무슨 소용이 있겠는가? 예배는 생명을 살림받은 하나님의 백성들의 공적 일이다. 그리스도인들은 초기 기독교에서부터 이 공적 일을 주일예배로 표현해 왔다. 예수 그리스도의 부활사건은 그리스도인들에게 있어 주일예배의 토대와 목적이 된다. 이는 또한 매주 일요일이 작은 부활절로서 주일예배로 발전하고 정착되었음을 역사적으로 증거해 주었다.

우리 그리스도인들은 주일예배에 희망을 걸어야 한다. 아니, 주일예

---

[3] 2018년 2월 5일~7일까지 한국예배학회는 "2018 예배컨퍼런스-빛을 따라 생명으로"라는 고무적인 일을 기획하여 실시하였는데, 필자도 참여하여 참으로 유익한 경험을 하였다. 이 컨퍼런스에서는 주의 강림(대강절)에서 성령강림절까지 일곱 번의 예배축제를 시행하였다. 여기에 참가한 신학교로는 감리교신학대학교, 서울신학대학교, 실천신학대학원대학교, 이화여자대학교, 장로회신학대학교 등이었다. 이 컨퍼런스에서는 각 교단의 예배학자와 목회자, 신학생, 평신도들이 참가하였으며, 그 기획의도와 목표를 이렇게 밝히고 있다. "교회력에 따른 예배에서의 예술적 표현과 초기교회의 전통이 갖는 아름다움, 나아가 창조적인 예배형식의 다양한 시도를 통해 이번 컨퍼런스가 한국개신교 예배에 기여할 수 있기를 소망한다. 특히 다양한 예배의 요소가 각 교회의 예배현장에 맞게 창조적으로 적용되는 것을 목표로 한다" 이러한 시도는 한국교회 주일예배갱신에 매우 바람직한 일이며, 예배를 통한 교회일치 추구에도 큰 의의가 있다고 본다. 이에 관련한 자료는 www.2018worship.net 참조.

배는 우리 그리스도인들의 존재목적이자, 이유이다. 오늘날 교회의 쇠락은 곧 주일예배의 쇠락이다. 교회의 교회됨은 주일예배의 예배됨에 있다. 주일예배에서 희망을 찾고, 그리스도인의 정체성 형성과 발전을 위해 주일예배를 사랑하고, 주일예배에 희망을 선포하자.

첫째, 온전한 주일예배를 위해, 예배와 설교의 자리를 이원화 혹은 분리하지 말아야 한다. 실천신학계 안에서 조차 예배학과 설교학을 구분하고 있다. "예배와 설교"라는 학문적 설정은 문제가 있다. 종교개혁과 계몽주의 시대를 거치면서 개혁주의, 복음주의, 오순절신학 계열 등 그 어느 신학에서도 지성화의 발로인 설교의 중요성은 아무리 강조해도 지나치지 않는다. 하지만, 그 설교가 수행되는 시공간적 장(場)은 언제이며 어디인가? 바로 예배에서이다. 종교개혁 이후, 개신교 예배는 반쪽 짜리 예배(말씀중심)를 드려왔다고 해도 과언은 아닐 것이다. 그 결과가 무엇으로 나타나고 있는가? 거룩한 성례(세례와 성만찬)의 약화로 인해 하나님의 구원사적 내러티브가 반영되지 못해 예배의 위기, 설교의 위기 등의 현상이 나타나고 있다. 청각과 미디어에 크게 의존하는 예배형태를 낳았다. 회중의 욕구와 필요만을 충족시키려는 예배기획이 유행하고 있다. 이는 그리스도인의 정체성 형성에도 건전한 영향을 줄 수 없다. 한국교회 희망은 온전한 기독교예배의 복원에서 찾아야 한다. 예배안의 설교위치부터 바로 인식해 나갈 때, 예배의 역동성과 균형이 이루어져 회중들의 삶에 변화를 가져올 것이다.

둘째, 온전한 주일예배를 위해, 하나님중심 혹은 그리스도 중심으로 예배에 대한 목회자와 회중들의 인식이 변해야 한다. 예배는 사람의 안녕과 교회의 부흥이나 목적을 위한 수단이 아니다. 계시와 응답 구조로서의 기독교 예배는 먼저 하나님의 부르심으로부터 출발한다. 부르심은 입례예전의 틀을 형성하고, 하나님이 베푸신 놀라운 은혜와 사랑을 기억(Anamnesis)하게 한다. 기억과 회상이 예배의 출발이다. 따라서, 목회자는 예배시간을 통해 인간이 무엇을 받으려고 하는 데만 초점을 맞추지 말아야 한다. 흔히 "설교가 은혜로 왔다. 예배가 좋았다"라는 말을 회중들이 하는데, 이는 예배학적으로 그리 타당한 언어들이 아니다. 하나님의 은혜가 드러나야 한다. 하나님이 중심이 되게 해야 한다. "설교가 은혜롭다"는 표현은 듣는 청중의 욕구에 부응했을 때가 대부분이다. 하나님의 계시는 꼭 은혜로운 것만은 아니다. 하나님의 진노하심도 포함된다. 하나님께서 어떻게 계시하시든(우리 마음에 들든, 그렇지 않든) 마땅히 하나님께 감사로 응답하고 영광을 돌려드리는 것만이 하나님의 백성들이 할 일이다.

셋째, 온전한 주일예배를 드리기 위해, 목회자는 다시 초심의 마음을 품고, 예배준비에 최선을 다해야 한다. 여기에 한국교회에 희망이 있다고 믿는다. 흔히 설교준비를 마치면 예배준비가 다 끝났다고 생각하기 쉽다. 회중들도 대표기도를 할 때, "우리 목사님 말씀을 들고 섰습니다. 말씀에 은혜가 되고, 모두 말씀충만하게 하소서"라는 기도를 가장 중요하게 생각하며 드린다. 그러나 예배는 모든 구조와 요소 하나하나가 다 소중하다. 목회자는 예배에서 설교만 하는 자가 아니다. 모든 순서하나 하나를 거룩하게 집례함으로 하나님 앞으로 나아가게 하고(입례), 하나님의 계시를 받으며(말씀), 감사(성만찬)와 결단으로 응답(파송)하여 세상으로 나아가게 하는 구원의 파노라마를 안내하는 연출가와 같다. 목회자는 설교준비에만 목숨걸지 말고, 온전한 예배구조와 요소에 대해서도 철저히 준비하며, 예배의 예전성을 강화해야 할 것이다. 하나님은 예배의 모든 순서에 임재하신다는 사실을 인식하고, 주일예배를 준비하여 드릴 때, 놀라운 구원의 은혜를 경험하게 될 줄로 믿는다.

넷째, 온전한 주일예배를 위해, 한국교회의 절반이 넘은 미자립, 작은 교회들은 말씀과 성만찬의 조화가 있는 예배에 희망을 두고 실행해 나가야 한다. 작은 교회들이 무엇으로, 어디서 희망을 찾을 수 있겠는가? 작은교회들은 인적, 물적면에서 속된말로 살아남기 힘든 시대이다. 이럴 때, 거룩과 영광으로의 주일예배에 목숨을 걸고 나가면 거기에 한국교회의 희망이 있다. 회중의 열세로 인해 성례를 강화한 예배를 드린다는 것이 어쩌면 부담스러울지 모른다. 하지만, 이런 상황과 조건이 오히려 기회이다. 성만찬 실행이 힘들 이유는 없다. 성만찬을 예배의 부록으로 생각하지만 않는다면 얼마든지 말씀과 성만찬의 균형잡힌 예배가 가능하다. 설교에 대한 지나친 욕심을 절제하고, 철저히 예배준비를 한다면 작은 교회일수록 오히려 더 그리스도의 몸으로서의 공동체 재현이 더 용이하다고 믿는다.

개척교회, 작은 교회일수록 오히려 목회자는 예배철학을 분명히 하여, 성만찬이 있는 주일예배를 드림으로 거룩성과 신비감을 강화해 나가야 한다. 성서정과를 통해 복수 성경낭독을 하고, 성경중심, 그리스도중심 예배를 지향한다면 하나님이 기뻐하시는 교회됨을 이루어 갈 수 있으리라 확신한다. 또한, 로컬 처지 "목회자 독서모임" 같은 것을 만들어서, 성서정과를 가지고 학습하며 예배의 인사이트를 쉐어하면서 준비한다면 목회자 스스로도 큰 자부심을 함양하리라 본다.

제임스 화이트는 다가오는 미래예배의 특징과 전망을 전통과 현대의 조화를 강조한 예전회복운동의 지속적인 발현속에서 기독교 예배의 독특한 소명을 다해야 한다고 강조한다.[4] 한국교회 예배 역시, 다양성과 다감각의 예배, 융합의 예배(Convergence Worship)이르기 까지 앞으로도 세계교회 예배변화에 민감하게 반응하면서 발전해 나갈 것이다. 예배의 행위의 주도권은 목회자나 회중에게 있지 않다. 성삼위 하나님의 일이다. 그러므로 목회자는 언제나 희망이 있다. 한국교회 희망은 주일예배에 있다.

"무엇보다도 예배는 인간이 주도하는 행위가 아니다. 성령을 통해 그리스
도 안에서 구속하시는 하나님의 행위이다"
_니코스 닛시오티스(Nikos A. Nissiotis)

---

4 화이트, 『개신교예배』, 370.

참고문헌

1. 1차 문헌 (한서)

시란돈. 『쥬일례빅경』. 발행처불명, 1895.
『감리교회죠례』. 경성: 감리교출판사, 1908.
미감리교회. 『미이미교회세례문답』. 시란돈역. 경성: 삼문출판사, 1895.
『찬미가』. 경성: Methodist Publishing House, 1905.
미감리교회. 『감리교회 대강령과 규측』. E. M. Cable외 3인역. 경성: 야소교서회, 1910.
_____. 『미감리교회 교의와 됴례』. W. C. Sweare and E. M. Cable 역. 경성: 조선야소교서회, 1921.
_____. 『미감리교회법전』. E. M. Cable외 3인 역. 경성: 기독교창문사, 1926.
_____. 『미이미교회강례』. H. G. 아펜젤러역. 경성: 삼문출판사, 1890.
『美以美會鋼例』. 中國 福州: 美華書局, 1880.
남감리교회. 『남감리회 도리와 장정』. 양주삼역. 경성: 조선야소교서회, 1919.
_____. 『남감리회 도리와 장정』. 양주삼역. 경성: 남감리교회선교백주년기념회사무소, 1923.
_____. 『예수교감리회강례』. 경성: 삼문출판사, 1899.
기독교조선감리회. 『교리와 장정』. 경성: 기독교조선감리회총리원 교육국, 1931.
_____. 『교리와 장정』. 경성: 기독교조선감리회총리원, 1935.
_____. 『교리와 장정』. 경성: 기독교조선감리회총리원, 1939.
기독교대한감리회. 『교리와 장정』. 서울: 기독교대한감리회총리원, 1950-1973.
_____. 『교리와 장정』. 서울: 기독교대한감리회본부교육국, 1983-2005.
_____. 『감리교예식규범』. 서울: 기독교대한감리회총리원교육국, 1964.
_____. 『예문』. 서울: 기독교대한감리회본부, 1992.

_____.『기독교대한감리회예배서』. 서울: 기독교대한감리회선교국, 1992.
_____.『기독교대한감리회새예배서』. 서울: 기독교대한감리회선교국, 2002.
_____.『교회력과 절기에 따른 성만찬예문집』. 서울: 기독교대한감리회홍보출판국, 1998.
기독교대한감리회 예문연구위원회.『예문1, 2』. 서울: kmc, 2006.
소일도.『예배첩경』. 경성: 조선야소교서회, 1935.
『조선예수교장로회 혼상예식서』. 경성: 조선기독교창문사, 1924.

2. 국내서적

가흥순.『성만찬과 예배갱신』. 서울: 도서출판 나단, 1994.
곽안련.『목회학』. 서울: 대한기독교서회, 2000.
기독교대한감리회교육국.『감리교신앙생활』. 서울: 기독교대한감리회교육국, 1988.
기독교대한감리회본부 역사자료부.『사진으로 읽는 한국감리교회역사』. 서울: 기독교대한감리회본부 역사자료부, 1995.
기독교대한감리회.『감리회본부연회보고서』. 서울: 기독교대한감리회본부, 2007.
_____.『교회임원지침』. 서울: 기독교대한감리회 홍보출판국, 2002.
_____.『기독교대한감리회 제19회 총회회의록』. 서울: 기독교대한감리회본부감독회, 1990-2000.
_____.『본부정책자료집』. 서울: 기독교대한감리회본부, 2007.
_____.『영남선교대회 핸드북』. 서울: 기독교대한감리회 본부, 2007.
기독교대한감리회동부연회본부.『동부연회회의록』. 동부연회본부, 2007.
기독교대한감리회 서강교회.『서강교회 100년사』. 2002.
기독교대한감리회 아현교회.『아현교회 110년사』. 2001.
기독교대한감리회 창천교회.『창천교회 90년사』. 1996..
기독교대한성결교회.『새예식서』. 서울: 기독교대한성결교회, 2001.
기독교대한성결교회.『예배와 예식서』. 서울: 기독교대한성결교회, 2004.
김상구.『일상생활과 축제로서의 예배』. 서울: 이레서원, 2005.

_____.『한국교회와 예배서』. 서울: CLC, 2013.
_____.『개혁주의 예배론』. 서울: 대서, 2017.
김석한.『예배구성요소와 순서의 신학적 해설』. 서울: 대서, 2007.
김세광.『예배와 현대문화』. 서울: 대한기독교서회, 2005.
김소영.『현대예배학개론』. 서울: 한국장로교출판사, 2002.
김순환.『21세기 예배론』. 서울: 대한기독교서회, 2003.
_____.『예배학 총론』. 서울: 대한기독교서회, 2012.
김외식.『목회전문화와 한국교회 예배』. 서울: 감리교신학대학교출판부, 1994.
김운용.『예배, 하늘과 땅이 잇대어지는 신비』. 서울: 장로회신학대학교출판부, 2016.
김 정.『초대교회 예배사』. 서울: CLC, 2014.
김진두.『웨슬리의 실천신학』. 서울: 진흥, 2000.
_____.『웨슬리의 뿌리』. 서울: kmc, 2005.
_____.『우리의 교리 -초기감리교 교리연구』. 서울: 도서출판 감신, 2003.
김진형.『사진으로 보는 한국초기선교 90장면-감리교편』. 서울: 진흥, 2006.
김홍기.『존웨슬리 신학의 재발견』. 서울: 대한기독교서회, 1993.
_____.『감리교회사』. 서울: kmc, 2005.
나형석.『성만찬으로의 초대』. 서울: kmc, 2004.
남 호.『초대기독교 예배』. 서울: 기독교대한감리회 홍보출판국, 2001.
대한예수교장로회총회(통합).『표준예식서』. 서울: 대한예수교장로회총회, 1998.
대한예수교장로회총회(고신).『예전예식서』. 서울 : 대한예수교장로회총회, 1999.
대한예수교장로회총회(합동).『표준예식서』(개정판). 서울: 대한예수교장로회총회, 2000.
대한예수교장로회총회(합정).『표준예식서』. 서울: 대한예수교장로회총회, 2000.
박근원.『오늘의 예배론』. 서울: 대한기독교서회, 2005.
_____.『현대신학실천론』. 서울: 대한기독교서회, 1998.
_____.『리마예식서』. 서울: 한국기독교교회협의회, 1987.
박은규.『예배의재발견』. 서울: 대한기독교출판사, 1988.
_____.『21세기의 예배』. 서울: 대한기독교서회, 2004.
_____.『예배의 재구성』. 서울: 대한기독교출판사. 1996.
박종환외.『거룩한 상징-예전가구의 신학적인 이해』.서울: 대학기독교서회,

2009.
박해정.『빛을 따라 생명으로』. 서울: 동연, 2016.
벧엘예배당 발전위원회.『하늘 사명의 전당, 벧엘예배당-정동제일교회문화 재수리보고서』. 서울: 정동제일교회, 2002.
안선희.『예배이론·예배실천』. 서울: 바이북스, 2013.
염필형.『실천신학』. 서울: 성서연구사, 1998.
예수교대한성결교회.『목회예식서』. 서울: 예수교대한성결교회, 1997.
옥성득. "초기 한국북감리교의 선교신학과 정책".『한국기독교와 역사』. vol. 11. 서울: 한국기독교역사연구소, 1999.
유동식.『한국감리교회의 역사Ⅰ, 1884-1992』. 서울: kmc, 2005.
_____.『한국감리교회의 역사Ⅱ, 1884-1992』. 서울: kmc, 2005.
_____. "초기 한국전도인들의 복음이해-감리교회를 중심으로".『한국기독교와 역사Ⅰ』. 서울: 한국기독교역사연구소. 1991.
유재원.『이머징 예배 뛰어넘기』. 서울: 하늘향, 2016.
이덕주.『한국교회처음이야기』. 서울: 홍성사, 2007.
이홍기.『미사전례』. 왜관: 분도출판사, 2000.
정승훈.『말씀과 예전』. 서울: 대한기독교서회, 1998.
정용섭.『예배를 예배되게 하라』. 서울: 쿰란출판사, 2001.
정장복 박사 회갑기념글집.『현대사회와 예배·설교사역』. "제2부 현대사회와 예배". 서울: 예배와 설교아카데미, 2002.
정장복.『그것은 이것입니다.』. 서울: 예배와 설교아카데미, 2002.
_____.『예배의 신학』. 서울: 장로회신학대학교 출판부, 2000.
_____.『교회력과 성서일과』. 서울: 대한기독교서회, 1996.
조갑진.『신약의 예배』. 서울: 크리스챤서적, 2007.
조기연.『예배갱신의 신학과 실제』. 서울: 대한기독교서회, 2002.
_____.『한국교회와 예배갱신』. 서울: 대한기독교서회, 2004.
조숙자·조명자.『찬송가학』. 서울: 장로회신학대학 출판부, 1985.
주승중.『영상세대를 향해 이렇게 설교하라』. 서울: 예배와 설교아카데미, 2004.
주학선.『한국감리교회 예배』. 서울: kmc, 2005.
한국복음주의실천신학회.『복음주의 예배학』. 서울: 요단, 2005.
_____.『21세기 실천신학개론』. 서울: CLC, 2006.

한국문화신학회편. 『한국문화와 예배』. 서울: 한들, 1999.
한국실천신학회편. 『실천신학논단』. 서울: 대한기독교서회, 1995.
한국기독교역사학회편. 『한국기독교와 역사』 제8호. 서울: 한국기독교역사연구소, 1998.
한국기독교장로회총회. 『예식서』. 서울: 한국기독교장로회, 2001.
한국기독교장로회총회. 『희년예배서』. 서울: 한국기독교장로회, 2004.
한국실험심리학회편(이정모외). 『인지심리학』. 서울: 학지사, 2006.
허정갑. 『입체예배』. 서울: 프리칭아카데미, 2006.

3. 국외서적 및 번역서

Byron, Anderson E. *Worship Matters -A united Methodist Guide to ways to Worship-*. Nashville: Discipleship Resources, 1999.

Langford, Andy. *Blue Prints Worship*. Nashville: Abingdon Press, 1993.

_____. *Transitions in Worship - Moving from Trational to Comtemporary-*. Nashville: Abingdon Press, 1999.

Manning, Bernard L. *The Hymns of Wesley and Watts*. London: The Epworth Press, 1942.

Voigt, Edwin E. *Methodist Worship in the Church Universal*. Nashville: Graded Press, 1965.

Whaling(ed.), F. *John and Charles Wesley: The Classics Western Spirituality*. New York: Paulist Press, 1981.

Davices, Horton. *Worship and Theology in Engand Vol. Ⅳ*. Princeton University Press, 1961.

Hickman, Hoyt L. *United Methodist Worship*. Nashville: Abingdon Press, 1991.

_____. *Worship Resources of The United Methodist Hymnal*. Nashville: Abingdon Press, 1989.

White, James F. *New forms of Worship*. Nashville: Abingdon Press, 1971.

_____. *Introduction to Christian Worship*. Nashville: Abingdon Press, 1980.

_____. *Protestant Worship Traditions Transition*. Louisville: John Knox Press,

1989.

White(Studies), James F. & Westerfield Tucker, Karen B. *The Sunday Services Methodists Twentieth-Century Worship in Worldwide Methodism.* Nashville: Kingswood Books, 1996.

Bowmer, John C. *The Sacrament of the Lord's Supper in Methodism.* London: Dacre Press, 1951.

Mcellhenney, John G. & Rowe, Kenneth E. *Proclaiming Grace &Freedom: The Story of United Methodism in America.* Nashville: Abingdon Press, 1992.

Wesley(Ed.), John. *The Wesley Orders Common Prayer*, Nashville: The Board of Education of The Methodist Churh, 1957.

_____. *The Works of John Wesley Vol. 1*. Ed. Albert C. Outler. Nashville: Abingdon Press, 1988.

_____. *The Works of John Wesley Vol. 5*. Grand Rapids: Baker Book House , 1979.

_____. *The Works of John Wesley Vol. 7*. Grand Rapids: Baker Book House, 1996.

_____. *The Works of John Wesley Vol. 8*. (John Telford. Ed.), London: Epworth Press, 1931.

_____. *The Works of John Wesley(Bicentennial Edition) Vol. 9*. Nashville: Abingdon Press, 1988.

_____. *The Works of John Wesley Vol. 10*. Grand Rapids: Baker Book House, 1984.

_____. *The Letters of John Wesley*(John Telford. Ed.), London: Epworth Press, 1931.

_____. *John Wesley's Sunday Services of the Methodists in North America*, with an introduction by James F. White. The United Methodist Publishing House, 1987.

Westerfield Tucker, Karen B. *American Methodist Worship*. New York: Oxford University Press, 2001.

Bedell, Kenneth B. *Worship in the Methodist Trandition* Nashville: Discipleship

Resources—Tidings, 1987.

Methodist Episcopal Church. *The Doctrines and Discipline of the Methodist Episcopal Church 1884 with an Appendix* ed. Bishop Harris. New York: Pillips & Hunt, 1884.

_____. *The Doctrines and Discipline of the Methodist Episcopal Church 1888 with an Appendix* New York: Pillips & Hunt, 1888.

_____. *The Doctrines and Discipline of the Methodist Episcopal Church 1904*. New York: Eaton & Mains, 1904.

_____. *The Doctrines and Discipline of the Methodist Episcopal Church 1908 with an Appendix* ed. Bishop Daniel A. Goodsell,

_____. *The Doctrines and Discipline of the Methodist Episcopal Church 1912 with an Appendix* ed. Wilson, Luther Barton. New York: The Methodist book concern, 1912.

_____. *The Doctrines and Discipline of the Methodist Episcopal Church 1916 with an Appendix* ed. Goodsell, Bishop Daniel A. New York: The Methodist Book Concern, 1916.

_____. *The Doctrines and Discipline of the Methodist Episcopal Church 1920*. New York: The Methodist Book Concern, 1920.

_____. *The Doctrines and Discipline of the Methodist Episcopal Church 1924*. New York: Methodist Book Concern, 1924.

_____. *The Doctrines and Discipline of the Methodist Episcopal Church 1928 with an Appendix* ed. John W. Langdale. New York: Methodist book concern, 1928.

_____. *The Doctrines and Discipline of the Methodist Episcopal Church, South 1918 with an Appendix* ed. Gilbert T. Rowe. Nashville : Smith & Lamar, 1918.

_____. *The Doctrines and Discipline of the Methodist Episcopal Church, South 1922 with an Appendix* ed. Glibert T. Rowe. Nashville : Smith & Lamar, 1922.

Harmon, Nolan B. *The Rite and Ritual of Episcopal Methodism*. Nashville: Publishing Hingeley, Joseph B. & Buckley, James M. New York:

Eaton & Mains, 1908.

House of the Methodist Church, South, 1926.

Boren, Ole E. *John Wesley on the Sacramens*. Nashville: Abingdon Press, 1972.

Poon, Paul W. *The Integrity of Worship*. Nashville: Abingdon Press, 1971.

Schaff(Ed.), Phillip & Schaff(Re.), David S. *The Creeds of Christendom With a History and Critical Notes, Vol. Ⅲ*. Grand Rapids:Baker Books, 1996.

The Methodist Church, *The Book of Worship for Church and Home*. Whitmore & Stone: The Methodist Publishing House, 1945.

_____. The Methodist Church, *The Book of Worship for Church and Home*. Nashville: The Methodist Publishing House, 1965.

The United Methodist. *The United Methodist Book of Worship* Nashville: The Methodist Publishing House, 1992.

램머만, 고드원. 『현장중심의 실천신학』. 윤화석 역. 천안: 도서출판 하교, 2006.

웨익필드, 고든. 『예배의 역사와 전통』. 김순환 역, 서울: CLC, 2007.

김소영 · 김세광 · 안창엽편 역. 『공동예배서』. 서울: 한국장로교출판사. 2001.

브라우닝, D. S. 『실천신학』. 이기춘 역. 서울: 대한기독교출판사. 1999.

하트, D. G. & 뮤더, John R. 『개혁주의 예배신학』, 김상구 · 김영태 · 김태규 옮김. 서울: 개혁주의신학사, 2009.

마틴, 랄프. 『초대교회 예배』. 오창윤 역. 서울: 은성, 1993.

월러, 랄프. 『존 웨슬리』. 강병훈 역. 서울: kmc, 2006.

스위트, 레너드. 『영성과 감성을 하나로 묶는 교회』. 김영래 역. 서울: 좋은씨앗, 2004.

스투키, 로렌스 홀. 『성찬, 어떻게 알고 실행할 것인가?』. 김순환 역. 서울: 대한기독교서회, 2002.

레이번, 로버트 G. 『예배학』. 김달생 · 강귀봉 역. 서울: 성광문화사. 1994.

웨버, 로버트 E. 『예배학』. 김지찬 역. 서울: 생명의 말씀사, 2005.

_____. 『살아있는 예배』. 황인걸 역. 포항: 예본출판사. 2006.

_____. 『교회력에 따른 예배』. 이승진 역. 서울: CLC, 2006.

_____. 『예배가 보인다 감동을 누린다』. 김세광 역. 서울: 예영커뮤니이션. 2004.

_____.『예배의 역사와 신학』. 정장복 역. 서울: 한국장로교출판사, 2003.
_____.『예배란 무엇인가?』. 가진수 역. 서울: 워십리더, 2014.
_____.『예배의 미래를 준비하라』. 양정식옮김. 서울: 워십리더, 2015.
Jones, Ilion T.『복음적 예배의 이해』. 정장복 역, 서울: 한국장로교출판사, 1988.
던, 마르바.『고귀한 시간 '낭비' 예배』. 김병국 · 전의우 역. 서울: 이레서원, 2004.
세퍼드, 매시 H.『예전학』. 정철범 역. 서울: 대한기독교서회, 1991.
맥스웰, D. W.『예배의 발전과 그 형태』. 정장복 역. 서울: 쿰란출판사. 1996.
벨커, 미하일.『성만찬식에서 무엇이 일어나는가?』. 임 걸 역. 서울: 한들출판사, 2000.
나이젤, 빌리암.『그리스도교 예배의 역사』. 박근원 역. 서울: 대한기독교서회, 2006.
채플, 브라이언.『그리스도 중심적 예배』. 윤석인 옮김. 서울: 부흥과 개혁사, 2011.
스프롤, R. C.『성경적 예배』. 조계광 옮김. 서울: 지평서원, 2015.
빈클러, 에버하르트.『실천신학개론』. 김상구 · 김성애 · 윤화석 · 최광현 역. 서울: CLC, 2004.
아담, 아돌프.『성만찬례』. 최창덕 역. 왜관: 분도출판사. 2000.
압바, R.『기독교예배의 원리와 실제』. 허경삼 역. 서울: 대한기독교서회, 2000.
랑포드, 엔디.『예배를 확바꿔라』. 전병식 역. 서울: kmc, 2005.
봐이스마이어 외, 요셉.『디다케에서 아우구스티노』. 전헌호 역. 서울: 가톨릭출판사, 2002.
Otto Lambeck. "리마성만찬예식서의 해설과 본문". 박근원 역.『신학사상』56집, 1987.
알멘, 장자끄 폰.『구원의 축제』. 박근원 역. 서울: 진흥, 1993.
정양모 역주.『열두 사도들의 가르침-디다케-』. 왜관: 분도출판사. 2002.
화이트, 제임스 F.『개신교 예배』. 김석한 역. 서울: CLC, 2002.
_____.『기독교예배학 입문』. 정장복 · 조기연 역. 서울: 예배와 설교아카데미, 2002.
_____.『기독교예배학 개론』. 김상구 · 배영민 역. 서울: CLC, 2017.
_____.『교회건축과 예배공간』. 정시춘 · 안덕원 역. 서울: 새물결플러스, 2014.

밴, 제인.『예배를 디자인하라』. 신형섭 역. 서울: 한국장로교출판사, 2015.
로슨, 존.『웨슬리의 찬송시』. 김무석 역. 서울: 예영 B& P, 2000.
_____.『하나님의 자기주심의 선물: 성례전』. 김운용 역. 서울: WPA, 2006.
웨슬리, 존.『존 웨슬리의 일기』. 나원용 역. 서울: 기독교대한감리회교육국, 1994.
_____.『웨슬리설교전집』1권, 4권, 5권, 6권, 7권, 한국웨슬리학회편. 서울: 대한기독교서회, 2006.
웨슬리, 존 & 웨슬리, 찰스.『웨슬리 형제의 성만찬 찬송』. 나형석 역. 서울: kmc, 2004.
웨슬리, 존.『존 웨슬리의 설교』. 김홍기 역. 서울: 땅에 쓰신 글씨, 2001.
카터, 찰스 W.『현대웨슬리 신학Ⅱ』. 서울: 대한기독교서회, 1999.
플랜팅가, 코넬리우스 & 로즈봉, 수.『진정한 예배를 향한 열망』. 서울: 그리심, 2006.
체리, 콘스탄스 M.『예배건축가』. 양명호 옮김. 서울: CLC, 2015.
윌리암스, 콜린.『존웨슬리 총서』4권. 이계준 역. 서울: 신교출판사, 1979.
슐츠, 퀀틴.『예배의 본질을 회복하는 하이테크 예배』. 박성창 역. 서울: IVP, 2006.
쿨만, O.『원시기독교예배』. 이선희 역. 서울: 대한기독교서회, 1984.
그레트라인, 크리스티안.『예배학개론』. 김상구 역. 서울: CLC, 2006.
클라이버, W. & 마르쿠바르트, M.『감리교회신학』. 조경철 역. 서울: kmc, 2007.
리히터, 클레멘스.『전례의 삶』. 정의철 역. 서울: 가톨릭대학교출판부, 2006.
레쉬만, 토마스.『웨스트민스터 예배모범』. 정장복 역. 서울: 예배와 설교아카데미, 2002.
한, 페르디난트.『원시기독교예배사』. 진연섭 역. 서울: 대한기독교서회, 1988.
지글러, 프랭클린 M.『예배학원론』. 정진황 역. 서울: 요단출판사, 2006.
카터, 필립 & 러셀, 켄.『역시창의성이다-좌뇌와 우뇌의 균형을 위하여-』. 최승언·전미란 역. 고양: 아트나우, 2002.
하우실트, 이영미, 슈뢰터 엮음.『창조적인 목회를 위한 실천신학』. 서울: 한들출판사, 2000.

로크마커, 한스. 『예술과 그리스도인』. 김헌수 역. 서울: IVP, 2002.
히뽈리뚜스. 『사도전승』. 이형우 역. 왜관: 분도출판사, 1994.

4. 정기간행물, 보고서, 신문 등

고 원두우 박스. "셩찬례빅". 「신학세계」 제3권 2호(1918): 30-36.
奇怡富. "禮拜의 意義". 「신학세계」 제16권 4호(1931): 87-91.
奇怡富. "敬拜와 敎衆". 「신학세계」 제16권 5호(1931): 84-87.
"례빅례식". 「대한크리스도인 회보」. 1. 12(1898).
"례빅당의교측". 「신학월보」 제7권 1호(1909): 4-6.
"례빅당규측". 「신학월보」 제7권 23호(1909): 5-6.
"례빅당규측". 「신학월보」 제7권 45호(1909): 7-9.
張樂道. "신령과 진리로 예배 홀 것". 「신학세계」 제12권 3호(1927): 39-41.
"쥬일은 우리의 안식일". 「신학월보」 제7권 45호(1909): 9-11.
"쥬일직힘". 「신학월보」 제1권 1호(1900): 10-13.
"춤례빅". 김인영 역. 「신학세계」 제3권 5호(1918): 98-100.
崔慶云. "公衆禮拜에 대한 一考察". 「신학세계」 제18권 1호(1933): 11-16.
蔡富仁. "公衆禮拜의 原理". 「신학세계」 제19권 3호(1934): 39-42.
국민일보. "쿠키뉴스". 2007. 11. 8.
국민일보. 2006년 6월 30일자.
김상구. "회중의 적극적인 참여와 책임 있는 예배를 위한 모색. 「복음과 실천」 제10권(2005): 219-244.
_____. "초기 기독교 예배 형태에 관한 소고". 「복음과 실천신학」 제13권 (2007): 17-57.
김순환. "한국적인 예배학을 위하여". 「활천」 3월호(1997): 58-62.
_____. "초대교회 주요 예배문서의 이해와 현대 개신교 예배의 비평적 재구성". 「신학과 실천」 제8호(2005): 9-44.
김홍기. "미국감리교회 형성과 발전에 관한 역사적 고찰". 「신학과 세계」 통권 36호(1998): 63-108.
나형석. "감리교회 새예배서 무엇이 달라졌나?". 「강단과 목회」 통권63호

(2002):

남　호. "한국감리교회와 예배". 「기독교세계」 9월호(1999): 44-46.
박은규. "감리교회 예배의 뿌리를 찾아서". 「기독교세계」 3월호(2000): 42-43.
_____. "영국감리교회의 주일아침예배". 「기독교세계」 4월호(2000): 34-36.
_____. "웨슬리의 예배와 성례전". 「신학과 실천」 제2호(1998): 9-39.
_____. "역동성을 지닌 예배를 위하여". 「신학사상」 제114호(2001): 26-47.
_____. "예배갱신의 방향모색". 「신학과 실천」 제4호(2001): 9-46.
_____. "21세기 예배의 새로운 패러다임". 「기독교사상」 2월호(2003): 260-287.
박해정. "21세기 감리교 예배와 설교를 위한 방향성 재고". 「신학과 세계」 제61호(2008): 130-153.
_____. "『새예배서』의 예배학적 가치와 그 발전방향에 관한 모색", 「신학과 세계」 제59호(2007): 156-184.
_____. "초기한국감리교회 성만찬 양상들: 1885-1935". 「신학과 세계」 제54호(2005): 304-331.
_____. "초기한국감리교 선교사들의 성만찬이해 -19세기미국감리교회 전통으로부터-". 「신학과 실천」 제8호(2005): 119-150.
_____. "초대교회 성만찬 연구를 통한 개신교 예배방향 모색". 「신학사상」 130집(2005): 143-171.
송길섭. "한국감리교회의 역사적 유산". 「신학과 세계」 제15호(1987): 354-375.
_____. "초기 감리교회의 선교과정". 「신학과 세계」 제2호(1976): 116-160.
이덕주. "한국감리교회 신앙과 신학원리에 대하여". 「신학과 세계」 제44호(2002): 106-133.
차명호. "예배신학의 기초와 현대예배". 「신학과 실천」 제5호(2002): 177-196.
홍정수. "감리교회 교리의 표준자료와 그 역사성". 「기독교세계」 12월호(1984): 13.
함성국. "미 연합감리회 극동지역 선교신학". 「기독교세계」 2월호(1992): 10-17.